可行性研究与项目评价

（第二版）

万威武（主编）刘新梅 孙 卫

西安交通大学出版社
XI'AN JIAOTONG UNIVERSITY PRESS

内 容 提 要

本书所论及的问题,既是管理科学所研究的重大理论课题,又是投资项目、工程建设所要解决的实践问题。本书3篇19章,分别对可行性研究的理论与方法,对项目评价的理论与方法,以及对它们的实际运用,作了全面深刻的阐述与系统细致的介绍,并通过案例分析以提高学生掌握和运用这一专门理论与方法的能力。本书作为 MBA 和管理类专业大学生的教材,也可供从事项目管理、可行性研究、项目评价、项目评估、贷款评估、投资决策、企业经济活动分析等方面工作的专业人员参阅。

图书在版编目(CIP)数据

可行性研究与项目评价/万威武(主编);刘新梅,孙卫. —2 版. —西安:西安交通大学出版社,2008.3(2014.2 重印)
ISBN 978 - 7 - 5605 - 1030 - 9

Ⅰ.可… Ⅱ.①万…②刘…③孙… Ⅲ.①基本建设项目-可行性研究②基本建设项目-项目评价 Ⅳ.F282

中国版本图书馆 CIP 数据核字(2007)第 170573 号

书　　名	可行性研究与项目评价(第 2 版)
编　　著	万威武(主编)　刘新梅　孙卫
责任编辑	李升元
出版发行	西安交通大学出版社
	(西安市兴庆南路 10 号　邮政编码 710049)
网　　址	http://www.xjtupress.com
电　　话	(029)82668357　82667874(发行中心)
	(029)82668315　82669096(总编办)
传　　真	(029)82668280
印　　刷	陕西奇彩印务有限责任公司
开　　本	787mm×1 092mm　1/16　印张 21.25　字数 510 千字
版次印次	2008 年 3 月第 2 版　2014 年 2 月第 3 次印刷
书　　号	ISBN 978 - 7 - 5605 - 1030 - 9/F·65
定　　价	33.00 元

读者购书、书店添货如发现印装质量问题,请与本社发行中心联系、调换。
订购热线:(029)82665248　(029)82665249
投稿热线:(029)82668133
读者信箱:xj_rwjg@126.com

序　言

　　提高经济效益是建设项目管理工作的核心问题。为此,有一系列的问题需要研究解决,其中的关键又在于实现建设项目决策的科学化。可行性研究与项目评价就是一门为建设服务的实用性科学。

　　20世纪30年代以来,世界上许多国家的技术、经济学者都在努力探索建设项目可行性研究与经济评价的理论和方法,以便科学地选择最佳效益的投资项目和建设方案,以尽可能少的人力、物力、财力投入,取得最大的财务、国民经济和社会效益。如美国等国家采用了影子价格、机会成本等理论和费用-效益分析法,进行可行性研究与项目经济评价。我国在第一个五年计划期间,曾用技术经济论证的方法,分析和比较建设项目和投资效果,但一般用的多是静态指标。1980年代以来,我国许多从事项目评价的研究人员和实务工作者为了建设项目可行性研究的实际需要,对可行性研究和项目评价的理论和方法进行了广泛深入的研究。在此基础上,国家计委结合我国的实际情况,制定并先后颁布了《关于建设项目进行可行性研究的暂行管理办法》和《建设项目经济评价方法与参数》等文件,这对于推动我国项目规划论证工作的开展,提高建设项目前期工作的质量,实现建设项目可行性研究和经济评价工作的标准化、规范化,提高投资和经济效益等方面具有重要意义。

　　现在,各级政府和经济计划部门都十分重视和强调投资决策的民主化、科学化,规定了"先评估后决策"的建设程序,这就需要更多的工程技术人员和经济管理人员懂得建设项目可行性研究和经济评价原理与方法。但目前国内论述可行性研究和经济评价理论与方法方面的著述尚少,《可行性研究与项目评价》一书,正是在这种背景下出版的。这本书既可作为大专院校管理类专业本科生和研究生教材,又可供项目评价实际工作人员使用。我认为,本书主要特点是:一方面,详细介绍了国际上目前通用的各种可行性研究和项目评价方法,并结合实际阐述了我国的可行性研究与项目经济评价方法与参数;另一方面,对项目可行性研究

1

与经济评价理论,特别是国民经济评价的理论论述全面深刻,对方法的阐述也相当透彻,并密切结合建设项目实际,通过案例分析,深刻探讨了可行性研究与项目经济评价的实际应用问题。

该书主编万威武同志,是西安交通大学管理学院教授、博士生导师,长期以来致力于可行性研究与项目经济评价等领域的研究、教学和实际工作。他不但具有很深的理论造诣,而且在建设项目的管理、评估中积累了相当丰富的实践经验。《可行性研究与项目评价》就是他与其他作者近年来科研和教学工作的总结。希望本书的出版能促进我国可行性研究与项目经济评价的研究工作,提高我国广大技术人员和经济管理人员分析、评价建设项目的理论水平和操作水平,进而提高建设项目决策的科学水平。

中国工程院院士、西安交通大学管理学院名誉院长、教授、博士生导师

汪应洛

2007.10

前　言

　　固定资产投资和建设项目，在我国经济建设中占有重要地位。1949 年建国以来，我国通过固定资产投资促进经济发展取得了巨大成就，但是在固定资产投资项目建设过程中存在着规模膨胀、建设周期长和投资效益低等问题，其重要原因是许多投资项目没有认真、科学、公正地进行可行性研究，没有实现投资决策的民主化和科学化。在我国社会主义市场经济体制下，经济增长方式从粗放型向集约型转变的重要时期，我们应当重视项目的可行性研究工作，促进投资决策的科学化，实现我国经济持续健康发展。

　　建设项目可行性研究和经济评价是项目前期工作的重要内容，对于加强固定资产投资宏观调控，提高投资决策的科学化水平，引导和促进各类资源合理配置，优化投资结构，减少和规避投资风险，充分发挥投资效益，具有重要作用。

　　改革开放以来，我国许多学者、专家和实际工作者为搞好建设项目的可行性研究和经济评价工作，为投资的正确决策提供科学的理论和方法，提高投资效益，避免投资决策失误，进行了广泛、深入系统的研究工作。在这些研究工作的基础上国家计委制定了关于可行性研究的一些规定和 1987 年的《建设项目经济评价方法与参数》（简称《方法与参数》）等文件。为了反映我国经济体制、财税制度和企业制度改革的新情况，1993 年国家计委和建设部又出版了《方法与参数》第二版，2006 年国家发展改革委和建设部发布了《方法与参数》第三版。这是我国完整而系统的项目经济评价规范和标准。它是根据我国社会主义市场经济体制、现代管理理论和多年国内经济评价工作的经验，并借鉴了国外先进的评价方法而编制的，符合国情。《方法与参数》的实施对我国项目可行性研究和经济评价工作的制度化和规范化起到了促进作用[1]。

　　为了推广应用国家关于可行性研究的规定和《方法与参数》，为了满足经济计划部门、勘察设计部门、企业广大技术经济分析人员和工程技术人员迫切提高固定资产投资论

1

证和决策水平,掌握可行性研究的基础理论和方法的需求,同时为了满足高等学校教学工作的需要,特编写了这本《可行性研究与项目评价》,以对可行性研究与《方法与参数》作一些理论与方法的阐述和扩展,并编入作者的部分有关研究成果。

项目评价是可行性研究的重要组成部分,国内外对项目评价理论和方法作过一些系统研究,国家发改委和建设部还专门发布了《建设项目经济评价方法与参数》文件。本书共三篇,其中两篇是阐述项目评价理论和方法的,故书名把项目评价与可行性研究并列。

本书第 2 版共 19 章,其中第 1,6～9,15～17,19 章由万威武撰写;第 2～5,11 章由孙卫撰写;第 10,12～14 章由刘新梅撰写;第 18 章由万威武、刘新梅撰写。全书由万威武主编。特别应该说明的是本书第 2～5 章是在第一版陈伟忠、孙卫撰写 2～5 章的基础上改编的,这里也凝结着陈伟忠教授的劳动成果。

在本书编撰过程中,许多专家、教授给予了大力支持和热情帮助,尤其是西安交通大学管理学院名誉院长汪应洛院士为本书第一版作了序。对各位同志的热情帮助,谨致深切的谢意。

本书作为管理学科研究生、MBA 和本科生教材,也可以作为从事项目可行性研究、项目评价、项目评估、贷款评估、投资决策和企业经济活动分析人员的专业读物。

本书内容虽经过作者多年教学讲授实践,但由于水平所限,缺点错误在所难免,恳切欢迎批评指正。

万威武

2007 年 10 月

目　录

第1篇　可行性研究

第2篇　项目评价理论

第3篇　项目评价方法及其应用

符号汇总表

DSCR	偿债备付率(Debt Service Coverage Ratio)
EBIT	年息税前利润
EC	项目资本金
i	折现率(rate of discount),年利率(annual interest ratc)
i_0	基准折现率
i_c	财务基准收益率
I_d	固定投资借款本金和利息之和
I_F	调整后换算为生产期初的固定资产投资
IRR	内部收益率
ΔIRR	差额内部收益率
ICR	利息备付率(Interest Coverage Ratio)
I_p	投资(包括固定资产投资和流动资金)的现值
i_s	社会折现率
LOAR	资产负债率(Liability On Asset Ratio)
M	外汇支出总额
m	职工在原来社会部门的边际产出,利润
M_1	固定资产投资回收费用
M_2	流动资金占用费
MC	边际成本(Marginal Cost)
MU	边际效用(Marginal Utility)
MR	边际收益(Marginal Revenuc)
$m(x)$	随机变量 x 的期望值
n	计算期(年)
n_1	建设期(年)
n_2	生产期(年)
NP	年净利润
NAV	净年值(Net Annual Value)
NI	国民收入(National Income)
NB	净收益
NPV	净现值(Net Present Value)
OC	机会成本(Opportunity Cost)
OECD	经济合作和发展组织(Organization of Economical Cooperation

and Development)

OER	官方汇率(Official Exchange Rate)
P	现值(Present Value，Present Worth)，单价
P_b	口岸价格(border price)
P_a	(静态)差额投资回收期
P_c	基准投资回收期
P_d	借款偿还期
P_s	影子价格(shadow price)
P_t	投资回收期
PC	费用现值
$p(x)$	随机变量 x 出现的概率
Q	产品的产量、销售量、需求量
R_a	(静态)差额投资收益率
R_f	还款期间企业的年留利
R_o	年可用作偿还借款的其他收益
R_p	年利润总额
R_1	年可用作还款的利润
ROI	总投资收益率(Return On Investment)
ROE	资本金净利润率(Return On Equity)
S	年产品销售收入
SCF	标准转换系数(Standard Conversion Factor)
SER	影子汇率(Shadow Exchange Rate)
SWR	影子工资率(Shadow Wage Rate)
S_v	计算期末回收的固定资产余值
t	年份
UNIDO	联合国工业发展组织(United Nations Industrial Development Organization)
W	流动资金占用额，工资(Wage)
WTP	支付意愿
X	外汇收入总额
σ	标准差
σ^2	方差
$(P/F,i,n)$	折现系数
$(A/P,i,n)$	资金回收系数
$(P/A,i,n)$	年金现值系数
$(F/P,i,n)$	终值系数

第1篇 可行性研究

第1章 绪 论

可行性研究与项目评价是一项投资前期研究工作的重要内容,也是一套项目经济分析中系统化和实用化的方法。它既是技术经济学思想的具体应用,也是项目设想细化和项目方案的创造过程。任何一个投资项目的成功与否,无不与项目产品(或服务)的社会需求、技术选择与应用条件以及与社会、经济、自然环境的相互影响等诸多方面密切相关。因此,要想提高技术经济实践的成功率和效果就必须对上述各个方面作系统、科学及全面的分析和研究,进而设计出实现项目目标的最佳实施方案。

1.1 可行性研究与项目评价的意义

1.1.1 可行性研究与项目评价的概念

1. 项目

项目(Project)是指那些作为管理对象,按规定时限、预算和质量标准完成的一次性任务。重复的大批量的生产活动及其成果,不能称作"项目"。每个项目必须具备三个特征:

(1) 项目的一次性。这是项目的最主要特征,不同项目没有完全相同的两项任务,其不同点表现在任务本身与最终成果上。只有认识项目的一次性,才能有针对性地对项目进行管理。

(2) 项目有明确的目标。项目的目标有成果性目标和约束性目标。成果性目标是指项目的功能要求,即设计规定的生产产品的规格、品种、生产能力目标。约束性目标是指限制条件,如工程质量标准、竣工验收投产使用、供气、投资目标、效益指标等。

(3) 项目作为管理对象的整体性。一个项目是一个整体,它有人财物各方面的内容,需要建立一个相对完整的管理体系。项目必须追求高效益,做到数量、质量、结构的总体优化。

建设项目可从不同的角度进行分类。按项目的目标,分为经营性项目和非经营性项目;按项目的产出属性(产品或服务),分为公共项目和非公共项目;按项目的投资管理形式,分为政府投资项目和企业投资项目;按项目与企业原有资产的关系,分为新建项目和改扩建项目;按项目的融资主体,分为新设法人项目和既有法人项目。

2. 项目投资与决策

投资项目是指投入一定资金以获取预期收益的一整套投资活动,是在规定期限内为完成某项开发目标(或一组目标)而规划投资、实施政策措施、组建机构,以及包括其他活动在内的独立的整体。我们通常所说的投资项目主要是指用固定资产投资兴建的工程投资项目,它必须按照规划、决策、设计、施工、投产、经营等一系列规范程序,在规定的建设工期、投资预算、质量标准的条件下,以形成固定资产为明确目标。

任何一个国家或地区,都面临着一个基本经济问题,就是如何把增进人民福利的有限社会资源(包括自然资源、劳动力、资金、各种制成品、信息、时间等等)合理地分配到各种不同的用途中去。由于社会资源是有限的,某种资源用于某一方面,就会减少另一方面对这种资源的可使用量,因此,国家就必须在资源的各种可能的用途中进行权衡,根据它们对实现国家基本目标贡献的大小作出选择。如果一个国家、地区或企业始终能将资源用于对其基本目标贡献最大的项目上,就能保证有限资源的最有效的利用。

可行性研究与项目经济评价是项目前期研究工作的重要内容,应根据国民经济与社会发展以及行业、地区发展规划的要求,在项目初步方案的基础上,采用科学、规范的分析方法,对拟建项目建设的必要性、财务可行性和经济合理性进行分析论证,做出全面评价,为项目的科学决策提供经济方面的依据。

3. 可行性研究

可行性(Feasibility)通常指"可能的,行得通的,可以实现或可以成功的"等含义。因此,任何一个决策者,在其决策行动之前,都应有一个"可行性"研究的问题。

可行性研究(Feasibility Study)是关于项目是否可行的研究。一个项目是否可行通常包含了四个问题:项目是否必要? 项目能够实现与否? 实现后的效果如何? 项目实施的风险大小? 任何项目要完成首先要有客观的需要,但这却是一个显而易见的问题。在当今日益复杂的经济、技术和社会环境中,有些项目表面上似乎是必要的,而实际上也许根本不存在使其成立的条件。同样,项目可行性也是一个需要详细研究才能知晓的问题。只有项目在技术上可行,才有可能实现。一个项目除了能实现,还必须有良好的经济和社会效果[2]。还应分析项目实施的不确定性因素和减少风险的措施。

总之,可行性研究是指在投资决策前通过详细的调查研究,对拟建项目的必要性、可实现性、对经济和社会的有利性及风险性等方面所做的全面而系统的综合性研究。可行性研究是通过调查研究和分析论证,为项目决策者或决策部门提供决策依据,以减少或防止决策失误,从而提高投资效益,加速经济的发展[3]。

4. 项目评价

项目评价(Project Evaluation)是为了达到给定的目标,对一个政府投资或企业投资项目的可行性作出判断。其主要内容是权衡这一项目的利害得失和比较各替代方案间的优劣,得出综合结论[4]。项目评价包括经济评价和社会评价。

项目评价是可行性研究工作的重要组成部分。它是在做好产品(服务)市场需求预测和厂址选择、工艺技术设备选择等工程技术经济研究基础之上,针对各替代方案的财务盈利性和经济社会合理性进行的分析和论证。它的目的是为了回答可行性研究中拟建项目对经济和社会的有利性问题。通过项目评价,最终可以得到项目方案是否可行的肯定答复[5,6]。

项目经济评价分为财务评价和国民经济评价。

财务评价是在国家现行财税制度和价格体系的前提下,从项目的角度出发,计算项目范围内的财务效益和费用,分析项目的盈利能力和清偿能力,评价项目在财务上的可行性。

国民经济评价是在合理配置社会资源的前提下,从国家经济整体利益的角度出发,计算项目对国民经济的贡献,分析项目的经济效率、效果和对社会的影响,评价项目在宏观经济上的合理性。

国民经济评价和社会评价均属宏观层次的评价。前者评价目标限于经济增长,后者评价目标是超出经济增长范围的更广泛的社会目标。前面已提到项目经济评价分为财务评价和国民经济评价。

建设项目经济评价内容的选择,应根据项目性质、项目目标、项目投资者、项目财务主体以及项目对经济与社会的影响程度等具体情况确定。对于费用效益计算比较简单,建设期和运营期比较短,不涉及进出口平衡等一般项目,如果财务评价的结论能够满足投资决策需要,可不进行国民经济评价;对于关系公共利益、国家安全和市场不能有效配置资源的经济和社会发展的项目,除应进行财务评价外,还应进行国民经济评价;对于特别重大的建设项目尚应辅以区域经济与宏观经济影响分析方法进行国民经济评价。

5. 项目经济评价方法与建设项目经济评价参数

建设项目经济评价必须保证评价的客观性、科学性、公正性,坚持定量分析与定性分析相结合、以定量分析为主以及动态分析与静态分析相结合、以动态分析为主的原则。

建设项目经济评价的深度,应根据项目决策工作不同阶段的要求确定。建设项目可行性研究阶段的经济评价,应系统分析、计算项目的效益和费用,通过多方案经济比选推荐最佳方案,对项目建设的必要性、财务可行性、经济合理性、投资风险等进行全面的评价。项目规划、机会研究、项目建议书阶段的经济评价可适当简化。

《建设项目经济评价方法》与《建设项目经济评价参数》是我国建设项目经济评价的重要依据[34]。

对于实行审批制的政府投资项目,应根据政府投资主管部门的要求,按照《建设项目经济评价方法》与《建设项目经济评价参数》执行;对于实行核准制和备案制的企业投资项目,可根据核准机关或备案机关以及投资者的要求,选用建设项目经济评价的方法和相应的参数。

建设项目的经济评价,对于财务评价结论和国民经济评价结论都可行的建设项目,可予以通过;反之应予否定。对于国民经济评价结论不可行的项目,一般应予否定;对于关系公共利益、国家安全和市场不能有效配置资源的经济和社会发展的项目,如果国民经济评价结论可行,但财务评价结论不可行,应重新考虑方案,必要时可提出经济优惠措施的建议,使项目具有财务生存能力。

建设项目经济评价参数的测定,应遵循同期性、有效性、谨慎性和准确性的原则,并应结合项目所在地区、归属行业以及项目自身特点,进行定期测算、动态调整、适时发布。

国民经济评价中采用的社会折现率、影子汇率换算系数和政府投资项目财务评价中使用的财务基准收益率,由国家发展和改革委员会与建设部组织测定、发布并定期调整。

1.1.2 可行性研究与项目评价的意义

可行性研究与项目评价是分析、评价拟建项目的各种可能方案并进行优选,为投资决策提供依据的一种科学方法。在投资前期对拟建项目进行可行性研究与项目评价有重要的意义。

从我国50多年来的经济建设实践来看,项目建设前不认真做可行性研究和项目评价,不仅导致了投资效果差,有的甚至造成重大的经济和社会损失。如有的项目水文地质、工程地质、资源条件不清楚就盲目上马,仓促兴建,结果建成后因缺乏资源,生产能力得不到合理利用和发挥;有的项目未认真做好市场预测,建成后因市场需求不足而不能满负荷营运;有的项目工艺不过关,产品不定型,建成后不能投产;有的项目因原材料、燃料、动力和运输条件不落实,急于上马,建成后不能正常生产;有的项目技术落后,耗能过大,产品没有销路,建成后不久,尚未投产就要进行技术改造;有的项目不能解决污染问题,建成后不能投产;有的项目是踩脚定址,地图上画线定点,因而项目建设工期过长,工程质量事故不断发生;有的水库建成后无水可蓄,成了旱库等等。这些惨痛的教训告诉我们,投资决策不认真搞好可行性研究和项目评价,即使在设计和施工上作出了很大努力,也难以避免决策失误所造成的损失[3,7]。

从理论上讲,投资决策前之所以要认真做好可行性研究和项目评价工作,一是为了避免投资决策的失误,二是为了选择最佳投资方案,提高投资效益。首先,任何拟建项目,客观上总是存在多种可供选择的方案,而这么多可供选择的方案单凭主观判断或简单选择是难以得到满意的结果的。因为,建设项目的要求是多种多样的。比如,技术上希望尽可能先进和适用,安全而可靠,耐用又易修;经济上则希望投资少,见效快,取得较高的经济效益;政治上要求符合国家有关的政策法规;社会效果方面则希望增加就业机会,改善劳动条件,减少环境污染,促进生态平衡;国防上应符合战备要求等。面对如此纷繁复杂的要求,如果仅仅片面强调任何单方面的要求均有可能造成决策的失误。因此,需要进行认真的可行性研究与项目评价,综合权衡各方面的得失,优选投资方案,从而有效地避免投资决策失误。其次,要取得较高的投资收益,必须在众多备选方案中选择出最佳方案。这包括选出有利的投资方向和生产建设环境,以及最佳建设方案,缩短建设工期等。所有这些都必须进行广泛深入的调查研究和系统全面的分析论证,这样,才能从众多的可行方案中选出最佳方案[8]。

从投资主体的角度分析,企业建设项目投资的经济性要求盈利最大化、风险最小化以及竞争实力的不断增强。可行性研究与项目评价的结论往往成为项目能否投资的关键。只有论证拟建项目建设是有必要的,采用的技术是先进的,产品价格具有竞争力,并能获得巨大的投资利润时,投资主体才肯投资,银行财团才肯贷款,项目才能兴建。无论是企业还是政府作为投资主体,同样需要追求投资的综合效益。为此,切实加强投资决策可行性研究和项目评价有着格外重要的现实意义。

1.2 可行性研究与项目评价理论和方法的发展

1.2.1 产生及变迁的背景[4]

关于项目评价最早可追溯到资本主义早期——自由资本主义时代。当时的项目评价主要是以寻求企业利润最大化为基本目标,实际上与现在的财务评价的目标是一致的,而且随着经济与管理科学的不断发展,使当时的项目经济评价逐渐切合实际和系统化。当微观经济学的一些基本原理和分析方法运用于经济评价后,发现公正的评价所需假定的经济环境是完全的自由竞争的条件。在亚当·斯密和马歇尔古典经济学派的思想指导下,1929 年资本主义社会出现大萧条前的百余年间,西方社会一直推崇自由放任的经济社会,任何项目也只有企业利润,即资本家的利润,无社会效益可言。所以,当时的项目评价只是私人投资项目的经济评价。

在 1929～1933 年的西方大萧条以后,随着资本主义带有浪漫色彩的自由放任体系的崩溃,一些政府,特别是美国政府,运用了新的财政政策、货币政策和政府投资项目来挽救萧条的经济,这类短期的手段,实际上就是形成凯恩斯宏观经济学的主要宏观控制措施,而且一直统治西方世界至今,取得了较好成效。这样,评价项目的基本目标就并非单一不变的企业利润了。随着政府计划,公共服务和政府投资项目的增多,项目中费用与效益的涵义并不像以前那样简单而容易计量。这样,项目的费用-效益分析与计量,在经济评价中所占的地位也逐渐重要起来,从而促进项目评价理论与方法的发展,逐渐形成了系统的方法论。

第二次世界大战结束后,国际上许多发展中国家逐渐进入稳定的发展阶段,而且这些亚、非、拉的发展中国家,大都采用宏观管理,中央计划与公共投资等手段加速经济发展。这些国家中项目所需的可行性研究与项目评价受到本国和援助国家的广泛重视。而且,由于发展中国家经济运行机制的一些特点,项目评价更加复杂和困难。

1.2.2 发展简史[4]

1. 早期产生与发展阶段(1780～1930)

本杰明·富兰克林(Benjamin Franklin)于 1790 年代最早用他自己称之为项目的费用-效益计算(Cost-Benefit Calculation)或公正代数法(Moral of Prudential Algebra)来对项目进行分析和评价。1844 年法国工程师杜比(Jules Dupuit)发表了"公共工程项目效用的度量"的论文[2,4]。他认为当时已有的关于项目评价的概念是模糊的,不完全的,不确切的,并首先提出了消费者剩余的概念。他认为公共项目的最小社会效益等于项目净产出乘以产品市场价格。这个最小社会效益与消费者剩余就构成了公共项目的评价标准。这一分析方法在西方社会持续了近百年之久而未有重大进展。

2. 传统费用-效益分析(CBA)方法的发展应用(1930～1970)

20 世纪 30 年代,美国在综合开发田纳西河流域时,首次采用可行性研究,取得了满意的结果。美国在控制洪水过程中采用的评价方法遵循这样一个原理:如果效益大于所耗费用,则项目是可行的。1936 年美国国会通过了"洪水控制法案",其中有一条规定就是必须遵从上述原理。以后的数年中,项目的费用-效益分析主要是在洪水控制、河道治理、水土资源开发等方面得到较广泛的应用和发展。该方法在不同的历史时期,对各个国家,尤其是美国的建设起到了非常重要的作用。经过发展的多种方法也逐渐在水利以外的其他公共项目领域,如公路、机场、港口及军事工程等方面得到应用。比如,在第二次世界大战、朝鲜战争及越南战争期间,美国政府广泛地应用了费用-效益分析方法;20 世纪 60 年代,美国"伟大社会"(Great Society)规划中,费用-效益分析方法被用于公共卫生、教育、劳动开发、社会福利等项目;1965 年,美国政府采用了一套基于成本-效益分析的预算体系,名为"计划方案及预算体系"(PPBS——Planning,Programming and Budgeting Sistem),把预算、方案制定与项目选择联系起来。在这个PPBS 体系中,每一项政府工作包括五个步骤:阐明这一工作项目的基本目的;尽可能确定这个项目的成果;估计这一项目在数年内的成本;在尽可能的范围内,比较可供选择的不同方案;试图建立通用于各政府机构的分析方法。虽然这个体系未能持续长久,但人们对于费用-效益分析的意义有了进一步的认识,促进了该方法在其他领域的应用[9,10,11]。

1973 年美国国会参议院在发表"水土资源的规划原则和标准[14]"中提出,项目的费用与效益分析应从四个方面考虑:国民经济的发展、环境的质量、地区发展与社会福利。这使传统的费用-效益分析方法更趋于系统化,完整化,并从公共项目向工业、农业和其他部门推广,由美国向欧洲和发展中国家推广。在这个时期,发展中国家的项目评价方法得到了明显的改进,但是传统的费用-效益分析方法仍起着支配作用[13]。

3. "新方法"的产生与应用(1968 至现在)

1960 年以来,项目评价方法有了新的突破,主要反映在发展中国家的推广应用与发展中,即"新方法"产生与应用阶段。

1.3 可行性研究与项目评价在发展中国家的应用与发展

1.3.1 价格"失真"——发展中国家的特点之一

1960 年以来,可行性研究与项目评价方法开始在发展中国家得到广泛应用,由于发展中国家自身特点,项目评价理论和方法也得到迅速发展。

在市场机制比较完善的发达国家,经济评价方法的应用相对于发展中国家来说是比较简单的,很多情况下可蜕变为一般的财务评价,并不影响其评价结果(因为价格比较合理,外部效果常常可以在合理的价格机制下自然消失等等)。而发展中国家的情况就大不相同了,一般发展中国家权力比较集中,计划性比较强,政府投资较多,市场机制不完善,经济发展不稳定。所以,从企业和国家两个基本目标对费用和效益分析时相差甚远,再加上价格失真的影响,发展中国家项目经济评价要比发达国家复杂得多。

发展中国家的经济评价,主要是随着国际组织和发达国家的技术和资金援助一起接受和引入的。因为,一般来说,满足援助项目的评价目标是先决条件,而项目评价本身往往构成技术援助工作的一部分。自 1960 年开始,许多西方国家学者致力于发展中国家的经济发展研究和项目评价,并从实践中丰富和发展了这些理论和方法。从他们的研究结果发现,发展中国家项目评价的最大特点是价格"失真"问题,即这种"失真"的价格既不反映商品的价值,又不反映商品在社会上的供求关系。所以说,发展中国家的现行价格不能作为描述或度量项目的社会费用与效益的标准。造成这种价格失真的原因主要有以下几个方面[4]:

(1) 通货膨胀。发展中国家的特点之一就是"短缺"。短缺充斥着社会的各个角落,从各种商品、自然资源、土地、劳动力(知识型)到住房、交通运输以及公共卫生等等。对付这种短缺有两种方式:一是任其涨价(明显的通货膨胀);二是为保障稳定而限定价格,从而表现为发票证,排队购物等(实际上是隐含的通货膨胀)。如果说这种通货膨胀在所有商品中所引起的变动是同比例的,那么商品之间比价会保持不变,也就不会影响经济评价的结果。但实际上,由于种种原因,这种通货膨胀在各种商品中的比例并不会同步,造成了价格体系的扭曲。

(2) 外汇缺乏。多数发展中国家由于国内通货膨胀率高于国际平均水平,国内货币与外币的比值不断下降。但是政府为了保持外汇平衡,往往采取控制外汇价格(汇率)的方法,这样,致使官方汇率高估了国内货币的价值。有些国家还出现两种汇率:一种是官方的汇率,一种是市场汇率,造成价格体系的混乱。

(3) 劳动力(非技术型)过剩。按经济评价的基本思想,劳动力的价格——工资应等于其边际产出。发展中国家大多数处于一种就业不足的状态,有些常常表现为隐含型的失业状态。减少部分劳动力并不影响其产出,即这些劳动力的平均收入高于他的边际产出,增加一个就业所付的工资高估了他对社会的边际贡献(边际产出)。

（4）实施保护性措施。一些发展中国家,在远远落后于国际上其他国家的情况下,采用多种手段保护民族工业,帮助其能在比较低劣的条件下得到发展。这从理论上讲是对的,但在实际工作中会出现以下问题,造成价格"失真"。

第一,对本国某种工业产品进行保护的主要办法是对该类产品施加进口关税或进口限额,这样使国内生产这种产品的价格相对于国际市场价格偏高;而采用该种国内产品为原料的工业产品价格相对于国际市场价格也只能偏高,进而影响这种产品的出口及其价格的合理性,这是保护所起的消极作用。

第二,由于工业各部门之间所施行的保护不尽一致,轻重不一,强弱不一,进而造成了产出品、进出口品的价格混乱。这是保护措施的又一消极作用。

1.3.2 适合于发展中国家的项目评价方法

发展中国家的商品价格严重"失真",从而大大增加了项目评价的难度,也直接影响了发展中国家项目评价工作的广泛推行(当然还有其他一些原因,例如:缺乏人才;缺少准确的数据;没有制度化;国际间的方法太多,口径又经常不一致等等)。发展中国家的项目评价方法与发达国家相比,在总体上没有什么区别,需要特别解决的问题是如何调整"失真"的价格,使它能真实合理地度量项目的费用与效益,从而得出符合实际的结论。

对于如何调整价格这一关键性的问题,有突破性贡献的是,牛津大学著名福利经济学家利特尔(I. M. D. Little)和信息经济学家,1996 年诺贝尔经济学奖获得者莫利斯(J. A. Mirrless)。他们于 1968 年在为 OECD(Organization of Economical Cooperation Development 经济合作发展组织)撰写的《工业项目手册》中提出了一种调整价格的方法,(简称 L-M 法),得到了世界各国专家和实际工作者的承认。此后,1974 年他们又发表了"发展中国家的项目评价和计划",对原方法进行了重大改进[15,16]。

与 L-M 法同样有影响的方法是 UNIDO (United Nations Industrial Development Organization,联合国工业发展组织)法。它是因 1972 年 UNIDO 发表了达斯格普塔(P. Dasqupta)等人写的"项目评价准则"[12]而得名。

以上两种方法主要是针对发展中国家的价格"失真"问题,建立了以影子价格(Shadow Price)为基础进行的经济评价的方法体系,并提出了近似确定影子价格的较实用的方法,目前已被许多发展中国家所采用。

还有一种比较有影响的方法是 S-V 法,它是由世界银行(World Bank)的斯奎尔(Lyn Squire)和塔克(Herman G. Vander Tak)在《项目经济分析》一书中提出的。这种方法和 L-M 及 UNIDO 法一起,被认为是近 40 年来在项目评价理论和方法方面最重要的进展。与前两种方法类似,S-V 法在一些主要问题上更接近 L-M 法的观点。这种方法与前两种方法的不同之处是 S-V 法在计算项目收益率的过程中,明显地考虑项目在一个国家内收入分配的影响[17]。

L-M 法、UNIDO 法、S-V 法,一起称为项目评价的"新方法"。

1980 年,UNIDO 出版了与 IDCAS(阿拉伯国家工业发展中心)共同研究的成果《工业项目评价手册》,提出了"增值法"。其基本思想是以项目对国民收入增长的贡献为基本评价标尺,它以简便而著称,对发展中国家尤其是阿拉伯国家的项目评价有一定影响[18]。

1.4 可行性研究与项目评价在我国的应用与发展

1.4.1 计划经济体制下传统基本建设程序的应用与发展[3,5]

可行性研究与项目评价是我国在 20 世纪 80 年代初引入的,这之前一直沿用第一个五年计划期间形成的传统基本建设程序进行项目论证和决策。传统的基本建设程序为可行性研究与项目评价在我国的应用奠定了基础。因此,有必要先对我国传统基本建设程序的发展情况作一回顾。

新中国成立不久,为推动我国国民经济和社会主义事业的蓬勃发展,"一五"期间,进行了以 156 项重点建设项目为中心的大规模经济建设。为保证这些项目的顺利完成,这一时期,在参照前苏联基本建设程序基础上,结合我国的实践,产生了包括建设项目前期研究的基本建设程序。

这一传统的基本建设程序,关键是计划任务书的编制,从投资设想到投资决策都在此基础上完成。按照这一程序,项目投资前期工作一般都要根据国家和地区发展规划和生产力布局先确定项目;主管部门再组织计划、设计等部门编制计划任务书,然后根据计划任务书进行厂址选择和项目设计(包括初步设计、技术设计和施工图设计),项目设计要估算出总投资费用。项目在初步设计和总概算批准后,列入年度计划,其建设所需要的资金、原材料及施工力量由计划统筹安排。经济评价主要沿袭前苏联的方法,采用投资回收期和投资效果系数等静态指标。

由于当时我国急需建立必要的基础工业体系,又面临着帝国主义国家的经济封锁,对投资方向和方案的比较问题不很迫切,投资规模较适当,资源利用较充分,因此取得了较好的投资效果。

从 1958 年"大跃进"到 1970 年代中期这段时间,强调"算政治帐",忽视社会经济效益,搞所谓"三边建设"(边勘察,边设计,边施工),有许多项目根本不作前期论证就上马,造成投资效益差,决策失误,甚至有许多项目成为"废品"项目[19]。

直到中国共产党的十一届三中全会,实行以经济建设为中心和改革开放的方针后,传统的基本建设程序重新得到重视。但是,随着经济体制改革的不断深入,传统的基本建设程序的缺陷日益突出。主要体现在:

(1)先决策后研究。传统的基本建设程序先确定建设项目,再进行选址和项目设计,这样所编制的计划任务书往往依据很不充分,特别是在资源日益紧张,企业产供销矛盾不断突出的情况下,很容易造成投资决策失误。

(2)不考虑产品的市场需求。计划经济体制下,企业由国家包办一切的弊端在市场经济体制下出现了严重问题。不研究市场,不考虑产品的销售,很可能造成生产出的产品不是市场所需,从而导致建设项目成为"废品"项目。

(3)运用静态指标进行经济评价,未考虑资金的时间价值。

1.4.2 社会主义市场经济与投资体制改革

改革开放以来,国家对原有的投资体制进行了一系列改革,打破了传统计划经济体制下高度集中的投资管理模式,初步形成了投资主体多元化、资金来源多渠道、投资方式多样化、项目建设市场化的新格局。但是,现行的投资体制还存在不少问题,特别是企业的投资决策权没有完全落实,市场配置资源的基础性作用尚未得到充分发挥,政府投资决策的科学化、民主化水平需要进一步提高,投资宏观调控和监管的有效性需要增强。为此,在 2004 年,国务院决定进一步深化投资体制改革。

1. 深化投资体制改革的指导思想和目标

深化投资体制改革的指导思想是:按照完善社会主义市场经济体制的要求,在国家宏观调控下充分发挥市场配置资源的基础性作用,确立企业在投资活动中的主体地位,规范政府投资行为,保护投资者的合法权益,营造有利于各类投资主体公平、有序竞争的市场环境,促进生产要素的合理流动和有效配置,优化投资结构,提高投资效益,推动经济协调发展和社会全面进步。

深化投资体制改革的目标是:改革政府对企业投资的管理制度,按照"谁投资、谁决策、谁收益、谁承担风险"的原则,落实企业投资自主权;合理界定政府投资职能,提高投资决策的科学化、民主化水平,建立投资决策责任追究制度;进一步拓宽项目融资渠道,发展多种融资方式;培育规范的投资中介服务组织,加强行业自律,促进公平竞争;健全投资宏观调控体系,改进调控方式,完善调控手段;加快投资领域的立法进程;加强投资监管,维护规范的投资和建设市场秩序。通过深化改革和扩大开放,最终建立起市场引导投资、企业自主决策、银行独立审贷、融资方式多样、中介服务规范、宏观调控有效的新型投资体制。

2. 转变政府管理职能,确立企业的投资主体地位

(1) 改革项目审批制度,落实企业投资自主权。彻底改革现行不分投资主体、不分资金来源、不分项目性质,一律按投资规模大小分别由各级政府及有关部门审批的企业投资管理办法。对于企业不使用政府投资建设的项目,一律不再实行审批制,区别不同情况实行核准制和备案制。其中,政府仅对重大项目和限制类项目从维护社会公共利益角度进行核准,其他项目无论规模大小,均改为备案制,项目的市场前景、经济效益、资金来源和产品技术方案等均由企业自主决策、自担风险,并依法办理环境保护、土地使用、资源利用、安全生产、城市规划等许可手续和减免税确认手续。对于企业使用政府补助、转贷、贴息投资建设的项目,政府只审批资金申请报告。

(2) 规范政府核准制。严格限定实行政府核准制的范围,并根据变化的情况适时调整。《政府核准的投资项目目录》(以下简称《目录》)由国务院投资主管部门会同有关部门研究提出,报国务院批准后实施。

企业投资建设实行核准制的项目,仅需向政府提交项目申请报告,不再经过批准项目建议书、可行性研究报告和开工报告的程序。政府对企业提交的项目申请报告,主要从维护经济安全、合理开发利用资源、保护生态环境、优化重大布局、保障公共利益、防止出现垄断等方面进行核准。对于外商投资项目,政府还要从市场准入、资本项目管理等方面进行核准。政府有关部门要制定严格规范的核准制度,明确核准的范围、内容、申报程序和办理时限,并向社会公布,提高办事效率,增强透明度。

(3) 健全备案制。对于《目录》以外的企业投资项目,实行备案制,除国家另有规定外,由企业按照属地原则向地方政府投资主管部门备案。备案制的具体实施办法由省级人民政府自行制定。国务院投资主管部门要对备案工作加强指导和监督,防止以备案的名义变相审批。

(4)扩大大型企业集团的投资决策权。基本建立现代企业制度的特大型企业集团,投资建设《目录》内的项目,可以按项目单独申报核准,也可编制中长期发展建设规划,规划经国务院或国务院投资主管部门批准后,规划中属于《目录》内的项目不再另行申报核准,只需办理备案手续。企业集团要及时向国务院有关部门报告规划执行和项目建设情况。

(5)鼓励社会投资。放宽社会资本的投资领域,允许社会资本进入法律法规未禁入的基础设施、公用事业及其他行业和领域。逐步理顺公共产品价格,通过注入资本金、贷款贴息、税收优惠等措施,鼓励和引导社会资本以独资、合资、合作、联营、项目融资等方式,参与经营性的公益事业、基础设施项目建设。对于涉及国家垄断资源开发利用、需要统一规划布局的项目,政府在确定建设规划后,可向社会公开招标选定项目业主。鼓励和支持有条件的各种所有制企业进行境外投资。

(6)进一步拓宽企业投资项目的融资渠道。允许各类企业以股权融资方式筹集投资资金,逐步建立起多种募集方式相互补充的多层次资本市场。经国务院投资主管部门和证券监管机构批准,选择一些收益稳定的基础设施项目进行试点,通过公开发行股票、可转换债券等方式筹集建设资金。在严格防范风险的前提下,改革企业债券发行管理制度,扩大企业债券发行规模,增加企业债券品种。按照市场化原则改进和完善银行的固定资产贷款审批和相应的风险管理制度,运用银团贷款、融资租凭、项目融资、财务顾问等多种业务方式,支持项目建设。允许各种所有制企业按照有关规定申请使用国外贷款。制定相关法规,组织建立中小企业融资和信用担保体系,鼓励银行和各类合格担保机构对项目融资的担保方式进行研究创新,采取多种形式增强担保机构资本实力,推动设立中小企业投资公司,建立和完善创业投资机制。规范发展各类投资基金。鼓励和促进保险资金间接投资基础设施和重点建设工程项目。

(7)规范企业投资行为。各类企业都应严格遵守国土资源、环境保护、安全生产、城市规划等法律法规,严格执行产业政策和行业准入标准,不得投资建设国家禁止发展的项目;应诚信守法,维护公共利益,确保工程质量,提高投资效益。国有和国有控股企业应按照国有资产管理体制改革和现代企业制度的要求,建立和完善国有资产出资人制度、投资风险约束机制、科学民主的投资决策制度和重大投资责任追究制度。严格执行投资项目的法人责任制、资本金制、招标投标制、工程监理制和合同管理制。

3. 完善政府投资体制,规范政府投资行为,完善投资宏观调控体系

(1)合理界定政府投资范围。政府投资主要用于关系国家安全和市场不能有效配置资源的经济和社会领域,包括加强公益性和公共基础设施建设,保护和改善生态环境,促进欠发达地区的经济和社会发展,推进科技进步和高新技术产业化。能够由社会投资建设的项目,尽可能利用社会资金建设。合理划分中央政府与地方政府的投资事权。中央政府投资除本级政权等建设外,主要安排跨地区、跨流域以及对经济和社会发展全局有重大影响的项目。

(2)健全政府投资项目决策机制。进一步完善和坚持科学的决策规则和程序,提高政府投资项目决策的科学化、民主化水平;政府投资项目一般都要经过符合资质要求的咨询中介机构的评估论证,咨询评估要引入竞争机制,并制定合理的竞争规则;特别重大的项目还应实行专家评议制度;逐步实行政府投资项目公示制度,广泛听取各方面的意见和建议。

(3)规范政府投资资金管理。编制政府投资的中长期规划和年度计划,统筹安排、合理使用各类政府投资资金,包括预算内投资、各类专项建设基金、统借国外贷款等。政府投资资金按项目安排,根据资金来源、项目性质和调控需要,可分别采取直接投资、资本金注入、投资补助、转贷和贷款贴息等方式。以资本金注入方式投入的,要确定出资人代表。要针对不同的资金类型和资金运用方式,确定相应的管理办法,逐步实现政府投资的决策程序和资金管理的科学化、制度化和规范化。

(4) 简化和规范政府投资项目审批程序,合理划分审批权限。按照项目性质、资金来源和事权划分,合理确定中央政府与地方政府之间、国务院投资主管部门与有关部门之间的项目审批权限。对于政府投资项目,采用直接投资和资本金注入方式的,从投资决策角度只审批项目建议书和可行性研究报告,除特殊情况外不再审批开工报告,同时应严格政府投资项目的初步设计、概算审批工作;采用投资补助、转贷和贷款贴息方式的,只审批资金申请报告。具体的权限划分和审批程序由国务院投资主管部门会同有关方面研究制定,报国务院批准后颁布实施。

(5) 加强政府投资项目管理,改进建设实施方式。规范政府投资项目的建设标准,并根据情况变化及时修订完善。按项目建设进度下达投资资金计划。加强政府投资项目的中介服务管理,对咨询评估、招标代理等中介机构实行资质管理,提高中介服务质量。对非经营性政府投资项目加快推行"代建制",即通过招标等方式,选择专业化的项目管理单位负责建设实施,严格控制项目投资、质量和工期,竣工验收后移交给使用单位。增强投资风险意识,建立和完善政府投资项目的风险管理机制。

(6) 引入市场机制,充分发挥政府投资的效益。各级政府要创造条件,利用特许经营、投资补助等多种方式,吸引社会资本参与有合理回报和一定投资回收能力的公益事业和公共基础设施项目建设。对于具有垄断性的项目,试行特许经营,通过业主招标制度,开展公平竞争,保护公众利益。已经建成的政府投资项目,具备条件的经过批准可以依法转让产权或经营权,以回收的资金滚动投资于社会公益等各类基础设施建设。

(7) 完善投资宏观调控体系。国家发展和改革委员会要在国务院领导下会同有关部门,按照职责分工,密切配合、相互协作、有效运转、依法监督,调控全社会的投资活动,保持合理投资规模,优化投资结构,提高投资效益,促进国民经济持续快速协调健康发展和社会全面进步。

1.4.3　可行性研究与项目评价方法在我国的应用与发展[2,3]

针对建设项目决策所存在的突出问题,1982 年国务院在"关于第六个五年计划的报告"中指出:"所有建设项目必须严格按照基建程序办事,事前没有可行性研究和技术经济论证,没有做好勘察设计等基本建设前期工作的,一律不列入年度建设计划,更不准仓促开工。"[3] 这是国家第一次规定将可行性研究和项目评价列入基本建设程序之中。

为了进一步贯彻和执行可行性研究和项目评价,1983 年 2 月,国家计委制定并颁布了"建设项目进行可行性研究的试行管理办法",对可行性研究的编制范围,可行性研究报告的编制程序,项目经济的评价内容等作出了系统的规定,并明确指出,在可行性研究阶段,如果项目经济不合理,可予否决[5],从而为可行性研究在我国的应用铺平了道路。

1987 年 9 月国家计委组织研究并编制的《建设项目经济评价方法与参数》一书由计划出版社出版发行,随后又进行了多次修改和补充。1990 年 9 月国家计委、建设部重新发布了《建设项目经济评价参数》。

1993 年 4 月,由国家计委、建设部发布了《建设项目经济评价方法与参数》第二版和《中外合资经营项目经济评价方法》。它的一大特点就是按照 1992 年 11 月财政部颁布的"企业财务通则"和"企业会计准则"做了修改,因而使该书更具有实用性和权威性。该书的出版标志着我国有了较为完整的评价标准和规范。书中所列举的方法是根据我国现行管理体制,借鉴了国外有关方法,特别是"新方法"而编制的,符合我国经济转型时期的国情和评价目标[1]。

为了适应社会主义市场经济的发展,2004年发布了《国务院关于投资体制改革的决定》。为了贯彻投资体制改革的精神,规范建设项目经济评价工作,保证经济评价的质量,提高项目决策的科学化水平,引导和促进各类资源的合理有效配置,保证经济评价参数取值的合理性和切合实际,增强经济评价结论的科学性,国家发展改革委和建设部于2006年7月发布了《建设项目经济评价方法与参数》第三版。新版《方法与参数》,促进了我国建设项目经济评价工作的规范化和科学化,在社会主义市场经济环境下满足了政府和其他各类投资主体投资决策的需要。

第2章 可行性研究的基本内容

可行性研究是项目投资前期工作的核心内容,是编制投资项目设计任务书的重要依据。对投资项目进行可行性研究是投资管理中的一项重要基础工作,是保证投资项目以最小的投资换取最佳经济效果的科学方法。本章主要概述可行性研究工作的阶段划分及程序、基本内容,以及可行性研究报告的格式。随后的3章将详细介绍可行性研究的必要性和可实现性工作,而有利性工作或项目评价将放到第2、3篇加以详细介绍。

2.1 可行性研究的阶段划分及工作程序

2.1.1 项目发展周期

项目虽然是一次性的,但又是层出不穷,并且项目之间是交错运转的。项目的这种单体的独立性和群体的交叉性使新项目不断产生。可行性研究的对象是项目。任何一个项目,按照自身运动的客观规律,从项目设想、立项,直到竣工投产,收回投资达到预期目标,往往要经历一个相当长的过程。我们把这一过程称为项目发展周期,亦称项目周期,对于一般工业项目这个过程通常要持续10年到30年不等。

在项目发展周期内,项目通常要经历三个时期:投资前期、投资时期和生产期。在联合国工业发展组织[①](UNIDO)编写的《工业可行性研究编写手册》中,所列的项目发展周期内各时期的工作重点及投资支出的一般规律如图2-1所示[6]。

投资前期指从投资设想到评估决策这一时期。这一时期的中心任务是对项目的科学论证研究和评估决策。项目的成立与否、规模大小、资金来源及其利用方式、技术与设备选择等项目的重大问题都在决策时期完成。投资前期由以下几个阶段构成:(1)机会研究:对项目投资方向提出原则设想,并形成项目建议书。所谓项目建议书是投资机会的具体化,是项目得以成立的书面文件。(2)初步可行性研究阶段:针对提出的项目设想进行粗线条的论证,旨在删除不可行的方案。(3)可行性研究阶段:可行性研究是投资前期工作的中心环节,在项目建议书审查通过后,就需组织各方面专家,对项目进行科学的、详细的研究论证,提出项目的可行性研究报告。(4)决策阶段:项目决策是以可行性研究报告为基础,对项目成立与否及其他主要问题做出决策。

投资期即项目决策后从建设到竣工验收、交付使用这一时期。这一时期的主要任务是实现投资期的目标,把构思设计变为现实。投资期包括谈判和签订合同、工程设计、施工准备与

---

① 联合国工业发展组织(UNIDO)成立于1966年,系联合国系统中的专门机构,工发组织宗旨是同170多个成员国合作,促进和加速发展中国家的工业化进程及实施可持续性发展战略。工发组织总部在奥地利维也纳,在36个国家和区域设有办事处、13个国家设有投资与技术促进办事处。

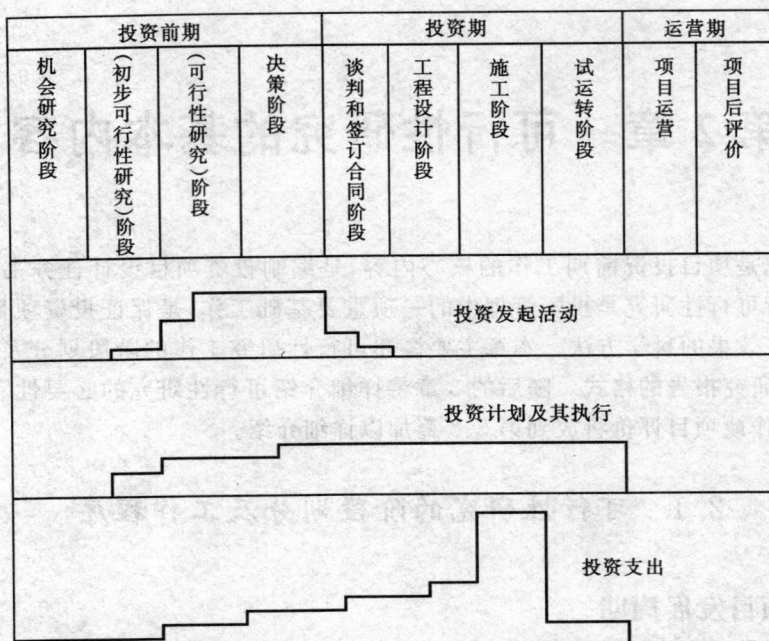

图 2-1 项目发展周期

施工、试运转等阶段。

运营期的主要内容是实现项目的战略目标,收回投资。这一时期包括以下几个环节:(1)实现生产经营目标与资金回收;(2)项目后评价。项目后评价的主要工作:第一,影响评价。这是通过项目建成投入生产使用后对社会经济、政治、技术和环境等方面产生的影响来评价项目决策的正确性。第二,经济效益评价。通过产生的实际经济效益与可行性研究所确定的经济效益相比较,以评价项目投资是否值得,市场调查是否准确,经营管理是否得当。

在图 2-1 中,投资的发起活动需要确定项目顺利进行所需要的资金、市场和其他投入物,因此,会涉及寻找当地的主办方、国内或国外的合伙人、资金的筹集来源等。要保证一个好的投资项目取得预期的投资效果就必须制定完善的投资计划,并在投资期严格执行。投资支出包括了项目投资所运用的自有资金和借贷资金的支出,在施工阶段,投资支出最大。

2.1.2 可行性研究阶段的划分[6,7]

投资前时期的主要工作分为四个阶段:机会研究、初步可行性研究、可行性研究和决策。而前三个阶段的工作就是可行性研究工作。投资前期各项工作的目的和要求,如表 2-1 所示。

机会研究主要是为项目主体(项目的主要组织、投资及负责者)寻求具有良好发展前景,对经济发展有较大贡献,并具有较大成功可能性的投资发展机会。通过机会研究形成项目设想,因此,机会研究是项目产生的摇篮。机会研究的一般方法是从经济、技术、社会及自然状况等大的方面发生的变化中挖掘潜在的发展机会,通过创造性的思维提出项目设想。工业项目的机会研究至少应研究下列情况:

14

表 2－1　投资前期各项工作的目的和要求

研究阶段	机会研究	初步可行性研究	可行性研究	决策
研究性质	项目设想	项目初选	项目拟定	项目决策
研究目的和内容	鉴别投资方向,寻求投资机会(含地区、行业、资源和项目的机会研究),选择项目,提出项目投资建议	对项目作初步评价,进行专题辅助研究,广泛分析、筛选方案,确定项目的初步可行性	对项目进行深入细微的技术经济论证,重点对项目的技术方案和经济效益进行分析评价,进行多方案比选,提出结论性意见	综合分析各种效益,对可行性研究报告进行全面审核和评估,分析判断可行性研究的可靠性和真实性
研究要求	编制项目建议书	编制初步可行性研究报告	编制可行性研究报告	提出项目决策报告
研究作用	为初步选择战略投资项目提出依据,批准后列入建设前期工作计划,作为企业对战略投资项目的初步决策	判定是否有必要进行下一步详细可行性研究,进一步判明建设项目的生命力	作为项目投资决策的基础和重要依据	为投资决策者提供最后决策依据,决定项目取舍和选择最佳投资方案
估算精度	±30%	±20%	±10%	±10%
研究费用(占总投资的百分比)	0.2～1.0	0.3～1.5	大项目 0.2～1.0 中小项目 1.0～3.0	
需要时间(月)	1～3	4～6	8～12 或更长	

（1）在加工或制造方面对有潜力的自然资源有新的发现；

（2）作为工业原材料的农产品生产格局的状况及趋向；

（3）由于人口或购买力的增长而具有需求增长潜力的产品以及类似新产品的情况；

（4）有应用前景的新技术发展情况；

（5）现有经济系统潜在的不平衡,如原材料工业与加工制造业的不平衡；

（6）现有各工业行业前向或后向可能的扩展与完善；

（7）现有工业生产能力的扩大或生产技术可能的改进；

（8）投资环境（包括宏观经济政策）；

（9）生产要素的成本与可得性；

（10）出口可能性。

总之,机会研究总是围绕是否有良好发展前景的潜在需求开展工作,研究是大范围的、粗略的。在市场不健全的情况下,机会研究应主要从政府的经济综合部门获得以上有关资料和信息。在强调工业规划的国家里,机会研究要相对容易些,因为政府规划部门就掌握着全面而综合的资料,而且规划本身就提供了许多投资机会。机会研究大多由实际部门的人员完成,如企业家、经理、规划部门或某些研究部门的人员。这一阶段的效益与费用的估算精度要求在±30%以内。

在机会研究之后,形成了项目设想,紧接着的问题就是:该项目是否可行?是否需要立即开展投资发起活动?应该怎样继续深化、完善项目计划?因此,需要对项目设想做进一步的分析和细化,从产品的市场需求、经济政策、法律、资源、能源、交通运输、技术、工艺及设备等大的方面对项目的可行性进行系统的分析。但是,完善的可行性研究工作量十分巨大,耗资耗力,而且在时间上也不允许,因而就有了初步可行性研究这个阶段。初步可行性研究主要对项目在市场、技术、环境、选点、效益、资金等方面的可行性进行初步分析,基本上是粗线条的,同时为项目设计出主要的实施方案或方案纲要。这样做,一方面可以为投资发起活动提供资料,另一方面也是为了防止项目有明显的不可能性,淘汰那些不可行的项目方案,并最后决定是否需要投入必要的资金、人力及时间进行详细可行性研究。这一阶段效益和费用的估算精度为±20%之内。

通过初步可行性研究的项目一般都不会再被淘汰,但是具体的实施方案和计划还需要经详细可行性研究来确定。这是一个关键环节,因为项目具体如何实现以及实现后的实际效果主要取决于详细可行性研究的结果。详细可行性研究一般要对产品的纲要、技术、工艺及设备、厂址选择及厂区规划、资金筹措、建设计划及项目的经济效果等多方面进行全面、系统的分析、论证、计划和规划。虽然研究范围没有超出初步可行性研究的范围,但详细程度却大大提高了。在这一阶段,效益和费用的估算精度在±10%之内。

可行性研究的三个阶段在实际中界限未必十分清晰,机会研究可能就没有所谓的研究工作。在我国,许多项目的前两阶段与详细可行性研究工作常常是交织在一起进行的。2.2节讨论的可行性研究虽然主要指详细可行性研究,但有时也就是常说的可行性研究。

2.1.3　可行性研究的工作程序[2,11]

从前面介绍的可行性研究阶段的划分中,可以看出,可行性研究工作是一个逐步深入、循序渐进的发展过程。虽然不同项目的具体研究内容差异很大,但可行性研究所涉及的基本问题大致相同。可行性研究工作一般由设计或咨询单位完成,在与委托单位签订委托合同后,设计或咨询单位就可以开展可行性研究工作,典型的可行性研究工作程序可分为以下五大步骤(如图2-2所示)。

(1)研究筹划。这一过程需要摸清委托单位的目标和要求,了解项目研究的背景、范围、具体研究内容。根据可行性研究内容的需要,确定可行性研究小组成员,并制定研究计划。

(2)调查研究。包括:市场调查,原材料、燃料动力调查,工艺技术设备调查,建厂地区、地址调查,资金筹措渠道调查,以及有关政策法规调查等内容。通过分析论证,研究项目建设的必要性和建厂条件。

(3)技术方案设计与优选。在调查研究的基础上,设计出可供选择的技术方案,并结合实际条件进行反复论证研究,会同委托单位明确方案选择的原则及择优标准。从可能的技术方案中推荐次优或最优方案,论证其技术上的可行性。

(4)经济评价。包括对所选方案进行详细的财务评价和国民经济评价。通过盈利性分析、费用-效益分析和敏感性分析,研究论证项目在经济上的合理性和可盈利性。

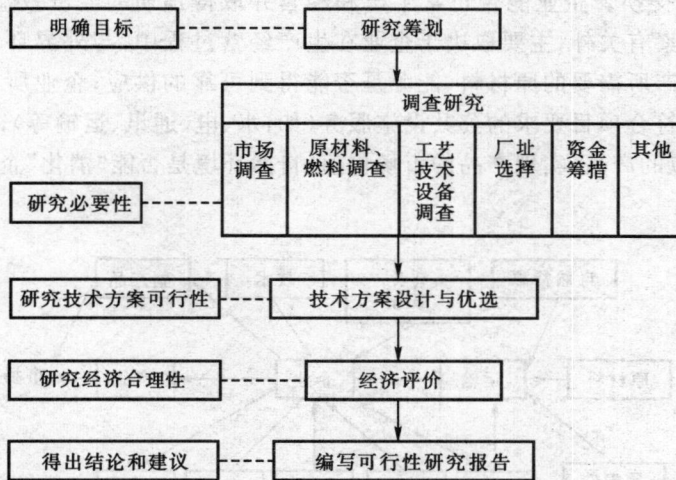

```
┌──────────┐        ┌──────────┐
│ 明确目标  │ ------ │ 研究筹划  │
└──────────┘        └──────────┘
                         │
          ┌──────────────────────────────────────────┐
          │              调查研究                      │
          ├──────┬──────────┬────────┬──────┬──────┬──────┤
┌──────────┐     │ 市场  │ 原材料、 │ 工艺   │ 厂址  │ 资金  │ 其他 │
│研究必要性 │ --- │ 调查  │ 燃料调查 │ 技术   │ 选择  │ 筹措  │      │
└──────────┘     │      │          │ 设备   │      │      │      │
                 │      │          │ 调查   │      │      │      │
                 └──────┴──────────┴────────┴──────┴──────┴──────┘
                         │
┌──────────────┐        ┌────────────────┐
│研究技术方案可行性│ --- │ 技术方案设计与优选 │
└──────────────┘        └────────────────┘
                         │
┌──────────────┐        ┌──────────┐
│研究经济合理性  │ ----- │ 经济评价  │
└──────────────┘        └──────────┘
                         │
┌──────────────┐        ┌──────────────────┐
│得出结论和建议  │ ----- │ 编写可行性研究报告 │
└──────────────┘        └──────────────────┘
```

图 2-2 可行性研究的工作程序

(5) 编写可行性研究报告。在证明项目建设的必要性、技术上的可行性和经济上的合理性之后,即可编制详细可行性研究报告,推荐一个以上项目建设可行性方案,提出结论性意见和重大措施建议,作为项目决策者的决策依据。

2.2 可行性研究的基本内容和特征

2.2.1 可行性研究的依据

可行性研究需要进行评价和论证。而评价和论证的结果都是以大量数据资料为基础,通过对各种资料进行综合分析和比较而得到的。因此,进行可行性研究时,广泛搜集各种有关基础资料是工作顺利开展的前提条件。这些资料包括:

(1) 国民经济建设的长远规划、地区和部门的规划;

(2) 国家有关方针、政策和法规等;

(3) 经国家有关部门批准的资源报告;

(4) 项目建议书和委托单位关于拟建项目设想的文字说明;

(5) 可靠的自然、地理、气象、地质、经济、社会等基础资料;

(6) 水、电、交通、原料燃料等外部条件资料;

(7) 有关的技术标准、规范、参考指标等;

(8) 国家颁布的有关项目评价的通用方法与参数。

2.2.2 可行性研究的内容[7,11]

任何一个工业项目通常都意味着建立一个新的工业企业,或者是改造原有的企业。企业的任务是以最小的消耗为社会制造或生产一定的产品,并通过市场实现其期望的经济效益。由图 2-3 可知,企业要完成这一任务必须在其生产与经营过程中不断地与外界环境进行人、财、物及信息等的交换。企业能否正常生产和经营并取得预期的经济效益,除了与所用的技术、管理水平等因素有关外,主要取决于企业在生产经营过程中,与外界环境的交换能否有保证。例如,企业生产所需要的原材料、能源是否能得到可靠的供应;企业所在的地区是否能为项目提供足够的、符合项目要求的公共设施服务(如:水、电、通讯、运输等);市场是否能及时地"消化"项目所供应的产品,实现产品的市场价值;自然环境是否能"消化"企业所排放的污染与废物等。

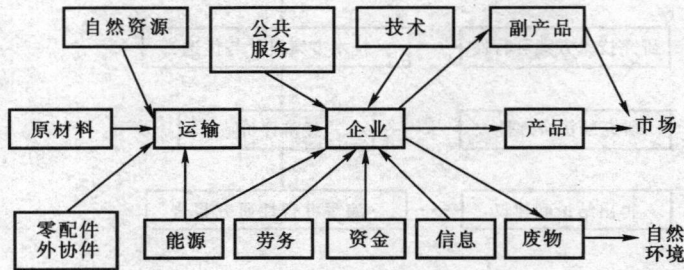

图 2-3 企业生产模式图

这些问题都不能等到项目实现以后去考虑解决,而必须在项目投资建设之前都预先得到妥善的解决,否则就会使建设起来的企业"先天不足"而无法实现其预期目标。

综合以上分析,为使项目获得较好的经济和社会效果,可行性研究通常要包括以下 10 项子研究:

(1)必要性研究。主要是从地方经济发展的需要与企业发展的战略角度,研究项目是否必要、适时,并研究项目的合理投资时机。

(2)市场与项目规模的研究。在必要性研究的基础上,对项目产品在项目寿命期内的总需求发展趋势,市场结构的变化方向和特征,以及价格变动情况进行全面的研究,以估计出项目产品的有效需求量和可能的销售量;以此为依据,结合项目所用技术和外部条件,研究确定项目的合理规模。

(3)技术问题分析。研究所有项目可用的生产技术、经济特性,结合项目的实际情况选择最佳的技术方案。同时研究各种可行的技术来源及获得方式,寻求最佳的方案。

(4)项目选址。以使项目能够取得最佳经济社会效益为宗旨,对各种可能的厂址进行综合的分析和评价,从中选出项目的厂址。

(5)投资与成本的估算。这是研究项目经济性的基础工作,利用各种估算技术与经验,全面、科学地估算项目的全部投资和总成本费用。

(6)项目资金的筹措。在实际经济社会中,有多种多样的资金来源,但如何筹集项目所需资金才能使项目顺利完成并有较高的财务效率,则必须加以详细研究。

(7)项目计划与资金规划。这项研究主要是根据项目工程量、工程难度等实际情况,初步设计项目的实施计划以及为保证实施的资金规划。

(8)项目的财务评价。根据前面研究的各项结果,对项目投入营运后可能的财务状况以及该项投资的财务效果进行科学的分析、预测和评价。

(9)项目的国民经济评价。项目的建设将消耗和占用大量的经济资源,这种消耗和占用

18

能否为国民经济带来足够的效益？项目是否做到了合理地配置资源？国民经济评价正是从国民经济的角度来分析和评价项目对国民经济的贡献,从而回答上述问题。

(10) 项目的不确定性分析。实际经济状况是不断变化的,那么项目能否保持一定的经济和社会效益水平呢？这就需要研究项目的风险。不确定性分析就是分析项目在可能的变化下所作出的反应,为决策提供依据。

2.2.3 可行性研究的特点[2,11]

一般来说,可行性研究的特点可以归结为以下五个方面:

(1) 独立性。可行性研究的独立性是指进行可行性研究工作时,不受决策者和委托单位的任何个人意志上的约束,而是按实际情况进行研究。这是确保可行性研究成果的客观、公正、可信的重要条件。如果可行性研究中的论证和评价,只是为项目决策者已定下的方案提供证据的话,这种可行性研究多半是会失败的。奉行独立性原则,应是确保项目评价和论证真正按科学规律和客观实际办事的重要条件,也是对可行性研究工作者的基本要求。

(2) 系统性。可行性研究的系统性主要体现在统筹兼顾的思想和系统分析的方法上。前者是指可行性研究的评价和论证必须以整体最优为目标,这是可行性研究不同于任何局部或单方面研究的重要特点;后者则指可行性研究是在一个系统范围内反复进行的综合平衡。这是因为:拟建项目的可行性所涉及的内容相当广泛,如市场前景、地理环境、工艺技术、组织管理、投资和成本、建设进度等。这些内容之间,既相互联系,又相互影响和制约,它们相互交织在一起共同存在于一个矛盾统一体中。从狭义角度来说,一个工厂或一套生产设备都是一个相对独立的系统,而一个系统必须保持动态平衡。比如,原料投入要与产品产出平衡,资金应用必须与资金源来平衡,人员配备必须与设备生产能力保持平衡等等。企业中任何一部分变动都会在全厂反映出来。因此,在考虑工厂某一部分变动时,就要对其他相应部分加以计算和调整,以求恢复平衡。可行性研究在对某一局部作出决定或选择时,就必须考虑其他已经作出决定的部分可能产生的影响,以便作相应的计算和调整。从广义上来说,国民经济是一个大系统,而国民经济中的某一个工业部门也可视为一个相对独立的系统。因此,某一大型工业项目的建设或某项工艺技术的采用等,都可能直接或间接地影响部门或国民经济整体的其他部分。尤其是项目外围工程的建设、公用设施和外部协作条件的利用等都必然要影响社会经济系统的其他部分。这些影响通常是通过经济评价、相关分析等在可行性研究中得到反映的。

(3) 客观性。可行性研究的客观性,就是一切论证和评价都要以客观的数据为基础,定性的分析来源于定量的分析。可行性研究应建立一套完整的定量指标体系,只要原始资料本身是真实的或可靠的,一般便可以保证论证和评价结论的客观性。由此可见,可行性研究部门应非常重视积累数据情报资料,切实注意数据资料库的建设和情报资料检索手段的现代化。广泛使用电子计算机等现代手段贮存和检索信息资料,并尽可能地运用电脑进行方案设计,以增强研究成果的客观性。

(4) 预测性。严格地说,可行性研究中对拟建项目的一切评价结论都是建立在科学预测的基础之上的。比如:投资和成本的估算,市场前景的预测,项目寿命期的确定,基建进度的安排以及投资效益的分析等等,即使项目建设完全按可行性研究所确定的方案进行,未来的实际结果也不可能与可行性研究的结果完全吻合。其吻合的程度,一方面取决于可行性研究的工作质量,另一方面取决于未来情况变化的复杂程度。从这个意义上讲,可行性研究不可能百分之百地保证可行性研究论证的投资决策是绝对不会失误的。只能说经过了可行性研究的投资决策比不做可行性研究而作出的投资决策,其失误的可能性要小得多。也正因为如此,必须提高可行性研究中预测的可靠性。通常在可行性研究中要对某些主要评价指标进行敏感性分析、概率分析或风险分析,以便从中找出关键性影响因素,在项目实施过程中对这些因素的变动加以及时地控制和调整。

(5)选优性(又名多方案比较)。可行性研究必须按项目建设的基本目标,同时拟定多种可供选择的实施方案,逐个加以分析和比较,以便从中择优,这种多方案的比较的方法是可行性研究的最大特点。可行性研究报告不同于计划文件,它只是决策者的决策依据而不是决策结果。可行性研究通常要提供几种可行方案供决策者评价和判断。当然,评价人员有责任向决策者推荐其中的最佳方案。我国过去的某些"可行性研究",仅仅只有单一方案,有些甚至连建厂地址、投资规模等都已事先确定了,可行性研究只是按确定的意向,从技术经济分析的角度去补充论证其可行而已。只有等到在实践中出现问题之后,再来修改方案或增加投资,这种做法,只能给国家经济建设造成损失。

2.3 可行性研究报告

2.3.1 可行性研究报告的内容

可行性研究报告是根据研究项目的性质、规模和复杂性,以及所进行的机会研究、初步可行性研究、详细可行性研究及项目评价的结果,为进行项目的评定而提出的正式报告。报告中必须明确作出项目是否可行的结论和建议。

可行性研究报告的内容及编写格式随项目的不同而有所差异。根据联合国工业发展组织编写的《工业项目可行性研究编制手册》和我国的实践,新建工业项目的可行性研究报告目录如表 2-2 所示[6]。实践中可根据项目的具体情况决定章节的取舍和繁简。

表 2-2 可行性研究报告目录格式(新建工业项目)

第一章 项目总论	2.3 投资的必要性
1.1 项目背景	第三章 市场分析与建设规模
1.2 可行性研究结论	3.1 市场调查
1.3 主要技术经济指标表	3.1.1 拟建项目产出物用途调查
1.4 存在问题及建议	3.1.2 产品现有生产能力调查
第二章 项目背景和发展概况	3.1.3 产品产量及销售量调查
2.1 项目提出的背景	3.1.4 替代产品调查
2.1.1 国家或行业发展规划	3.1.5 产品价格调查
2.1.2 项目发起人和发起缘由	3.1.6 国外市场调查
2.2 项目发展概况	3.2 市场预测
2.2.1 已进行的调查研究项目及其成果	3.2.1 国内市场需求预测
2.2.2 试验试制工作(项目)情况	3.2.2 产品出口或进口替代分析
2.2.3 厂址初勘和初步测量工作情况	3.2.3 价格预测
2.2.4 项目建议书的撰写、提出及审批过程	3.3 市场推销战略

3.3.1 推销方式	6.2.1 主要污染源
3.3.2 推销措施	6.2.2 主要污染物
3.3.3 促销价格制度	6.3 项目拟采用的环境保护标准
3.3.4 产品销售费用预测	6.4 治理环境的方案
3.4 产品方案和建设规模	6.5 环境监测制度的建议
3.4.1 产品方案	6.6 环境保护投资估算
3.4.2 建设规模	6.7 环境影响评论结论
3.5 产品销售收入预测	6.8 劳动保护与安全卫生
第四章 建设条件与厂址选择	6.8.1 生产过程中职业危害因素的分析
4.1 资源和原材料	6.8.2 职业安全卫生主要设施
4.1.1 资源评述	6.8.3 劳动安全与职业卫生机构
4.1.2 原材料及主要辅助材料供应	6.8.4 消防措施和设施方案建议
4.1.3 需要作生产试验的原料	第七章 企业组织和劳动定员
4.2 建设地区的选择	7.1 企业组织
4.2.1 自然条件	7.1.1 企业组织形式
4.2.2 基础设施	7.1.2 企业工作制度
4.2.3 社会经济条件	7.2 劳动定员和人员培训
4.2.4 其他应考虑的因素	7.2.1 劳动定员
4.3 厂址选择	7.2.2 年总工资和职工年平均工资估算
4.3.1 厂址多方案比较	7.2.3 人员培训及费用估算
4.3.2 厂址推荐方案	第八章 项目实施进度安排
第五章 工厂技术方案	8.1 项目实施的各阶段
5.1 项目组成	8.1.1 建立项目实施管理机构
5.2 生产技术方案	8.1.2 资金筹集安排
5.2.1 产品标准	8.1.3 技术获得与转让
5.2.2 生产方法	8.1.4 勘察设计和设备订货
5.2.3 技术参数和工艺流程	8.1.5 施工准备
5.2.4 主要工艺设备选择	8.1.6 施工和生产准备
5.2.5 主要原材料、燃料、动力消耗指标	8.1.7 竣工验收
5.2.6 主要生产车间布置方案	8.2 项目实施进度表
5.3 总平面布置和运输	8.2.1 横道图
5.3.1 总平面布置原则	8.2.2 网络图
5.3.2 厂内外运输方案	8.3 项目实施费用
5.3.3 仓储方案	8.3.1 建设单位管理费
5.3.4 占地面积及分析	8.3.2 生产筹备费
5.4 土建工程	8.3.3 生产职工培训费
5.4.1 主要建筑、构筑物的建筑特征与结构设计	8.3.4 办公和生活家具购置费
5.4.2 特殊基础工程的设计	8.3.5 勘察设计费
5.4.3 建筑材料	8.3.6 其他应支付的费用
第六章 环境保护与劳动安全	第九章 投资估算与资金筹措
6.1 建设地区的环境现状	9.1 项目总投资估算
6.2 项目主要污染源和污染物	9.1.1 固定资产投资总额

9.1.2 流动资金估算	(1)项目建议书(初步可行性研究报告)
9.2 资金筹措	(2)项目立项批文
9.2.1 资金来源	(3)厂址选择报告书
9.2.2 项目筹资方案	(4)资源勘探报告
9.3 投资使用计划	(5)贷款意向书
9.3.1 投资使用计划	(6)环境影响报告
9.3.2 借款偿还计划	(7)需单独进行可行性研究的单项或配套工程的可行性研究报告
第十章 项目评价与风险分析	(8)重要的市场调查报告
10.1 生产成本和销售收入估算	(9)引进技术项目的考察报告
10.1.1 生产总成本估算	(10)利用外资的各类协议文件
10.1.2 单位成本	(11)其他主要对比方案说明
10.1.3 销售收入估算	(12)其他
10.2 财务评价	11.3 附图
10.3 国民经济评价	(1)厂址地形或位置图(没有等高线)
10.4 不确定性分析与风险分析	(2)总平面布置方案图(没有标高)
10.5 社会效益和社会影响分析	(3)工艺流程图
第十一章 可行性研究结论与建议	(4)主要车间布置方案简图
11.1 结论与建议	(5)其他
11.2 附件	

可行性研究报告的编制应由技术经济专家做负责人,还要有市场研究专家、专业工程师、土建工程师和财会专家等参加,此外,法律、环保以及其他方面的专家给予协助和咨询也是必不可少的。

2.3.2 可行性研究报告的作用

概括起来,可行性研究报告的主要作用有以下几个方面。

1. 作为项目决策的依据

只要有新建、改扩建的大中型企业,就需要项目决策工作。项目决策的科学性,取决于项目评价论证方法的科学性。科学的项目决策将会减少项目建设实施过程中的损失和浪费,缩短建设工期,提高投资效益。可行性研究报告能够较全面提供项目决策所需的重要数字和文字信息,诸如项目建设依据,市场需求预测,项目规模,原材料、燃料、动力、供水、运输等协作条件,生产工艺原则,产品方案,社会及经济财务效益等等。因而,可行性研究报告是项目预审和复审的主要依据,为投资者和上级部门决定项目的取舍提供了科学的依据。

目前,我国社会主义市场经济投资体制的改革,已把原由政府财政统一分配投资的体制变成了由国家、地方、企业和个人的多元投资格局,打破了由一个业主建设单位无偿使用投资的局面。因此投资业主和国家审批机关主要根据可行性研究报告提供的评价结果,确定对此项目是否进行投资和如何进行投资,因此,可行性研究报告是项目建设单位的决策性的文件。

2. 作为项目融资的依据

批准的可行性研究报告是项目建设单位筹措资金特别是向银行申请贷款或向国家申请补

助资金的重要依据,也是其他投资者的合资理由和根据。凡是应向银行贷款或申请国家补助资金的项目,必须向有关部门报送项目的可行性研究报告。银行或国家有关部门通过对可行性研究报告的审查,并认定项目确实可行后,才同意贷款或进行资金补助。如世界银行等国际金融组织以及中国建设银行、国家开发银行等金融机构都要求把提交可行性研究报告作为建设项目申请贷款的先决条件。例如,中国建设银行对此有明确的规定,凡是申请贷款的建设单位,在对拟建项目经济合理性、技术可行性和建设必要性进行周密可行性论证的基础上,大中型企业至少提前半年分别将项目建议书和可行性研究报告送建设银行总行或有关省(市、自治区)分行进行评估,并根据项目企业财务效益和国民经济效益的评价结论,确定是否发放贷款。

国内企业在与外商谈判筹建中外合资企业时,可行性研究报告对合资成功与否将起决定性作用。一般而言,合资项目的可行性研究报告往往要比国内建设项目复杂。原因是多方面的,合资项目的投资主体不单单是国内建设单位,还有国外的合资方。因此,在一些问题上要取得共识需要不断合作和相互了解,而且项目主体多元化也会导致项目筹建和建设期内遇到更多的问题。例如,外方会考虑投资国政权的稳定性与经济发展前景等问题。这都要求更为周全的可行性研究报告为项目合资提供依据。

3. 作为编制项目初步设计和签订协议合同的依据

可行性研究报告是编制项目初步设计的依据。初步设计是根据可行性研究报告对所要建设的项目规划出实际性的建设蓝图,即较详尽地规划出此项目的规模、产品方案、总体布置、工艺流程、设备选型、劳动定员、三废治理、建设工期、投资概算、技术经济指标等内容,并为下一步实施项目设计提出具体操作方案。初步设计不得违背可行性研究已经论证的原则。在可行性研究过程中,因为运用了大量的基础资料,一旦有关地形、工程地质、水文、矿产资源储量、工业性实验数据不完整,不能满足下一个阶段工作需要时,负责初步设计的部门就需要根据可行性研究报告所提出的要求和建议,进一步开展有关地形、工程地质、水文等勘察工作或加强工业性实验,补充有关数据。

近年来,国家提出实施项目法人责任制,过去那种普遍存在的行政隶属关系和无经济责任的状况已大部分被合同经济关系所代替。项目法人及项目主管部门可依据批准的可行性研究报告同国内或国外有关组织和生产业主签订项目所需的原材料、能源资源、运输、工程设施、工程发包、水电供应以及资金筹措等协议合同。

可行性研究报告也是项目建设单位拟定采用新技术、新设备研制供需采购计划的依据。可行性研究报告中对拟建项目采用新技术、新设备已进行了可行性分析和论证认为可行的,项目建设单位可依据可行性研究报告拟定的新技术引进和采购新设备的计划进行技术引进和设备采购。

4. 作为申请建设用地和建设许可文件的依据

批准的可行性研究报告是项目建设单位向国土开发及土地管理部门申请建设用地的依据。因为,可行性研究报告对拟建项目如何合理利用土地的设想提出了办法和措施,国家开发部门和土地管理部门可根据可行性研究报告具体审查用地计划,办理土地使用手续。

可行性研究报告为确保项目达到环保标准,需要对项目产品可能造成的污染及其防治作出详细的说明,并提出有效的污染治理措施和办法,这些信息可作为环保部门对项目进行环评、具体研究治理措施,签发项目建设许可文件的主要依据。

2.3.3　如何编写好可行性研究报告

1. 国企与外企的可研报告比较

自国家要求新建项目必须编制可行性研究报告（简称可研报告）以来，已有 20 余年的时间。但是，还有部分国有企业（简称国企）与外资企业（简称外企）的可研报告差别较大。通过比较，旨在为编制可研报告的工作人员和政策的制定者提供一些重要的启示。

先看一下国企的可研报告。国企的可研报告是为了说服上级领导批准和支持拟建项目，并假定上级领导比他们自己更了解情况。而报告一旦被批准，上级领导就要承担相应的责任。由此产生内容上的差别，主要体现在：

（1）国企的可研报告强调为什么要上这个项目，但忽视如何实施这个项目，似乎要等项目批准之后才去考虑具体的实施方案和计划；

（2）国企的可研报告中宏观的、模糊的数据多，而微观的、具体的数据和信息少，如果上级领导不了解相应的市场和用户的状况，很难作出判断；

（3）国企的可研报告没有或很少有具体的、可以量化的衡量标准和责任分配，这为以后出现大的偏差和问题打下了伏笔；

（4）国企的可研报告对今后几年的市场预测偏于乐观，似乎不这样乐观就得不到批准，对可能发生的各方面的"不测风云"认识不足，甚至有认识也不写上去，这样，出现偏差时就可以强调客观原因，归结到不可预测性上；

（5）国企的可研报告对市场、用户、竞争和风险的评估太粗、太少，没有考虑到自己企业投资一个热门项目的同时，其他企业也可能在准备上类似的项目，成为自己的竞争对手，所以有时就把市场总规模当成了决策的主要参考标准。

而外企的可研报告，从目的上讲是写给自己企业看的，是为了说服自己而不是说服别人，尽管一些大项目也要上级批准，但其目的主要是在企业内部各部门之间达成共识，对机会、挑战、困难和风险有详细的分析。从内容上讲，外企的可研报告有几个特点：

（1）跨国公司在全球范围内采用同样的或类似的报告格式，便于统一标准，统一分析方法，便于他人理解，同时也便于企业去搜集信息、整理数据、准备报告。

（2）宏观和微观的数据并存，有量化的数据和信息以及其出处（信息来源），对结果做出最差情况下、一般情况下和最佳情况下的三种预测；

（3）将今后几年如何实施这个项目写得很具体，从人员、资金、设备、组织结构等方面做出全盘规划和分年度实施计划和预算，以保证项目能按规划顺利实施并完成，同时由于每个月或每个季度都有明确的"里程碑"式的分阶段目标和检查方法，就便于及时调整和修正，以达到最终目标；

（4）对市场和潜在市场、用户和潜在用户、竞争与潜在竞争、风险与潜在风险、问题与潜在问题分析得很具体，对各种可能发生的偏差有一个基本的估计，并对客观环境可能发生的变化及发展趋势做出一系列假定和预测，这样，企业就必须从主观上检查自己，承担相应的责任，而不是强调客观原因；

（5）对执行的方式和方法、流程和步骤有一个明确的描述，便于上级领导和专业人士进行评估和分析。因为这两类人不会比企业自己的相关人员更了解所在的市场、用户、竞争等方面的情况，但他们对方式和方法、流程和步骤却有很深入的理解和掌握，能从这些方面提出一些疑问、建议和对策，使可行性报告更完整、更全面，对风险和问题有足够的认识。

因此，要保证我国新建项目的投资成功，有必要更多地借鉴国外的可研工作的精华，从制度设计和对国企可研报告的编制规范要求，形式审查等多个方面加以规范，这也是未来这一领域的需要重点关注的问题之一。

2. 加强可研报告的检查

在可研报告写完之后，最好需要再对可研报告检查一遍，慎重考虑一下是否能准确回答决策者的疑问，争取决策者对本计划的信心。通常，可以从以下几个方面对可研报告加以检查：

（1）可研报告能否打消投资者对产品/服务的疑虑。如果需要，企业可以准备一件产品模型。可研报告中的各个方面都会对项目的成功与否有影响。因此，如果企业对企业的可研报告缺乏成功的信心，那么最好去查阅一下可研报告编写指南或向专门的顾问请教。

（2）可研报告是否显示了企业有能力偿还借款。要保证给预期的投资者提供一份完整的比率分析。

（3）可研报告是否显示出企业已进行过完整的市场分析。要让投资者坚信企业在计划书中阐明的产品需求量是确实的。

（4）可研报告是否容易被决策者所领会。可研报告应该备有索引和目录，以便决策者可以较容易地查阅各个章节。此外，还应保证目录中的信息流是有逻辑的和现实的。

（5）可研报告中是否有摘要并放在了最前面，摘要相当于公司可研报告的封面，决策者首先会看它。为了保持决策者的兴趣，摘要应写得引人入胜。

（6）可研报告是否在文法上全部正确。如果企业不能保证，那么最好请人帮助检查一下。可研报告的拼写错误和排印错误会使项目投资机会丧失。

2.4　科技型中小企业技术创新基金项目可行性研究报告的特点

2.4.1　科技型中小企业技术创新基金简介

科技型中小企业技术创新基金是于 1999 年经国务院批准设立，为了扶持、促进科技型中小企业技术创新，用于支持科技型中小企业技术创新项目的政府专项基金，由科技部科技型中小企业技术创新基金管理中心实施。通过无偿拨款、贷款贴息和资本金投入等方式扶持和引导科技型中小企业的技术创新活动，促进科技成果的转化，培育一批具有中国特色的科技型中小企业，加快高新技术产业化进程。科技型中小企业技术创新基金作为中央政府的专项基金，按照市场经济的客观规律进行运作，扶持各种所有制类型的科技型中小企业，同时吸引地方政府、企业、风险投资机构和金融机构对科技型中小企业进行投资，逐步推动建立起符合市场经济规律的高新技术产业化投资机制，从而进一步优化科技投资资源，营造有利于科技型中小企业创新和发展的良好环境。

1. 重点支持项目

（1）相关高新技术领域中自主创新性强、技术含量高、具有竞争力、市场前景好、在经济结构调整中发挥重要作用、具有自主知识产权的研究开发项目。

（2）科技成果转化，特别是"863"计划、攻关计划、重大科技专项相关成果的产业化项目，以及利用高新技术改造传统产业的项目。

（3）人才密集、技术关联性强、附加值高的直接促进、支撑、服务于产业发展的高技术服务业的项目。

（4）具有一定技术含量，在国际市场上有较强竞争力，以出口为导向的项目，特别是具有我国传统优势，加入 WTO 后能带来更多市场机遇的项目。

（5）有一定基础的初创期的科技型中小企业、尤其是科技孵化器内企业的项目，海外留学人员回国创办企业的项目。

2. 创新基金支持方式

根据企业的不同特点和项目所处的不同阶段，创新基金分别以贷款贴息、无偿资助等不同方式支持科技型中小企业的技术创新活动。

（1）贷款贴息

① 主要用于支持产品具有一定的创新性，需要中试或扩大规模，形成批量生产，银行已经给予贷款或意向给予贷款的项目。

② 项目计划新增投资额一般在 3 000 万元以下，资金来源基本确定，投资结构合理，项目执行期为一年以上、三年以内。

③ 贷款贴息的贴息总额可按贷款有效期内发生贷款的实际利息计算；贴息总额一般不超过 100 万元，个别重大项目不超过 200 万元。

（2）无偿资助

① 主要用于技术创新产品在研究、开发及中试阶段的必要补助。

② 企业注册资本最低不得少于 30 万元。

③ 申请无偿资助的项目，目前尚未有销售或仅有少量销售。

④ 无偿资助支持的项目执行期为两年，项目计划实现的技术、经济指标按两年进行测算；项目完成时要形成一定的生产能力，并且在项目完成时实现合理的销售收入。创新基金不支持实施期不满两年的项目，也不支持项目完成时仍无法实现销售的项目。

⑤ 项目计划新增投资在 1 000 万元以下，资金来源确定，投资结构合理。

⑥ 在项目计划新增投资中，企业需有与申请创新基金数额等额以上的自有资金匹配。

⑦ 为了达到共同支持创新项目的目的，地方政府部门对项目应有不低于创新基金支持数额 50% 的支持资金；同等条件下，地方政府部门支持多的项目，创新基金将重点支持。

⑧ 创新基金资助数额一般不超过 100 万元，个别重大项目不超过 200 万元。

⑨ 企业应拥有申请项目的知识产权。

2.4.2 技术创新基金项目可研报告的特点

可行性研究报告是作为科技型中小企业技术创新基金项目评审依据的主要文件，通过比较工业项目可研报告可以看出，在许多方面两类报告具有相似之处，如都要进行市场调研和市场需求分析、技术评价、财务评价等。但在一些细节方面，科技型中小企业技术创新基金项目可研报告的编制有所不同。

1. 编制基准与详略

前述工业项目等的可研报告目前是根据《工业项目可行性研究报告编制手册》和《建设项

目经济评价方法与参数(第三版)》进行编制,而中小型科技企业申请科技型中小企业技术创新基金是根据《科技创新基金项目可行性研究报告编制提纲》进行编制。编制内容和要求有所不同,这是在编制科技型中小企业技术创新基金项目可研报告时需要强调与注意的。

工业项目可研报告会涉及企业建设的各个方面,尤其重大项目在进行财务评价基础上还需要进行经济评价和环境评价,所以,内容较多;而科技型中小企业技术创新基金可研报告侧重点突出,重在对项目的技术特征和盈利能力作重点论述。

2. 技术可行性与成熟性

区别于一般工业项目的可研报告,科技型中小企业技术创新基金项目必须充分体现企业科技型特征,尤其是申请项目技术的可行性与成熟性。

在可研报告中,一方面要展示企业的科技型企业特征,如企业开发能力情况,技术开发、生产、销售人员比例等。新产品开发能力情况,包括企业上一年技术开发投入额、其中研究开发投入额、研究开发投入占企业年销售收入比例;科研开发队伍情况;与本项目相关的技术储备情况等。项目技术负责人的基本情况。

另一方面需要重点论述项目创新点,包括技术创新、产品结构创新、生产工艺创新、产品性能及使用效果的显著变化等。申报企业应在不泄露商业秘密的前提下,尽可能详细地说明本项目的创新点、创新程度、创新难度,并附上权威机构出示的近期查新报告、检测报告、实验报告或其他能说明项目技术水平的证明材料,已有产品或样品的可附照片或样本。详细描述项目的技术来源、合作单位情况;说明项目知识产权的归属情况。其中合作开发、委托开发的项目,需附上相关的合作开发协议书和有关技术资料;购买技术再开发的项目,需说明再开发的主要内容并提供相应的技术资料;企业自主开发的项目,需提供相应的技术资料或技术鉴定报告。

还应该详细说明项目目前进展情况、技术成熟程度、有关部门对本项目技术成果的技术鉴定(或验收)情况;本项目产品的技术检测、分析化验的情况;本项目在小试、中试或生产条件下进行试验或小批量试生产的情况,包括项目质量的稳定性、收益率、成品率;本项目产品在实际使用条件下的可靠性、耐久性、安全性的考核情况等(可提供用户使用报告)。

3. 项目实施方案

项目开发计划与技术方案方面的论述是科技型中小企业技术创新基金可研报告的另一个重点。它不同于工业项目可研报告中,对土建工程项目实施的描述,而是详细描述项目各项研发工作、生产准备工作、市场开拓工作的进展计划,以甘特图的形式列出,并明确标出完成各项工作预计所需时间及达到的阶段目标。并列出的各项指标应与"总论"中"阶段目标"的描述相吻合。论述本项目需要进一步完善或新研发的技术内容,并说明在每项研发工作中将采取的具体技术方法、工艺流程和预计实现的技术参数,提出可以解决上述技术问题的备选方案。

4. 投资预算与资金筹措

工业项目可研报告的投资预算与资金筹措需要说明资本金和债务资金及其他资金的筹集方式和数量,尤其需要准确估算资金的综合成本,控制融资风险。

而科技型中小企业技术创新基金项目是依靠政府的贷款贴息或无偿援助,因此,在可研报告中,需要特别强调的是近期完成的投资额,分项说明资金来源及主要用途,以及估算本项目在执行期内的计划新增投资。还需要根据项目计划新增投资情况,撰写新增固定资产投资估算表(包括厂房、机器、设备等)和流动资金估算表(包括人工费、材料费、其他费用)。

对新增投资部分,需阐述资金筹措渠道、预计到位时间、目前进展情况。具体包括:利用银行贷款并已获得贷款的,在附件中须提供贷款合同,尚未取得贷款的,需说明目前贷款的进展情况,若银行已承诺贷款或担保机构承诺担保的,须附银行承诺证明或担保证明;企业自筹资金部分,须详细说明筹措渠道、筹集额度,如果是股东增资,须说明是现有股东增资,还是吸收新股东,并附上股东会决议等材料;地方政府拨款部分,应说明拨款部门、资金使用方式、资金到位时间,已经拨款的,须附相关证明文件;申请创新基金部分,需明确说明申请种类及其金额。

5. 盈利性分析

科技型中小企业技术创新基金项目需要根据产品的成本和市场分析,预测本项目产品进入市场的单位销售价格,并撰写该项目五年的盈利预测,包括收入预测、成本预测、利润预测,上述预测分析要求列表计算。根据销售价格和市场占有情况的分析,预测本项目在基金资助期限内累计可实现的销售收入、净利润、缴税总额、创汇或替代进口情况。

而工业项目可研报告中盈利性分析,根据项目的复杂性有所不同,对于大型工业项目,不仅需要进行财务评价而且需要进行国民经济评价,环境和社会评价。因此,项目的盈利计算相对要复杂一些。

第3章 项目的必要性分析

项目可行性研究的第一个问题便是项目必要性,即项目建设的依据是什么？项目设想是怎样产生的？这类问题通常又与市场需求紧密联系。因此,我们将这两部分内容放在一章中介绍。

3.1 项目必要性

对拟建项目无论是进行机会研究还是进行可行性研究,都是从分析项目建设的必要性开始的。如果设想中的项目没有必要建设,那么其后各项可行性研究工作也就没有意义了。

项目必要性分析首先应明确项目主体是谁。这里项目主体泛指那些投资、组织和管理项目的单位,可以是政府下属的投资公司或民营公司,也可以是海外独资公司。不同的项目主体由于利益差别,对同一项目的必要性也会有所差异,因此项目建设是否必要与项目主体的主观意图有很大关系。

在明确谁是项目主体的基础上,我们可以从以下几个方面对项目的必要性进行分析。

3.1.1 对国家和当地的经济和社会的贡献

项目主体建设项目不只是为本企业创造效益,还应该为国家和当地创造更多的经济效益和社会效益。项目建设的必要性取决于项目对国家和当地的经济和社会的贡献。企业获利,国家或当地受损的项目,要么不符合国家和区域经济发展规划及工业布局,要么会造成环境污染。因此,项目主体在考虑项目时,应尽量建设符合国家和区域经济发展规划及工业布局的项目。例如,杭州市政府提出"蓝天,碧水,清静"的口号,这样,要投资建设造纸厂、印染厂或大型化工厂就很难获得批准。

3.1.2 资源有效利用

在当今竞争空前激烈的年代,任何经济团体都时刻不忘增强和发展自己的竞争优势,而且非自己的长项绝不会轻易涉足,更何况发展项目非常复杂,且耗资又耗时。资源优势是项目主体竞争优势的一个主要方面,但拥有资源不等于能够充分利用资源,不同产品对资源利用情况也有所不同。拟建项目能够充分利用现有资源,提高产品质量,改善产品结构,引入新工艺,节约能源,减少环境污染等,项目投资就具有必要性。因此,项目的必要性一般要建立在充分发挥项目主体在市场营销、资金、技术、管理经验,以及本国、本地的自然资源,天然条件等方面的优势基础上。

3.1.3 项目产品的市场潜力

项目产品的市场潜力取决于它的市场需求,分析项目必要性就要分析项目产品是否有足够的市场需求,分析这种需求是否是长期的、具有发展潜力的需求。这不仅适用于新建项目必要性分析,而且适用于以提高资源综合利用、节约、治理"三废"为主要目的的技改项目的必要性分析。

值得注意的是,在分析产品需求时要会区分"潜在"的和"有效"的市场需求。潜在市场需求不能作为项目的基础,而只有那种市场能够实现产品价值的"有效需求"才能作为项目必要的依据。有许多产品从表面上看有巨大的市场需求,而一经深入研究就发现实际情况并非如想像的那样理想。这种错误判断产生的原因,多半是由于分析人员忽略了需求者的实际购买力,使用产品所必须具备的条件,以及文化特征、生活环境的特性等因素对产品有效需求的影响。

还要深入分析国内和国际市场上的需求变化。在国内市场上,很多产品产量年年增长,但供应仍很紧张,原因就是项目建设只注意抢手产品的数量,而忽视产品、质量、规格和品种多样性,从而导致市场供求的结构性失衡。项目产品还应该考虑国际市场大环境,应瞄准那些能够参与国际市场竞争、出口创汇的产品,更应瞄准那些代替进口节约外汇的产品。

3.1.4 项目主体的发展战略

项目主体的发展战略是实现项目主体长远目标的必要手段,而项目是项目主体发展战略中的一个主要步骤。由于资源的有限性,任何项目主体都不会进行与自己发展战略无关甚至不利的项目。虽然市场需求是项目存在的必要条件,有需求的项目不一定要上马,因为还有其他满足需求的方法。因此,项目是否必要,不仅需要分析项目是否满足需求,还要分析项目是否符合项目主体发展战略,是否是实现项目主体目标的最佳方式。中大集团进行项目选择就是一个很好的例子。经过十几年的发展,集团公司形成了国际贸易、房地产、信息产业和对外投资的四大发展方向。对于拟建的美容院项目,尽管该项目盈利可观,但是,其投资方向不符合公司发展战略,最终还是被否定。

3.2 市场研究

产品的市场需求是项目必要性分析的基础,而市场研究是解决项目必要性问题的关键,也是决定项目产品的生产规模、选择工艺技术和厂址等的重要基础。因此,在市场经济条件下,市场研究已成为可行性研究中最主要的工作内容。

3.2.1 市场研究的主要内容

市场研究的主要目的是要搞清楚项目产品的市场状况,包括:产品市场容量、市场特征、需求量发展趋势、竞争程度、竞争性产品和销售策略研究等。所以,对于一般工业项目,市场研究主要有以下内容:

(1)根据市场发展变化,确定项目产品的目标市场,即市场定位。在一般情况下往往选择那些有较大发展潜力的地区和有较强需求的客户群作为目标市场。例如,我国经济持续发展,各方面的需求增长都很快,国外许多大公司都把中国市场作为其产品的目标市场。

(2)目标市场现状及发展趋势预测。通过市场调查,掌握目标市场的供求状况、需求特征以及将来可能的发展变化方向,并预测项目产品总需求的发展趋势。

（3）目标市场特征与消费行为研究。例如,对产品的性能、功能、质量及价格的要求;消费者需求动机及偏好特征;竞争状态及进入障碍;产品的价格弹性以及影响产品需求的主要因素。重在研究项目产品的数量、质量、工艺等制约因素。

（4）项目产品的销售量及销售策略的研究。项目产品的总需求量并不等于项目产品的销售量,因此,在预测项目产品总需求量的基础上,还需要预测项目产品的可能销售量。并通过市场竞争态势的优劣势分析、项目投资和财务决策,提出销售的战略范围、销售数量、价格、销售网络、销售计划和费用预算、销售手段等具体的销售策略。制定销售策略的目的是要研究实现项目目标(如较高的市场占有率)所需要的方式和活动,而且,只有确定合适的销售策略,才能预测销售收入和销售费用。

市场研究一般通过市场调查和市场预测来完成。本节介绍市场调查,下一节介绍市场预测。

3.2.2 市场调查[3,8]

1. 市场调查的定义

在投资项目的可行性研究中,市场调查的过程就是寻找投资机会的过程。机会找准了,项目就有了成功的前提。因此,项目投资成功与否,很大程度上取决于投资能否通过市场调查,找到并利用有效的投资机会。

市场调查就是根据项目建议书或其他投资机会研究报告中所列出的项目产品纲领和项目建设规模的建议,对投资项目拟生产一种或几种产品,在一定时期内,从生产者到消费者的有关市场消息资料的了解和收集,并进行分析研究的过程。据此了解产品的市场状况,并得出有无市场和市场大小的结论,旨在为市场预测提供必要的信息资料。

2. 市场调查的形式

市场调查一般有两种形式:需求量调查和市场特征调查。

（1）需求量调查。市场需求量调查的内容通常依据项目产品需求特征来制定,而项目产品的需求特征取决于项目产品需求的各个影响因素。一般来说,工业产品需求因素可以归纳为产品因素、经济因素、营销因素、社会因素和偶然因素,如图3-1所示。不同的产品,有不同的影响因素,为了减少调查难度和工作量,在调查之前应尽可能找出主要影响因素和次要影响因素。

（2）市场特征调查。市场特征调查主要指对市场非定量化因素的调查,它对判断市场需求变化发展的方向,制定正确的营销策略等都是十分重要和不可缺少的。

市场特征调查可以从下述四个方面进行考虑:

① 需求者的特点。它主要包括需求动机、需求者的文化和收入水平、需求偏好等。需求者的文化背景及所处体制对需求特征的影响极大,例如,我国超前消费就是在重礼尚往来、喜欢攀比、爱面子等文化特征支撑下发展起来的。企业对设备的需求,片面强调高性能、技术先进而不太重视实用的特点,也与我国的产权不明确密切相关。

② 市场分布特征。它主要包括市场的地域分布、行业分布、消费者类别分布(年龄、性别、收入文化水平类别)等。明确分布特征可以使我们抓住重点市场或找到市场的突破口。

③ 市场完善程度。它主要指进入市场的自由程度,市场割据状态及市场壁垒的严重程度等。例如,我国的国内市场从表面上看应是能自由流动的一体化市场,但实际上却存在着较严

需求量

- 产品因素
  - 产品的功能、性能和质量
  - 产品的相对价格（相对于同类或替代品价格）
  - 产品的价格弹性
- 经济因素
  - 国家经济发展政策及重大决策
  - 国家生产水平（GNP）
  - 居民收入及消费水平
  - 有关行业的规模及发展趋势
- 营销因素
  - 营销能力
  - 销售渠道
  - 售后服务
  - 替代产品的质量和价格
  - 竞争产品销量及变化趋势
- 社会因素
  - 文教、医疗、旅游等行业发展水平及规模
  - 人口结构、规模及其变化趋势
  - 社会制度及政治宗教政策
  - 风俗习惯及文化特征
- 偶然因素
  - 自然灾害
  - 战争及突发政治事件

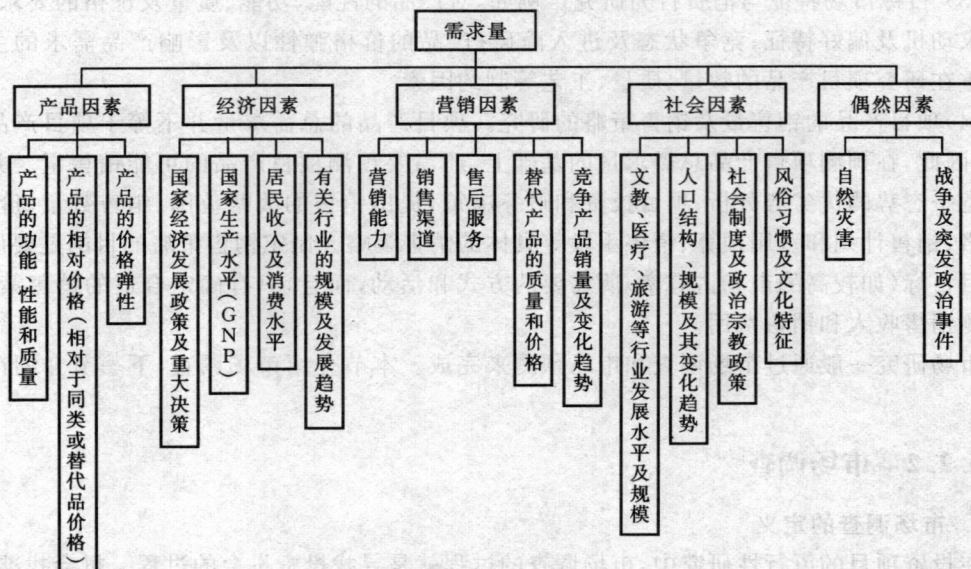

图 3-1　工业产品需求影响因素

重的市场地方割据,许多地区对外地产品排斥、抵制,有些地区紧俏产品限制外运、外销。这些都对项目正常经营有很大影响。

④ 市场竞争特征。它主要包括主要竞争者的背景、实力、政策优势、行为特征。例如,我国现阶段市场竞争行为和手段有许多属不正当竞争行为,许多企业不是靠提高竞争力,而是通过"假、冒、伪、劣"获得不正当利润。在这样的市场上规范的竞争行为不一定能收到预期的效果。

(3) 两种市场调查形式的比较。市场需求量调查主要以室内研究形式进行,即主要通过搜集各种书面资料、并对这些资料进行系统、科学地分析来完成调查研究的任务。这种调查形式是在房子里进行的,故称之为室内研究。室内研究的优点是,能在较短时间内获得大量的、较为系统的有关信息,费用也相对较低。但往往得不到第一手资料,也无法获得最新信息,对市场不能有直接的感性认识。所以,仅仅依靠室内研究是不够的。

市场特征调查则主要通过到市场作现场调查研究来完成。现场研究的一般形式是现场观察、采访调查、问卷调查等。其优点是直观、真实,获得的是最新信息,可以对市场作深入的分析等。缺点是对调查人员的要求较高,费用大,时间长等。所以,在实际中往往请有关的专业市场调查机构来完成这部分调查研究。

3.2.3　市场调查的主要内容[3]

工业项目可行性研究工作中,应根据需要综合运用两种市场调查形式,对项目产品的国内和国外市场情况进行的调查。

1. 国内市场调查

国内市场调查主要包括以下具体内容:

(1) 产品现状、规格和性能的调查。其内容主要有:

①　本项目拟生产产品在国内、国外的发展历史沿革；国内外生产该产品的工艺技术状况及工艺技术发展的过程，国内是否有成熟的生产工艺设备，或者是否有引进的生产国的工艺技术设备。

②　本项目拟生产产品的规格、质量标准、性能及其优缺点；这类产品中多规格、多性能的比较；国内、国外同类产品的规格、质量、性能的分析比较；产品性能在市场竞争中所具有的优势；确定产品质量标准、规格、性能的依据。

(2)　生产能力调查。它分为现实生产能力调查和潜在生产能力调查。主要包括下列内容：

①　本项目产品国内现有生产能力总量，主要生产厂家布局及其生产设备的新旧程度，生产能力利用率。

②　国内现有生产能力总量在地区间的分布、数量与比例。

③　本产品目前在建项目的生产能力及其在地区间的分布、数量与比例，设计投产年月。在建项目和已批待开工项目，目前虽然设计有形成综合生产能力，但它是生产能力的组成部分，属于潜在的生产能力，是生产能力调查工作中应注意的重点。

④　列表汇总。综合以上调查结果，计算到将来某一时间内可达到的国内生产能力总量。列表表示出一定时间内生产能力增长变化情况及增长速度。

对于受消费习惯、产品的特点、运输方式所制约，属于区域性消费为主的产品，应按上述顺序内容逐一调查本项目所在地区（省、市或经济区域）的生产能力情况。生产能力调查应反映某一时点（通常为某年）的情况。

(3)　产品产量调查。其调查的内容主要有：

①　某一时点（通常为某年）本产品的全社会拥有总量及在地区间的分布，在不同人口组的分布，在部门间的分布。对于多等级类型产品，应分别调查各等级各类型产品的社会拥有量及各自所占比例。同时还要调查分析产品的更新周期和更新特点，以及产品更新可能引起的社会拥有量的变化。

②　本产品国内保有量与国外有关国家保有量的分析比较，以了解国内保有量是多还是少，说明本产品市场需求满足程度。

③　本产品一段时期以来的产量变化情况，计算产量增长速度，并列表表示。

④　本产品一段时期以来的进出口量及进口来源，主要来自哪些国家或地区；调查进口产品的价格，描述价格变动趋向。

⑤　本产品一段时期以来的出口量及出口去向，占国内生产量的比例；主要向哪些国家或地区出口。

(4)　消费情况调查。其调查的主要内容包括：

①　本产品的国内消费总量。主要调查分析一段时期内的产品总量及增减变化情况。

②　本产品的消费用途调查。调查并详细说明本项目拟定产品是最终消费品还是中间产品；是最终生活消费品还是生产资料；本产品过去的用途，主要用于什么部门的消费；本产品现在的用途。现在和过去相比，产品用途发生了哪些变化，将来会有什么发展；国内与国际相比，本产品在用途上还有哪些可开拓的市场。

如果本产品是工业基本原料，在有条件的情况下，应逐一调查并分别说明本产品在主要使用行业的用途及单位消耗量。

③ 消费总量在部门、地区间分配构成。

④ 消费总量中,国内产量所占比重,进口量所占比重。

⑤ 如果产品是作为中间产品,还应调查消费使用该产品的部门(行业或相关产品)的生产能力数量,消耗定额及消费数量。

⑥ 综合汇总以上调查分析结果,列表表示出产品总产量发展变化状况及其消费总量的分配流向。在可能情况下,应根据综合汇总表描绘出产品一段时期内的生产能力、产量、消费量的增减变化图,以说明该产品的市场需求的满足程度。

对于受产品性能制约,流通范围不广,以区域消费为主的产品,应按上述内容,调查项目所在地区产品产量、生产能力、实际消费量等情况,并附相应的调查汇总表。

(5)产品价格调查:

① 产品的定价管理办法,是由国家控制价格还是市场定价。

② 产品的价格详情。产品价格的变化,引起该产品的消费量的变化。

③ 产品现行价格标准、价格体系对生产企业利益的影响。着重分析现行生产企业生产产品的一般成本费用情况,将成本费用与产品定价进行对比分析。

④ 该产品用于出口时,要调查了解国际市场上该种产品的进口价格、出口价格,分析其变化的趋势,调查引起价格上升或下降的主要原因以及国际有关权威组织对产品价格变化的趋势分析预测结论。

⑤ 在资源来源充实可靠的条件下,应分别论述消费总量中各种价格标准的消费占消费总量的比重。

(6)替代产品调查:

① 可替代产品的性能、质量与本产品相比的优缺点。

② 可替代产品的国内生产能力、产量;可作替代用途的比例;价格分析。

③ 可替代产品的进口可能性及价格。

2. 国外市场调查

通过国外市场调查,可以了解国际市场上该产品的市场及消费情况,了解该产品的国际市场容量,分析国内产品在国际市场上的竞争力和向国外市场出口的可能性。国外市场调查的主要内容为:

(1)该产品在国际范围内近几年的生产总量,近几年的生产能力。调查时,应以某一历史时期为基点,分析计算基点年以后各年该产品产量和生产能力的增减变化情况。

(2)该产品某时点(通常以年表示)的产量、生产能力在国家、地区间的分布构成,包括绝对数量和所占比重的分布构成。

(3)该产品主要生产企业(公司)的情况,生产工艺技术的特点,产品性能、质量的优缺点。

(4)该产品在国际范围内总消费量及在主要消费国家、主要消费地区的分布构成。

(5)占消费总量比重较大的国家对该产品的进口、出口情况;论述进出口量增减变化的原因,着重分析调查相关制约的因素。

根据以上结果,编制该产品国外市场综合情况汇总表(表3-1)。

表 3-1 ××产品××年世界产量及消费量汇总表

国 别	计 数 单 位	生产能力		产 量		消耗量	
		数量	比重(%)	数量	比重(%)	数量	比重(%)
A 国 B 国 C 国 ⋮							

3.3 市场预测

市场预测是利用市场调查所得到的信息资料,根据市场信息资料分析报告的结论,对本项目产品未来市场需求量及相关因素所进行的定量与定性的判断与分析。在可行性研究工作中,市场预测的结论是制订产品方案、确定项目建设规模的重要依据。

3.3.1 市场预测的种类

市场预测包括国内外市场需求预测、产品替代出口量或替代进口量预测,及价格预测,其核心内容是市场需求量的预测。

1. 国内外市场需求预测

应对下述与市场预测有关的因素加以说明:

(1)本产品的消耗对象,市场上当前的消费量,及其变化趋势。

(2)本产品的消费条件。消费条件因产品特点性能而异,如汽车的消费需要具备相应的道路交通条件;电视机、电冰箱的消费需要有电等。预测某一种产品的的市场需求时,应将那些不具备消费条件的消费领域从消费对象总量中剔除。

(3)本产品更新周期的特点,说明本产品有效经济寿命的长短。

(4)需求的影响因素。说明以往需求的主要决定因素,及其对需求的影响;预测未来这些因素的今后的发展及对需求的影响。

(5)可能出现的替代产品。

(6)本产品使用中可能产生的新用途。产品新用途的出现,意味着扩大了本产品的消费领域,扩大了市场需求容量。

根据以上分析,运用合适的预测方法,预测本产品国内外需求量,并比较它与现有生产能力的差距。

2. 产品替代出口量或替代进口量预测

(1)替代进口分析。将本产品与目前进口产品从性能、重量、价格、配件、维修等方面进行比较,说明本产品的优势和有利条件。

(2)出口可行性分析。如果拟建项目的产品在质量和技术等方面,具备在国际市场上进行竞争的能力,则应考虑国外市场对本产品的需求。

（3）分析国家对该种产品的出口有何限制条件或鼓励措施，该产品进口国的贸易政策，该产品出口流向，出口价格是否有利。

通过以上分析，预测本项目产品可能的替代进口量或出口量。

3. 价格预测

进行产品价格预测，要考虑产品产量、质量、同类产品目前价格水平，还要分析国际、国内市场价格变化趋势，国家的物价政策变化、产品全社会供需变化等因素；产品降低生产成本的措施和可能性；为扩大市场需采用的价格策略等，综合以上因素，预测产品可能的销售价格。对拟增加出口的产品或替代进口产品，还要参照国际市场价格及变化趋势定价，如产品外销，应附有有关方面承诺外销的意向书。

4. 项目需求量的预测

项目需求预测的目的是了解项目产品在将来一段时间的可能销售量及其增长率。其基本思路是：先预测项目产品的总需求量，再预测未来该产品的供应量的发展变化，最后由二者之差得出该产品的需求量。用数学公式可表示为：

$$产品需求量(q_t) = 总需求量(Q_t) - 项目外供应量(S_t)$$

其中，总需求量包括国内外需求量，而项目外供应量包括进口。

在可行性研究中，由于工业项目的寿命一般在 10 年以上，因此，项目需求量的预测都是中长期预测，而且，趋势的预测比具体数字更为重要。在可行性研究阶段，预测精度允许有 $\pm 10\%$ 的误差。

3.3.2 市场预测技术

预测未来需求量是一项十分复杂而又富有技巧性的工作，目前预测的理论和技术已成为一门专门的科学，内容非常丰富，仅预测方法就有数百种。这里我们简单介绍几种用于市场预测的常用方法，包括趋势外推法、最终用途法、相关分析法、简单平均法、移动平均法和指数平滑法。

1. 趋势外推法

这种方法是利用历史上形成的长期发展趋势，并在假定的趋势今后一定时期不再改变的基础上直接进行外推，即把这种历史趋势延伸到未来，从而得出预测的结果。

由于被预测量的历史数据呈线性趋势外，还会呈现非线性、周期性和非周期性的特征。因此，进行预测时，必须对被预测变量的具体特征选用合适的数学模型。这种方法适用于趋势比较稳定的情况。具体在预测时，首先需要关注是否具有确定的趋势，其次，需要确定所选用模型中的参数。预测的时间也不能太长，一般预测时间为 5～10 年较为合适。

一些用于趋势预测的趋势方程主要包括：

（1）线性趋势

采用的公式为：$Y = a + bT$

其中，Y 为预测变量，T 为时间期数，a 和 b 为回归系数。

（2）指数趋势

采用公式为：$Y = ae^{bT}$，或 $\log Y = a + bT$

其中 a、b 为常数。

（3）二次及高次多项式趋势

采用的公式为：$Y = a + bT + cT^2$

其中，a、b、c 均为回归系数。

（4）自动回归曲线

运用这种趋势预测方法不同于前几种，因为预测变量不随时间变化，而是与过去的数值有关。

采用公式为：$Y_t = a + bY_{t-1} + cY_{t-2}$

式中，Y_t 为 Y 在第 t 时期的值。

2. 最终用途法或消耗系数法

这种方法在市场预测中有时称为"市场因子法"。它们的基本思想是一样的，主要用于预测中间产品（生产其他产品的投入物，如钢材、水泥、初级化学制品、机械设备等）的需求。这种方法的基本思路是利用那些已被预测产品作为投入物的产品在将来的产量和对被预测产品的消耗系数进行预测。例如，水泥主要用于建筑业，因而其需求取决于计划建设的新建筑物（包括住宅、厂房、公共建筑等）、维修现有建筑以及一些小用户的需求。水泥的需求量可用下式表示：

$$D_{水泥} = \sum_{i=1}^{n} x_i c_i$$

其中 x_i 为计划中第 i 种建筑的规模数量（可用建筑面积表示）；c_i 为第 i 种建筑对水泥的消耗系数，有时也称为技术系数。由此可见运用这种方法的条件是：①已知消耗产品的未来需求 x_i；②已知消耗系数 c_i，而且要假定 c_i 在预测期内没有明显的变化。

在计划经济体制下，这种方法给人的印象是比较可靠的。因为 x_i 可从各行业的发展规划中找到，而且技术系数或消耗系数也有工程技术上的依据。在市场经济条件下 x_i 就要从各有关行业的预测或规划资料中寻找，或者对其单独进行预测，如果经费和时间允许的话。值得注意的是在有关技术处于迅速发展或不稳定的时候，使用这种方法应慎重。另外，消耗系数应取最新的。

如果 x_i 无法从规划中找到，而必须用某些预测方法得到数据，则这种方法预测结果的不确定性会大大增加。

3. 相关分析

这种预测方法的基本思路是：任何事物的发展变化都不是孤立的，都是在与其他事物的发展变化相互联系、相互影响的过程中确定其轨迹。相关分析技术就是利用被预测中变量与其相关变量的相互关系，通过相关变量在未来的发展状况来进行预测的。应用这种方法进行预测的关键是建立可靠的相关模型。通常这种模型是利用统计技术（如回归技术）建立起来的。

一个好的相关预测模型至少应满足以下条件：

（1）因变量与自变量之间应有强相关关系，统计相关系数不应低于 0.9；

（2）自变量之间的相关程度应尽可能低，相关系数不应超过 0.5；

（3）自变量未来的状况是已知的，可靠的。

相关预测模型的基本形式如下：

$$Y_t = \alpha + \beta_1 X_1 + \beta_2 X_2 + \cdots + \beta_m X_m + e_t$$

式中 Y_t——要预测的变量；

α——常数项；

β——第 I 个解释变量的系数，也是模型的待定参数；

e_t——随机误差项。

X_i 与 Y 有相关性，并不意味着变量中间存在有因果关系。

4. 简单平均法

简单平均法又叫算术平均法，是指使用预测对象过去时期算术平均值预测未来变化趋势的一种方法。算术平均值的计算公式为：

$$\bar{x} = \frac{1}{n} \sum_{t=1}^{n} x_t$$

其中：x_t 为第 t 期预测对象的实际值；

n 为历史资料的期数；

$\bar{x}$ 为前 n 期的算术平均值。

用这种方法进行预测，下一期（第 $n+1$ 期）的预测值就是前 n 期的算术平均值，即 $F_{n+1} = \bar{x}$。

5. 移动平均法

移动平均法是在简单平均法基础上发展起来的一种方法，即对历史数据按顺序逐步分段移动平均，以反映预测对象的变化趋势。这种方法克服了简单平均法对所有历史数据一次平均，从而看不出预测对象长期趋势的缺陷。移动平均法常用的有一次移动平均法和二次移动平均法两种，其使用方法如下。

（1）一次移动法。一次移动平均法中的移动平均值计算公式为：

$$M_t^{[1]} = \frac{x_t + x_{t-1} + x_{t-2} + \cdots + x_{t-n+1}}{n} \quad t \geq n$$

式中：$M_t^{[1]}$ 为第 t 期的一次移动平均值；

x_t 为第 t 期的实际发生值；

n 为移动平均期数，即每次移动平均所包含的实际发生值的个数。

应用一次移动平均法进行预测，本期的移动平均值就是下一期的预测值，即 $F_{t+1} = M_t^{[1]}$。

（2）二次移动平均法。二次移动平均法是在一次移动平均的基础上再进行的一次移动平均。二次移动平均值的计算公式为：

$$M_t^{[2]} = \frac{M_t^{[1]} + M_{t-1}^{[1]} + M_{t-2}^{[1]} + \cdots + M_{t-n+1}^{[1]}}{n} \quad t \geq n$$

式中：$M_t^{[2]}$ 为第 t 期的二次移动平均值。

使用二次移动平均法进行预测，主要是找出预测对象的线性变化趋势。因此，需要根据移动平均值找出线性趋势预测方程。该方程的表达式为：

$$F_{t+T} = a_t + b_t T$$

式中：F_{t+T} 为第 $t+T$ 期的预测值；

T 为距离第 t 期的期数；

a_t、a_t 为预测模型系数。

$$a_t = x_t = 2M_t^{[1]} - M_t^{[2]}$$

$$b_t = \frac{2}{n-1}(M_t^{[1]} - M_t^{[2]})$$

根据一次和二次移动平均值求出 a_t、b_t 以后,就可利用其建立的预测方程进行预测。

使用移动平均法进行预测时,关键是确定移动平均期数 n。一般来说,资料期数多时,n 值可取大些;资料期数少时,n 值就应取小些。

6. 指数平滑法

指数平滑法是在移动平均法基础上发展起来的一种预测方法。它是通过用一组指数变化规律的权数对各期历史数据进行加权平均,根据加权平均值进行预测的方法。

指数平滑法常用的有一次指数平滑法、二次指数平滑法两种。

(1)一次指数平滑法。一次指数平滑法是对原始时间序列数据进行平滑的一种方法。一次指数平滑值的计算公式为:

$$S_t^{(1)} = ax_t + (1-a)S_{t-1}^{(1)}$$

式中:$S_t^{(1)}$ 为第 t 期的一次指数平滑值;

$\quad$ $S_{t-1}^{(1)}$ 为第 $t-1$ 期的一次指数平滑值;

$\quad$ x_t 为第 t 期的实际发生值;

$\quad$ a 为指数平滑系数($1 \geqslant a \geqslant 0$)。

式中 $S_0^{(1)}$ 的确定:在资料期数较多的情况下,取第一期的实际发生值,即 $S_0^{(1)} = x_1$。

应用一次指数平滑法进行预测时,第 t 期的指数平滑值就是第 $t+1$ 期的预测值,即 $F_{t+1} = S_t^1$。

(2)二次指数平滑法。二次指数平滑是在一次指数平滑的基础上再进行一次指数平滑。二次指数平滑值的计算公式为:

$$S_t^{(2)} = aS_t^{(1)} + (1-a)S_{t-1}^{(2)}$$

式中 $S_t^{(2)}$、$S_{t-1}^{(2)}$ 分别为第 t 期和第 $t-1$ 期的二次指数平滑值。二次指数平滑值的初始值一般取第一期的一次指数平滑值,即 $S_0^{(2)} = S_1^{(1)}$。

使用二次指数平滑法进行预测时,预测方程为:

$$F_{t+T} = a_t + b_t T$$

式中:F_{t+T} 为第 $t+1$ 期的预测值;

$\quad$ T 为距离第 t 期的期数;

$\quad$ a_t、b_t 为预测模型系数。

$$a_t = 2S_t^{(1)} - S_t^{(2)}$$

$$b_t = \frac{a}{1-a}(S_t^{(1)} - S_t^{(2)})$$

将求出的 a_t、b_t 值代入预测方程,就可利用所建立的方程进行预测。

在使用指数平滑法进行预测时,关键是确定 a 的值。对 a 的值,目前还没有比较可靠的选择方法,一般是给不同的 a 值,经过试算找出平滑值与实际发生值误差最小的相应 a 值,以这一 a 值作为最终选定的平滑系数。

7. 预测技术的应用

要进行成功的需求预测,必须对预测有一个正确的认识,既不要盲目依赖预测及其结果,也不要全盘否定预测的作用。由以上六类预测方法的简介,我们基本可以看出以下预测的特征:

（1）预测是有一定根据的，因而具有一定的可信度。

（2）预测是有条件的，只有当客观情况完全符合预测的假设条件时预测结果才可能与将来的实际相符。

（3）预测具有不确定性，即预测结果与将来的实际有一定的偏差是不可避免的。

正是有了这些性质，预测技术才发展到今天这样丰富的程度。因为，人们需要对未来的认识，而要准确地认识未来是不容易的，所以就要研究进行预测的有效方法。提高准确度，降低不确定性是所有预测技术追求的目标。

3.4　市场调查报告

在撰写市场调查报告之前，调查人员对调查报告的形式和结构应该有一个清楚的了解。如果一份市场调查报告只涉及一个国家或地区的市场，其内容一般可包括以下四个方面：

1. 序言

调查报告的序言部分，一般只简单介绍市场调查项目的基本情况。他主要包括以下三个部分：

（1）扉页。它包括市场调查报告专题的名称；进行调查的公司或政府部门的名称；市场调查人员的姓名及所属的部门；提出报告的日期。

（2）目录。

（3）简介。包括对组织这次市场调查的背景及其原因的说明和对原调查目标的某些调整和改变的说明。

2. 调查结论摘要

一般情况下，使用调查报告的有关人员，如公司的决策级管理人员或政府有关人员，他们的兴趣只是能够尽快地了解市场调查的基本结果，并以此作为他们进行决策的参数。为此，调查结论摘要便成为市场调查报告中至关重要的一个部分。调查结果摘要所占用的篇幅不宜过长，更不要列载太多的表格。调查结果摘要的内容可以包括：

（1）当地市场容量；（2）简单列举当地的主要实用工业简略名单及其地位（例如，汽车、电动机、抽水机是当地三种主要产品，三者共占当地贸易份额的 60％，目前未发现有根本性变化的迹象）；（3）可能的增长速度；（4）说明世界各国在某地市场的占有率和主要的竞争对手；（5）市场消费者对有关产品的正、反两方面的意见。

最后还可以提出某些带有行动意义的结论和建议。

3. 调查报告正文

调查报告正文应全面地论述市场调查全过程，从提出问题、分析问题到得出结论，列出全部有关市场调查结果的论据。同时也应清楚地说明市场调查、分析过程中采用的方法。调查报告正文应涵盖如下四个方面：

（1）调查方法的说明。在报告正文中应简要介绍在调查过程中选用了哪些调查方法以及选用这些方法的原因，以说明调查报告的内容和结果的可信程度。例如：调查样本的抽选方法及结构；调查问卷的发放方式及其回收率；各种访问方式的选择及其走访的次数；方案调查资料的来源；对调查资料进行加工、整理、分析等等。

（2）市场背景的介绍。介绍目标市场的各个方面的特征,如:

①地理的条件;②气候的条件;③经济发展趋势;④产品工业的状况;⑤政局的状况;⑥社会和文化的趋势;⑦各种法令与法规。

（3）具体产品的市场情况介绍。介绍的内容具体可包括:

①产品的市场容量;②市场变化的趋势预测;③产品的市场结构和细分;④产品销售渠道和分销方式;⑤目前产品的经营竞争者及其市场占有率;⑥本公司产品试销反应,及其与竞争产品的比较评估;⑦市场中较为有潜力的客户对产品的需求、购买行为、习惯和态度;⑧价格及定价政策;⑨现行的和建议采用的广告及促销推广的方法。

（4）结论与建议。这部分内容应具体说明调查的结果对公司的意义,以及公司应该采取哪些行动方案和措施。

市场调查人员可以采取列举的形式,说明目前公司可以采用哪些方案及其所需要的费用和得到什么结果。必要的话,调查人员还可以对怎样选择最佳方案提出建议,当然建议的提出要有论证加以说明。

建议的提出要根据不同的市场调查目的规定,可以包括下列内容:

①需要选择什么样的代理商;②是否需要某些推销手段(如广告等),现在已有的推销手段有哪些方面的不足;③选择哪些销售渠道较好;④什么样的价格水平较为合适;⑤与竞争者对抗的最好方法。

4. 附录

附录是有关市场调查报告内容的各种必要的参考资料,或者说它是调查报告论证、说明、分析的基本依据。每份附录都应有相应的编号,以便于翻阅和查找。

第4章 项目技术方案分析

项目技术方案分析是可行性研究的重要组成部分,它是从技术的角度分析项目实现的可行性,即要解决项目的可实现性问题,目的在于为项目创造优秀的方案。主要研究内容包括:项目规模,项目应采用的生产技术、工艺流程、设备及其相应的总平面布置、主要车间组成及建筑物结构型式等。并在此基础上,估算土建工程量和其他工程量。在这一部分中,除文字叙述外,还应将一些重要数据和指标列表说明,并绘制总平面布置图、工艺流程示意图、主要设备连接图等。

4.1 项目规模的分析与确定

在建设项目可行性研究工作中,需要根据市场调查和市场预测的结论,在确定了产品方案以后[①],分析与确定项目规模。

项目规模,即项目建设规模,它因考察的角度不同而有不同的内涵。对投资者来说,一般依据投资额来度量项目规模,投资额大,则项目规模就大,反之,则项目规模就小。在工程界,项目规模是指项目实施所要求的工程量。而在经济界,项目规模通常指项目的设计生产能力,即项目生产一定质量标准的产品的最大能力,如30万吨乙烯项目,150万千瓦发电厂项目等。在同一类项目中,上述三种概念也是相互关联的。一般情况下,项目设计生产能力大,则工程量、投资额也都较大,反之亦然。就工业项目而言,项目规模就是按照项目设计生产能力计算的规模,具体需要确定主要产品年产量、主要副产品年产量、主要设备、主要辅助生产能力等。

4.1.1 项目规模的决定因素[3,9]

项目规模是一个要较早决定的重要参数,它决定了项目的投资额和项目未来的产量,影响着项目工艺技术以及厂址的选择等一系列工作。正因为这样,项目规模并不能随意确定,而是先要分析项目规模的各种影响因素,再综合考虑确定。

对于工业项目,决定项目规模的主要因素有:

(1) 项目产品在未来的销售量。

(2) 资本金与融资能力。

(3) 项目所用技术及工艺路线。

(4) 各种生产投入物及能源的供应量和可靠性。

(5) 经济规模。

(6) 风险及项目主体的风险承受能力。

---

① 产品方案指确定项目的主产品和副产品,及产品规格标准。

工业项目的基本功能是生产社会所需要的工业产品,因而项目的规模要受到产品销售量的限制。虽然在一般情况下,项目投产后的前几年(1~3年)的产量、销售量与项目的生产能力相差较大(一般在4%~70%之间),但项目的生产能力一般不宜超过正常年份的销售量太多,超出量一般宜限制在10%之内。

有时候市场显得非常大,但这并不意味着项目规模就可以很大。因为,项目规模还受资金的限制。当今世界发展中国家普遍存在资金短缺问题,尤其是外汇更为缺少。即使资金相对充裕的国家或企业,由于资金周转的要求也不可能投入巨额资金于若干年以后才能见效的工业项目。近几年,随着我国金融体制的改革,企业融资渠道和形式不断增加,但社会资金总体仍然短缺,资金成本居高不下,因此,通过大量融资搞项目往往会使项目背上沉重的利息负担,除非项目有极高的盈利能力。总之,项目规模应限制在项目主体的资金能力(包括融资能力)允许的范围内。

与投资约束并列的,制约项目规模的另一重要因素是保证正常生产的基本条件:原材料及外购件的供应,规模越大,正常生产所需要的原材料、外购件(含动力)也就越多,而这种供应能力是由环境决定的。所以,在确定项目规模时应注意原材料及外购件的供应能力的协调,使得正常市场的需要在供应能力的范围之内是明智的,否则可能会因开工率不足而使生产成本上升,严重时还可能使项目陷入绝境而中途失败。

项目所涉及的工艺技术也对项目的规模有所影响。特定的加工程序经常同生产的某种水平相联系,只有在一定的生产水平上这种技术在技术和经济上才是可行的。这一点尤其适用于化工、发电、冶炼等连续性生产行业,这些行业的主要工艺设备都是成套的,而且有额定的生产能力。项目的生产能力通常是其整倍数。

经济规模是决定项目规模的又一重要因素,所谓经济规模是指在一定的生产技术装备条件下,能充分发挥企业各种资源的效能,取得最大利润的生产规模。不同的工业部门有不同的经济规模,即使在同一工业部门,行业不同,技术装备不同,其经济规模也不尽相同。例如,核电站的经济规模通常比火电厂大;机械设备自动化程度高的行业,其经济规模比机械设备自动化程度低的行业经济规模大;在化工部门,精细化工和橡胶加工等行业的生产规模一般比较小,而石油化工行业的生产规模较大。行业的最佳经济规模是在实践中总结,经归纳和分析之后得到的。在工业化国家中,大多数工业生产的最佳经济规模通常是根据所使用的工艺和现行价格加以规定的。但这种生产规模水平不是固定不变的,在不同的国家或地区,由于环境条件不同而有所变化。

最佳经济规模取决于以下因素:一是产品需求的特性,如果是最终消费品,通常因为经常更换品种以跟踪市场需求而形成较小的经济规模。如果是大宗的工业原材料,市场需求变化不大(对产品的特性、外观等),则生产规模一般比较大,如石油化工产品、电力、钢材、汽车、建材等等。

还有一个因素是企业所用的技术和相应的设备。技术决定设备,而每一项设备都有一额定的生产能力,尤其是现代工业生产设备大多是专业化成套设备,企业的生产能力如果与设备能力不协调就会导致设备投资的浪费或生产成本的增加。所以,经济规模必须与设备生产能力协调一致。

最佳经济规模的这种科学与实践基础决定了其在确定项目规模时的重要作用。为了使项目取得预期的经济效益,项目规模一般都在经济规模的范围之内。所以,在研究项目规模时,有必要取得有关经济规模的资料和参数。

　　风险也是确定项目规模要考虑的一个问题。规模越大,项目越复杂,管理难度越大。如果项目主体没有可靠的基础、雄厚的实力以及丰富的项目管理经验,启动大项目是十分危险的。所以,项目规模也不能超出项目主体的风险承受能力。

4.1.2　项目规模的综合确定

　　在实际可行性研究中,项目规模是在综合考虑,分析以上影响因素之后,权衡各方面利弊综合确定的。一般的分析过程是:首先考察项目产品的需求量和可能的销售量(与销售战略有关),这个可能销售量必须大于最小经济规模(与所用的工艺技术与设备有关)。不满足这个条件就应该放弃这个项目或重新构思项目。此外,可能销售量最好大于最佳经济规模所对应的生产能力,这样可以为项目留有一定的发展余地。

　　如果产品需求足够大,则考虑项目生产所需投入物(包括能源与运输等)的供应情况,结合备选厂址的环境条件,分析所能允许的最大规模(即各种投入物供应能力有可靠保障的规模)。如果这一规模小于最小经济规模则可能要考虑放弃该项目或者更换厂址,即最小经济规模下的各种投入物供应必须完全可靠,最好有比较大的余量,以便提高项目生产能力。

　　如果产品销售和投入物供应都有可靠保障,问题就简单得多。确定规模就看项目主体的资金实力和融资能力,如果资金不太充裕则可按一个经济规模建项目。如果资金充裕可考虑建若干个具有最佳规模的项目(当然要在市场与投入物供应情况允许的条件下),也可以只建一个,剩下的需求由其他项目或进口来满足。

　　上述选择程序如图 4-1 所示。

　　根据确定的产品方案和项目规模及预测的产品价格,可以估算产品的销售收入。

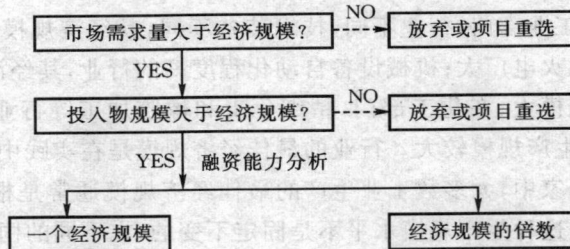

图 4-1　项目规模的确定流程

4.2　工艺技术方案的选择

　　由于当今科学技术的高度发展,对特定的产品和生产要求往往有不同的技术可供选择。只有当项目所选用的技术方案与项目的要求和条件协调一致时,项目才具备技术上的可行性,才可能取得良好的经济效果。所以工厂技术方案分析与选择是可行性研究中至关重要的环节和内容。它涉及技术方案和工艺方案两个方面。

44

4.2.1　技术方案的评价与选择^[7,8]

技术方案指产品所采用的技术(专利或专有技术)。这是一项由技术人员完成的、十分复杂的工作。这项工作大体可分为两个步骤:先广开思路,充分发掘可能的方案,并在完善方案的过程中剔除那些明显不可行的方案。然后,对这些备选方案进行综合、系统的评价,从而选择出最佳方案。

1. 技术类型与技术评价

技术是由系统的科学知识、成熟的实践经验和操作技艺相结合而形成的专门学问和手段。项目的技术方案,由三个要素构成:①为实现项目的功能目标所具有的科学知识技能;②为实现项目的特定目标所选择的工艺技术方法;③为落实工艺技术方法而采用的物质手段,包括设备、器具等。这三个要素互相依存、互相促进、互相制约,共同构成项目方案的技术系统。因此,投资项目技术评价的对象,是以各种物质形态所表现的技术要素,如各种工艺图纸、计算公式、体现技术水平和现实技术水平目标的设备、厂房等。技术按其形式可分为硬技术(即体现为机器、设备、基础设施等生产和工作条件的物质技术)和软技术(即体现为方法、程序、信息、经验、技巧和管理能力的非物质技术)两大类。就项目而言,其技术条件主要是指以新工艺、新设备为主要内容的技术方案,与投资项目的技术方案相适应的设计方案和产品方案。

在进行技术选择时,可将各种待选技术划分成若干种类。主要包括:

(1) 资金密集型技术,即资金占用与消耗较多的技术。该类技术的特点:一是资金占用较多、周转较慢、投资回收期较长;二是容纳劳动力较少,但具有劳动生产率高、消耗低、成本低、竞争能力强等优点。资金密集型技术的发展要求有较高的物质技术基础和较充裕的资金条件。

(2) 劳动密集型技术,即劳动占用与消耗较多的技术,表现为单位劳动占用的资金较少、技术装备程度也较低。主要特点是容纳和占用劳动力较多,但资金占用较少。

(3) 技术密集型技术,即机械化、自动化程度较高的技术。这种技术的突出特点:一是对技术熟练程度和科学技术知识要求较高,因而可以完成传统技术、常规技术无法完成的生产技术活动,取得比传统技术、常规技术更多的产品、成果;二是可以为国民经济各部门提供新技术、新材料、新能源、新工艺、新设备,并把劳动生产率提高到一个崭新的水平。

(4) 知识密集型技术,即高度凝结先进的现代化技术成果的技术。这种技术的特点:一是从事这种技术活动的多是中高级科学、技术人员和经济管理人员,甚至操作人员也都需有较高的科学技术知识与管理知识;二是技术装备复杂、投资费用高,但这种技术具有占有劳动力少、消耗材料少、环境污染少等特点。随着现代科学技术的迅猛发展,知识密集型技术有不断发展的趋势。

对于技术及知识密集型技术,从技术选择的角度,还可以分为:①设备节能型技术,是能源缺乏的国家或地区所坚持的技术发展战略方向;②物资消耗节约型技术,是今后技术发展的主要方向之一。尤其对那些资源短缺的国家和地区更应严格遵守,所选技术无论在原料、材料的消耗上,还是辅助材料、替代材料上,应选用以节约资源型为主的技术;③三废自我处理型技术。即在考虑技术结构、设备结构时,应尽量选用"三废"排放较少或无"三废",少污染或无污染的技术,即便出现"三废"也能自我处理;④生产安全型技术。技术无论其先进程度如何,首先要考虑其生产安全,离开了安全就失去了选择的真正意义。

技术评价是对技术方案所进行的定性、定量分析和评价,是技术评价的关键环节,一般包括功能评价、技术评价和经济评价。①功能评价,是对技术方案满足投资目标程度的定性分析。在评价中,应分析随着市场供求状况的变化可能导致的项目投资目标的变化,分析技术方案能否充分满足目标需要,是否具有较高的市场应变能力;②技术评价,主要是对技术的先进性、适用性和可靠性进行分析。对技术先进性的分析,就是分析技术的寿命期是处于初创阶段、成长阶段、成熟阶段还是衰退阶段。采用技术要因地制宜,因项目而异,讲究实效,确保技术的可靠性。工业项目上采用的技术,一般应是经过工业实践检验的,证明是可靠的,如果要采用的新技术没有经过工业实践,必须经过工业试验和科学鉴定认可。③经济评价,是对技术方案的经济性进行定性和定量分析。反映技术方案经济效益主要有投资效益指标(如投资利润率、投资回收期等)和生产经营效益指标(成本利润率、资金利润率等)等,应进行静态和动态分析。④总评价,是对拟建项目的技术方案进行综合分析和评价,主要从技术先进性、适用性、经济性和安全性统筹考虑的角度来评价技术方案的可行性,辩证地考察它们之间的关系。在技术评价时,还应注意以下两种风险:一是技术风险,即由于所采用的技术未经过充分验证或技术力量不足,难以消化所采用的新技术等原因造成的失败;二是经济风险,即由于经济上不合理而造成的失败。在技术评价中,应提出避免或减少风险的措施。

2. 技术评价的考虑因素

技术备选方案选择主要考虑以下几方面的因素:

(1) 所选技术应能达到项目产品的主要技术要求,这些要求在市场研究阶段就已明确,主要指为使产品在市场上有足够的竞争力,应达到性能、质量、外包装等方面的要求。

(2) 技术的选择方案应能适应当地的资源条件。工业生产都需要投入大量的自然资源或原材料,而一定的生产技术,往往只能适用于某种特定规格的原材料;另一方面,用不同的原材料(质量上的不同)生产出来的产品也不同。因此,选择技术应当与项目厂址的选择结合起来考虑,以保障能为项目的技术长期可靠的提供合适的原材料。

(3) 项目技术的选择要注意项目所处的环境。主要包括:当地技术与经济的发展水平;对应于技术的接受、吸收的能力;相应的生产协作条件;劳动力的素质、结构与数量以及地方环境保护的要求等。努力针对环境特征设计技术方案应尽早排除不能适应当地环境的方案。目前,发展中国家普遍情况是劳动力数量充足,但技术和生产素质较低,对高科技接受和吸收能力较低,工业生产系统不够完善,生产协作条件在各行业中不平衡,生态环境较差,对工业污染的处理能力较低。

考虑到以上几个方面,可行性研究小组中的技术专家要在广泛了解和搜集有关生产技术情报的基础上提出若干可行的技术方案。

技术评价是将各备选方案的特性与优劣进行系统的分析,依据项目的发展战略及项目对技术的要求,对各方案作综合的评价,以选择出最佳方案。技术评价一般要从以下四个方面进行综合的分析。

(1) 技术的先进性。一般来讲,先进技术有较强的竞争力,所以在其他方面相同的情况下应选择先进技术方案。但是,强调先进性并不意味着可以选择那些超出现实、没有产业基础的技术,而所选择的技术一定是可以产业化的先进成熟技术。

(2) 与当地条件的适应性。在各备选方案中,应选择那种能充分利用当地条件的技术方案。这就需要考虑技术是否适合所用的原料特性,是否符合产品所定的质量标准,在维修、操作、人员培训等方面是否存在不可克服的障碍,能否适合当地现有工业水平。此外,还应考虑与当地的技术吸收能力和劳动力来源相适应。同时,技术与生产协作条件也是要特别注意的一个问题,尤其是引进技术更要注意这一点。总之,要充分重视项目备选技术与当地的生产技术系统的协调性,不仅从规范、标准,更要从水平质量等方面协调。最好避免选用对当地环境造成污染的技术。

(3)产品优势。众所周知,不同的技术生产出来的产品往往在质量、性能及功能等方面有所不同,在市场上有不同的竞争优势。毫无疑问,选择能使产品有较大竞争优势,符合市场策略的技术当然是项目最需要的。

(4)技术方案的经济性。这是评价和选择方案的关键,也是最终的标准。当然,选择技术方案不仅要考虑效益,同时要考虑费用。技术方案的费用包括三部分:工艺设备投资费用,生产的工艺成本,以及技术的获取与使用费。

4.2.2　技术的来源、获取方式及付费方式[7]

1. 技术的来源

在选择技术的同时,还应确定这项技术的各种来源。除非项目主体自己拥有所需的技术,在一般情况下,技术可以有不同的来源。

(1)非专利性技术。有以下几种来源:技术发明人(个人或团体、企业),有经验的技术工人,退休的有关技术专家等。但复杂的技术,需要大批资料和蓝图,一般来源于研究所、实验室或企业。

(2)专利技术。对于专利技术必须从其所有者那里取得工业产权和专有技术。仅取得工业产权,只能有权使用该技术生产既定的产品,但仍需向对方购买专有技术。购买专利时,应对专利权注册的国家、使用范围和有效期进行仔细的调查。

2. 技术获取方式

技术获取方式包括以下几个方面:

(1)技术人才的引进。这里的技术人才泛指专利技术与非专利技术的拥有者,也包括具有技术创新能力的科研人员。企业采用高薪聘请技术人才的方式,不仅短期内可以迅速获得所需技术,而且可以保证这项技术的可靠性和持久性,同时也为企业新技术开发积蓄能量。

(2)技术购买。购买技术是技术转移中最常用的方式,买卖双方通常签订技术转让合同实现技术的转移。买方购买专利技术应根据其资金实力、技术的重要性而采取三种不同形式:普通许可、排他许可和独占许可。普通许可允许专利持有人可以将专利继续转让给他人;排他许可不允许专利持有人再将专利转让给他人,但专利持有人自己还可以享用该项技术;独占许可则不允许专利持有人自己使用该技术,更不允许再转让他人,即专利人实际上已失去了专利权。

(3)入股合资经营。需要技术的企业与技术提供方共同投资入股建立合资企业,技术提供将技术及其他生产要素投入该企业,联合生产与经营。入股的技术即转移到合资企业。

(4)成套设备的购买。技术需求方购买成套设备,包括:成套设备、关键设备、生产线等,这种方式的突出的优点是引进后能够迅速形成生产能力,还可以弥补企业在设计制造该种技术成套设备的不足。它常用于企业从国外引进技术。不足之处是需要花费较多的资金或外汇。

（5）委托培养与合作研究开发。技术需求方还可以派人学习，掌握某项技术；也可以由本企业科研人员与科研单位联合研究开发某项技术，从而达到学习与引进的目的。

3. 技术费用的支付方式

技术费用的支付方式有：一次支付，分期提成（利润提成、销售收入提成或按产品数提成）以及转让成本一次付清（入门费），技术使用费分期付款等。不同条件下，采用不同的技术费用支付方式会影响技术的获取成本，项目主体应力争最为有利的付费方式。

4. 技术评价与选择实例

某设计院在研究"火花塞基地建设项目"的可行性时，遇到了一个技术选择问题。火花塞的关键部件中心电极有两种生产技术：一是采用镍锰合金丝生产电极，二是镍包铜中心电极制造技术。通过全面分析发现这两种技术各有如下特点：

镍锰合金丝电极，设备投资少，技术成熟。但产品技术性能水平不高，热值范围较窄，在变速行驶或低速行驶时较易发生故障。同时，产品成本由于材料价格高（当时镍锰合金丝的价格为 40 元/kg）而大大高于镍包铜电极的成本。镍包铜中心电极技术是当时日本的先进生产技术，由于采用普通金属铜作为主要原材料，因而成本较低。另外，由于铜导热性能良好，使得电极的热值范围比镍锰合金丝宽一倍，因此使用时故障率（烧坏或断火）大大降低。镍包铜中心电极技术由于性能好，在国内市场上的价格比镍锰丝电极能高出 0.08 元/只，在国际市场上高出 0.05 美元/只，但此项技术需向日本引进有关设备。

综合分析，首先从技术的先进性方面考虑，显然镍包铜中心电极技术要比镍锰合金丝电极先进，属世界先进水平。美国当时也正在向日本引进该项技术。从原材料投入方面来看，镍包铜中心电极技术使用铜作原材料，使得不论是在可得性、供应可靠性，还是在价格上都要优于镍锰合金丝。从产品性能、质量的比较上来看，镍包铜中心电极更是优于镍锰合金丝电极许多，在国际市场上有较强的竞争力。

镍包铜中心电极技术唯一的不足是需引进国外设备，需花费一定量的外汇，所以问题的关键转移到经济效益问题上来了。经测算镍包铜中心电极的成本（考虑了增加设备的投资及材料、工艺成本的差异）比镍锰合金丝电极低 0.01 元/只，按该项目规模 5 000 万只/年计算，年节约成本为 50 万元。又因为产品性能较高，在国际市场上的卖价较高，年创收 250 万美元，一年的收益就足以收回进口设备的投资。因此得出结论：应采用镍包铜中心电极技术。

4.2.3　工艺方案的选择[2,8,11]

工艺方案的选择，实际上就是工艺流程方案的选择。工艺流程系指投入物（原料或半制品）经有次序的生产加工成为产出物（产品或加工品）的过程。在生产过程中规定的各种技术条件和数据，统称为技术参数。工艺流程和主要技术参数，在可行性研究阶段需要结合产品质量、生产成本、各种消耗等要求，选取最佳方案。在可行性研究阶段，需要列出若干主要车间的工艺流程。如图 4-2 所示，为 PET 果汁饮料生产工艺流程图。

1. 选择工艺方案时应考虑的因素

选择工艺方案时，由于行业不同，所研究的因素就不太一样。一般来说，至少考虑下面几个因素：

（1）生产能力的要求和生产效率的高低，如前后工序能力的协调和均衡，与工厂总规模的

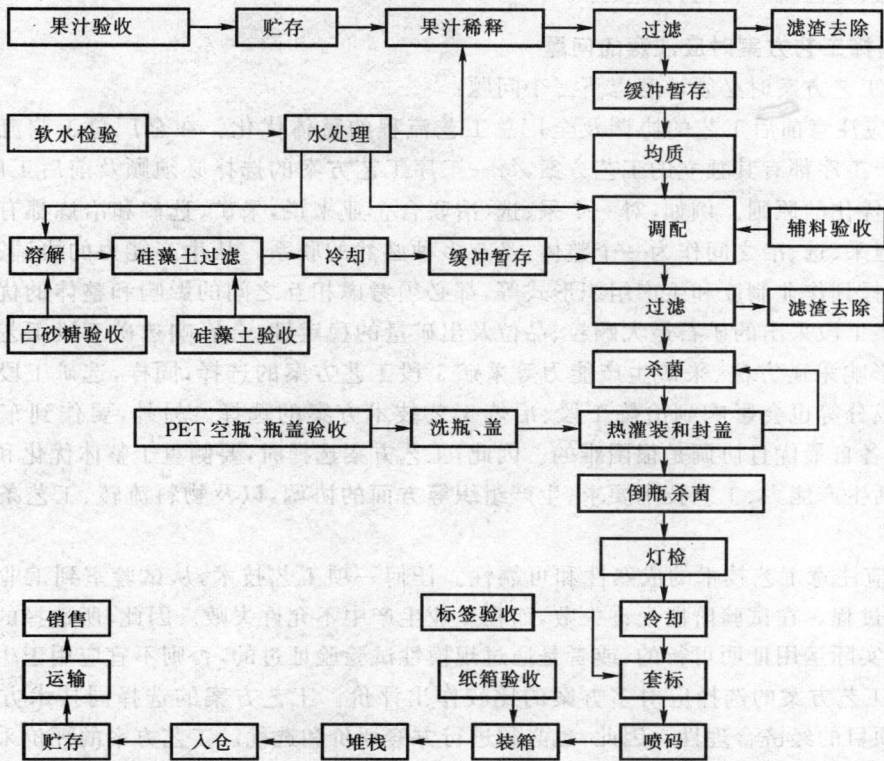

图 4-2　PET果汁饮料生产工艺流程图

（流程图文字）

果汁验收 → 贮存 → 果汁稀释 → 过滤 → 滤渣去除
缓冲暂存 → 均质
软水检验 → 水处理
溶解 → 硅藻土过滤 → 冷却 → 缓冲暂存 → 调配 ← 辅料验收
白砂糖验收　硅藻土验收
调配 → 过滤 → 滤渣去除
杀菌
PET空瓶、瓶盖验收 → 洗瓶、盖 → 热灌装和封盖
倒瓶杀菌 → 灯检
标签验收 → 冷却
纸箱验收 → 套标 → 喷码
喷码 → 装箱 → 堆栈 → 入仓 → 贮存 → 运输 → 销售

协调、以及不同工艺方案导致生产效率的高低等。

（2）主要原材料及加工对象的影响，如矿石品位的高低、主要原材料的物理性能和化学成分。而有关物料是否相互影响、是否容易分离、是否容易腐蚀设备、是否能满足产品性能的要求等等，都是工艺方案选择中必须加以分析和研究的问题。

（3）工艺装备的先进性和适用性。不同的工艺方案往往要求不同的工艺装备来匹配，因此，工艺方案在选择时，要充分考虑主要工艺装备的要求。

（4）工艺条件的稳定性和可控性。工艺条件是否稳定、是否便于操作、是否对某些条件变化反应敏感等问题也必须在工艺方案选择中有明确的答案。

（5）工艺技术的经济合理性。包括所需投资是否适宜。工艺消耗水平是否合理，是否有利于节约资源和能源，以及操作成本是否适宜等等。

（6）工程上实现的可能性。包括地形、工程和水文地质条件，工程安装等方面是否能满足工程建设的要求。

（7）综合利用的可能性。如回水利用、余热利用、变废为宝、化害为利等可能性研究也是工艺方案选择时的重要内容。对选矿、冶金企业来说，实现"无废"工艺是综合利用的最高目标。

（8）市场需求变化的灵活性和适应性。能否满足市场变化、调整和变换产品品种结构的要求，是工艺方案灵活性和适应性的重要反映。在市场竞争日益激烈的今天，重视工艺方案的灵活性和适应性就显得尤为重要了。

2. 选择工艺方案时应注意的问题

选择工艺方案时必须注意以下三个问题：

（1）应注意前后工艺的协调及全厂总工艺流程的整体优化。在全厂总工艺流程的要求下，每一个工序都有其独立的工艺方案，每一工序工艺方案的选择必须顾及前后工序的影响，服从整体优化的原则。例如，对一个采、选、冶联合企业来说，采矿、选矿和冶炼都有各自的独立工艺，但采、选、冶之间作为一个整体，又有多种必然的联系。从生产能力的协调、工艺技术参数的选择到作业制度和生产组织形式等，都必须考虑相互之间的影响和整体的优化。具体地讲，采矿工段采出的矿石最大颗粒、品位及出矿量的稳定性，会影响选矿工段工艺方案的选择，也会影响采矿方法、采矿生产能力等采矿工段工艺方案的选择；同样，选矿工段的精矿品位、杂质成分等也会影响到冶炼工段、冶炼工艺技术方案的选择。另外，要作到车间或工段（序）之间各自最优且协调是很困难的。因此，工艺方案选择时，要侧重于整体优化和前后工序协调，包括生产能力、工艺技术要求、生产组织等方面的协调，以及物料流转、工艺条件等方面的优化。

（2）应注意工艺技术的成熟性和可靠性。任何一项工艺技术，从试验室到工业生产都有一个过渡过程。在试验阶段允许失败，而在工业生产中不允许失败。因此，所选择的工艺技术必须是经实际运用证明可行的，或者是通过规模性试验验证过的，否则不宜应用于生产。

（3）工艺方案的选择应对多方案的比较作出评价。工艺方案的选择同技术方案选择一样，关系项目的经济合理性。因此，也必须进行方案评价和选优。工艺方案的评价采用定量方案的方法，主要有劳动生产率评价法和成本分界点法两种。前一种方法通过计算及比较不同工艺方案的劳动生产率，选择一定生产条件下最高劳动生产率的工艺方案作为最优方案。后一种方法通过计算两种备选方案的工艺总成本相等的产品产量，再根据项目的设计生产能力确定最优方案。

[案例]城市污水处理厂工艺选择（本案例选自 http://www.chinaep.net/feishui shili 中华环保互联网。废水处理。工程实例）

某市污水处理工程包括汇集输送全市的污水、经集中处理后排入澧水城市下游段，即澧水北岸的污水经管网收集后，汇入北岸沿河的合流制截污干管；澧水南岸的污水经管网收集后汇入南岸沿河分流制截污干管，北岸截污干管在潭头湾处穿过澧水，接入南岸截污干管，一并汇入澧水下游南岸的杨家溪污水处理厂。污水处理厂处理规模：近期（至 2005 年）为 $8 \times 10^4 \ m^3/d$；远期（至 2020 年）为 $17 \times 10^4 \ m^3/d$。

污水处理厂设计水质见表 4-1。

表 4-1　×××污水处理厂设计水质

项目	BOD_5(mg/L)	$CODCr$(mg/L)	SS(mg/L)	TN(mg/L)	TP(mg/L)	pH
进水水质	≤140	≤260	≤150	≤35	≤3	7～8
出水水质	20	60	20	15	1～0.5	6～9
去除率(%)	85.7	76.9	86.7			

1. 工艺方案的选择

一般而言,在采用活性污泥法的污水处理厂中,不同的污染物是以不同方式去除的。例如,污水中的 SS 主要靠沉淀去除,可以选用适当的污泥负荷(F/M)值、较小的二次沉淀池的表面负荷和较低的出水堰负荷等措施;污水中 BOD 的去除是靠微生物的吸附和代谢作用、并对污泥与水进行分离完成的。根据污水厂运行经验,在污泥负荷≤0.3 kg/(kg·d)时,即可使出水 $BOD_5 < 20$ mg/L。污水中 COD 的去除取决于原水的可生化性,它与城市污水的组分有关,某市污水的 $BOD_5/CODCr = 0.54$,可生化性良好。污水中 NH3-N 的去除,完成硝化是先决条件,必须使系统维持在较低的污泥负荷条件下运行,使系统的泥龄大于维持硝化所需的最小泥龄。生物除磷工艺的前提条件是聚磷菌必须在厌氧条件下增长,而后进入好氧阶段才能增大磷的吸收量,因此污水中磷的去除工艺是必须在曝气池前设置厌氧段。所以,要达到要求的出水指标,必须根据进、出水水质,选择适当的工艺参数,在满足生物除磷脱氮的前提下,完成对 BOD_5、CODCr 和 SS 的去除,故生物脱氮除磷是污水处理工艺的关键。

某市老城区的污水是采用合流制排水体系,而新城区的分流制排水管网需逐步完善,所以对污水处理厂而言,进水水量、水质波动较大。氧化沟工艺系列中的奥贝尔氧化沟是专门针对合流制的污水处理厂设计的,它可承受较大的水质、水量冲击负荷,可作为预选方案之一。SBR 工艺系列中的 Unitank 法因生物除磷效果差,又无污泥回流设施,使得整体系统的利用效率很低;MSBR 法流程繁琐,对自控及监测仪表要求较高,当水量变化大时,需通过调整进水和曝气过程的时序使系统正常运行。因此,考虑将 CAST 法作为预选方案之一。

2. 预选方案的比较

在选择了 SBR 法的改良工艺——CAST 方案和奥贝尔氧化沟方案作为本工程的预选方案后,以近期污水量为 $8 \times 10^4 m^3/d$ 的某污水处理厂为例,从以下几个方面对两方案进行了详细比较。

(1)工艺方案的技术特性比较见表 4-2。

表 4-2 两种工艺特性的比较

方案一(CAST 工艺)	方案二(奥贝尔氧化沟)
反应池间歇运行,4 座反应池交替运行保持进、出水的连续性。	连续进水、连续出水。
有机物降解与沉淀在一个池子完成,无需设独立的沉淀池及其刮泥系统。	在氧化沟中完成有机物降解,在沉淀池中进行泥水分离,需设独立的沉淀池和刮泥系统。
通过每一个周期的循环,造成有氧和无氧的环境,对氮和磷有很好的去除效果。	氧化沟系统三个沟道内的 DO 值呈 0-1-2 的梯次变化,脱氮效果好,除磷效果一般。
固体停留时间较长,可抵抗较强的冲击负荷。	较长的固体停留时间,可抵抗冲击负荷。
污泥有一定的稳定性。	污泥有一定的稳定性。
采用鼓风曝气,曝气器均布池底,动力效率高,能耗较低;间歇运转须采用高质量的膜式曝气器,设备的闲置率较高,曝气器寿命较短,维修及维护量大。	采用表面曝气,设有转碟曝气设备,转碟分点布置;设备少,管理简单,维护量小,但能耗较高。

方案一(CAST 工艺)	方案二(奥贝尔氧化沟)
自动化水平高,对电动阀门等设备的可靠性需求较高,控制管理较复杂。	设备少且经久耐用,控制管理简单。
耗电量较小,运行费用低。	耗电量较大,运行费用较高。
自控系统编程工作量较大,PLC 硬件费用高,自动化水平较高,劳动强度较低,对操作人员的素质要求较高,总设备费用较高。	自控系统编程工作量较小,PLC 硬件费用低,自动化水平较低,劳动强度较高,对操作人员的素质要求较低,总设备费用较低。

(2)工程投资和技术经济比较分别见表 4-3 与表 4-4。

表 4-3　两种方案的工程投资比较

项目	方案一(CAST 工艺)	方案二(奥贝尔氧化沟)
土建工程(万元)	3 853.57	4 490.87
设备及安装工程(万元)	3 880.27	3 376.09
其他费用(万元)	4 663.95	5 115.12
总投资(万元)	12 397.79	12 982.08

表 4-4　两种方案的技术经济比较

项目	方案一(CAST 工艺)	方案二(奥贝尔氧化沟)
总投资(万元)	12 397.79	12 982.08
污水处理厂占地(hm²)	6.8	8.0
总装机容量(kW)	1 600	1 840
用电量(kW·h/m³)	0.27	0.31
年药剂费(万元)	49.05	49.05
人员编制(人)	50	60
单位运行成本(元/m³)	0.60	0.64
单位经营成本(元/m³)	0.32	0.36

(3)污水处理工艺流程一般包括机械处理系统、生化处理系统、消毒系统和污泥处理系统 4 部分,CAST 方案与奥贝尔氧化沟方案在机械处理和消毒系统上构筑物及其设备配套相同,主要差别在于生化系统上,污泥处理系统也略有不同。

3. 工艺方案的确定

综合上述方案的技术及经济比较情况,可以看出方案一和方案二各有自己不同的优势与不足,均能达到处理要求。从表 4-2 得知,方案一在污泥沉降性能和对磷的去除效率以及管理灵活性等方面的工艺特性优于方案二,但也存在设备复杂、维修量大、管理运行水平要求高等缺点。从表 4-3 可以看出,方案一的总投资比方案二少 584.29 万元,土建投资比方案二少 637.3 万元,但机械、自控电器设备投资比方案二高 504.18 万元。从表 4-4 可以看出,方案一的能耗、总成本费用低于方案二,年运行成本相差约131.37万元。从流程简洁、占地面积小、易于实现自动化控制等方面来考虑,CAST工艺均优于奥贝尔氧化沟工艺,因此推荐CAST方案作为污水处理厂的工艺方案。

4.3 设备方案的选择

设备、厂房建筑,构成了企业的固定资产。但在生产过程中,起主要作用的是设备。有些行业中,设备投资占固定资产比重相当大,因此,设备方案的选择与工艺、技术方案的选择具有同等重要的地位。对有些行业,如电力、交通运输、采掘、石油钻探、水泥等,设备是工艺技术的主体,工艺技术通过设备的功能、特点等体现出来,因而,设备选择更为关键。影响工艺方案选择的因素同样也会影响设备方案的选择。

4.3.1 设备的种类

设备是机器、机械、运输工具及其他生产或生产装备的统称。在可行性研究中,一般按设备的性质和作用分成以下三大类:

(1)生产设备。主要指生产目标产品的设备,主要有:

① 专用工艺设备。例如,矿山用采掘机、破碎机、选矿机等;冶金用电炉、转炉、反射炉等;化工用反应塔等。

② 加工设备。如各种机床、车床、刨床、锻压机、轧机等。

③ 电气设备。如各种电动机、焊接机、切割机等。

④ 车间传送运输设备。如电瓶车、行车等。

⑤ 仪表及检测设备。如各种热工仪表,恒温、恒压设备,计量监测、检测仪器等。

(2)生产辅助设备。主要指生产辅助车间的运输、动力、维修设备等。

(3)公用服务设备。主要指各种变电、配电、供水、通讯等设备。

4.3.2 设备选择应考虑的主要因素

设备选择通常要包括设备类型、数量、设备来源、生产能力、价格及性能特点等内容。一般应考虑以下因素:

(1)设备的技术性能。包括设备的生产效率,如功率、日生产能力等;设备对产品质量的保证程度,如精度等;设备能耗情况,如耗油、耗电等;设备的使用寿命和技术寿命等。

(2)设备的可维修性。包括是否便于安装和维护,结构是否简单,通用化、标准化程度如何等等。

(3)设备的适用性和灵活性。包括设备的成套性和通用性要求,对工艺条件的适应性,结构是否便于布置等等。

(4)设备的投资效果。包括投资费用、使用和维护费用以及产出效益等。

4.3.3 设备选择应遵循的基本原则

设备选择应遵循以下基本原则:

(1)应根据企业的生产规模、已确定的工艺技术方案以及总体配置等来选择设备。

（2）应选择技术先进、适应性好的设备。特别要注意不要选用国家已明文通知或宣布要淘汰的设备，或者能耗高、造价高又不便维修的设备。

（3）应注意前后各工序间的设备能力、设备布置和连接等的协调、配套要求。

（4）对损耗率高、检修频繁的设备，如砂轮、水泵、电机等，一般应有备用设备。

（5）应多方案比较。设备选择除了考虑工艺技术方案的要求外，还要考虑设备供应来源，是国内采购，还是国外引进或者自行制造；以及设备的生产效率、投资效果等。因此，有必要综合起来，形成多方案比较，从技术和经济等方面进行分析和论证。

4.3.4 设备方案的选择内容

在可行性研究中，设备方案选择通常包括以下几个方面的内容：

（1）各主要设备生产能力的确定。

（2）主要设备选型，并列出主要设备方案清单，标明所用设备的类型、规格、数量、来源及单价情况等。

（3）编制设备投资费用估算表。一般先分车间列出主要设备所采用的定额指标、选定的设备型号、规格及数量等一览表，然后再编制设备投资费用估算表。

（4）测算主要设备负荷均衡情况，并说明其负荷计算的依据。

（5）其他需要选择和论证的问题。因行业特点和项目具体条件不同，项目设备方案选择的内容也会各有侧重。如有的选用某设备方案时需要分析和比较备品、备件和维修材料的来源渠道；有的需要分析设备的装备水平和自动化要求等等。通过设备方案的比较和论证，就要确立推荐的设备方案，并说明理由。通常还需要把整个工程项目的主要设备编制设备一览表，有的还需要绘制主要设备连接图或分布示意图。

4.4 总平面布置与土建工程

1. 总平面布置

在工艺流程、技术参数和主要设备选择确定以后，应就设备的外形、前后位置、上下位差以及各种物料的输入和流向、操作要求等作通盘的研究，选择车间布置方案。车间布置方案要求达到物料流向最经济、操作控制最有利、检测维修最方便。主要生产车间布置方案要求提出车间布置简图、主要标准尺寸和技术说明。非主要车间布置方案要求提出建筑面积、平面尺寸、层高等估算和建筑物特征。

总平面布置应根据项目各单项工程、工艺流程、物料投入与产出、废弃物排出以及原材料储存、厂内外交通运输等情况，按厂地的自然条件、生产要求与功能以及行业、专业的设计规范进行安排。达到工艺流程（生产程序）顺畅、原材料与各种物料的流送线路最短、货流人流分道、生产调度方便，并考虑用地少、施工费用节约等要求。总平面布置还应考虑到企业今后发展的方向、与外界的交通联系线路等外部因素的合理安排。在确定了总平面布置原则并绘制总平面布置后，需估算厂区场地平整、建、构筑物基础、管沟、路槽地下工程等全厂土石方量，并说明余缺量的走向与来源。

2. 土建工程

土建工程是指工厂所有建筑物、构筑物的建筑与结构设计。在可行性研究阶段仅需对主要生产厂房、重要构筑物以及特殊基础工程作原则性的叙述和方案选择建议,如采取的建筑形式和标准、结构造型、基础类型和需要采用的重要技术措施等。对一般建(构)筑物只作综合说明、估算工程量、选取单位造价指标等即可。对全厂所有建(构)筑物的工程量,造价以及三材用量。视单项工程的大小,可采用不同方式进行估算。在进行主要建、构筑物的建筑特征与结构设计时,需要按生产流程顺次列出主要建(构)筑物名称、建筑面积;建筑形式和标准、建筑材料的选用要求;特殊要求(防腐、防爆、防火、隔音、隔热等);消防及报警设施选用标准和要求,应遵守的设计规范名称。对一般建筑物可以列出工程量、建筑面积作综合性说明。结构设计的依据,主要是建构筑物的结构造型、地基处理方案、建构筑物基础造型及对施工的特殊要求。对需要进行抗震设计的,要有地震烈度确定依据、地震设防标准及设防方案的选择及说明。

第5章 建厂条件分析与项目选址

项目厂址选择是一项涉及多方面、多因素、多环节的复杂的技术经济分析与论证工作。这部分内容从广义上讲也属于项目的技术方案分析。鉴于其重要性,专门列章介绍。

项目选址需要深入分析和研究各种建厂条件,例如:项目所需的原材料、能源、零配件等能否得到可靠的供应,项目产品是否有足够的市场,劳动力资源是否能够满足项目要求,能否为项目提供各种公共设施服务(如水、电、通讯等),以及厂址的工程地质、地形、排污等等。在此基础上,进行综合分析,多方案比较,从而选择出最佳方案。

只有正确选择建厂地址,才能获得期望的经济效益,否则,会造成项目"先天不足",不仅达不到预期效益,而且有可能造成巨大经济损失。另外,只有厂址方案选定之后,项目建设总投资和产品生产成本才能估算出来。因此,厂址选择是可行性研究中一个必不可少的重要环节。

5.1 建厂地区条件分析[2,11]

不同的项目适合不同的建厂环境,因为,不同的建厂环境具备不同项目所需的建厂条件。一般来说,项目选址应考虑的建厂条件应包括建厂地区条件和建厂地址条件。本节先对建厂地区条件进行分析,下一节再分析建厂地址条件。

拟建项目的建厂地区应具备以下诸方面的条件:

5.1.1 政策条件

包括国家和当地政府对该地区的经济发展和投资政策、产业政策、税收政策、进出口政策、金融政策等。例如,在重点旅游区和重点文物保护区不得建设电厂等有污染源的项目。

5.1.2 资源条件

项目资源包括项目在建设过程中所需的建筑材料、项目建成后所需的原材料、辅料和燃料等。建厂地区必须具备与拟建项目相适应的良好资源条件,包括有关的矿产资源条件、原材料条件以及资源的质量状况。

资源条件对采矿、冶炼类项目及加工类项目尤为重要,资源条件的优劣往往会决定这些项目成败。

(1)对于采矿、冶炼类项目(如冶金、石油冶炼、煤碳开采等)应重点研究矿产资源条件。研究的主要内容包括矿藏的位置、储量、深度、品位及质量等。并分析矿物的物理特性、化学特性等有关性质。在此要特别注意的是:矿物的储量、分布、深度及品位等必须是已精确探明的,而不是普查资料。这一点对减少项目风险有重要意义。

(2)对于加工类项目(包括:机械、电子等制造业;纺织业;造纸等轻工业项目;各化工类项目;饮食制造业项目等)应重点分析原材料的来源。对于某个具体项目而言,原材料来源不外乎三个:当地生产;外地调入和从国外进口。在可行性研究时都要就原材料质量、规格等方面满足项目要求程度、供应的可靠性和经济性进行周详的分析和研究。只有满足上述条件,才能保证项目建设以及生产过程能够及时、经济地获得足够的原材料。

原材料供应的可靠性主要从以下几方面考虑:

① 生产量。有些项目对原材料的需要量很大,这时供应企业的产量就会对项目有较大影响,其产量的波动将直接影响项目原材料供应的可靠性。如果原材料是进口的则还要分析本国的进口政策和对方国的出口政策,并估计其变化趋向。我国这些年来因进口原器件不能保证供应而使企业被迫停产待料,蒙受巨大损失的案例实在太多了,应引起足够的重视。

② 原材料供应的运输条件。如果项目所需原材料量大且需长途运输,则项目原材料供应的可靠性将大大降低而且成本会大幅度上升,有时还会因长途运输而使原材料的性能受损。

③ 我国条块体制的影响。在传统的条块体制下,各地区、部门的本位意识极强。相互封锁,争能源、争原材料的现象非常普遍。因此,当需要从外省调入原材料时,要充分考虑供应省份有关类似项目以及将来上类似的项目,中断减少供应的可能性。最好能有供应协议书等书面文件做保证。

原材料供应的经济性包含两方面。一是不同的原材料对于不同的工艺技术和设备投资费用;二是不同的来源在价格和运输、保险等费用上的差异,这直接影响产品成本。在确定原材料供应来源时要综合考虑和权衡三方面的利弊,做出正确选择。

5.1.3 能源条件

能源是任何建设项目都必不可少的基本建厂条件,选址时应给予足够的重视。一般来说,对能源考虑的重点是电能、热能等的供应来源,对于能耗大的企业,更需特别注意。如电解厂、电炉炼钢厂、铁合金厂和有机合成厂等企业。以电解厂为例,据有关部门统计,生产1吨电解铜,需耗电11 000～12 000度;生产1吨电解铝,需耗电15 000～16 000度。由此可见,这些企业应尽可能选在水库的容量大、调节性能较好、电力电量充沛、电价低廉的水电站附近或在坑口火电厂的周围,以减少工程和线路的投资,同时也减少沿途输、变电过程的电能损耗。此外,还必须考虑枯水季节的水力发电量和电网负荷波动以及电价变化对工厂的影响。

一般工程项目的热能供应,大多是自备热电站或供热锅炉房供热。但如果是由区域热电厂供热网或集中供热网或集中供热站供应时,供热距离是厂址选择中至关重要的因素。因为距离越远,不仅工程管线投资增加,而且热能损耗太大,不利于能源的合理利用。

5.1.4 运输条件

运输条件包括运输方式、运输距离、运输费用等方面。投入品和产成品的运输是任何工业建设项目必不可少的基本条件。一般说来,由于行业不同,运输费用对项目生产建设的影响也就不同,但生产规模愈大,运输量也增大,运输条件的选择也就愈重要。

运输条件的选择中,运输方式和路线的选择是最为关键的内容。运输方式主要包括铁路、公路、水路三种方式,其它还有航空运输、架空运输、架空索道、管道运输和皮带运输等辅助方式。

铁路运输的特点是运输能力大、速度快、运费低、路网分布广、安全性好,受气候条件影响小,但基建投资高、占地多、受轨道限制,维修工作量大。按国家现行规定,年运输量达10万吨以上,方可考虑建铁路专用线。如符合上述规定条件,在厂区调查时,应向铁路部门了解专用线在该地区是否允许与国铁接轨[①],如有必要,应签订接轨意向书。

公路运输的特点是:机动灵活、路网密、周转快、主动性强、地形适应性较强,但运费较高、受气候影响大、安全性差。一般只适于运输半径不大、运输量不太大的情况,多作为辅助运输的主要方式。

水路运输的特点是:运输能力比较大、投资较少、运费低、运量可大可小、方式灵活,但速度慢,大多需要中转,且受气候条件和自然条件的影响较大,不仅要受洪水、枯水季节的限制,而且通常要求有专用的码头和大型的仓库等相配套。

5.1.5　外部协作条件

现代化大生产,需要与企业外部发生各种各样的广泛的经济联系,如供水、供电、机械维修、施工建筑、技术协作等。如果建厂地区协作条件差,势必要求项目要建成"大而全"或"小而全"的企业,不仅投资要大量增加,而且使投资分散,效益也必然相对下降。尤其是对于那些"知识密集型"和"技术密集型"工业项目,如合成材料工业、电子计算机厂、光电通讯等,技术协作条件是厂址选择中最为重要的因素之一。

5.1.6　市场条件

市场条件包括:拟建项目产品在建厂地区目前的自给程度、潜在需求量大小、商品流通渠道及信息沟通环境等。建厂地区的市场条件会在很大程度上影响项目建成后的生产经营状况,因此,必须根除那种"酒香不怕巷子深"的陈旧观念。

5.1.7　劳动力来源条件

为了减少住宅建设、福利设施建设、城市发展等投资费用,减轻大量职工调进可能造成的城镇人口密集和膨胀的压力,为了尽可能提高职工的文化技术基础水平,即要求尽可能就近解决职工来源,又要求当地的文化教育事业相对发达。

5.1.8　自然、气候条件

建厂地区的温度、湿度、降雨量、风雪、冰雹及地震影响等必须符合企业生产建设要求。良好的气候条件不仅关系到职工的身心健康,也直接影响职工的工作效率。有的行业还会直接影响产品质量和能否正常生产等。如铝箔材产品极薄且表面光洁度高,要防止四周的烟尘、腐蚀性气体和水雾对产品质量的影响。故宜选在气候干燥、风沙影响小的地区建厂。

5.2　建厂地址条件分析[2,11]

5.2.1　工程地质条件

厂址应具有良好的工程地质和水文地质条件。工业场地的土壤承载力,除冲积平原和沿

---

① 专用线到货、发货量一般不低于30万吨/年,如涉及国防、科研、危险、超限等,运量可少于30万吨/年。

海滩地外,不宜小于 1.5 MPa;一般地下水位距建筑物基础底面的距离须大于 0.5 米,且要求地下水无腐蚀性。否则,工程建设时,为了提高地基承载力,需采取加固、灌浆、打桩、换土、强夯等技术措施处理,势必增加基建投资和拖长建设工期,甚至影响建筑设施的安全性或寿命期。

5.2.2 地形要求

地形是否能满足厂址所需面积和外形要求,是厂址选择中最基本的条件之一。这里所指的用地面积包括各种工业用地、职工家属居住区、废料堆场、施工用地、适当的发展余地以及交通运输线路和各种站场等用地。

一般来说,工程建设项目要求厂址地形比较平坦、开阔,这样才便利所有建筑物得以合理布局,运输管线等尽可能短,整个工厂布置紧凑、方便、实用、美观、经济,从而达到节省投资、降低成本的目的。但是,我国的基本国情是人多地少,加之,地形平坦的地方大都是较好的耕地。因此,在运输条件许可的情况下,只要不影响工厂生产工艺布置的要求,就应尽可能选用坡地、荒山等劣地作厂址。况且,有些工业项目,如某些选矿厂、水泥厂、化工厂、食品厂等生产工艺要求利用山坡地形建设,使生产工艺过程的砂、浆、液、渣等靠重力实现自流,既节省大量能耗,又便于排水排污,降低生产费用。总之,要根据拟建厂的要求,充分利用地形的有利因素,克服不利因素。

5.2.3 供水条件

包括水源的水质、水量、地下水深、供水能力、供水设备完好状况、平时供水的水压、水价及可靠性等方面。厂址选择时,应根据需要和具体条件经分析和比较后选用。如对用水量大的工厂,应尽可能靠近河流、水库等地面水源,以便自用设施取水。如金属选矿厂,每吨矿石约需用水 5~10 吨;一个日处理矿石量 2 000 吨左右的中型选矿厂,每天就需耗水 10 000 吨以上,像这样的工厂,没有足够的水源是无法正常生产的。相当部分工业不仅有用水的要求,而且对水质有严格要求,如酿造、无机化工、食品、药品加工等。

5.2.4 安全条件

包括防洪、防震、防爆炸、防火、防毒等方面。首先,厂址的位置及标高应根据企业性质及防洪标准确定。各种场地不应位于被洪水或内涝淹没的地带;厂址临近江、河、湖、海或水库地区时,不应在山洪爆发或河流冲刷有可能引起塌岸的范围内建厂;地下开采的竖井洞口高出历史最高洪水位 1 米以上;一般大、中型建筑的建址标高应在 50 年一遇或 100 年一遇的洪水水位以上。其次,对生产、制造高能燃料(包括液态、固态和气态燃料),油料(包括汽油,煤油,柴油等),炸药等易燃易爆产品的生产厂,其厂址应远离城镇和居民密集区,应选在较偏僻的山沟、谷内,尽量选择可供利用的山岭,冈峦等作天然屏障,以便尽量缩小对外安全影响范围;降压变电设施要求环境清洁,要防止有害烟尘、水雾、酸雾等对设备的腐蚀,高压输电线路有时会发出很强的电流,应留出必要的线路通道,确保人身和建筑物的安全;厂址和危险品仓库应按国家有关部门的防爆防火等安全规定,与周围建筑物、公路、铁路等及各区之间保持安全防护距离;储存易燃易爆物品的仓库,最好建在地下或山洞内,在布置上也要防止过于集中,以免发生事故时互相影响。再次,场地应选在 6 级以下的地震区,既能减少防震抗震设施投资,又能减少企业的不安全性。

5.2.5 排污条件

项目建设要尽可能减少对建厂地区的环境污染,良好的排污条件是厂址选择中需要认真研究的内容。在现代化大生产过程中,一般都有大量污染物排出,尤其是冶金建材、化工、制造等工业项目,其废水、废气、废渣等的排放量相当大,通常数倍于企业的产品产量。所以,对污染物的排放量大的建设项目要考虑良好的排污条件。而且,有很多废料,由于目前存在技术、经济或其他原因,暂时尚不能开展综合利用,要等到将来条件成熟以后再对这些废料进行回收利用。因此,对这些废料还需要有足够和适宜的场地来堆存。冶金企业的排土场、尾矿库、冶炼废渣场等,通常是厂址选择中重要的考察内容,这些废料堆场是工厂投产后的重要污染源,它不仅需占用和覆盖大片土地,严重影响自然生态平衡,而且在覆盖过程或堆置以后都会有大量粉尘随风飘扬,污染周围环境。

一般来说,厂址的方位、地形等要有利于污染物的排放和扩散。如良好的自然通风条件有利于厂房内外烟尘和废气的扩散;有利的地形便于废水、废渣自流输送,节约能源,减少设备投资和排污设备的腐蚀和毁损。废料堆置距工厂废料排出点不宜过远,且应位于工业场地和居住区常年最小频率风向的上风侧和生活水水源的下游,以免加大废料运输成本,并增加对环境的污染。含有放射性物质的废料堆置场,必须远离城镇和居住区。无毒,无害的废料,也可利用城镇的集中废料堆场。废料堆场的地形和地址条件应有利于废料的堆置和稳定,应尽量选择某些天然屏障的山谷、凹地等。

总之,厂址的排污条件应有利于"三废"污染的防治。且符合有关的安全规定要求。

5.2.6 基础设施条件

基础设施条件包括生活福利设施、文化教育、商业网点、公共交通、消防安全、邮电通讯、供蒸气、煤气等设施,显然任何项目的建设和运营都少不了要使用这些公用事业设施。公用事业设施的服务质量和数量都会直接影响生产或营运成本、产量及产品质量,也会影响职工生产、生活的方便程度,以及职工的思想和工作情绪。因此,厂址选择时,应尽量选择靠近基础设施条件好的城镇或近郊建厂。值得注意的是,服务业项目(如信息业、旅游业等)对公用事业设施的依赖性更强,对此在可行性研究中应认真研究和处理好这一问题。

5.3 项目选址

5.3.1 项目选址的基本原则

项目选址应遵循下列基本原则:

(1) 符合国家工业布局的总体规划和所在地的地区规划或城镇规划的要求。

拟建项目的建设往往对当地的经济和社会产生重大影响。不少地区因大型工业项目的建成而逐步发展成为新型的工业城市,如大庆石油城、鞍山钢铁城等。当厂址选在城镇或城镇附近时,应依城镇总体规划为依据,在交通环保、建筑艺术等方面与总体布局要求相互协调,不在城镇附近建设时亦应与当地的地区规划相互协调。

（2）尽可能遵循"就地取材、就地生产、就地销售"的原则。

为降低成本，提高效益创造条件。为此，应根据项目产品特点，从项目经济性出发进行选择。下面介绍几种工业项目的常用选址方法：

① 初步加工工业项目，尤其是农产品、矿产品加工、榨油厂、糖厂、洗煤厂、选矿厂等尽可能接近原料产地。因为，这些产品生产过程中，原料失重程度大，单位产品的原料消耗数倍于成品的重量，靠近原料产地可大幅度降低运输成本。

② 部分农产品原料在储藏和运输过程中损耗较大，亦应靠近原料产地建厂，如奶粉厂、水果罐头厂、酒厂、芝麻加工等。这样可尽量避免因原料腐烂所带来的损失，也可节省运输成本，一般比在消费地建厂更经济合理。

③ 对生产过程中原料失重程度小，甚至增加，成品不便于运输或运输过程损耗大的，一般应靠近消费地建厂。如玻璃厂、铝材加工厂和金属制品厂等。这样就地销售可以减少产品在运输过程中的损耗或损坏。

④ 对于耗电量大的工业，单位产品的电能消耗在产品成本中所占比重较高的工厂，如铁合金厂、电石厂、铝、镁、钛的冶炼厂等，一般应选择在动力基地，特别是能提供廉价电能的大中型水电站的附近建厂。

⑤ 对于机械加工业、轻纺工业、食品工业等的厂址选择，是靠近原料产地，还是靠近销售量地，应进行经济方案比较，方能确定。

（3）利于生产、方便生活、便于施工。

包括场地便于布置，便于施工建设；生产、生活设施便于维修；公用设施便于配套；并留有适当的施工和发展余地等。

（4）节约用地。贯彻这一原则就必须尽可能利用荒地和劣地，少占耕地，少拆民房。

（5）保护生态平衡，保护文物、古迹和风景名胜。

（6）深入调查研究，以及进行多方案比较和综合分析，择优选址。

5.3.2 项目选址的一般程序

为使项目选址工作有条理地进行，在实际中经常分三步进行，即选点、定址和编写选址报告。

1. 项目选点

选点（Location）就是根据国民经济和社会发展的全局要求，根据项目发展战略的要求选定项目的座落地点（建设地点）。一旦座落地点选定，项目将来建设和营运的区域就确定了，这个区域内可能有几个可供选择的厂址。

除建厂地区条件对项目选点会有影响外，项目的发展战略也会有很大影响。其中一个常见的战略选择就是：面向资源还是面向市场。例如，基础工业类项目，如果运输不是问题则应选在矿区或原材料产地附近，因为运输产品的成本比运输原材料的成本低；消费品项目，则应尽量靠近市场；中间产品一般放在相应的工业区。因此，可行性研究人员应在全面分析建厂环境、项目发展战略等方面的基础上，结合项目主体的具体情况选择最合适项目或企业长期发展的地区。在实际中，选点并非想象的那样复杂，因为项目对大环境要求一般不会太苛刻，而且对项目负责人而言，应该已经掌握了上述大部分情况。事实上，项目选点还与项目发起人的主观偏好和经验很有关系。许多项目都建在项目发起（或关键的决策人员）长期居住地或在当地有较广泛的商业或社会关系的地方。

2. 项目选址

定址(Site)就是在已选定的地区确定精确的项目建设地址。它是在进行了大量的、详细的资源勘探、工程地质、水文地质和经济勘查,交通、运输和社会基础设施的调查,搜集到大量调查资料的基础上完成的。显然,此时分析选择的范围已大大缩小了,主要从技术条件和费用角度进行分析比较。技术条件包括地形、地貌、地质特征、供排水条件、动力供应条件、交通运输条件、施工条件、占用土地情况等。费用包括投资费用,如征地及搬迁费、土方工程投资、基础工程投资等,及营运费用,如原材料、燃料、成品运费、水电费等。厂址方案的比较内容参见表5-1和表5-2。经综合分析论证,才能获得较为理想的厂址方案。

表5-1 厂址技术条件比较表

序号	比较内容	厂址方案			
		厂址1	厂址2	厂址3	厂址n
1	厂址位置				
2	主要气象条件 (气温,降雨量,海拔高度等)				
3	地形地貌特征				
4	占地面积(m²) 其中:土方(m³)				
5	⋮				
6					
⋮					

表5-2 厂址建设投资及生产经营费用比较表

序号	费用名称	方案费用(万元)			
		厂址1	厂址2	厂址3	备 注
一	建设投资				
1	土地征用费				
2	场地开拓费				
3	交通运输工程费 其中:铁路专用线 场外公路 航运码头				
4	供水工程费				
5	排水工程费				
6	动力供应设施费				
7	通讯工程费				
8	拆迁及安装费				
9	其他需要比较的差异费用				

序号	费用名称	方案费用(万元)			备 注
		厂址 1	厂址 2	厂址 3	
10	合计:				
二	生产经营费用				
1	原材料,燃料及成品运费				
2	水 费				
3	电 费				
4	其他需要比较的差异费用				
	合计				

3. 编写选址报告

通过多方案比较选出的最为合理的厂址方案作为最终推荐方案。在此基础上,需要编写详细的选址报告。选址报告是选址工作的最终成果。

5.3.3 选址报告的主要内容

选址报告的主要内容如下:

(1) 选址依据,包括采用的工艺技术方案、建厂条件以及选址的主要经过。

(2) 建厂地区概况,包括自然、地理、经济技术和社会等概况。

(3) 厂址条件概况,包括原材料、燃料来源,工程、水文及气象条件,水源及给排水条件,电源及供电可靠性,交通运输条件,环保要求,施工条件,劳动力来源等。

(4) 厂址方案的比较。需要先提出比较的标准,再分析论证各备选方案的优劣,并推荐最优方案,说明推荐理由。

第2篇 项目评价理论

第6章 项目评价的理论基础

项目经济评价理论与方法主要建立在微观与宏观经济学说的基础上,如效用理论、发展经济学、福利经济学等,尤其福利经济学更是项目评价的理论基础。此外,项目经济评价理论还运用了大量的经济学概念。因此,了解福利经济学中有关理论,以及微观宏观经济学概念,对于理解项目评价理论与方法很有必要,并对推动我国有特色的项目经济评价理论与方法的发展和完善有重要意义。

6.1 资源优化配置理论

使有限的资源达到最优配置是项目经济评价的出发点和落脚点。福利经济学是最早、最系统地对资源最优配置进行研究的经济学。福利经济学中的"福利"分为两类:一类是广义的"福利",即"社会福利";另一类是狭义的"福利",即所谓"经济福利"。"经济福利"是人们追求的物质效用的满足。一个人的"经济福利"就是由效用构成的,而效用可以通过单位商品的价格进行计量,因而个人的"经济福利"也是可以计量的。如何最适度地配置资源,使国民收入(全社会经济福利)达到最大值,是福利经济学研究的核心问题。下面主要论述帕累托最优状态和补偿原理,以说明资源优化配置理论[13,21]。

6.1.1 帕累托最优状态①

如果在一个社会中资源达到了最优配置状态,那么其经济就是高效率的,所以,对资源配置的讨论也就是对一个社会经济效率性的讨论。要讨论资源的最优配置,首先必须确定资源最优配置的标准是什么,达到这个标准的条件是什么。如果确定了这些条件,就可以讨论怎样的社会经济结构能够达到资源最优配置的标准;怎样的社会经济状态不能达到这个标准;还可以讨论当一个社会经济状态不能达到资源最优配置时,应采取什么方式使之达到资源的最优配置。

1. 帕累托最优状态

帕累托最优状态一般被认为是一个社会资源的最优配置状态,或叫资源配置的经济有效

---

① V. Pareto(帕累托)是本世纪初意大利政治经济学家,他首先提出社会最优状态的理论,后人称之为帕累托最优状态理论。

性的标准。帕累托最优状态是这样一种资源配置状态:资源的重新配置,已经不可能使任何一个人的处境变好,除非至少使另一个人的处境变坏。也就是说,在这种状态中,如果不减少一个人或一些人的效用水平,就不能增加另一个人或另一些人的效用水平。如果资源分配不处于帕累托最优状态,就可以通过资源的重新配置,使一些人的境况好一些,而不降低另一些人的境况,从而使整个社会的境况好起来,使资源得到更有效的配置。

2. 帕累托最优状态条件的数学表示

生产和消费的帕累托最优条件可以扩大到经济整体中,使其一般化。假定整个经济中有 m 个消费者,N 个生产者,n 种初级要素,s 个被生产出来的商品。每个生产者全部使用初级要素并生产全部商品。消费者的效用函数是

$$U_i = U_i(q_{ij}^*,\cdots,q_{is}^*,x_{ij}^0-x_{ij}^*,\cdots,x_{in}^0-x_{in}^*) \qquad i=1,\cdots,m \qquad (6-1)$$

其中 q_{ik}^* 是第 i 个消费者消费的商品 k 的数量;x_{ij}^0 是第 i 个消费者具有的第 j 种初级要素的固定初始量,x_{ij}^* 是 i 消费者提供的第 j 种初级要素量,$x_{ij}^0-x_{ij}^*$ 是消费者消费的初级要素量。

生产者的生产函数以隐函数的形式可写为

$$F_h(q_{h1},\cdots,q_{hk}\cdots q_{hs},x_{hi}\cdots x_{hj},\cdots x_{hn})=0 \qquad h=1,\cdots,N \qquad (6-2)$$

其中,q_{hk} 是第 h 生产者生产的产品 k 的数量,x_{hj} 是第 h 生产者使用的第 j 种初级要素的数量。

消费者供给的初级要素的总量等于生产者使用的初级要素总量,即

$$\sum_{i=1}^m x_{ij}^* = \sum_{h=1}^N x_{hj} \qquad j=1,\cdots,n \qquad (6-3)$$

消费者消费的商品量总和等于该商品的总产出量,即

$$\sum_{i=1}^m q_{ik}^* = \sum_{h=1}^N q_{hk} \qquad k=1,\cdots,s \qquad (6-4)$$

在式(6-2)、(6-3)和(6-4)的限制下,在给定其他消费者效用水平的条件下,每个消费者的效用水平最大化,便达到了帕累托最优状态。在上述限制下,最大化消费者 1 的效用所构成的拉格朗日函数为

$$Z = U_1(q_{11}^*,\cdots,q_{12}^*,x_{11}^0-x_{11}^*,\cdots,x_{1n}^0-x_{1n}^*)$$
$$+ \sum_{i=2}^m \lambda_i[U_i(q_{i1}^*,\cdots,q_{is}^*,x_{i1}^0-x_{i1}^*,\cdots,x_{in}^0-x_{in}^*)-U_i^0]$$
$$+ \sum_{h=1}^N Q_h F_h(q_{h1},\cdots,q_{hs},x_{h1}-x_{hn})$$
$$+ \sum_j \delta_j(\sum_{i=1}^m x_{ij}^* - \sum_{h=1}^N x_{hj}) + \sum_{k=1}^s \sigma_k(\sum_{h=1}^N q_{hk} - \sum_{i=1}^m q_{ik}^*)$$

其中,U_i^0 为第 i 个消费者的初始效用,λ_i,Q_h,δ_j 和 σ_k 均为拉格朗日乘数,令 Z 的一阶偏导数等于零,从而得出以下结论:

$$\frac{\partial U_1/\partial q_{1j}^*}{\partial U_1/\partial q_{1k}^*} = \cdots = \frac{\partial U_m/\partial q_{mj}^*}{\partial U_m/\partial q_{mk}^*} = \frac{\partial F_1/\partial q_{ij}^*}{\partial F_1/\partial q_{ik}^*} = \cdots = \frac{\partial F_N/\partial q_{Nj}}{\partial F_N/\partial q_{Nk}}$$
$$k,j=1,\cdots,s \qquad (6-5)$$

$$\frac{\partial U_1/\partial(x_{1j}^0-x_{1j}^*)}{\partial U_1/\partial(x_{1k}^0-x_{1k}^*)} = \cdots = \frac{\partial U_m/\partial(x_{mj}^0-x_{mj}^*)}{\partial U_m/\partial(x_{mk}^0-x_{mk}^*)} = \frac{\partial F_1/\partial x_{ij}}{\partial F_1/\partial x_{ik}} = \cdots = \frac{\partial F_N/\partial x_{Nj}}{\partial F_N/\partial x_{Nk}}$$
$$j,k=1,\cdots,n \qquad (6-6)$$

$$\frac{\partial U_1/\partial(x_{1j}^0 - x_{ij}^*)}{\partial U_1/\partial q_{ik}} = \cdots = \frac{\partial U_m/\partial(x_{mj}^0 - x_{mj}^*)}{\partial U_m/\partial q_{mk}^*} = -\frac{\partial F_1/\partial x_{ij}}{\partial F_1/\partial q_{ik}} = \cdots = \frac{\partial F_N/\partial x_{Nj}}{\partial F_N/\partial x_{Nk}}$$

$$j = 1,\cdots,n; \qquad k = 1,\cdots,s \qquad\qquad (6-7)$$

式(6-5)表示,对每一种生产出来的商品,全部消费者的边际替代率和全部生产者的边际产品替代率必须相等;式(6-6)表示,对于每一个初级要素,全部消费者的边际替代率和全部生产者的边际技术替代率都必须相等;式(6-7)表示,消费者对要素和商品之间的边际替代率必须等于生产者对相应要素和商品之间的转化比率。

式(6-5)、(6-6)和(6-7)构成帕累托最优状态的一般条件,这时,社会福利就达到最大。

3. 帕累托最优状态的图示与存在的问题

(1)帕累托最优状态没有谈及福利在社会成员中的分配问题,回避了社会各阶层的矛盾,很容易被社会保守势力所利用,即不承认福利的重新分配可以改进社会总的福利水平。

(2)帕累托最优状态不是唯一的,甚至不一定是最好的。如图6-1所示。假想曲线 PP' 是社会可能提供给成员 A、B 的效用(或福利)边界,那么曲线 PP' 上任何一点都是帕累托最优状态。因为再也不可能从这些曲线上移动以增加 A(或 B)的效用而不减少 B(或 A)的效用。我们再设想存在有社会等效用曲线 W_1,W_2和 W_3,则 Q 点应该是帕累托最优状态中的最优点,而 S 点显然不是帕累托最优状态,因为它低于 Q 点的效用 W_3,但它的社会效用 W_2 却显然高于等效用曲线 W_1 上的 T 点的社会效用。

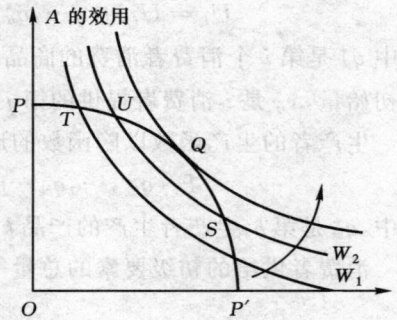

图 6-1 帕累托最优状态

6.1.2 补偿原理[13,14]

帕累托最优状态是非常保守的。按照这个状态所要求的,只能是所有的其他社会成员都不受损害而至少有一个成员得到好处的活动才被接受,这在理论上可被广泛接受,但它似乎对变革往往是一种否定。变革往往是社会的一种进步,变革中一部分国民蒙受损失是不可避免的,如果只有在不侵犯任何人利益的条件下才能进行,那就等于否定社会变革。所以在实用上有局限性。本世纪初期,卡尔多(N. Kaldor),希克斯(J. A. Hicks)和色多尔斯克(J. Scitovsky)先后研究了社会中某些人的福利增加而同时一些人的福利受到损害的那种社会状态(福利大小)的变化。这正是帕累托所回避的问题。他们的研究得出补偿原理,即只有同时满足下面两个条件时,这种变化才能称之为一种福利的改进:

(1)通过改变,得者可以补偿失者的损失,并仍觉得有所改善。

(2)不出现这种情况,即失者可以补偿得者,使其不愿作这种改变。而且,作出补偿的失者不觉得比改变后更坏。

这一原理承认,在一种变革中,部分人受益难免使另外的人受损。不过,政府可以运用适当的政策使受损者得到补偿。也就是说,政府可对受益者征收特别税,对受害者支付补偿金,使受害者保持原来的福利地位。如果特别税(+)和补偿金(-)的代数和是正数,社会福利就会增长。因此这一补偿原理又称为潜在的帕累托最优状态。

补偿原理的条件构成了项目经济评价的理论基础：如果某项目的实施使社会所得（效益）能补偿社会所失（费用），那么该项目的实施是对社会的一种改进，则项目是可取的。如果失者的损失真的得到了补偿，这种潜在的帕累托准则与原帕累托准则是一致的。但问题是，在实际生活中，对失者损失的补偿并没有得到真正的兑现。这样，这一原理在社会上就失去了广泛的可接受性。在这种情况下所谈到的"补偿"就需要有以下两个方面的说明：

（1）失者所需从得者那里的"补偿"的大小，取决于他们各自的原福利水平，也就是原来的社会收入分配状况。"补偿"的大小通常是用货币单位来度量的，而货币的边际效用是随着收入水平的增加而减少的。就是说，度量效用大小的货币单位也与他们各自的原福利水平有关。如果用了货币单位来度量个人效用的变化，实际上就是承认了当前的收入与分配是合理的。

（2）承认社会状态的改变，从失者到得者那里所进行的那种收入的重新分配也是合理的。社会财富从富人手里向穷人手里转移的重新分配可以容易理解为是合理的。但是，如果项目牺牲社会中贫穷阶层的利益而使富有阶层得利的话，那么就会加剧贫富的两极分化，从而不一定改善社会总福利。因为在这种情况下，富者的货币边际效用低，用货币度量的所得可能变得更高；而穷者的边际效用高，用较少量的货币就可以得到补偿。如果这种补偿又没有确定得到的话，这会使社会福利的分配更朝着有利于富有阶层的方向发展。

6.2 支付意愿和消费者剩余[13,14]

6.2.1 支付意愿

为了便于定量地比较和计算，经济评价接受了补偿原理——社会的效益和费用是社会成员的效益和费用的总和。在项目评价这一级，不考虑效益与费用在社会成员中的分配问题。由微观经济学中效用理论可知：一个人在消费过程中所得的效益或满足以此人对物品（或服务，下同）的"支付意愿"（Willingness To Pay 即 WTP）来度量，最为合理、正确。

在对项目进行经济评价时，由于费用就是所放弃的（最大）利益，因此衡量费用的方法就同衡量利益的方法十分类似。如同衡量累积总消费利益一样，我们按照消费者的支付意愿这一标准来衡量总消费成本。由效用理论知道，消费者的满足程度取决于他所享用的物品的数量（记为 $q_1, q_2, \cdots, q_n$），而这种满足程度可以用效用函数表示：

$$U = f(q_1, q_2, \cdots, q_n)$$

设第 i 种物品的价格为 p_i，消费者的总收入为 L，那么在不超过总收入的约束条件下，使满足程度尽可能高的行为可表示为下面的规划：

$$\begin{cases} \max U = f(q_1, q_2, \cdots, q_n) \\ \text{s. t.} \quad L = \sum_{i=1}^{n} p_i q_i \end{cases}$$

按照拉格朗日约束极值存在的必要条件有

$$W = U + \lambda L$$

$$\frac{\partial W}{\partial q_i} = 0$$

$$\frac{\partial U}{\partial q_i} = -\lambda p_i \qquad\qquad i = 1, 2, \cdots, n$$

式中 λ 为拉格朗日乘子。

由此推出

$$\frac{\partial U/\partial q_1}{p_1} = \frac{\partial U/\partial q_2}{p_2} = \cdots = \frac{\partial U/\partial q_n}{p_n} = -\lambda$$

如果调节相对价格 p_i 的尺度,使乘子 λ 等于 1,那么由物品 i 增加微量 dq_i 所引起的效用增加(dU)可表示为

$$(dU)_i = p_i dq_i$$

总效用 U_i 表示为

$$U_i = \int_o^q p_i dq_i$$

这个积分的图形表示就是消费者需求曲线下边的面积。这个面积可以理解为消费者的支付意愿 WTP。对整个社会,个别人支付意愿的总和(效益)就相当于总需求曲线下边的面积。当物品 i 提供的总量为 Q 时,支付意愿(效益)就可用图 6-2 中的面积 $ODEQ$ 来表示。图中 $D—D'$ 为所有消费者对物品 i 的总需求曲线。

6.2.2 消费者剩余

在有些情况下,一个项目不仅能够增加货物或服务的产出量,而且还可以降低消费者购买它们的价格。这种产出物价格的变化通常发生在电力、供水、卫生保健和通讯项目中,但不仅限于此。当一个项目降低了其产出物的价格时,就会有更多的消费者购买同样的产品,而原先的消费者现在支付较低的价格就可以购买同样的产品。按新的较低价格估算效益,会低估该项目对社会福利所做的贡献。如果该项目所创造的效益等于新数量与新价格的乘积,那么,这一估计值就忽略了消费者剩余,即消费者愿意为购买某种产品支付的最大金额(支付意愿)与实际支付金额之差。原则上讲,增加的消费者剩余应视为该项目效益的一部分。在不发生价格下降的情况下,也有可能会产生消费者剩余。如果某种产品是以低于消费者愿意支付的价格定量供应,那么,在保持价格不变的同时增加供给就会增加消费者剩余,即超过消费者为供给增加而实际支付价格的金额。这一点对公用事业项目可能具有特殊的重要意义。

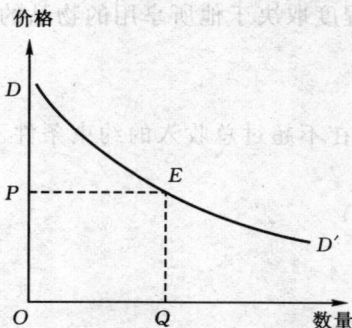

图 6-2 收益与效益

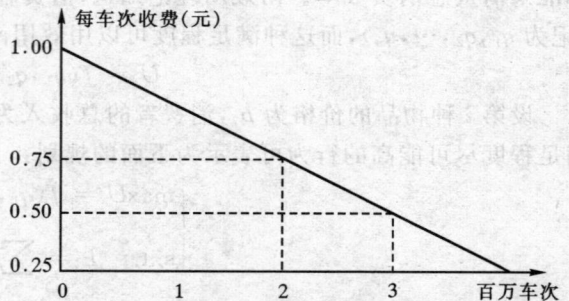

图 6-3 Dupuit 建桥问题

在实际生活中,消费者付出的代价并没有支付意愿那么多。在图 6-2 的需求曲线中,他只付出 $OPEQ$ 那一块,即相当于企业收益的那一块。支付意愿比实际支付多出一块 PDE,这

一部分称之为消费者剩余(Consumer's Surplus),这是费用-效益分析中的一个重要概念。

消费者剩余的概念是法国工程师杜比(J. Dupuit)在研究一个具体的建桥问题时首先提出来的。图6-3给出过桥车次与收费大小的关系曲线[15]。

假定交通部门(或公共事业部门)所借资金的利息率为5%,桥梁寿命为无穷大,经常的维修费用忽略不计,则每车次收费多少,此桥梁的效益为最大呢? 当收费标准为0.5元/车次,估计每年通过200万车次,每年收益为100万元,总的收益现值为100万元/0.05=2 000万元(无穷多年年金现值系数为 $\lim_{n \to \infty} \frac{(1+i)^n - 1}{i(1+i)^n} = \frac{1}{i}$)。如果建桥的费用大于这个数字,按私人投资者的观点,就不该建这座桥。但当时杜比却极力反对这种算法。他认为,站在整个社会的角度,建桥对整个社会带来的效益应该是需求曲线下面的面积。也就是说,只要不引起过桥交通拥挤,应该免费开放,这样可使通过的车次最多(400万车次),这时所得年效益(过桥者所得)为200万元,总效益现值4 000万元,总的效益最大。建桥费用只要小于4 000万元,就应该建造。只不过这里的效益全部表现为消费者剩余,企业盈利为零。既然传统费用-效益分析不考虑分配效果,消费者剩余应构成效益的一部分。下面将把以不同的收费标准所对应的效益大小及效益分配作一比较,列于表6-1。可见,随着收费的降低,企业盈利先增大后降低,而消费者剩余和社会总效益越来越高。

表6-1 效益大小及效益分配比较

收　费	年企业收益	年消费者剩余	社会年效益	社会总效益现值
元/车次	百万元	百万元	百万元	百万元
1	0	0	0	0
0.75	0.75	0.125	0.875	17.5
0.50	1	0.50	1.5	30.0
0.25	0.75	1.125	1.875	37.5
0	2	2	40.0	

6.2.3　支付意愿的计算

在通常情况下,项目产出的同类物品已经存在,这种消费者剩余也已存在。当这种产出 ΔQ 不足以影响市场价格时,支付意愿的增量可表示为

$$\Delta WTP = p \cdot \Delta Q$$

也就是说,用项目的收益代表社会效益即可。

当项目的产出足以使市场价格降低时,则应该计算消费者剩余的变动。

以图6-4为例,由于项目投产,使价格由 p 降为 p' 时,此时 ΔWTP 等于面积 $QEE'Q'$。当需求 EE' 为直线时,则

$$\Delta WTP = \frac{1}{2}(p + p') \cdot \Delta Q$$

应该注意到,在增加产量和降价的同时,原产量的总效益可能没有变化,但产生了效益的转移,原销售者收益减少了一块 $pp'CE$,而消费者相应增加了这块的消费者剩余。

支付意愿和消费者剩余的概念特别是对于公共项目效益的计算是很有用的。例如,对于完全是新提供的,过去没有提供过的产品或劳务,其效益应该是需求曲线下面的整个面积,而不仅仅是收益或消费者的实际支付总和。

用支付意愿作为度量效益的尺度有它明显的益处。这种以货币为统一的计量单位,以容易观察到的市场价格为基础,使总的效益可以在不同人之间相互叠加,又可保持一定的客观性。支付意愿应该说是主观的东西,是购买行为在市场交易的过程中才客观地表现出来。只要市场信息畅通,消费者对物品和价格充分了解,不会出高价去买他不喜欢的东西。所以,整个社会消费者支付意愿的叠加,在一定程度上反映了物品给予人们的满足程度。但是这种计算方法需要满足以下几个条件,否则结果也不会是正确的。

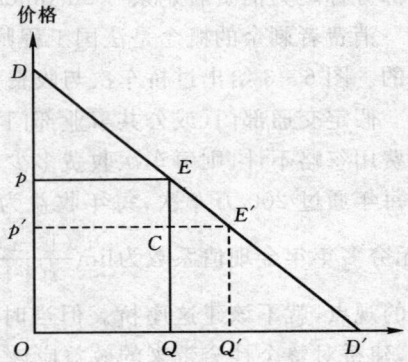

① 不同收入的支付意愿是等价的。这也就默认了当前收入分配是合理的。实际上,收入不同,人们对货币本身的效用大小体会是不同的。他们对某物品的需求程度也不相同,而且有其他物品的替代效应的作用,那么肯定对各种物品的支付意愿是不等价的。

② 当前的价格体系是合理的,即价格能确实地反映物品相对的社会"价值"。在有政府干预的社会中,尤其是以计划经济为主的社会中,价格均存在着"失真"现象。

6.2.4　采用支付意愿的优点

以消费者的支付意愿作为度量社会效益的主要尺度还有以下优点:

①这个尺度和社会经济的发展目标一致。社会主义生产的根本目的是不断提高人民的物质和文化生活水平。在谈论经济效果时,人们常以同样的劳动消耗取得较大的使用效果为优。消费者的支付意愿可以作为一种度量效果的参考尺度。

②这个尺度有充分的群众性和客观性。它充分尊重了消费者的愿望,类似于常说的买方市场中消费者有充分的余地,可根据商品对自己的满足程度来选择。个人的支付意愿当然是消费者主观的东西,但似乎是不可避免的。既然我们的目标是满足人们的物质和文化需要,"满足"本身就是相对人们主观欲望而言的。人们支付意愿的综合,对生产者来讲,又是一种客观的需求。这种客观的需求正是我们组织生产或评价项目的根本目标,生产成果的好坏最终应由消费者来判断。因此,人们对某种物品的支付意愿也包含了社会资源的消耗因素,在某种程度上可以说是价值与使用价值的统一。

6.3　外部效果与无形效果

6.3.1　外部效果(External Effect)[13,14]

一个项目除了产生由项目自身承担、在项目的收益或支出中反映出来的内部效果外,还会对项目以外的社会其他部门(或人群)发生影响,这就是项目的外部效果。财务评价一般只考

图 6-4　支付意愿的变动

70

虑可用货币价值衡量的内部效果，这并没有充分反映项目对全社会的作用。作为国民经济评价，这是必须考虑的。

项目可能会对社会上的特定群体产生负面或正面影响，而项目本身却不会承担相应的货币费用或享有相应的货币效益。例如，一个灌溉项目可能会导致捕鱼量的减少。捕鱼量的减少就反映了此项目对社会造成由渔民承担的费用，而项目实体的货币流量中并不一定会反映此部分费用。分析人员在调整财务流量来反映经济费用时，应该考虑到这些外部影响，即外部效果。如果此项费用能用货币度量，我们就能够深刻地了解渔民可能会反对该项目的动机。

外部效果通常可分为两类：技术外部效果和货币外部效果。

技术外部效果是指那些确系项目带给项目之外的生产和消费机会的真实变化。诸如水泥厂排放废物，致使附近菜园的蔬菜产量和质量下降；养蜂者从种植油菜的农民那里得到好处；一发电厂建成使原缺电企业边际产出增加等，应把这种效果并入项目的总效果中。

货币外部效果是指由于项目引起相对价格的变化，使第三者的效益发生变化。如一个尼龙化工厂的开办，使社会上的尼龙供应量增加而价格降低，这样使纺织工业得到廉价原料，进而服装工业得到了好处，最终消费者得益。依此看来，纺织工业、服装工业、消费者都能在一定程度上得到好处，那么，这些部门的得益是否都应算在尼龙项目的头上呢？多数学者认为这类效果只是反映尼龙项目的效益在这些部门的重新分配，不应把它并入项目的总效果中，否则就是重复计算。这种效果有时也称为连锁效果。

这种连锁效果又包括逆连锁效果和顺连锁效果。项目对投入品的使用，可能会促使某些投入品价格上升。投入品的价格升高，自然会给生产这种投入品的生产部门带来额外收入。但是，这种投入品价格的升高也会给其他使用该投入品的部门带来影响，即它们可能不得不以比先前更高的价格购买这些投入品，因而造成这些部门的成本升高。这种由项目的投入所引起的外部效果称为货币逆连锁效果。然而当项目的产出量较大，并足以促使市场价格降低时，项目产出品（如某种机床）由于降价而需求增加，这又会促使辅助产品（如机床配件、量具、刃具）的需求量增加而增加收入；而项目产出品的替代品（如功能相似的另一种机床）则可能由于替代效应的存在，不得不降低价格以维持需求，因而会使生产这些替代品的部门收入减少。这种由项目产出角度考察的货币外部效果，称为货币顺连锁效果。

还有一种外部效果反映的乘数效应，它是由项目的投入和产出而引起的社会其他部门的生产和消费的实质性变化。例如某个项目（生产电风扇）的上马，由于其产出的增加而可能导致生产该项目产品（电扇）的配套产品（电机等）的生产企业的闲置生产能力得以利用，增加了配套产品的产出。在社会存在过剩生产能力的情况下，新项目的投建，就能够促使与此项目的投入和产出有关的产业部门的闲置生产能力得以使用。如要建设一条上千公里长的铁路，需要用大量的钢材，这时轧钢厂的闲置设备可能得到启用。启用这些原先不能提供产出价值的闲置设备，不仅会使轧钢厂的实际生产费用大大降低，而且在项目还未投产的情况下，由于轧钢的生产扩大，还会使与它关联的炼钢、炼焦、矿山和采掘部门可能存在的过剩生产能力得到使用。这种由某个项目导致的一系列环节的原有过剩生产能力的使用，即所带来的一系列的连锁效果，就称为乘数效应。

项目的外部效果在区域经济和宏观经济领域的表现[34]：

（1）项目对区域经济或宏观经济的直接贡献通常表现在促进经济增长，优化经济结构，提高居民收入，增加就业，减少贫困，扩大进出口，改善生态环境，增加地方或国家财政收入，保障国家经济安全等方面。

（2）项目对区域经济或宏观经济影响的间接贡献表现在促进人口合理分布和流动，促进城市化，带动相关产业，克服经济瓶颈，促进经济社会均衡发展，提高居民生产质量，合理开发、有效利用资源，促进技术进步，提高产业国际竞争力等方面。

（3）项目可能产生的不利影响包括非有效占用土地资源、污染环境、损害生态平衡、危害历史文化遗产；出现供求关系与生产格局的失衡，引发通货膨胀；冲击地方传统经济；产生新的相对贫困阶层及隐性失业；对国家经济安全可能带来的不利影响等。

项目也可能会产生环境效益。比如说《中国黄土高原水土保持项目》，其主要目标是控制水土流失和提高农业生产力。然而，除此之外，该项目还有助于减少沉积物，从而节约清除沉积物的费用[35]。此项目是一个黄河中游地区的流域保护和水土保持项目，主要目的是提高黄土高原地区的农业生产力。计算结果表明，该项目每年可以减少沉积物 4 100 万吨，或者说，在项目的整个 30 年寿命期内可以减少约 12 亿吨。这个数据代表了每年可以给黄河减少2.6％的沉积物。

每年平均约有 1.5 亿吨的沉积物进入黄河下游地区的灌溉系统。在这一总量中，大约3 000 万吨是通过清淤以及其他方法来处理。黄土高原沉积物的减少意味着清淤费用的减少。在黄土高原上每保留 1 吨土壤就意味着节约 0.07 元人民币的清淤费用。这个数字乘以黄土高原上减少的土壤流失量（0.07 元人民币/吨×4 100 万吨/年）就得到减少沉积物的总效益。这一效益导致了净现值的增加。该项目的内部收益率也从大约 19％增加到接近 22％。

计量外部效果的一种方法叫影子项目法。影子项目法（shadow project technique）把保护一种物品所获得的效益视为等同于复制它的费用。举例来说，比如某项目的建设需要砍伐一片红树林的很大一部分树木。影子项目方法就是要估计生产一片具有与原先同样效益的新红树林需要的费用，并且把新红树林的费用加到项目上去。影子项目并不是一个实际的项目，而只是一个概念上的项目。这种方法仅仅给出了重新生产这片红树林费用的近似值，而不是市场价值。迪克逊等人（Dixon and others,1994）的著作探讨了在缺少明确的市场价值的情况下估计外部效果市场价值的方法[35]。

6.3.2 无形效果(Intangible Effect)[14]

无形效果是相对于有形效果而言的。当一个项目的效果呈现出交换价值的货币形态时，就是有形效果。反之就是无形效果，有人称之为不可计量效果。相应于项目分析的各种目标，项目的无形效果是普遍存在的，比如：保健、劳动条件的改善、社会治安、生态变化、民族团结、国家安全、对历史和文化遗址的影响以及娱乐效益等等。这种效果是客观存在的，具有实际的社会价值。但这些效果不能用货币单位来度量或本身就无法度量。客观上这些效果也存在着支付意愿，只不过它不易觉察和估计而已。比如估算公园和自然保护区游客消费者剩余的经济价值来计量其娱乐效益[35]。

对于这种无形效果，第一步可以计算它的实物指标，如噪音指数、空气含硫量等等；第二步设法估计实物指标的货币价值。当然这是件极其复杂和困难的事，通常的做法有：

（1）对顾客进行询问，如可以这样提问：如果 X 在市场上销售，你愿为此付出多少？或者 X 为讨厌的东西，如果你忍受 X，你要付出多大代价等等。显然这种问题的回答是很不可靠的。

（2）参照公共设施以外的类似物品的市场价格，如资本主义社会的公共教育、卫生和娱乐设施的效益估计，可参照私人所有的类似事业的服务价格，当然要考虑不同的服务质量。

（3）用成本反映某种服务的社会价值。这种方法是不理想的，因为它没有估计顾客的支付意愿会不同程度地高于成本的情况。

（4）实在无法给出适当的影子价格（详见第 8 章）时，可以把那些非货币的效益和成本另外列出，以供决策时参考。如某项目或方案的效益可达 1 000 万元，但有失去 10 个人性命的危险，留给决策者的问题就变成了 1 000 万元与可能的 10 条人命之间的权衡。当实物指标不止一项时，决策变得更加困难了。

无形效果的估计所存在的困难，是由政治、哲学、伦理、道德、文化和习俗等方面引起的。许多学者认为，这方面的问题倒不在于估价的困难，而在于很多人往往因为这种困难，而把很多社会效益或费用忽略掉了。

6.4 转移支付

国民经济评价中所指的费用和效益是那些真正影响到社会资源增减的效果，因而，不影响社会资源的增减，而只是表现为资源的使用权力从社会的一个实体转移到另一个实体手中。这种转移，称为转移支付，诸如税收、补贴、国内贷款与债务（还本付息）和折旧费等。现讨论几种转移支付[4]。

6.4.1 税收

税收对于企业来说，是不折不扣的费用项。但是，税收作为国家的财政收入，用于国家的公共事业和其他发展目的，是国家参与国民收入分配的一种手段，它仅仅代表了相应资源的分配权与使用权从企业转移到政府手中。它既不增加国民收入，也未减少国民收入，因而税收不是国民经济评价意义上的费用或效益。

6.4.2 补贴

私人投资于提供公共产品的项目，如教育、医疗等项目，其收益少于费用。为了使项目具有财务生存能力和可持续发展潜力，政府给予补贴。

补贴是一种货币流动方向与税收相反的转移支付。例如，国家对某些农产品实行价格补贴。这种补贴虽然使国家的财政收入减少，但却增加了农民的净收入，国民收入并没有因此而增减。

补贴与税收刚好相反。补贴把资源的支配权从给予方转移到接受方，并且没有构成社会负担的费用。与税收一样，分析人员必须弄清楚接受方的收益与给予方的费用，以便全面地反映项目的这些流量。由于这些流量互相抵消，所以对社会来说并不是费用。然而，由于补贴通常是由政府支付给项目实体，这就形成了项目所产生的一种财政影响，因此分析人员必须注意把它们明确地反映出来。

6.4.3 贷款与还本付息

国内贷款、还本付息也是一种转移支付。对项目经营者所代表的企业来说，贷款可以增加他对资源的支配与使用权;而还本付息与此相反。对整个国民经济来说,情况则不同。贷款并没有增加国民收入,还本付息也没有减少国民收入,这种货币流动过程并未伴随实际资源的增减,而仅仅是资源支配权力的转移,因而就项目评价而言,不是费用或效益。对投资项目来说,只是当它把贷款和其他资金用于投资活动,从而占用和消耗实际资源的时候,才发生真的投资经济费用。

国外贷款,还本相当于贷款所代表的资源的反向流动,付息代表了国内资源的净外流,应计作国民经济评价的费用。

6.4.4 折旧

折旧是固定资产价值转移到产品中的部分。折旧是会计意义上的生产成本要素。但是,不论财政制度上对折旧的上缴与留归企业作何规定,它都不能构成经济分析中的费用或效益项。在项目的经济分析中,已对相应于投资的资源投入所造成的国民收入损失作了充分估价(即把投资作为费用),而折旧不过是投资所形成的固定资产在生产过程中价值转移的一种估价和补偿,所以不能再把折旧看作是效益或费用,否则就是重复计算。就是说,与折旧对应的固定资产原值已全包括在投资的经济费用之中了,而项目的经济评价并不涉及固定资产的转移和补偿问题。

实际上,只要属于不引起社会资源增减的货币流动项,均属于转移支付,这是识别转移支付和项目中费用及效益的关键。

值得注意的是,以上的讨论都是在项目国民经济评价意义上分析所得的结论。如果抛开经济评价所建立的目标,那么这些结论就不一定正确了。而且转移支付是指伴随着货币流动不引起社会资源增减,而并未分析更深一层的经济活动。如关税是一种典型的转移支付,并不引起社会资源(国民收入)的增减。但如果你更深入一层分析,关税势必保护了国内同种产品生产部门增加产出,增加收入。

第7章 现金流量与资金的时间价值

技术经济分析中要用到动态分析方法和动态评价指标。要理解动态分析方法和使用动态评价指标,必须首先了解现金流量的概念和构成,并且要了解资金的时间价值的含义和资金的等值计算方法,这些均是技术经济学的基础内容[7,8]。

7.1 现金流量(Cash Flow)

7.1.1 现金流量的概念

任何经济活动,例如生产活动、投资活动等都可以从物质形态和货币形态两个方面进行考察。以工业生产活动为例,其物质形态表现为人们使用各种工具、设备,消耗一定量的能源,将各种原材料加工而转化成所需要的产品。从货币形态来看,工业生产活动表现为投入一定量的资金,花费一定量的成本,通过产品销售获取一定量的货币收入。对于一个特定的经济系统而言(这个经济系统可以是一个投资项目、一个企业,也可以是一个行业、一个地区或者一个国家),投入的资金,花费的成本,获取的收益,都可以看成是以货币形式(包括现金和其他货币支付形式)体现的资金流出或流入。技术经济学分析中,把各个时点上实际发生的(或将要发生的)这种资金流出或资金流入称为现金流量。流入系统的资金称现金流入,流出系统的资金称现金流出,现金流入与现金流出之差称净现金流量。技术经济分析的目的就是要根据特定经济系统所要达到的目标和所拥有的资源条件,考察系统在从事某项经济活动过程中的现金流出和现金流入情况,计算经济效果评价指标,选择合适的工程技术方案,以取得最好的经济效果。

对一项经济活动的现金流量的考察与分析,会因考察的角度和所研究系统的范围不同而有不同的结果。例如,国家对企业经济活动征收的税金,从企业的角度看是现金流出,而从整个国民经济的角度看既不是现金流出也不是现金流入,而是在国家范围内资金分配权与使用权的一种转移,称为转移支付。技术经济学分析中,必须在明确考察角度和系统范围的前提下正确区分现金流入和现金流出。

7.1.2 现金流量的构成

原则上,一个经济系统的一切资金收入是现金流入,一切资金支出是现金流出。而对于不同的经济对象,收入项目和支出项目可能不同。对一般的工业企业或一个工业项目而言,从企业(或项目)的角度考察,现金流入主要有销售收入和其他收入,现金流出包括投资(固定资产投资和流动资金投入)、经营成本、税金等。

现金流量有三个要素:大小,流向,时间。大小即资金数额;流向指项目的现金流入或流出,以流入为正,流出为负;时间指现金流入与流出发生的时间点。每年的现金流量的代数和就是该年的净现金流量。

在技术经济分析中对投资与收益发生的时间点有两种处理方法:一种称年初投资年末收益法,即把投资计入发生年的年初,把收益计入发生年的年末;另一种是近年来较多用的年(期)末习惯法,即每一年(期)发生的现金流量均认为发生在年末。我国国家计委、建设部颁布的《建设项目经济评价方法与参数》第二版(1993)规定,项目经济评价采用年末习惯法[1]。这两种处理方法的结果稍有差别,但不会引起本质变化。

7.1.3 现金流量的表示法

现金流量可以用表或图来表示,分别称为现金流量表和现金流量图。例如,某建设项目第一年投资 500 万元,从第 2 年投产起至第 6 年每年净收入 100 万元,第六年净收入 160 万元,项目生产期为 5 年,最后一年还可收回固定资产余值 60 万元,则其现金流量表如表 7-1 所示。该表清楚的表示了现金流量的三要素。该表采用年末习惯法。

表 7-1　某建设项目的现金流量表　　　　　　　　　　　　　单位:万元

年序	0	1	2	3	4	5	6
现金流出(一)		500					
现金流入(十)			100	100	100	100	160
净现金流量		−500	100	100	100	100	160

现金流量图比现金流量表更为直观。它由一平面坐标构成,横轴表示时间,时间标在分度点上,表示某个周期的末尾和下一周期的起始。如果周期以年计,则 $t=0$ 表示第一年初,$t=1$ 表示第一年末和第二年初,余类推。纵轴表示资金流向和大小,正向(向上)表示现金流入,线段长度表示大小。例如,表 7-1 的净现金流量可以用图 7-1 表示:

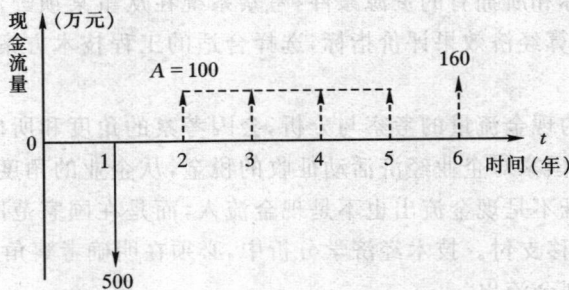

图 7-1　某建设项目的净现金流量图

一个项目的现金流量,从时间轴上看,有起点、终点和一系列中间点。为了便于表述,把建设开始的第一年(期)初(0)看作起点,叫"现在"(尽管并不发生在现在),除现在以外的时点叫"未来"。把"现在"发生的现金收支额叫"现值",用 P 表示;把"未来"发生的现金收支额叫"终值"或"未来值",用 F 表示;当时间按年划分时,把中间时点发生的资金收支额叫"年值"或"年金";当逐年的年值都相等时,则称为"等额序列"或"等额年金",用符号 A 表示。

7.2 资金的时间价值

7.2.1 概念

任何工程项目的建设与营运,任何技术方案的实施,都有一个时间上的延续过程。对于投资活动来说,资金的投入与收益的获得往往构成一个时间上有先有后的现金流量序列。要客观的评价工程项目或技术方案的经济效果,不仅要考虑现金流出与流入的数额,还必须考虑每笔现金流量发生的时间。

在不同的时间付出或得到同样数额的资金在价值上是不相等的,也就是说资金的价值会随时间而发生变化。今天可以用于投资的一笔资金即使不考虑通货膨胀因素,也比将来可获得的同样数额的资金更有价值。因为当前获得的资金能立即用于投资,并带来收益;而将来才可获得的资金则无法用于当前的投资,也无法获得相应的收益。不同时间发生的等额资金在价值上的差别称为资金的时间价值。

资金的时间价值就是资金运动过程中产生的增值。这里的时间是指资金的运动时间。如果把资金积压起来,不投入运动,锁在保险柜里,时间再长大钱也不会生出小钱来。资金投入运动,或投资扩大再生产产生利润;或存入银行(间接投资)生息,都会增值。

资金时间价值的客观基础可由两个角度来理解:

第一,从生产者或资金使用者的角度来看。一笔资金,不论是用于构建厂房、设备等固定资产,还是用于购买原材料、燃料等流动资金,都构成必不可少的生产要素。生产出来的产品除了弥补生产中的物化劳动和活化劳动消耗之外,还会有剩余,这些剩余产品就是劳动者为社会创造的剩余价值。这从资金的运动过程来看,就表现为投资经过生产过程产生了增值。

第二,从消费者或资金提供者的角度来看,无论是国家通过财政手段积累的资金,还是个人储蓄的货币,一旦用于投资,就不能用于现期消费。而牺牲现期消费是为了将来更多的消费,个人储蓄的动机和国家积累的目的都是如此。因此,资金使用者应当付出一定的代价,作为对放弃现期消费的损失和对放弃货币占用的偏好损失的补偿,以及对资金提供者的鼓励。

社会资金总是有限的,资金是一种短缺资源,对于国民经济增长具有特别的制约作用。所以,必须珍惜资金。计算资金的时间价值,以督促合理地使用资金,防止多占积压资金等浪费现象的发生;同时吸引、收集闲散资金,加速资金周转,提高投资的社会经济效益。

资金时间价值的大小取决于多方面的因素,主要有:投资收益率、银行利率、通货膨胀率和投资风险因素等。实际上,银行利率就是资金时间价值的一种表现方式。

7.2.2 利息与利率

利息是指占用资金所付的代价,或放弃使用资金所得的补偿。如果银行将一笔资金贷给一企业,这笔资金就称为本金。经过一段时间之后,借款的企业除偿还本金之外还得还一笔利息,这一过程可表示为

$$F_n = P + I_n \qquad (7-1)$$

式中 F_n——本利和或终值;

P——本金或现值;

I_n——利息

下标 n 表示计算利息的周期数。计息周期是指计算利息的时间单位,如"年","月"等。

利息通常根据利率来计算。利率是在一个计息周期内所得的利息额与借款金额(本金)之比,一般以百分数表示。其表达式为

$$i = \frac{I_1}{P} \times 100\% \qquad (7-2)$$

式中 I_1——一个计息周期的利息;

i——利率。

上式表明,利率是单位本金经过一个计息周期后的增值额。

7.2.3 单利与复利

利息的计算有单利计息和复利计息之分。

单利计息指仅用本金计算利息,利息不再生利息。单利计息时利息计算公式为:

$$I_n = inP \qquad (7-3)$$

n 个计息周期后的本利和为:

$$F_n = P(1+in) \qquad (7-4)$$

我国银行存款利息就是以单利计算的,计息周期为"年"或"月"。

复利计息是指用本金与前期累计利息总额之和进行计息,即除最初的本金要计算利息外,每一计息周期的利息都要并入本金,再生利息。复利计息的本利和公式为

$$F_n = P(1+i)^n \qquad (7-5)$$

式(7-5)的推导过程如下:

利息周期 n	本利和 F_n
1	$F_1 = P(1+i)$
2	$F_2 = P(1+i) + P(1+i)i = P(1+i)^2$
3	$F_3 = P(1+i)^2 + P(1+i)^2 i = P(1+i)^3$
...	...
n	$F_n = P(1+i)^{n-1} + P(1+i)^{n-1} i = P(1+i)^n$

我国的基本建设贷款等是按复利计息的。

复利计息比较符合资金在社会再生产过程中运动的实际情况,反映了资金运动的客观规律,可以较好地体现资金的时间价值,在技术经济分析中一般采用复利计息,用复利来计算资金的时间价值。

7.2.4 名义利率、实际利率和连续利率

在技术经济分析中,通常以年为计息周期进行复利计算。但在实际经济活动中计息周期有年、半年、季、月、周、日等多种。这样就出现了不同计息周期的利率换算问题。

假如按月计算利息,且月利率为 1%,通常称为"年利率 12%,每月计息一次"。这个年利

率 12% 称为"名义利率"。也就是说,名义利率等于每一计息周期的利率与每年的计息周期数的乘积。若按单利计息,名义利率与实际利率是一致的。但是按复利计息,则实际利率不等于名义利率。

例如本金 1 000 元,年名义利率 12%,若每年计息一次,一年后的本利和为
$$F = 1\,000(1 + 0.12) = 1\,120(元)$$

按年名义利率 12%,每月计息一次,一年后的本利和为
$$F = 1\,000(1 + 0.12/12)^{12} = 1\,126.8(元)$$

实际利率 i 为
$$i = \frac{1\,126.8 - 1\,000}{1\,000} = 12.68\%$$

设名义利率为 r,一年中计息次数为 m,则一个计息周期的利率应为 r/m,一年后本利和为
$$F = P(1 + r/m)^m$$

利息为 $I = F - P = P(1 + r/m)^m - P$

按利率的定义,得实际利率 i 为:
$$i = \frac{P(1 + r/m)^m - P}{P} = (1 + r/m)^m - 1$$

所以,实际利率 i 与名义利率 r 的换算公式为:
$$i = (1 + r/m)^m - 1 \tag{7-6}$$

当 $m = 1$ 时,实际利率等于名义利率;

当 $m > 1$ 时,实际利率大于名义利率;

当 $m \to \infty$ 时,即按连续复利计算,这时的实际利率称连续利率 i'。连续利率与名义利率的关系为
$$i' = \lim_{m \to \infty}[(1 + r/m)^m - 1] = \lim_{m \to \infty}[(1 + r/m)^{m/r}]^r - 1 = e^r - 1 \tag{7-7}$$

在上例中,若按连续复利计算,实际利率为
$$i' = e^{0.12} - 1 = 12.75\%$$

为了便利比较各种利率,表 7-2 给出了当名义利率为 12% 时,对应于不同计息周期的实际利率计算结果。

表 7-2 不同计息周期情况下的实际利率的计算比较

计息周期	一年内计息周期数(m)	年名义利率(r)%	各期利率(r/m)%	年实际利率(i)%
年	1		12.000	12.000
半年	2		6.000	12.360
季	4	12.0	3.000	12.551
月	12	已知	1.000	12.683
周	52		0.230 8	12.736
日	365		0.032 88	12.748
连续	∞		—	12.750

如上所述，复利计息有间断复利和连续复利之分。如果计息周期为一定的时间区间（如年、季、月），并按复利计息，称为间断复利；如果计息周期无限缩短，则称为连续复利。从理论上讲，资金是在不停运动的，每时每刻都通过生产和流通在增值，因而应该用连续复利计息。然而连续复利主要用于经济过程的建模优化计算等场合，在一般技术经济分析中通常都采用较为简单的间断复利计算。

7.3 资金的等值计算

7.3.1 资金等值的概念

在资金时间价值的计算中，等值是一个十分重要的概念。资金等值指在考虑时间因素的情况下，不同时点发生的绝对值不等的资金可能具有相等的价值。例如现在的 100 元与一年后的 109 元，数量上并不相等，但如果将这笔资金存入银行，年利率为 9%，则两者是等值的。因为现在存入的 100 元，一年后的本金和利息之和为

$$100 \times (1 + 9\%) = 109 （元）$$

下面以借款、还本付息的例子来说明等值的概念。

例 7 - 1 某人现在借款 1 000 元，在 5 年内以年利率 6% 还清全部本金和利息，则有如表 7 - 3 中的四种偿付方案。

表 7 - 3　四种典型的等值形式　　　　　　　　单位：元

偿还方案	年数 (1)	年初所欠金额(2)	年利息额 (3)=(2)×6%	年终所欠金额 (4)=(2)+(3)	还本金 (5)	年终付款总额 (6)=(3)=(5)
1	1	1 000	60	1 060	0	60
	2	1 000	60	1 060	0	60
	3	1 000	60	1 060	0	60
	4	1 000	60	1 060	0	60
	5	1 000	60	1 060	1 000	1 060
	Σ		300			1 300
2	1	1 000	60	1 060	0	0
	2	1 060	63.6	1 123.6	0	0
	3	1 123.6	67.4	1 191.0	0	0
	4	1 191.0	71.5	1 262.5	0	0
	5	1 162.5	75.7	1 338.2	1 000	1 338.2
	Σ		338.3			1 338.2
3	1	1 000	60	1 060	200	260
	2	800	48	848	200	248
	3	600	30	636	200	236
	4	400	24	424	200	224
	5	200	12	212	200	212
	Σ		180			1 180

偿还方案(1)	年数(1)	年初所欠金额(2)	年利息额(3)=(2)×6%	年终所欠金额(4)=(2)+(3)	还本金(5)	年终付款总额(6)=(3)=(5)
	1	1 000	60	1 060	117.4	237.4
	2	822.6	49.4	872	188.0	237.4
4	3	634.6	38.1	672.7	199.3	237.4
	4	435.3	26.1	461.4	211.3	237.4
	5	224.0	13.4	237.4	224.0	237.4
	Σ		187			1 187

第1方案：在5年中每年年底仅偿付利息60元，最后第5年末在付息的同时将本金一并归还。

第2方案：在5年中对本金、利息均不作任何偿还，只在最后一年末将本利一次付清。

第3方案：将所借本金分期均匀摊还，每年末偿还本金200元，同时偿还到期利息。由于所欠本金逐年递减，故利息也随之递减，至第5年末全部还清。

第4方案：也将本金作分期摊还，每年偿付的本金额不等，但每年偿还的本金加利息总额却相等，即所谓等额分付。

从上面的例子可以看出，如果年利率为6%不变，上述四种不同偿还方案与原来的1 000元本金是等值的。从贷款人立场来看，今后以四种方案中任何一种都可以抵偿他贷出的1 000元，因此现在他愿意提供1 000元贷款。从借款人立场来看，他如果同意今后以四种方案中任何一种来偿还借款，他今天就可以得到这1 000元的使用权。

利用等值的概念，可以把在一个时点发生的资金金额换算成另一时点的等值金额，这一过程叫资金等值计算。把将来某一时点的资金金额换算成现在时点的等值金额称为"折现"或"贴现"，将来时点上的资金折现后的资金金额称为"现值"。与现值等价的将来某时点的资金金额称为"终值"或"将来值"。需要说明的是，"现值"并非专指一笔资金"现在"的价值，它是一个相对的概念。一般地说，将 $t+k$ 个时点上发生的资金折现到第 t 个时点，所得的等值金额就是第 $t+k$ 个时点上资金金额的现值。

进行资金等值计算中使用的反映资金时间价值的参数叫折现率。在上例中，我们是以银行利率作为折现率的。

7.3.2 资金等值计算公式

在技术经济分析中，为了考虑投资项目的经济效果，必须对项目寿命期内不同时间发生的全部费用和全部收益进行计算和分析。在考虑资金时间价值的情况下，不同时间发生的收入或支出，其数值不能直接相加或相减，只能通过资金等值计算将它们换算到同一时点上进行分析比较。资金等值计算公式和复利计算公式的形式是相同的。现将主要计算公式介绍如下：

1. 一次支付类型

一次支付又称整付，是指所分析系统的现金流量，无论是流入还是流出，均在一个时点上一次发生。其典型现金流量图如图7-2所示。

对于所考虑的系统来说，如果在考虑资金时间价值的条件下，现金流入恰恰能补偿现金流出,则 F 与 P 就是等值的。

一次支付的等值计算公式有两个:

(1) 一次支付终值公式

$$F = P(1+i)^n \qquad (7-8)$$

上式与复利计算的本利和公式(7-5)是一样的。但在等值计算中,一般称 P 为现值; F 为终值; i 为折现率; n 为时间周期数。此公式表示在折现率为 i,周期数

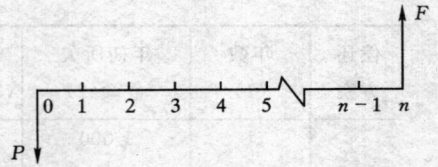

图 7-2　一次支付现金流量图

为 n 的条件下,终值 F 和现值 P 之间的等值关系。系数 $(1+i)^n$ 称为一次支付终值系数,也可用符号 $(F/P,i,n)$ 表示。其中,斜线右边的大写字母表示已知因素,左边表示欲求的因素。

例 7-2　某企业为开发新产品,向银行借款 100 万元,年利率为 10%,借款期 5 年,问 5 年后一次归还银行的本利和是多少?

解　5 年后归还银行的本利和应与现在的借款金额等值,折现率就是银行利率。由式(7-8)可得出

$$F = P(1+i)^n = 100 \times (1+0.1)^5$$
$$= 100 \times 1.611 = 161.1 \text{(万元)}$$

也可以查复利系数表(见本书附录),当折现率为 10% 时,$n=5$ 的一次支付终值系数 $(F/P,10\%,5)$ 为 1.611。故

$$F = P(F/P,i,n) = 100(F/P,10\%,5) = 100 \times 1.611 = 161.1 \text{(万元)}$$

(2) 一次支付现值公式

这是已知终值 F 求现值 P 的等值公式,是一次支付终值公式的逆运算。由式(7-8)可直接导出。

$$P = F\left(\frac{1}{(1+i)^n}\right) \qquad (7-9)$$

符号意义同前。系数——称为一次支付现值系数,亦可记为 $(P/F,i,n)$。

$$(1+i)^n$$

它和一次支付终值系数 $(1+i)^n$ 互为倒数。

例 7-3　如果银行利率为 12%,为在 5 年后获得 10 000 元款项,现在应存入银行多少?

解　由式(7-9)可得出

$$P = F(1+i)^{-n} = 10000 \times (1+0.12)^{-5}$$
$$= 10\,000 \times 0.567\,4 = 5\,674 \text{(万元)}$$

或先查表求出一次支付现值系数,再作计算

$$P = F(P/F,i,n) = 10\,000(P/F,12\%,5)$$
$$= 10\,000 \times 0.567\,4 = 5\,674 \text{(万元)}$$

2. 等额分付类型

等额分付是多次支付形式中的一种。多次支付是指现金流入和流出在多个时点上发生,而不是集中在某个时点上。现金流数额的大小可以是不等的,也可以是相等的。当现金流序列是连续的,且数额相等,则称之为等额系列现金流量。下面介绍等额系列现金流量的四个等值计算公式。

(1) 等额分付终值公式

如图7-3所示,从第1年末至第n年末有一等额
的现金流序列,每年的金额均为A,称为等额年值。
如果在考虑资金时间价值的条件下,n年内系统的总
现金流出等于现金流入,则第n年末的现金流入F应
与等额现金流出序列等值。F相当于等额年值序列
的终值。

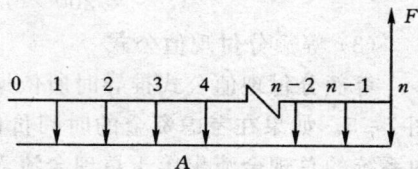

图7-3 等额系列现金流量之一

若已知每年的等额年值A,欲求终值F,依据图
7-3,可以把等额序列视为n个一次支付的组合,利用一次支付终值公式推导出等额分付终值
公式

$$F = A + A(1+i) + A(1+i)^2 + \cdots\cdots + A(1+i)^{n-2} + A(1+i)^{n-1}$$
$$= A[1 + (1+i) + (1+i)^2 + \cdots\cdots + (1+i)^{n-2} + (1+i)^{n-1}]$$

利用等比级数求和公式,得

$$F = A\left[\frac{(1+i)^n - 1}{i}\right] \tag{7-10}$$

式(7-10)即为等额分付终值公式。$\dfrac{(1+i)^n-1}{i}$称为等额分付终值系数,亦可计为$(F/A,$
$i,n)$。

例7-4 某校为设立奖学金,每年年末存入银行2万元,如存款利率为10%,第5年末可
得款多少?

解 由式(7-10)可得出

$$F = A\left[\frac{(1+i)^n - 1}{i}\right] = 2 \times \left[\frac{(1+0.1)^5 - 1}{0.1}\right]$$
$$= 2 \times 6.105 = 12.21 \text{(万元)}$$

(2)等额分付偿债基金公式

等额分付偿债基金公式是等额分付终值的逆运算。即已知终值F,求与之等价的等额年
值A。由式(7-10)可直接导出

$$A = F\left[\frac{i}{(1+i)^n - 1}\right] \tag{7-11}$$

式中$i/[(1+i)^n - 1]$称为等额分付偿债基金系
数,也可以用符号计为$(A/F, i, n)$。

利用式(7-10)和式(7-11)进行等值计算时,必
须注意的一点是,这两个公式仅适用于图7-3所示
的现金流量图。如果现金流量图是图7-4的形式,
则不能直接套用式(7-10)和式(7-11),必须进行一
定的变换。

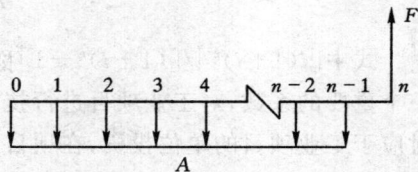

图7-4 等额序列现金流量之二

例7-5 某厂欲积累一笔福利基金,用于3年后建造职工俱乐部,此项投资总额为200万
元。银行利率为12%,问每年末至少要存款多少?

解 由式(7-11)可得出

$$A = F\left[\frac{i}{(1+i)^n - 1}\right] = 200\left[\frac{0.12}{(1+0.12)^3 - 1}\right]$$

$$= 200 \times 0.296\ 35 = 59.27(万元)$$

（3）等额分付现值公式

等额分付现值公式推导时所依据的现金流量图见图7-5。如果在考虑资金的时间价值的条件下，几年内系统的总现金流出等于总现金流入，则第1年初（0）的现金流出P应与从第1年到第n年的等额现金流入序列等值，P就相当于等额年金序列的现值。

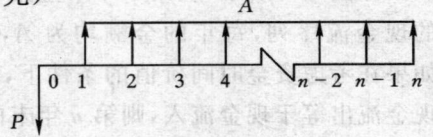

图7-5 等额序列现金流量之三

将式（7-10）两边各乘以$1/(1+i)^n$，可得到

$$P = A\left[\frac{(1+i)^n - 1}{i(1+i)^n}\right] \qquad (7-12)$$

上式即为等额分付现值公式。式中$[(1+i)^n - 1]/[i(1+i)^n]$称为等额分付现值系数，或等额年金现值系数，也可记为$(P/A, i, n)$。式（7-12）表示在折现率为i时，n个等额年值A与期初现值P的等值关系，适用于已知A求P的情况。

当n为永续年金时，即$n \to \infty$时，年金现值系数

$$\mathrm{Lim}[(1+i)^n - 1]/[i(1+i)^n] = 1/i$$

也就是说，永续等额年金现值系数为$1/i$，此时折现率i也称资本化率。

例7-6 如果某工程1年建成并投产，寿命10年，每年净收益为2万元，按10%的折现率计算，恰好能够在寿命期内把期初资金全部收回。问该工程第一年初所投入的资金为多少？

解 由式（7-12）可得出

$$P = A\left[\frac{(1+i)^n - 1}{i(1+i)^n}\right]$$

$$= 2 \times \left[\frac{(1+0.1)^{10} - 1}{0.1 \times (1+0.1)^{10}}\right]$$

$$= 2 \times 6.144\ 5 = 12.289(万元)$$

（4）等额分付资金回收公式

等额分付资金回收公式是等额分付现值公式的逆运算，即已知现值，求与之等价的等额年值A。由式（7-12）可直接导出

$$A = P\left[\frac{i(1+i)^n}{(1+i)^n - 1}\right] \qquad (7-13)$$

式中$[i(1+i)^n]/[(1+i)^n - 1]$称为等额分付资金回收系数，亦可记为$(A/P, i, n)$。这是一个重要的系数，对工业项目进行技术经济分析时，它表示在考虑资金的时间价值的条件下，对应于工业项目的单位投资，在项目寿命期内每年至少应该回收的金额。如果对于单位投资的实际回收金额小于这个值，在项目的寿命期内就不可能将全部投资收回。

例7-7 一套运输设备价值30 000元，希望在5年内等额收回全部投资。若折现率为8%，问每年至少应回收多少？

$$A = P\left[\frac{i(1+i)^n}{(1+i)^n - 1}\right]$$

$$= 30\ 000 \times \left[\frac{0.08(1+0.08)^5}{(1+0.08)^5 - 1}\right]$$

$$= 30\ 000 \times 0.250\ 46 = 7\ 514(元)$$

为了便于比较和应用,将以上 6 个公式汇总于表 7-4。

表 7-4 6 个常用资金等值公式

类别		已 知	求 解	公 式	系数名称及符号	现金流量图
一次支付	终 值 公 式	现值(P)	终值(F)	$F=P(1+i)^n$	一次支付终值系数 $(F/P,i,n)$	
	现 值 公 式	终值(F)	现值(P)	$P=\dfrac{F}{(1+i)^n}$	一次支付现值系数 $(P/F,i,n)$	
等额分付	终 值 公 式	年值(A)	终值(F)	$P=A\dfrac{(1+i)^n-1}{i}$	等额分付终值系数 $(F/A,i,n)$	
	偿债基金公式	终值(F)	年值(A)	$A=F\dfrac{i}{(1+i)^n-1}$	等额分付偿债基金系数 $(A/F,i,n)$	
	现 值 公 式	年值(A)	现值(P)	$P=A\dfrac{(1+i)^n-1}{i(1+i)^n}$	等额分付现值系数 $(P/A,i,n)$	
	资金回收公式	现值(P)	年值(A)	$A=P\dfrac{i(1+i)^n}{(1+i)^n-1}$	等额分付资金回收系数 $(A/P,i,n)$	

各种等值系数除用公式计算外,也可以查复利系数表。利用系数间的换算关系,可以将 6 个表简化为两个。在技术经济分析中主要用到的现值系数表和等额年金现值系数表分别收入附录中。

各系数间的换算公式:

$$(F/P,i,n)=1/(P/F,i,n)$$
$$(A/P,i,n)=1/(P/A,i,n)$$
$$(F/A,i,n)=(P/A,i,n)/(P/F,i,n)$$
$$(A/F,i,n)=(P/F,i,n)/(P/A,i,n)$$

3. 等差序列现值公式

等差序列现金流量如图 7-6 所示。

等差序列现金流量的通用公式为

$$A_t=(t-1)G \qquad t=1,2,\cdots,n \qquad (7-14)$$

式中 G——等差额;t——时点

等差序列现金流 n 年末的终值为

$$F=\sum_{t=1}^{n}A_t(1+i)^{n-t}$$

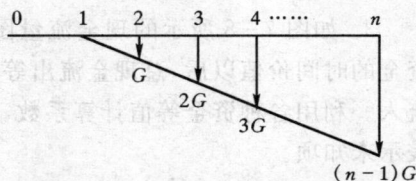

图 7-6 等差序列现金流量

F 也可以看成是 $n-1$ 个等额序列现金流的终值之和,这些等额序列现金流的年值均为 G,年数分别为 $1,2,\cdots,n-1$。即

$$\begin{aligned}
F&=\sum_{j=1}^{n-1}G\frac{(1+i)^j-1}{i}\\
&=G[(1+i)-1]/i+G[(1+i)^2-1]/i+\cdots+G[(1+i)^{n-1}-1]\\
&=(G/i)[(1+i)+(1+i)^2+\cdots+(1+i)^{n-1}-(n-1)]
\end{aligned}$$

85

$$= (G/i)[1+(1+i)+(1+i)^2+\cdots+(1+i)^{n-1}]-(nG/i)$$

故 $\quad F=(G/i)[(1+i)^n-1]/i-(nG/i)$ (7-15)

上式两端乘以 $(1+i)^{-n}$,则可得等差序列现值公式。

$$F[1/(1+i)^n] = (G/i)[(1+i)^n-1]/i(1+i)^{-n}-nG/i[1/(1+i)^n]$$

即 $\qquad\qquad P = G/i^2-G(1+in)/[i^2(1+i)^n]$

或 $\qquad\qquad P = G[1-(1+in)(1+i)^{-n}]/i^2$ (7-16)

4. 等比序列现值公式

等比序列现金量如图 7-7 所示。

等比序列现金流量的通用公式为

$$A_t = A_1(1+h)^{t-1} \quad t=1,2,\cdots,n. \quad (7-17)$$

式中 $\quad A_1$——定值;h——等比系数

因此,等比序列现金流的现值为

$$P = \sum_{t=1}^{n} A_1(1+h)^{t-1}(1+i)^{-t}$$

$$= [A_1/(1+h)]\sum_{t=1}^{n}[(1+h)/(1+i)]^t$$

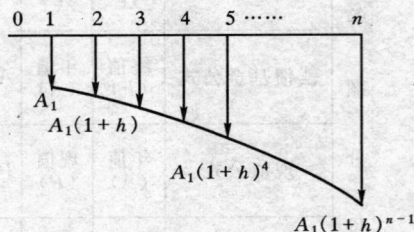

图 7-7 等比序列现金流量

利用等比级数求和公式可得

$$P = \begin{bmatrix} A_1[1-(1+h)^n(1+i)^{-n}](1+i)/(i-h)(1+h) & i \neq h \\ nA_1/(1+i) & i = h \end{bmatrix}$$ (7-18)

习 题

1. 什么是现金流量和净现金流量?现金流量有哪些要素?工业投资活动中常见的现金流出与现金流入有哪些项目?

2. 在处理现金流量发生的时间点问题上,有那几种观点和方法?

3. 如图 7-8 所示的现金流量图中,考虑资金的时间价值以后,总现金流出等于总现金流入。利用各种资金等值计算系数,用已知项表示未知项。

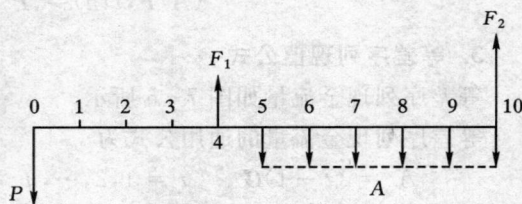

图 7-8

(1) 已知 $F1$、$F2$、A,求 P;

(2) 已知 $F1$、$F2$、P,求 A。

4. 某企业拟向银行借款 1 500 万元,借用 5 年后一次还清。甲银行贷款年利率为 16%,按年计息;乙银行贷款年利率为 16%,按月计息。问企业向哪家银行借款较为经济?

5. 如果某人想从明年开始的十年中,每年年末从银行提取 600 元,若按 10% 利率计年复利,此人现在必须存入银行多少钱?

6. 某人每年年初存入银行 500 元,连续 8 年,若银行按 8% 年利率计复利,此人第 8 年年末可从银行提取多少钱?

7. 某企业年初从银行贷款 1 200 万,并商定从第二年开始每年年末偿还 250 万元,若银行

86

按 12％年利率计复利,那么该企业大约在第几年可还清这笔贷款?

8. 某企业兴建一工业项目,第一年投资 1 000 万元,第二年投资 2 000 万元,第三年投资 1 500万元,投资均在年末发生,其中第二年和第三年的投资由银行贷款,年利率为 12％。该项目从第三年起开始获利并偿还贷款,10 年内每年年末获净收益 1 000 万元,银行贷款分五年等额偿还,问每年应偿还多少万元? 画出企业的现金流量图。

9. 连续 8 年每年年末支付一笔款项,第一年 20 000 元,以后每年递增 1 500 元,若年利率为 8％,问全部支付款项的现值是多少?

10. 某工程项目借用外资 1.5 亿元用于进口设备,年利率 10％,设备第一年年末到货后第一年年中开始计息,设备全部到货两年后开始投产,投产两年后开始达到设计能力。投产后各年的盈利(利润加税金)和提取的折旧费如表 7-5,项目投产后应根据还款能力尽早偿还外资贷款。试问:

表 7-5　工程项目数据　　　　　　　　　　　　　　　　单位:万元

年　份	0	1	2	3	4	5~20
借　款		15 000				
盈　利				1 000	1 000	2 000
折　旧				1 000	1 000	1 000

(1) 用盈利和折旧偿还贷款需要多少年?

(2) 若延迟两年投产,用盈利和折旧偿还贷款需要多少年? 分析还款年限变动的原因。

(3) 如果只用盈利偿还贷款,情况又如何? 为什么?

11. 假设元旦越野赛跑比赛中你荣获冠军,奖金支付方案有以下五种:

(1) 立即支付 10 万元;

(2) 期限为 10 年的年末年金 1.9 万元;

(3) 第 10 年末一次支付 32 万元;

(4) 永久年金 1.14 万元;

(5) 从第六年末起支付五年的等额年金 5 万元。

请绘制各方案的现金流量图,计算分析每一方案之价值,并选出最大价值的方案。

第8章　影子价格

项目经济评价的难点在于价格"失真"的调整和外部效果及无形效果的处理。如果对价格进行合理的调整,大量外部效果和无形效果会自然消失。因此,如何建立一个合理的价格体系,是经济评价首先要解决的难题。"影子价格(Shadow Price)"就是许多学者在经济研究中提出的合理价格体系。

影子价格是 20 世纪 30 年代末、40 年代初由荷兰数理经济学家、计量经济学创始人之一詹恩·丁伯根和原苏联数学家、经济学家、1975 年诺贝尔经济学奖金获得者康特洛维奇分别提出的。西方称它为预测价格或计算价格;原苏联则称它为最优计划价格或影子价格。后来被公认为"影子价格"。影子价格不是实际价格,而是一种虚拟价格。某一种资源的影子价格不是一个固定数值,它是随许多经济因素的变化而变化。在国民经济评价中,影子价格是项目投入物和产出物的计量尺度,反映了对这些货物真实价值的度量。

影子价格的概念及确定方法经过 60 多年的研究、使用和演变,出现了多种理论和计算方法,主要有三种:一是以线性规划为基础的最优计划价格;二是以完全竞争市场均衡价格为基础的影子价格;三是以市场价格为基础经调整而形成的影子价格。本章以这三种影子价格为主介绍影子价格的概念,理论和确定方法。

8.1　影子价格的由来——最优计划价格

8.1.1　影子价格的起源——线性规划

影子价格的概念最早来源于数学规划。为方便起见,我们主要介绍影子价格与线性规划的关系[13,22,4]。

这里论述的是这样一个线性规划问题:

$$\max \vec{Z} = \vec{C}\,\vec{X}$$

$$\text{s. t.} \begin{cases} \vec{A}\,\vec{X} \leqslant \vec{b} \\ \vec{X} \geqslant 0 \end{cases}$$

其中　$\vec{Z}$——目标函数;

　　　　$\vec{X}$——n 维列向量,所求的决策向量;

　　　　$\vec{C}$——m 维行向量,目标函数系数向量;

　　　　$\vec{A}$——$m \times n$ 矩阵,约束条件的系数矩阵;

$\vec{b}$——m 维列向量，资源向量，$n > m$。

当线性规划达到最优时，即目标函数的最优值为

$$\vec{Z}^{\cdot} = \vec{C_b}\ \vec{B}^{-1}\ \vec{b}(= \vec{C}\ \vec{X}^{\cdot}) \tag{8-1}$$

则资源向量 $\vec{b}$ 的影子价格定义为

$$Y^{\cdot} = \frac{\partial \vec{Z}^{\cdot}}{\partial \vec{b}} = \vec{C_b}\ \vec{B}^{-1} \tag{8-2}$$

其中 $\vec{C_b}$ 和 $\vec{B}$ 分别表示规划最优时，对应于基变量 $\vec{X_b}$ 的目标函数系数和约束条件的系数矩阵。

由式(8-2)，对影子价格(SP)这样理解：它(SP)是指资源对目标函数(收益)的边际贡献，即是资源 $\vec{b}$ 增加(或减少)某一微量时，对最优化了的目标函数所起的影响。当目标函数为产出量时，则为资源的边际产出或机会成本，它表示各种资源在最优产出水平时所具有的"价值"。

8.1.2 求解影子价格

求解资源的影子价格，可通过原规划的对偶规划的最优解间接求得。

例 8-1 某钢铁厂生产甲、乙两种产品，其主要原料是矿石、焦炭，设备为高炉等冶炼设备。厂里现有的资源总量、消耗定额及单位产品的售价如表 8-1 所列。如何安排生产才能达到最优利用资源、取得最大产值？

表 8-1 资源总量、消耗定额及单位产品售价

资源种类	单位	产品		计划期具备资源量
		甲	乙	
矿　石	t	9	4	354
焦　炭	t	4	5	200
冶炼设备	台时	3	10	300
每吨产品售价	元	70	120	

解　设甲产品生产量为 x_1，乙产品生产量为 x_2，则产值最大的规划为

$$\max Z = 70x_1 + 120x_2$$

$$\text{s. t.} \begin{cases} 9x_1 + 4x_2 \leqslant 354 \\ 4x_1 + 5x_2 \leqslant 200 \\ 3x_1 + 10x_2 \leqslant 300 \\ x_1, x_2 \geqslant 0 \end{cases}$$

解得(用松弛变量法)

$$x_1 = 20, x_2 = 24, x_3 = 78(第一个约束的松弛变量)$$
$$Z'_{\max} = 70 \times 20 + 120 \times 24 = 4\ 280\ (元)$$

即安排生产甲产品 20 t,乙产品 24 t,获得产值 4 280 元。这时焦炭和冶炼设备得到完全的使用,而矿石尚余 78t。所以对该厂来说,焦炭和冶炼设备属稀缺资源,而矿石则不稀缺。

假如企业又购进 1t 焦炭,这时焦炭的拥有量为 201t。如何安排生产才能获得最大产值呢？再列如下优化模型：

$$Z'_{max} = 70x'_1 + 120x'_2$$

$$\text{s. t.} \begin{cases} 9x'_1 + 4x'_2 \leqslant 354 \\ 4x'_1 + 5x'_2 \leqslant 201 \\ 3x'_1 + 10x'_2 \leqslant 300 \\ x'_1, x'_2 \geqslant 0 \end{cases}$$

解得

$$x'_1 = 20.4, x'_2 = 23.88, x'_3 = 74.88（第一个约束的松弛变量）$$

$$Z'_{max} = 70 \times 20.4 + 120 \times 23.88 = 4\ 293.6\ 元$$

$$\Delta Z = Z'_{max} - Z_{max} = 4\ 293.6 - 4\ 280 = 13.6\ 元$$

可以看出,由于增加了 1 t 稀缺资源焦炭,使企业多获得 13.6 元的产值。这种每增加一个单位的资源使企业增加的收入,就是这种资源的影子价格。

若考虑增加一个台时的设备,则这时增加的产值为 5.2 元。增加 1 t 矿石,增加产值为零,即不改变产值。很明显,因为矿石在这种最优生产安排下还多余 78 t,并不稀缺。

至于各种资源的影子价格的求解,可用对偶规划很容易解得答案。例 8-1 的对偶规划及其解如下：

$$\max Z'' = 354y_1 + 200y_2 + 300y_3$$

$$\text{s. t.} \begin{cases} 9y_1 + 4y_2 + 3y_3 \geqslant 70 \\ 4y_1 + 5y_2 + 10y_3 \geqslant 120 \\ y_1, y_2, y_3 \geqslant 0 \end{cases}$$

解得

$$y_1 = 0, y_2 = 13.6, y_3 = Z''_{min} = 4\ 280$$

可知三个变量的解分别是三种资源的影子价格。

从以上对影子价格的分析可知,影子价格不仅在项目评价时有用,而且在企业管理国家及地方政府的计划等决策分析中也有着广泛的用途。

8.1.3　影子价格与供求平衡

在上一节的线性规划中,最优状态下的"价格"是不统一的。因为这时的价格有两类,一类是投入物的影子价格,一类是最终产品价格,即目标函数系数。以上我们假定最终产品的价格是给定的,着重研究了社会生产这一头,给出了在最优生产情况下投入物的影子价格。现在考虑产品消费这一头,研究最终产品的价格。我们知道,在任何社会环境下,价格对需求具有调节作用,这一点可用下面的函数式来表示：

$$x_i = F_j(\overrightarrow{C})$$

对这个函数式应该理解为需求量 x_j 不完全取决于价格 $\overrightarrow{C}$（向量）,而且函数 F_j 本身也是在不断变化的。在现实生活中 F_j 的变化实际上就是需求结构发生变化。比如说,现在人们生活水平不断提高,对粮食的需求逐渐减少,而转移为对肉食的需求逐渐增加,这种例子是很多的。当前,为了产品的适销对路,企业随时都应考虑消费者需求结构的变化。

现在我们把需求和生产联系起来考虑,则有如图8-1的图式。将这种生产与需求的均衡称为最优均衡状态。

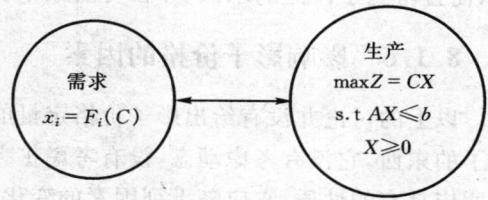

通过数学推导可以证明,这种模型是可以建立的,而且是有解的。在实际生活当中,这一状态也是存在的,社会经济活动的种种努力主观上大都是设法达到这一状态。在这一最优均衡状态时所给出的最终产品、中间产品和资源的价格为影子价格或最优计划价格。

需求
$x_i = F_i(C)$

生产
$\max Z = CX$
s.t $AX \leqslant b$
$X \geqslant 0$

图 8-1 生产与需求的均衡

8.1.4 影子价格与项目评选

经济进一步发展,必然面临着各种新增项目方案的形成和选择的问题。用线性规划的语言来说,新增一个项目方案就相当于新增一个变量 x_{n+1} 与相应的单位收益 C_{n+1},在矩阵 $\vec{A}$ 中增加一列 A_{n+1},有了这些数据,不难把它们加到原线性规划中进行计算,以确定项目建或不建,以及建的规模。但在实际经济活动中,不可能把个别项目放在全局(全国)的计划中来逐一考察。更重要的是,在项目方案形成过程中,应该把有关的经济信息告诉设计规划人员,以使所得的方案有的放矢,而不是盲目地形成方案,直至解出新的规划之后才知道其优劣。如果我们事先知道原来最优状态的影子价格(或合理价格),这个问题就可较容易解决。新项目 x_{n+1} 要建的必要条件是 $Y^* A_{n+1} < C_{n+1}$,就是说,新项目单位活动的收益要大于投资耗用所造成的损失。简言之,收益要大于费用。事实上,在经济评价中一直采用的也是这个模式。这里强调的只是要用影子价格来计算费用(C_{n+1} 价格是由供求关系确定)。

8.1.5 影子价格的概念与意义

一般情况下影子价格的定义是:商品和生产要素可用量的任何边际变化对国家基本目标(例如国民收入增长)的贡献值。这就是说,影子价格是由国家的经济增长目标和资源可用量的边际变化赖以产生的经济环境决定的。这样定义的影子价格称为效率价格,因为各时期的国民收入增长取决于资源的利用效率。用影子价格评价项目有利于资源的优化配置。

影子价格既能反映产品的社会必要劳动消耗,又能反映物品的稀缺程度,从资源高效率利用的角度,它比较真实地反映产品合理经济价格与发展,比现行价格更能反映资源的社会价值。

限于目前的技术水平,不可能把每个单个项目均放到整个社会的生产与消费方程中去联立求解,求得项目中各种投入物及产出物的影子价格,但是从以上数字规划的描述,给出了影子价格的概念和求解方向,具有重大理论意义和学术意义。

价格对于经济评价的重要性越来越被人们所认识。例如原苏联,一直重视高度集中的计划体制,产品和资源的综合平衡工作对价格的要求并不很突出。但是,在项目评价中碰到了困难,因此引起学术界对价格的种种讨论。实际上,影子价格最早是由原苏联学者康特洛维奇提出,而且得到了广泛的承认,并在历次原苏联关于计划价格调整时起到了指导作用。

8.1.6 影响影子价格的因素

以上的讨论并没有给出影子价格定量的具体办法,也并不需这样做。因为模型是大大简化了的东西,它没有考虑动态,没有考虑扩大再生产等问题。这种分析实际上只能给出影子价格所应具有的性质,它应随下列因素的变化而变化。

(1) 需求结构的变化。在图 8-1 中,如果 F_j 变化了,那么原来相等的需求和产出就会不相等。为此,必须改变 $\vec{C}$ 以达到新的平衡。这样资源 $\vec{b}$ (以及中间产品)的影子价格 Y^* 也会随之变化。萨缪尔森(美国麻省理工学院教授,诺贝尔奖金获得者)讲了一句笑话:"如果人们就是喜欢吃象肉,非洲的森林土地便会享有较高的地租。"

(2) 自然资源稀缺程度的变化。这表现在图 8-1 中 $\vec{b}$ 变化,这会使产出 $\vec{X}$ 变化,双方又不平衡,只有调节影子价格来取得新的平衡。这种情况是由于自然资源的相对有限性引起的。

(3) 产品社会劳动消耗的变化,这可粗略地理解为矩阵 $\vec{A}$ 的变化。由于技术进步和工艺改进,单位产品的原材料消耗会减少。除自然资源外,这些消耗的减少都可以归结为劳动力不能说是无限的,和自然资源一样,这种限制的松弛和紧缺会全盘地引起影子价格的变化。

归纳起来,影子价格是社会经济处于某种最优计划下的、反映社会劳动消耗、资源稀缺程度和对最终产品需求的产品和资源的价格。限于人们对经济规律的认识程度和计划水平,目前尚不能全盘通过求解数学模型的办法来解得影子价格。

还有一点要指出的是,上面所讨论的最优化过程,是单纯从资源使用的效率角度出发的,完全忽略了公平分配的原则。

8.2 以市场均衡价格为基础的影子价格

上一节最后的结论是,目前还没有办法通过数学规划模型来求影子价格。传统费用-效益分析方法以经济学中完全竞争均衡理论为基础,认为完全竞争条件下的市场均衡价格正是适当的社会价值的表达,即以市场调节为主的经济,可以以市场价格为基础,经过适当的调整后求得项目评价中所需要的影子价格。因此,项目评价中流行的影子价格的概念已失去了数学规划中所定义的那种严格性,而是泛指较能反映资源稀缺程度和社会价值的那种价格。

传统费用-效益分析理论认为,一个项目的大多数投入和产出品都用市场价格作为影子价格,而有许多物品的市场价格往往超过或低于社会价值。在这种情况下,评价者必须找出价格偏离的原因,作相应的调整、补充和估计。下列几方面特别需要对市场价格作出调整后形成影子价格:①垄断价格;②税收和补贴;③政府限价;④失业情况下的工资;⑤政府控制下的汇率[4,14]。本节对这几种情况将分别予以讨论。

8.2.1 完全竞争市场价格的均衡

1. 达到完全竞争市场的条件

作为影子价格基础的市场价格基于完全竞争的均衡理论。这个理论指出:在具备下列条件时,整个经济处于帕累托最优状态,这时的市场价格就是影子价格[2,14]。

① 所有企业生产的同种产品的质量相同;

② 买主或卖主的产品数量相对于整个市场来讲是非常小的,企业可以以现行价格卖出全部产品;

③ 资源和技术对所有生产者来说机会均等,投资和建厂都不受限制;

④ 价格完全由市场调节,没有外来干预;

⑤ 市场信息畅通,买卖双方都可以获得完备信息,不存在相互欺骗;

⑥ 不存在外部效果;

⑦ 不存在无形效果。

在这些条件下的市场价格就是项目评价中的影子价格。

2. 均衡价格

在完全竞争的条件下,企业的生产规模应与社会目标一致,而企业的根本目标是追求最大的利润。

企业的利润(m)＝企业的收益(R)－企业的成本(C)

假设 m 和 C 都是企业生产量的函数,那么根据极值定理,为了利润最大,则

$$\frac{dm}{dq} = \frac{dR}{dq} - \frac{dC}{dq} = 0$$

$$\frac{dR}{dq} = \frac{dC}{dq}$$

式中$\frac{dR}{dq}$——边际收益(MR);$\frac{dC}{dq}$——边际成本(MC)。边际收益表示生产达到某一水平时,每增加单位(微量)产出而获得收益的增加;边际成本表示此时每增加单位(微量)产出所需增加的成本。上式说明,要使企业利润最大,必须要求边际收益等于边际成本;否则就得调整生产量,使利润增加,直至最大。

在完全竞争的条件下,市场价格是由整个行业的供求关系所决定的。一旦决定之后,对每一个厂商而言,这一价格是既定的。一家厂商无论出售多少产品,也仅占市场供给中很少一部分,无法改变市场既定价格(p)(条件 2)。那么企业的收益 $R=pq$。由上式可得

$$\frac{dR}{dq} = \frac{dC}{dq} = p \tag{8-3}$$

即边际收益等于边际成本,等于市场价格。

再从国民经济评价的角度来看,社会效益可由消费者的支付意愿表示。所以,社会净效益(NB)＝社会效益(B)－社会成本(SC),$B=pq$。

要使社会净效益最大,令其一阶导数为零,则有

$$\frac{dB}{dq} = p = \frac{d(SC)}{dq} \tag{8-4}$$

即边际社会效益(MB)等于价格,等于边际社会成本(MSC)。边际社会效益不同于企业的边际收益。边际社会效益是支付意愿增量与产量增量之比。据支付意愿的定义这个比值恰好就是价格曲线(需求曲线)$p(q)$。考虑到条件⑥,⑦,不存在外部效果和无形效果,则式(8-3)和(8-4)等价。也就是,边际社会效益曲线与边际企业收益曲线重合,边际社会成本曲线与边际企业成本曲线重合,其交点的价格就是市场均衡价格(图 8-2),这时企业决定的生产数量就

3. 生产资源的最优配置

在完全竞争的条件下,各企业都可以把生产规模调整到平均成本的最低点,这样就可以使生产资源得到最优配置。条件③,④规定社会处于公平的竞争状态,资本转移自由。通过价格机制的调节,每个厂商都可以把生产规模调整到其平均成本的最低点,该点与边际效益和边际成本曲线的交点

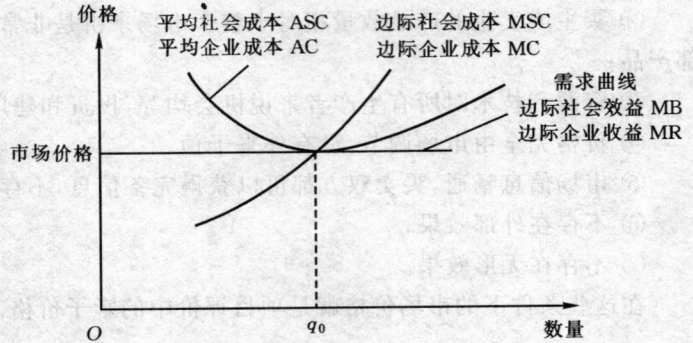

图 8-2 理想的完全竞争状态

重合,达到图 8-2 所示的均衡状态。在这个均衡状态下,资源达到最优配置。

以上两条,加上消费者可以自由地按其个人效用的最大化来选择商品,那么可以认为,社会处于帕累托最优状态。这样形成的价格和线性规划中的影子价格一致。此时边际社会效益、边际社会成本、边际企业收益和边际企业成本都等于一个值——市场价格。项目的投入和产出按统一的市场价格来度量,国民经济评价和财务评价就相一致。

8.2.2 垄断价格的修正

1. 垄断情况下的供求关系

在存在垄断的情况,一家或少数几家厂商控制着生产。当供给增加时,价格下降,需求就会增加;供给减少,价格上升,需求就会减少。垄断厂商要在高价少销与低价多销之间作出抉择。产品的市场价格是由垄断厂商决定的,消费者只是既定价格的接受者。卖价仍然等于平均收益,因此需求曲线(DD')与平均收益曲线(AR)重叠(图 8-3)。

在垄断情况下,仍然是边际收益(MR)=边际成本(MC)时决定了产量,即 MR 与 MC 曲线的交点 E 的横坐标 q_1 为产量。而他们所采取的价格是直线 q_1E 的延长线与需求曲线的交点 a 的纵坐标 p_1,称为垄断价格。其平均成本代表生产的社会成本(AC 曲线),AC 与 Ea 线的交点 b 的纵坐标 p_s 代表单位平均成本。总成本等于平均成本与产量的乘积,在图 8-3 中以面积 Op_sbq_1 表示。总收益是面积 Op_1aq_1。总收益与总成本之差 p_sp_1ab 就是超额利润(垄断利润)。

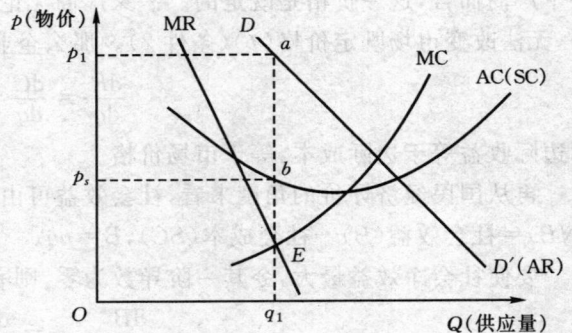

图 8-3 垄断价格的调整

2. 垄断情况下的影子价格

依照传统费用-效益分析,平均成本,即社会成本(p_s)应作为影子价格,用于项目评价。其

理由是,在完全竞争模式中,平均成本是价格的规范;而从社会公平的观点来看,垄断利润既不是社会成本也不是社会价值,它是垄断的产物。

8.2.3 税收和补贴的剔除

1. 税收

政府规定在生产上和销售上的税收会提高供给价格;相反,补贴则会降低供给价格。二者都是对市场的干预。按照传统项目分析,在这两种情况下,都应该对价格予以修正,剔除税收和补贴,以消除干预造成的价格扭曲。图 8-4(a)、(b)分别表示税收、补贴与价格的关系。

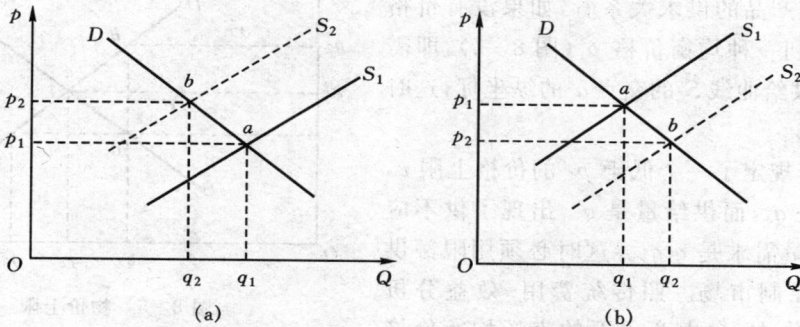

图 8-4 税收、补贴与价格
(a)税收与价格;(b)补贴与价格

图中 D 为需求曲线。在图 8-4(a)中,收税前的供给曲线是 S_1,税收后是 S_2;收税前的市场价格是 p_1,税收后是 p_2。在价格是 p_2 时,产品供应量是 q_2。相应的,如图 8-4(b)所示,由于补贴,供应曲线 S_1 变为 S_2,补贴后的价格 p_2 低于原来的价格 p_1。在两种情况下,由于 p_1 是未受干预的市场价格,也就是可以用于项目评估的影子价格。

2. 补贴

我国价格"失真"主要原因之一是对部分消费品的补贴,例如住房等,其价格远不能反映人们的支付意愿。补贴作为一种短期社会经济措施,用以达到某种社会分配的政策目标是可以采取的。但应尽快把这种措施转移到工资等货币化的分配渠道中去。长期的过多的补贴会带来消极影响:

(1)容易背离按劳分配的原则,造成"吃大锅饭"。对于可以计量的消费品,应该通过工资来进行分配。这样可以较精确地贯彻按劳分配的社会主义原则,促进经济的发展。

(2)人们对补贴的消费品往往估价较低,认为是理所应得。有时过多占用会造成资源的浪费和地方财政困难。如果把补贴建房的费用按劳分配到人,实行住宅商品化,可能会缓解住房紧张的状况。

(3)补贴方向往往难以掌握,补贴的效益难以计量。

(4)补贴数额过大,有时会引起市场混乱。例如城市居民粮食补贴引起粮食向农村倒流,居民生活用煤补贴引起投机倒把等现象;

(5)补贴引起地方财政困难,影响基础设施建设的投资。

8.2.4 政府价格控制影响的调整

政府为了控制价格,对一些产品订出价格上限,对一些货物规定价格下限。市场价格不能超过上限,也不能低于下限。价格控制意味着对市场力量的限制,常被认为是对市场机制的一种"破坏"。控制的结果是使价格脱离了供求曲线的交点。因而有价格控制的情况下,市场价格不能反映产品的社会价值。

1. 物价上限

政府对某种产品规定了一个价格上限,不允许超过它。从产品的供求关系看,如果没有价格干预,就会达到一种均衡价格 p_1(图8-5),即需求曲线 D 和供给曲线 S 的交点 a 的纵坐标,这时供应量应为 q_2。

如果政府规定了一个低于 p_1 的价格上限 c,那么需求量是 q_3,而供给量是 q_1,出现了供不应求的局面,超量需求是 q_1q_3。这时必须用限额供应等办法来控制市场。照传统费用-效益分析法,在项目评价中,自由竞争下的市场均衡价格 p_1 应作为影子价格,以代替政府限价 c。

图 8-5 物价上限

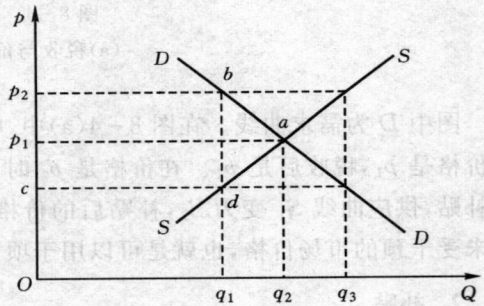

2. 物价下限

当政府规定了一种产品的价格下限 p_2,不允许低于它。这种价格下限 p_2 一般高于市场均衡价格 p_1(见图8-6)。由于价格高,需求量减到 q_1,而实际供应量可达 q_3,出现了供过于求的局面,过剩量是 q_1q_3。政府为了维持市场价格不下降,有时必须购入多余产品贮存起来,这时政府收购剩余产品的费用,即成为社会成本的一部分。

按照传统费用-效益分析方法,应以均衡价格 p_1 为影子价格,以修正官价。

图 8-6 物价下限

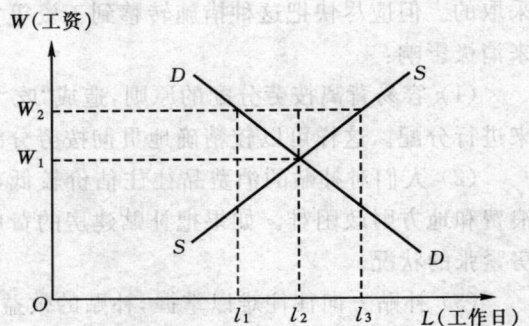

8.2.5 就业不充分情况下的工资

在大多数发展中国家里,由于经济的、社会的或传统的原因,工资常常严重地偏离自由市场的水平,这主要是由于就业不充分所引起的。下面分两种情形予以讨论。

1. 非自愿失业情况

在自由竞争和充分就业的情况下,一个项目的工资和劳动力成本是由市场上劳动力的供求状况决定的,如图8-7所示。劳动力供给曲

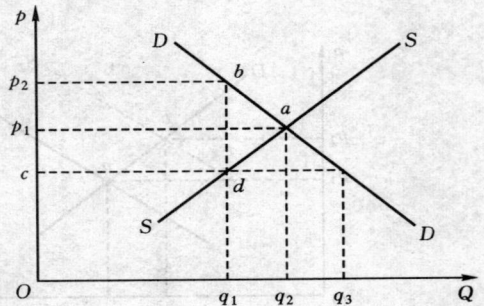

图 8-7 固定工资与非自愿失业

线是基于劳动者想要工作的意愿而定的,而劳动力的需求曲线是基于工人的边际产出而定的。根据西方古典经济学理论,在均衡工资为 W_1 时,劳动力供给量是 l_1。

假如由工会或政府立法或其他原因规定了最低工资为 W_2 时,则劳动力供过于求,出现了 $l_2 l_3$ 数量的非自愿失业者。

在这种情形下,如果一个项目从失业者中招收工人,新的就业就是一种社会效益。假如失业者原来接受政府或工会的失业补助金,这种补助金的减免,是另一种社会效益。这些都应该计算在项目的总效益之内。项目的劳动力成本是其支付的工资。其社会成本则须加上新就业工人对社会基础设施的需要增加所引起的社会费用。这些也应包括在项目的总成本之内。

2. 隐蔽失业的情况

城市和农村中隐蔽失业或半失业的情况经常存在于发展中国家。所谓隐蔽失业或半失业,指的是在有些部门或农村中人浮于事,有大量的剩余劳动力。虽无失业之名,但有就业不足之实。在这种情形下,从这些部门或农村撤出多余劳动力对其生产不产生什么影响。招收隐蔽失业的社会成本包括维持生活的基本费用(这不会因重新就业有很大变化,如图 8−8 中的 t 所示)、地点迁移费用、所增加的对公共设施的需要,以及为了克服他们改变社会环境的困难应有的补偿。包括以上几项的工资(W_1)不会因就业增加而显著增加。在这种工资下,劳动力的供应量是极大的。

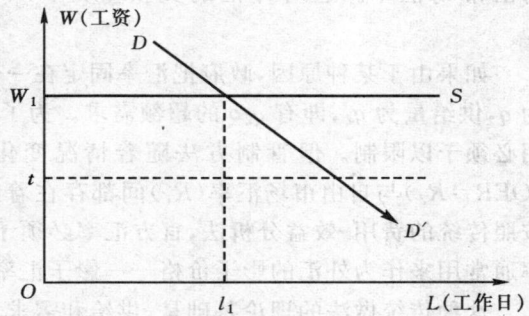

图 8−8　在隐蔽失业情形下的劳动力的供给

图 8−8 表示在隐蔽失业情形下劳动力的供给曲线和工资的构成。在这种情形下的工资 W_1 中除基本生活费 t 以外的 $W_1 t$ 指迁徙费用、对公共设施需要所增加的费用和改变生活环境应得到的补偿。劳动力的供应曲线($W_1 S$)具有无限大的弹性。也就是说,如果一个项目能付工资 W_1,则自农村的劳动力供给,相对于项目的需要量讲,是无限量的。如果项目对劳动力的需求曲线是 DD',则工资为 W_1 的情形下,劳动力就业量为 l_1。这些就是阿瑟·刘易斯关于发展中国家劳动力供应理论的要点[4]。

总括说,按照传统费用−效益分析法,在有失业的情况下,劳动力价值在项目评价中应用影子工资表示。在非自愿失业的情形下,它就是理论上的市场均衡工资;在隐蔽失业存在于农村的情况下,就是劳动力最低生活费用加上迁徙成本和劳动力改变生活环境应得到的补偿之和。

8.2.6　外汇的影子价格——影子汇率

1. 外汇汇率

当一个项目的投入物和产出物涉及或影响外贸时,评价就必须对外汇汇率给予特别考虑。在竞争的市场上,一国的汇率一般是由外币供求量决定的。但在大多数发展中国家,一般的情形是进口商品需要的外币量超过出口所能换得的外币量,除非在一定时期内为流入的外资所抵消。所以,发展中国家的特点之一是外汇长期短缺。因而,政府就通过固定汇率或限制外汇使用的手段予以管制。这样,就使外汇的官方汇率(OER)不能反映外币与国内货币的真实比价。在项目评价中必须对官方汇率予以修正,以形成影子汇率(SER),用以转换外币为本国货币。

2. 外汇的供需分析

图8-9的横轴表示外币(美元)量,纵轴表示汇率。DD是外汇的需求曲线,SS是供给曲线。假设外汇市场不受控制,由供求决定的汇率应该是R_1,这就是自由市场汇率。这时外汇的交换量是q_1。

汇率(元/美元)

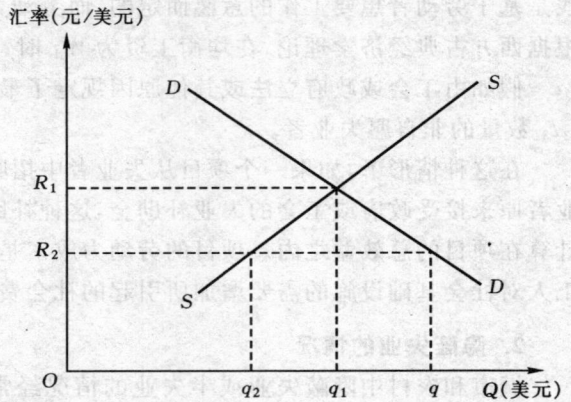

图8-9 政府管制下的汇率

如果由于某种原因,政府把汇率固定在一个低于自由市场汇率的水平R_2时,外汇需求量为q,供给量为q_2,即有$q_2 q$的超额需求。为了在较长时期内保持这个固定汇率R_2,外汇的使用必须予以限制。但管制方法随着情况变化而异。在任何外汇管制的情况下,官方汇率(OER=R_2)与自由市场汇率(R_1)间都存在着差异。在官方汇率下,供给量与需求量不一致。按照传统的费用-效益分析法,官方汇率必须予以调整,使之接近自由市场汇率。自由市场汇率通常用来作为外汇的影子价格——影子汇率,即 SER=R_1。

这种传统做法的理论基础是,供给和需求均是汇率的函数,由供求平衡决定的自由市场汇率代表外汇的社会价值。因此,以自由市场汇率作为外汇的影子价格。

尽管对影子汇率有一定的研究,而传统费用-效益分析方法中计算影子价格时主要还是用官方汇率。

完全竞争市场的均衡理论认为,如果完全竞争的前提条件都满足,可以证明,这种竞争可达到资源的帕累托最优配置状态,市场价格就是影子价格。这种理论回避了两个重要问题:

(1) 社会财富的合理分配;

(2) 自由竞争情况下资金盲目转移等因素所造成社会财富的巨大损失。

完全竞争的前提条件在任何以市场调节为主的国家都不是完全成立的,在实际运行中存在着市场失灵(规模收益递减、垄断、外部效果)和市场缺损(不正当竞争、市场不完善等)和信息不完全性使交易成本增加等许多局限性。因此,市场价格就不是最优状况下的价格,充其量只是"次优"、"第三优"的社会状态。以市场价格为基础的影子价格只是对社会价值的一种近似。

我国已经建成社会主义市场经济,市场价格已成为最重要的价格信息来源。达到供求均衡的最终消费品市场价格的相对值,在一定程度上,反映了人们的边际支付意愿,可以看成是影子价格的近似。对于人为形成的价格"失真",在评价中应予以调整。

8.3 国外确定影子价格的方法

如前所述,世界各国,尤其是发展中国家,市场价格经常会由于各种原因而偏离社会价值。然而,市场价格毕竟是对资源、商品和服务价值的一种估价,而且市场价格信息又是最大量、最丰富的,是客观存在的,并且是容易为人们理解的有系统的信息。获得影子价格的基本途径是以市场价格为基础和起点,进行有根据的调整或修正。影子价格是企图把商品和服务的市场价格转换成它们的真正社会价值的近似值。由于可以以市场价格为基础进行调整,从而使影子价格从书斋式的理论研究走向了广阔的实际应用领域。本节介绍项目评价"新方法",确定影子价格的方法[14]。

8.3.1 货物分类

国民经济评价中运用影子价格,根据简便实用的原则,把项目投入物和产出物分为外贸货物、非外贸货物和特殊投入三种类型,然后分别确定其影子价格[1]。

1. 外贸货物

外贸货物(traded goods)是指其生产或使用将直接或间接影响国家进口或出口的货物。外贸货物可分为直接外贸货物、间接外贸货物和可外贸货物三类。

(1) 直接外贸货物是直接进口的货物和直接出口的货物。

(2) 间接外贸货物可分为间接进口货物和间接出口货物。项目投入物中占用其他企业的投入物使其增加进口的称为间接进口货物;项目产出物中代替其他企业的产品在国内销售,使其增加出口的称为间接出口货物。例如,北京彩色显像管厂(北彩)项目投产后将替代陕西彩色显像管厂(陕彩)在华北和东北的市场供应,从而使陕彩增加出口,北彩的这部分产品即为间接出口品。

(3) 可外贸货物是指项目投入物和产出物中可以外贸而没有(不能)进行外贸的货物。可外贸货物分为两类:项目投入物中占用原可用于出口,但因该项目上马后而减少了出口的物品称为出口占用品。例如,一个使用原油作原料的化工项目,它所用的原油本来是可以出口的,而不能出口了的出口占用品。项目产出物中替代进口(以产顶进,减少进口)的称为进口替代品。例如,某轧制薄钢板的项目投产后,将减少我国薄钢板的进口量,其产出物即为进口替代品。确定进口替代品注意要有充分的依据。

外贸货物中的进口品应满足这一条件,即国内生产成本大于到岸价格;否则就不应进口。

外贸货物中的出口品应满足这一条件,即国内生产成本小于离岸价格;否则就不应出口。

到岸价格(CIF 或 c. i. f——Cost Insurance Freight)是指进口货物到达本国口岸的价格,包括国外购货成本及货物运到本国口岸并卸下货物所需花费的运费和保险费。

离岸价格(FOB 或 f. o. b——Free On Board)是指出口货物离境(口岸)的交货价格,如为海港交货,则指"船上交货价格"。

到岸价格和离岸价格统称口岸价格,亦称边境价格(border price)或国际市场价格。在各种评价方法中,口岸价格有的用本国货币计算,有的用外币计算。

项目的投入物和产出品能否划作外贸货物不但与国家资源、产业结构和生产成本等因素有关,而且与国家的外贸政策有直接关系。国家为了保护本国产业的发展,使之免于被外国竞争者挤垮,往往通过提高关税率和规定进出口限额的办法,使满足上述条件可以进口的商品不能进口,可以出口的商品不能出口。这样,外贸政策成为影响进出口的实际因素。由于外贸政策的限制,本应进口或出口的而不能进口或出口的货物不应划作外贸货物,使经济评价符合国家的实际情况。有时,为研究国家的外贸政策的合理性,对于那些大型或特大型项目来说,如果把那些若无外贸政策限制本应进口或出口的货物均划作外贸货物,在此基础上进行经济评价,并与按国家外贸政策限制划分外贸货物所作的经济评价结果进行比较,就可能对国家现行或将要实行的外贸政策的合理性作出判断,提出改进外贸政策的建议。

关于外贸货物的划分,不仅取决于当前的状态,还应预测项目计算期内经济的发展和外贸政策的变化。

2. 非外贸货物

非外贸货物(non-traded goods)是指其生产或使用不影响国家进口或出口的货物。它可以分为不可外贸货物和没有外贸货物。

不可外贸货物除了所谓"天然"的非外贸货物,如国内施工、国内运输和商业等基础设施的产品和服务外,还包括这样一些货物:其国内生产成本加上到口岸的运输费和贸易费用后的总费用,高于离岸价格,致使出口得不偿失而不能出口,以及国外商品的到岸价格又高于国内同类商品的经济成本,致使不能进口的商品。在忽略国内运输费用和贸易费用的情况下,不可外贸货物满足这一条件:离岸价格小于国内生产成本,国内生产成本小于到岸价格。

没有外贸货物是指由于本国和外国贸易政策和法令限制不能外贸的货物。

对于部分出口、部分内销的产品,应分为外贸货物和非外贸货物两部分。

3. 特殊投入

特殊投入包括劳动力、土地和资金。这些都是建设一个项目必不可少的,也是主要的投入。

8.3.2 传统费用-效益分析法的影子价格

传统的费用-效益分析方法以市场经济中的国内市场价格为基础,衡量项目的费用和效益,并考虑到市场价格常常是"被扭曲的"或"偏离常规"的,因而与其"真正的"社会价值相背离。根据西方古典经济学理论,调整市场价格,使其近似于相应的社会价值,这种调整后的价格称为影子价格。传统方法认为,完全竞争市场上的均衡价格就是理想的影子价格;调价就是为了消除不完全竞争条件(如关税、补贴、政府对价格的控制、垄断等)造成的市场价格扭曲。传统方法采用的汇率是官方汇率或市场外汇需求与供给平衡决定的影子汇率[14](见第四章)。

完全竞争的市场模式在现实社会里是不存在的,因而传统方法的影子价格有一定局限性,但仍然用其作为项目评价的基本起点。

8.3.3 L-M 法的影子价格[14]

L-M 法以世界市场价格为基础确定影子价格,严格区分外贸货物与非外贸货物。

1. 外贸货物

L-M 法建议以口岸价格为基础来确定外贸货物的影子价格,用国际硬通货货币单位(如美元)表示;或者用官方汇率(OER)折算成本国货币。进口货物和出口货物的影子价格 p_s 分别为

$$\begin{cases} p_{s\text{进}} = \text{OER} \cdot \text{c.i.f} \\ p_{s\text{出}} = \text{OER} \cdot \text{f.o.b} \end{cases} \tag{8-5}$$

影子价格一般不计关税和补贴,而要计算国内运费和贸易费用。

2. 非外贸货物

由于生产的连锁循环,任何非外贸货物都按其生产要素进行逐级分解,最终可以分解为外贸货物、非外贸货物和劳动消耗。对于外贸货物按口岸价格定价;劳动消耗用影子工资计算其社会价值。对于非外贸货物的影子价格 p_s,用下式计算:

$$p_s = p \cdot \text{SCF} \tag{8-6}$$

式中 p——国内市场价格;SCF——标准转换系数,它表示用口岸价格计算的所有进出口货物的价值与用国内价格计算的这些商品的价值之比,是把本国货币表示的国内价格水平转换成本国货币表示的边境(国际)价格水平的转换系数。

原则上讲,应该对不同的非外贸品估算其各自的转换系数,例如 OECD 人员曾作过肯尼亚等发展中国家的分类物品转换系数的研究。在实践中,因工作量太大而难于行得通,一种简化处理方法是估算出一组物品的转换系数,求其概率分布的中值,作为标准转换系数通用于全国。对于次要的投入物中的非外贸品和经过一两次成本分解后剩下的非外贸品,采用标准转换系数,引起效益指标的计算误差是很小的。

求标准转换系数的另一种实用方法是"外贸数据法"。

$$\text{SCF} = \frac{\sum_i M_i + \sum_i X_i}{\sum_i M_i(1+t_i) + \sum_i X_i(1+S_i)} \tag{8-7}$$

式中,M_i——i 种进口货物到岸价格总额($\$$);X_i——第 i 种出口货物离岸价格总额($\$$);

t_i——第 i 种进口货物的关税率;S_i——第 i 种出口货物的补贴率(若为出口关税,则为负值)。

上述求 SCF 的方法仅考虑到外贸政策(关税和补贴)的影响,所以是一种近似方法。

3. L-M 法的优缺点

L-M 法的影子价格以国际市场价格为基准,因而较少受到各国政府的限制和影响,较接近于边际价格;该方法采用官方汇率,易为各国政府接受;对于外贸发达的国家,由于外贸物品多,需调价的非外贸品少,因而工作量较小,而对外贸不发达的国家则工作量大。

8.3.4 UNIDO 法的影子价格[12]

1. 调价方法

联合国工业发展组织(UNIDO)主张用本国货币单位表示的国内价格为基准,因而非外贸货物不需调价。外贸货物本来是外币为单位的口岸价格,用下式调整为影子价格(p_s):

$$p_s = p_b \cdot \text{SER} \tag{8-8}$$

式中 p_b——口岸价格;SER——影子汇率。

2. 影子汇率

影子汇率反映外汇与国内货币的真实比价,是用本国货币表示的国内价格与外币为单位的国际价格之比。发展中国家的官方汇率,常常高估本国货币的价值,影子汇率正是对这种本国币值高估的修正。

影子汇率的估算方法之一是汉森提出的公式[3,16],即

$$\text{SER} = \text{OER} \cdot \frac{\sum_i M_i(1+t_i) + \sum_i X_i(1+S_i)}{\sum_i M_i + \sum_i X_i} \qquad (8-9)$$

式中 OER——官方汇率,其余代号同式(8-7)。该公式与式(8-7)类似,仅考虑外贸政策的影响,可用于估算一个国家统一的影子汇率。

另一种估算影子汇率的方法是项目中每一种进出口品的国内价格与世界价格之比的加权平均值。所用的权数是每一种外贸物品价值在项目的所有外贸品价值中所占的百分比。

例8-2 巴基斯坦一粮食项目,投入物为进口机器和化肥,产出物粮食全部出口,项目无外部影响,其数据列于表8-2。官方汇率为2卢比/美元,求其影子汇率。

表8-2 一个粮食项目的数据

投入或产出	(1) 产需量 (t/年)	(2) 口岸价格 (美元/t)	(3) 国内价格 (卢比/t)	(4) 国内成本 (卢比/t)	(5)=(3)/(2) 影子汇率 (卢比/美元)
粮　食 (出口产品)	40	f.o.b=500	1 000	300	2.0
机器与化肥 (进口投入品)	6	c.i.f=2 500	8 000	0	3.2

解 用每种外贸品的影子汇率的加权平均值法。表7-1中已列出每种外贸品的影子汇率,本项目所产生的外贸总量为 $500 \times 40 + 2\,500 \times 6 = 35\,000$ 美元,其中粮食出口占 20 000 美元,机器和化肥进口占 15 000 美元。因此,项目的影子汇率

$$\text{SER} = 2.0 \times (20\,000/35\,000) + 3.2 \times (15\,000/35\,000) = 2.51(\text{卢比}/\text{美元})$$

3. 讨论

UNIDO 法的影子价格基准是国内市场价格,容易为人们接受。对于外贸不发达的国家,只有较少量的外贸品需要调价,工作量小;然而,政府不喜欢出现与官方汇率不一致的影子汇率。

8.3.5 传统方法、L-M 法和 UNIDO 法影子价格的比较

传统方法影子价格的基础是完全竞争市场的均衡价格,L-M 法以国际市场价格为基准,而UNIDO法则以国内市场价格为基准。下面以净效益公式和实例说明三种方法的异同。

设一项目,X 为产出品的出口效益($\$$),M 为投入品的进口费用($\$$),D_u 为项目的国内效益,D_s 为国内费用,则三种方法的净效益 NB 公式分别为(本国货币单位)

$$\text{传统方法:} NB_1 = \text{OER}(X - M) + (D_u - D_s) \qquad (8-10)$$

$$\text{L-M 法:} NB_2 = \text{OER}(X - M) + \text{SCF}(D_u - D_s) \qquad (8-11)$$

$$\text{UNIDO 法:} NB_3 = \text{SER}(X - M) + (D_u - D_s) \qquad (8-12)$$

若在式(8-12)两边同乘以 OER/SER,得

$$NB_3' = \text{OER}(X - M) + \frac{\text{OER}}{\text{SER}}(D_u - D_s) \qquad (8-12a)$$

比较式(8-11)与(8-12a),得标准转换系数

$$SCF = OER/SER \qquad (8-13)$$

现仍以例 8-2 的数据分别用式(8-10)、(8-11)和(8-12a)计算项目的净效益：

$$NB_1 = 2 \times (500 \times 40 - 6 \times 2\,500) + (0 - 300 \times 40) = -2\,000(卢比)$$

$$NB_2 = 2 \times (500 \times 40 - 6 \times 2\,500) + \frac{2}{2\,651} \times (0 - 300 \times 40) = 439(卢比)$$

$$NB_3 = 2.51 \times (500 \times 40 - 6 \times 2\,500) + (0 - 300 \times 40) = 550 （卢比）$$

用传统的费用-效益分析方法计算，净效益是负的，项目不能成立；而用两种新方法计算的结果，净效益是正值，项目可取。结论相反的原因是传统方法用反映外汇与国内流通货币之间的购买力评价，没有反映真实的外汇价格；而后两种新方法强调了项目对外贸和外汇影响的重要性。较严格地区分外贸货物和非外贸货物，分别用标准转换系数或影子汇率来进行价格调整，货物间的比价更合理。传统方法假设其他条件不变，遵循一种局部均衡的方法，当然这是不切实际的。现实社会是不断变化的，市场汇率是许多市场力量作用的结果。因此可以说，在确定影子价格和影子汇率方面，新方法有重大进展并提供了切实可行的工作途径和操作步骤[14]。

由上例看到，L-M 法和 UNIDO 法计算结果也有相当差别。这是由于影子价格的基准点不同，计算程序也有差别所致，例如，L-M 法主张严格区分外贸货物与非外贸货物，对非外贸货物的生产要素要进行逐级分解，尽量剔除外贸货物，以尽量少使用受到严重扭曲的国内价格；而 UNIDO 法却以国内市场价格为基础。L-M 法主张生产性物品中不应包括税收（按社会边际成本分解，不包括税收）；而 UNIDO 法对非外贸物品直接用国内市场价格，通常包括了税收。然而，L-M 法和 UNIDO 法本质上是相同的，基本原理是类似，计算结果是相近的。

8.3.6 S-V 法

S-V 法是 1975 年由世界银行的两名高级职员著书出版的《项目经济分析》中提出的较系统的评价方法[17]，对影子价格的推导、估算和应用更为系统和详尽。该方法在某种程度上综合了 L-M 法和 UNIDO 的优点，在一些主要问题上，与 L-M 法的观点更接近。该方法主张在计算项目收益率的过程中，明显地考虑项目对国内的收入分配（投资和消费之间的分配、贫富阶层之间的分配）的影响。本节只能介绍其基本思路和主要观点。

1. 效率价格和社会价格

S-V 法中用到三种价格：市场价格、效率价格和社会价格。市场价格用于财务评价，国民经济评价采用的影子价格就是社会价格。

$$社会价格 = 效率价格 + c(\beta - d/\nu) = 效率价格 + 收入分配影响 \qquad (8-14)$$

式中 c——消费水平；β——消费转换系数；d——消费分配权重；ν——相对于平均消费水平上私人部门消费来说计算单位的价值。

效率价格与 L-M 法中影子价格的意义和求法基本一致。用这种价格进行项目评价，是从经济增长的观点出发，认为各种形式的项目收入都是等价的；对公共收入或投资，丝毫也不比对当前消费更重视；折现率就等于资金的机会成本，其他生产要素的价格也以机会成本为基础。具体调价方法是以口岸价格为基础，非外贸货物用标准转换系数为边境价格。

社会价格包括了效率价格和收入分配的影响，既考虑到增长因素，又考虑到社会的公平分配。项目评价本质上是一门规范科学，它不仅要研究一个事物是什么，还应研究怎么办。因此,把社会分配问题包括在评价过程中,是完全合理的。事实上,贫穷和社会公平分配问题在许多发展中国家是很尖锐的,近 20 年来引起了广泛注意。收入分配不公现象在一定程度上可以通过财政措施,如税收、补贴,以及社会政策方案,如社会福利事业、粮食补助、就业和公共事业等项目得到矫正。但是,由于财力和制度等方面原因,使问题很难得到根本解决。在这种情况下,投资项目的选择和设计可以作为改善国家分配状况的工具,起码不使新项目加重分配不公的状况。把分配效果量化的做法是 S-V 法的重要特色。

分配影响,也就是私人部门消费的增加既反映公共收入减少引起的社会费用 β,也反映了私人部门收入增加产生的社会效益 d/v,公共收入用外汇计算。v 反映公共收入的总约束,v 值越高,则公共收入越稀缺,那些不引起把资源从公共部门大量转移到私人部门的项目越容易入选。即把收入用于公共部门(如投资于教育部门)要比用于私人部门消费,其价值更大。d 是考虑把收入用于不同阶层人的分配权重,它纯粹是一个收入分配参数,如果政府不希望通过项目选择改善收入分配,那么就令 $d=1$,否则 d 就将大于 1 或小于 1。

2. 消费分配权重 d

要得到一个国家内不同收入阶层和地区应有的分配权重,必须有一个系统的步骤。有不同的确定消费权重的方法。一种办法是用个人所得税的倒数作为加权的基础;另一种办法是基于不同收入阶层有不同收入边际效用的概念。收入的边际效用随收入水平的改变而变化。一般收入低者,其收入边际效用高,应给予较大的权重。计算不同收入阶层的权重的方程式如下:

$$d = U_c/U_{aa} = (C_a/C)^n$$

式中 C——某阶层的收入水平;C_a——平均收入水平;U_c——收入水平 c 上的边际效用,U_{aa}——平均收入水平上的边际效用;n——效用函数参数,即收入水平是 c 阶层的边际效用弹性。

如果 $n>1$,则分配权重随 C_a/C 而变化。若 $C_a/c=1$,这意味着该阶层的人均收入等于国家平均值,那么 $d=1$;若 $C_a/c>1$,这意味着该阶层的人均收入在平均值以下,其 $d>1$;若 $C_a/C<1$,这意味着该阶层人均收入高于平均值,其 $d<1$。收入愈低,分配权重愈大。这样使项目选择产生一种倾向,即那些使用穷人所拥有的生产要素的项目易于入选。

n 的值可以根据经验估计或政治判断确定。n 值越高,边际效用递减率就越大。n 值接近于 0 或 2 可以作为极端情况。还有一种意见认为 $n=0.5-1.5$。发展中国家很难精确地测定 n 的值,困难的原因不仅是缺乏资料,而且因为所需信息是个人的主观判断,所以实际较难应用。

8.4 增值法简介

增值法是联合国工业发展组织和阿拉伯国家工业发展中心于 1980 年发表的一项研究成果[14,18],是为了克服前述"新方法"的程序复杂、理论晦涩的缺点,以及过分强调外贸,又以世界价格和外汇作为评价项目成本、效益的标准等问题。这些对于外贸不很发达的大多数发展中国家,或发展中国家的大多数项目几乎都不适用。本方法试图缩小项目分析中理论与实际的差距,提出了一种统一的、较简单的、易于理解的逐步计算方法。增值法的基本思想、程式、指标等均不同于其他方法,因此本节的简要介绍超出了影子价格的范围。

8.4.1　增值法的基本思想和特点

增值法的基本思想是以一个项目对国民收入增长的贡献为评价标尺,认为国民收入是国民福利的代表,通常是经济发展的主要目标,也是改善生活、教育和健康标准的条件。

增值法和国民收入核算紧密相关,许多概念和公式来自于国民收入统计的方法。其特点如下:

(1) 总的说来,它用市场价格来给项目的一切投入和产出定价,不用或少用影子价格。

(2) 此方法的主要构架是纯经济计算,不包括对像环境和收入分配影响等非经济方面的考虑。

(3) 它不用一个指标来概括反映复杂的项目目标或多个价值尺度,而提出一系列评价系数公式,其中每一个系数针对着一个重要的项目目标。其理由是一个公共企业的目标和福利标准是多个的,难于概括在一两个指标之中。

8.4.2　计算价格

计算价格 p_s,国内货物用国内市场价格,外贸货物用修正汇率 AER 或官方汇率 OER,把以外币表示的口岸价格 p_b 转化为国内货币表示的国内价格,则

$$p_s = p_b \cdot \text{AER} \tag{8-15}$$

其中修正汇率的近似公式为

$$\text{AER} = \text{OER} \cdot \frac{M}{X} \tag{8-16}$$

式中 M——国家一定时期内的外汇支出;X——国家一定时期内的外汇收入。

可以看出,AER 的计算主要考虑国家外汇收支状况,反映国家外汇的稀缺性。只有当国家外汇收支平衡时,即 $M=X$ 时,$\text{AER}=\text{OER}$;当 $M>X$ 时,$\text{AER}>\text{OER}$。

8.4.3　增值法的程序之一——绝对效率检验

增值法评价项目分为两个阶段:其一是为了审查项目是否合于标准的绝对效率检验;其二是为了比较项目相对价值,给项目排序的相对效率检验。先介绍绝对效率检验的基本程式。

这个方法基于项目对国民收入增值的贡献,所以净增值被用来作为衡量项目经济贡献的基本标准。年净增值 $(\text{NVA})_t$ 为

$$(\text{NVA})_t = O - \text{MI} - D \tag{8-17}$$

式中 O——年产出值;MI——年投入值,包括材料和服务(原料、燃料、运输、维修等);D——厂房和设备的折耗费用等。

项目净增值中若含有国外所有部分,如应支付的国外的工资、利息、股息、租金、保险费等,应予以扣除,余下则为国民净增值。国民净增值可以被分成两部分:劳动工资总额 (W_a) 和社会剩余 (SS)。社会剩余包括须支付的间接税、利息、股息、保险费、租金、专利费用和项目的盈利。所以,年社会剩余

$$(SS)_t = (\text{NVA})_t - W_a$$

项目的总社会剩余 (SS) 的现值

$$SS = \sum_{i=0}^{n} (SS)_t (1 + i_s)^{-t} \tag{8-18}$$

式中 i_s——社会折现率,可根据政治、经济政策和国际资金市场等情况,在长期贷款的市场利率的基础上予以估计。

评价准则:若 $SS>0$,说明从国民收入的观点来看,这个项目增加了社会收入,可以通过;若 $SS=0$,则说明该项目的收益仅能支付工资而没有剩余去支付其他费用,只有在特殊条件下,例如为了劳动就业,不考虑对生产的其他因素补偿时,这个项目也是可以接受的;如果 $SS<0$,这个项目不能接受。

如果不考虑资金、外汇等特别生产要素的不同效果,则项目的比较和排序选择可根据绝对效率检验而定,增值或者说社会剩余大者为优。

8.4.4 增值法的程序之二——相对效率检验

为了同一目标,当有几个项目都通过了绝对效率检验时,在资金、外汇、熟练劳动或其他资源短缺的情况下,为使经济增长率最大,必须合理地使用稀缺资源。为此设计了一些相对效率检验准则来对各个项目进行比较和选择。其基本思想是按照一种资源对项目贡献的大小进行排队,以作为决策依据。为了同一增值,所选项目应该是使用稀缺资源最少的,或者说应是稀缺资源所产生的成果是最大的。主要相对效率检验准则有三个。

1. 资金增值效率 E_c

$$E_c = PVA/PI \tag{8-19}$$

式中 PVA——国民净增值的现值;PI——总投资的现值。

在资金短缺的情况下,项目应根据资金增值效率排序,即根据每单位资金的增值选择资金生产率最高的项目。假如没有资金限制,如一些石油输出国,可能不需要根据资金生产率来排序项目。当一个项目具有较高的资金效率时,它通常是劳动密集型的,它不会同时具有很高的劳动效率。

2. 外汇增值效率 E_f

$$E_f = PVA/PEE \tag{8-20}$$

式中 PFE——净外汇成本的现值,即计算期内各年外汇支出与收入差额的现值。

在外汇短缺的情况下,E_f 大,即每单位外汇支出的增值贡献大的项目为优。应该注意,如果项目有外汇节余时,此公式不适用。

3. 熟练或技术劳动的增值效率 E_l

$$E_l = PVA/P_l \tag{8-21}$$

式中 P_l——熟练工人或专家(包括外国专家)工资支出的现值。

在熟练工人或专家短缺的情况下,应用 E_l 选择项目。E_l 大,即雇用熟练技术劳动和专家的单位工资开支对增值的贡献越大的项目为优。当不熟练劳动也供应不足时,工资总额可以包括在式(8-21)的分母中用工资总额指标变成劳动力增值效率。

第9章 社会折现率、影子工资和非商品化事物的评价

9.1 社会折现率

9.1.1 社会折现率的定义、经济含义和作用[34]

项目的国民经济评价，采用费用效益分析方法或者费用效果分析方法。在费用-效益分析方法中，主要采用动态计算方法，计算经济净现值或者经济内部收益率指标。在计算项目的经济净现值指标时，需要使用一个事先确定的折现率。在使用经济内部收益率指标时，需要用一个事先确定的基准收益率做对比，以判定项目的经济效益是否达到了标准。通常将经济净现值计算中的折现率和经济内部收益率判据的基准收益率统一起来，规定为社会折现率。

社会折现率在项目国民经济评价中的这种使用，使得它具有双重职能，即：作为项目费用-效益的不同时间价值之间的折算率，同时作为项目经济效益要求的最低经济收益率。

作为项目费用-效益不同时间价值之间的折算率，社会折现率反映了对于社会费用效益价值的时间偏好。社会费用或效益的时间偏好代表人们对于现在的社会价值与未来价值之间的权衡。社会费用效益的时间偏好在一定程度上受到社会经济增长的影响，但并非完全由经济增长所决定，而经济增长也并不是完全由社会投资所带来的。

作为项目经济效益要求的最低经济收益率，社会折现率代表着社会投资所要求的最低收益率水平。项目投资产生的社会收益率如果达不到这一最低水平，项目不应当被接受。社会投资所要求的最低收益率，理论上认为应当由社会投资的机会成本决定，也就是由社会投资的边际收益率决定。

由社会资本投资的机会成本所决定的社会折现率，并不一定会等于由社会时间偏好所决定的社会折现率。一般认为，社会时间偏好率应当低于社会资本投资机会成本。由于这种偏差的存在，由于社会折现率在项目国民经济评价中的这种双重作用，使得评价结果不可避免地存在一定的偏差。这是评价方法本身的局限性所决定的。

作为基准收益率，社会折现率的取值高低直接影响项目经济可行性的判断结果。社会折现率如果取值过低，将会使得一些经济效益不好的项目投资得以通过，经济评价不能起到应有的作用。社会折现率取值提高，会使一部分本来可以通过评价的项目因达不到判别标准而被舍弃，从而间接起到调控投资规模的作用。

在项目的选优和方案比选中，社会折现率的取值高低会影响比选的结果。较高的取值，将会使远期收益在折算为现值时发生较高的折减，因此有利于社会效益产生在近期、但在远期有比较高的社会成本的方案和项目入选，而社会效益主要产生在远期的项目被淘汰。这可能会导致对评价结果的误导。比如对生态环境造成破坏的项目，高折现率将未来环境污染的成本

负担折减计算。

9.1.2 社会折现率与消费的时间偏好

西方学者认为,人们对将来消费的折减是这样三个原因[13]:第一,人们常用一种短见来区别对待不同时间点的享受,即现在的享受要比将来的享受好。第二,人们偏爱现在的享受还由于将来的享受必须经历一段时间风险,在这一段时间里可能会发生各种事件,使得未来的这一享受化为泡影。比如人的突然死亡,或意外事故使得消费成为不可能。第三,也是最主要的,就是消费的边际效用随着时间的推移而递减。这主要是因为一般情况下人们的收入水平或消费水平是逐渐增加的,单位消费的边际效用也会递减,因此要对将来才能得到的消费进行折减。

我们把这种社会折减率称为社会折现率,用 i 来表示。如果用 $u(t)$ 表示第 t 年每一元钱的效用,在每年折现率 i 等于常数①时有

$$u(t) = e^{-it}$$

对时间求导数:

$$\frac{du(t)}{dt} = (-i)e^{-it}$$

则

$$i = -\frac{du(t)}{u(t)dt} \tag{9-1}$$

有一种求 i 的简单方法[13]:

设单位消费效用 u 与消费水平 c 有如下关系(图9-1):

$$u = \left(\frac{b}{c}\right)^k \tag{9-2}$$

式中 b 是常数,k 为消费的边际效用递减曲线的弹性,在此假定不变。对式(9-2)两边求导:

$$\frac{du}{dc} = -\left(\frac{b}{c}\right)^{k-1}\frac{kb}{c^2} = -\left(\frac{b}{c}\right)^k\frac{k}{c}$$

或

$$k = -\frac{c}{u}\frac{du}{dc} \tag{9-3}$$

联立式(9-1)和式(9-3):

$$i = k\frac{1}{c}\frac{dc}{dt} = k\frac{dc}{dt}/c$$

如果令消费增长率 $\frac{dc}{dt}c$ 为 g,则有

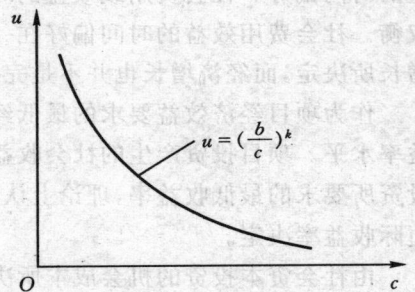

图 9-1 单位消费效用与消费水平

$$i = kg \tag{9-4}$$

如果平均消费水平递增率 $g=4\%$,$k=1.5$,那么 $i=6\%$。大部分西方国家的消费利率根据社会时间偏好率计算大约在 $5\%\sim7\%$ 之间[13]。在确定这个参数的过程中,多少带有主观判断的因素,如确定 k 值时那样。

---

① 关于 i 在一段时间内不变的这一假设,只有基于以下理由才能成立:鉴于我们对将来了解甚少,因此忽略 i 的复杂变化,近似取值是合理的。

文献[17]推导的消费利率公式,还另加一项纯时间偏好率 ρ,即

$$i = kg + \rho \tag{9-5}$$

并介绍 $\rho = 0\% \sim 5\%$,$i = 5\% \sim 10\%$。较低的 i 值适用于增长意识相当强的国家,而较高的 i 值适用于对当前消费比较关注的国家。

这种表示社会折现率的方法,清楚地显示了社会折现率与经济增长率的关系。如果边际效用弹性 k 是正值,社会折现率就直接随人均消费增长率变化而变化。人均消费的边际效益的边际效用弹性是 2.0,人均消费增长率为 3%,就意味着社会折现率为 6%;而如果人均消费增长率为 5%,则意味着社会折现率为 10%。这些数据包含着这样一层意思:假若某人认为一项发展计划是切合实际的预测,那么这个计划把将来讲得越富有,将来增加的消费价值就越小。随着消费增长率按比例变化的社会折现率就可以说明这个结论。因而,对任何既定项目来说,在没有该项目情况下的消费增长率愈高,根据其对将来累积总消费的贡献来看就愈难以为人们所接受[13]。

式(9-4)还将其客观的决定因素与主观因素清楚地划分开了。在评价项目时,将来人均消费增长率是已知的,尽管实现怎样的增长率都是综合考虑了不同政治、体制及技术等制约因素的有关经济政策的结果。但是,关于人均消费的累计总消费边际效用弹性,无论是国家计划,还是统计指标都没有指导性意见,故确定起来有些困难,许多人常靠经验主观确定。

9.1.3 社会折现率与社会投资的边际效益

从本质上讲,社会折现率应反映资金的机会成本。用于某个项目的资金,由于不能再用于国民经济其他方面,从而失去了这笔资金用于其他方面所能获得的效益,这就是项目使用(或占用)资金的代价——资金的机会成本。这种机会成本用全社会最优可替代方案的投资效益来计算。在一定的社会经济条件下,单位资金的机会成本应等于资金的影子价格。单位资金的影子价格与影子利率之间,很明显有如下关系:

$$\frac{d(B-I)}{dI} = \frac{dB}{dI} - 1$$

即

$$\frac{dB}{dI} = 1 + \text{SRI} \tag{9-6}$$

式中 B——社会效益;I——投资;SRI——影子利率。而影子利率在理论上就是国民经济评价中所用的社会折现率。也就是说,社会折现率等于社会投资的边际效益(单位资金所能产生的社会净效益)。从理论上讲,社会折现率这样取值是最合理的,假如说,社会折现率的取值大于社会投资的边际净效益,在进行项目评价过程中,将会淘汰一些优秀的、能给社会带来额外效益的项目,这是不应有的损失;相反,如果社会折现率小于社会投资的边际净效益,效益较低的项目也会上马,造成社会资源低效率应用。

但在实际确定社会折现率时往往要考虑到其他许多因素,如国家体制及政策、技术水平、主要社会供需矛盾和不同的历史时期等,从而实际的社会折现率取值要稍偏离社会投资边际净效益。如国家要发展大型企业、限制小企业的发展就会制订较小的社会折现率;反之,就会取大一些。如果缺乏资金,需要开发节省资金的劳动密集型或短期效益较好的项目,就要取较高的社会折现率值等等。

在许多国家,国有化项目与私有项目同时存在,而往往私人项目的收益率要高于国有项

目。而国有项目中许多又是社会公共项目或社会福利项目,这些项目的收益率往往是较低的。所以,国家选取社会折现率时,一般要小于私有项目的收益率,这主要是体现国有项目的社会福利性,但也不能小得太多,否则造成社会资源在低效率水平上的利用。

9.1.4 国家应该有一个统一的社会折现率

从前面分析知道,在对项目进行国民经济评价时,影子价格代替了实际价格,从而消除了价格扭曲的因素。同样,要把所有的项目放到一个社会标准上来衡量,也没有必要对各部门规定不同的折现率,应该用统一的折现率去度量评价的优劣。而且可以证明,只有在折现率统一的情况下,资源才能得到最充分的利用。假设国民经济只有两个部门 1,2 所组成,两部门的投资 I_1 和 I_2 的大小与采用的影子利率 SRI_1 和 SRI_2 有关,如图 9-2 所示[13]。

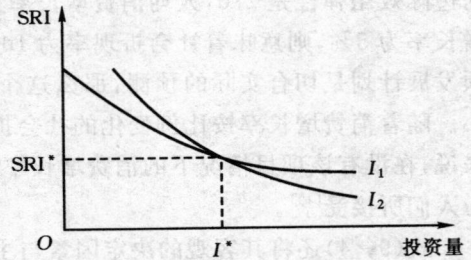

图 9-2 影子利率与投资量

用函数的形式可表示为

$$\begin{cases} I_1 = I_1(SRI_1) \\ I_2 = I_2(SRI_2) \end{cases} \tag{9-7}$$

令各部门投资所产生的社会效益为 $B_1(I_1)$ 和 $B_2(I_2)$,总的可供投资用的资金是 I,那么使社会效益最大的数学模型为

$$\max\{B_1(I_1) + B_2(I_2)\}$$
$$\text{s. t. } I_1 + I_2 = I$$

代入式(9-7),得拉格朗日函数:

$$L = B_1[I_1(SRI_1)] + B_2[I_2(SRI_2)] + \lambda[I - I_1(SRI_1) - I_2(SRI_2)]$$

令一阶导数等于零,得社会效益最大化的必要条件为

$$\begin{cases} \dfrac{\partial B_1}{\partial I_1} \dfrac{\partial I_1}{\partial (SRI_1)} - \lambda \dfrac{\partial I_1}{\partial (SRI_1)} = 0 \\[3mm] \dfrac{\partial B_2}{\partial I_2} \dfrac{\partial I_2}{\partial (SRI_2)} - \lambda \dfrac{\partial I_2}{\partial (SRI_2)} = 0 \end{cases}$$

可得

$$\frac{\partial B_1}{\partial I_1} = \frac{\partial B_2}{\partial I_2} = \lambda \tag{9-8}$$

这就是说,两个部门投资的边际效益相等。根据影子利率的定义,由式(9-6)得

$$(1 + SRI_1) = (1 + SRI_2) \tag{9-9}$$

也就是说,各部门最终采用的影子利率 SRI_i 相等时,资源才能得到最充分的利用。只有当一个国家有统一的折现率,资源才能在各个部门实现合理分配,有限的资源才能得到充分利用。一个国家统一折现率就是社会折现率。

在实践中,国际根据宏观调控意图和现实经济状况,制定发布统一的社会折现率,以利于统一评价标准,避免参数选择的随意性。

发达国家近年来有将社会折现率取值降低的趋势。较早年份制定的社会折现率较高,近年修订的折现率较低。世界银行、亚洲开发银行等国际组织为发展中国家使用的社会折现率较高,发展中国家制定的社会折现率也较高。可以这样认为,我国目前属于较先进的发展中国家。

有关国家和组织的社会折现率见表 9-1。

表 9-1 部分国家和组织的社会折现率[34]

国家	社会折现率	资料来源
美国	1.6%~3.2% (3~30 年及以上) 2%~3%	Circular A—94 Guidelines and Discount Rates for Benefit—Cost Analysis of Federal Programs Appendix C (Revised January 2003) U. S. Environmental Protection Agency, 2000. Guidelines for Preparing Economic Analyses. U. S. GPO, Washington, DC.
英国	6%(2003 年 3 月前) 3.5%(2003 年 4 月后)	The Green Book—Appraisal and Evaluation in Central Government, HMT, 1997 THE GREEN BOOK Appraisal and Evaluation in Central Government, 2003. 1 H. M. Treasury Guidance
德国	3%	Macro—Economic Evaluation of Transport Infrastructure Investments, Evaluation Guidelines for the Federal Transport Investment Plan, The Federal Minister of Transport, 1992
比利时	4%	Assessing the Benefits of Transport, ECMT, 2001
法国	8%(自 1984 年)	
瑞典	4%	
新西兰	10% 4%(无风险)	Evaluation Procedures for Alternatives to Roading, Transfund NewZealand, 1999. 2 Ealuatie Van Infrastructu Ur Projecten Leidraad Voor Kosten—Baten Analyse, Garel J. J. Eijgenraam, et, CPB & NEI, 2000
亚洲开发银行	10%~12%	Guidelines for the Economic Analysis of Projects, 1997
日本	4%	事業分野間における評価指標等設定の考え方の整合性の確保への対應(案)2003
欧盟	5%	Guide to cost—benefit analysis of investment projects, Evaluation Unit DG Regional Policy European Commission for SF, the CF and ISPA, 2002(修订)
西班牙	交通 6% 水利 4%	
意大利	5%	
中国	10%(1987) 12%(1990) 8%(2006)	建设项目经济评价方法与参数. 1987 建设项目经济评价参数. 1990 建设项目经济评价方法与参数. 第三版,2006

9.1.5 中国社会折现率的测定[34]

目前公布的社会折现率取值,是以资本的社会机会成本与费用效益的时间偏好率二者为基础进行测算的结果。

在项目评价中,社会折现率既代表了资金的机会成本,也是不同年份之间费用效益的折算率。理论上,如果社会资源供求在最优状态平衡,资金的机会成本应当等于不同年份之间的折算率,但在现实经济中,社会投资资金总是表现出一定的短缺,资金的机会成本总是高于不同年份之间的费用效益折算率。同时,由于投资风险的存在,资本投资所要求的收益率总是要高于不同年份折算率。因此,按照资金机会成本原则确定的社会折现率总是高于按照费用效益的时间偏好原则确定的数值。

目前社会折现率的确定主要有两种基本思路:一种是基于资本的社会机会成本的方法;另一种是基于社会时间偏好率的方法。

根据一些经济学者的研究,社会时间偏好率可以分解为两部分:纯时间偏好率、随边际收入递增未来价值的贬值。纯时间偏好率估计约为 $1\%\sim2\%$。我国人均 GDP 的增长率,长期按 $7\%\sim8\%$ 计,伴随边际收入递增,未来价值的贬值系数估计为 0.5,则随边际收入递增未来价值的贬值估计为 $3.5\%\sim4\%$。两项合计,社会时间偏好率估计为 $4.5\%\sim6\%$。

根据一些数量经济学者的研究,采用生产函数方程,依据我国建国以来经济发展统计数据,预测我国未来 20 年以内的社会资本收益率为 $9\%\sim11\%$。

考虑到社会资本收益率与社会时间偏好之间的折中,本次推荐的社会折现率为 8%。

对于不同类型的具体项目,应当视项目性质采取不同的社会折现率,比如,对于交通运输项目的社会折现率要比水利工程项目高。对于一些特殊的项目,主要是水利工程、环境改良工程、某些稀缺资源的开发利用项目,采取较低的社会折现率,可能会有利于项目的选优和方案优化。

9.2 项目的社会效果

项目社会效果包括许多方面,这里仅考虑两个方面:就业的经济效果(工资福利的增加)和政府收入(税金和利润等)的经济效果[4]。

9.2.1 就业的经济效果

创造就业是任何拟建项目的重要目标之一。人力一直被认为是一种重要的经济资源,存在失业就是浪费人力资源的一个标志。因此,创造就业的目标可与充分利用生产潜力的目标联系起来。这个论点认为,向往就业并不是为就业而就业,而完全是作为实现生产目标的一个手段。如果增加就业能生产更多产出,就业就是合乎需要的,否则,就不合乎需要,甚至有时就业与生产之间会产生矛盾。比如,如果把一定数额的资金过于分散地用到大量工人身上,比起只用来装备较少量工人来,前者带来的产出可能会少于后者。在既定资金额的情况下,所能创造的就业机会是有限的,因为增加就业可能不会创造更多的产出,甚至会导致产出下降。如果增加就业机会并不是为了就业而就业,而是为了创造更多的产出,那么,就业就成了一个只是一定限度内追求的目标。

根据这个观点,在以累计总消费为国民经济目标的评价或计算中,当然也应包括增加就业为消费的直接增加所作的贡献(增加产出所创造的消费在其他部分已经计算),也就是计入就业的经济效果。

一般来讲,项目的就业来源是很复杂的,可能来自失业的城镇人口,也可能来自农村或者其他生产部门。每增加一个就业人员,可能会影响到提供劳动的其他部门。例如一个项目的就业人员 1/3 来自城镇失业人口,1/3 来自其他生产部门,1/3 来自农村等,这种流动一般会给有关部门带来一些好处。失业人员的就业会使原来赡养他们的家庭或社会福利部门减轻负担,原来的生产部门因少了一个人而失去一份边际产出,也少付一份工资。在人浮于事的情况下,对该部门是增加了效益。

设 a_i——流出部门 i 的流出人员的原来消费水平;m_i——流出部门 i 的原来单位的边际产出;n_i——项目每增加一份工作,使部门 i 流出的人数占项目总招收人数的百分比,$\sum n_i = 1$。

由以上分析,不难看出项目提供的就业对于提供劳动力的其他社会部门所增加的总消费为

$$\sum_i n_i(a_i - m_i) \text{ 或} (a - m) \quad (9-10)$$

另外一部分就业效益,表现为就业人员收入增加而增加的消费。设 c 为新增就业岗位的平均消费水平,那么减去原来的消费水平 $\sum n_i a_i$,各 n_i 人员所共享的新增消费为

$$c - \sum_i n_i a_i \text{ 或} (c - a) \quad (9-11)$$

对社会整体讲,每增加一个就业的新增消费是个人与部门增加消费的总和,即式 (9-10) 与式 (9-11) 之和为

$$c - \sum_i n_i m_i \text{ 或} (c - m) \quad (9-12)$$

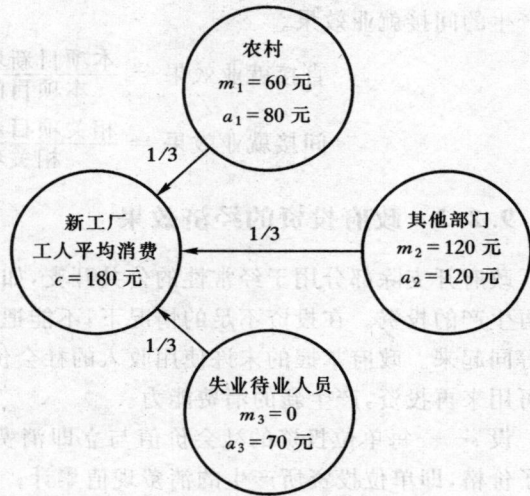

图 9-3 就业和消费水平变化

例 9-1 新建一个工厂,职工来源及其现在与原来的消费与产出水平如图 9-3 所示。这种流动对社会所产生的经济效果归纳于表 9-2。

表 9-2 社会各集团的就业经济效果

社会集团	集团得益	直接流动的个人得益	整个社会
农　　村	(80−60)/3=20/3	(180−80)/3=100/3	
其他部门	(120−120)/3=0	(180−120)/3=20	
失业人员	(70−0)/3=70/3	(180−70)/3=110/3	
合　　计	30	90	120

从整个社会角度而言,新项目增加一个就业,多发了 180 元工资(假定全部为工人消费掉),并不是全部作为一种支出,其中 120 元是增加了社会消费,包括流动者个人得益和原社会集团的在留人员得益。其他 60(即 180−120)元才是社会的真正损失,这是由于劳动力转移,

113

使其他部门生产的减少引起的（$\sum n_i m_i = (1/3) \times 60 + (1/3) \times 120 + (1/3) \times 0 = 60$ 元）。

另外，从图、表中可以发现，各输出劳动力的社会集团中的平均消费水平高于或等于原边际产出，这说明这些部门劳力过剩，劳力流出是理所当然的。如果某社会集团或部门的边际产出大于其平均消费水平，则该部门的劳力流出一般是不会发生的，只可能有劳力流入（当然垄断的劳务市场除外）。

实现社会充分就业是宏观经济致力于实现的重要目标之一。评价特大型建设项目的就业效果对存在大量过剩劳动力的我国尤其具有意义。劳动力就业效果一般用项目单位投资带来的新增就业人数表示，即：

$$\text{单位投资就业效果} = \frac{\text{新增总就业人数（包括本项目与相关项目）}}{\text{项目总投资（包括直接投资与间接投资）}} \text{（人／万元）} \quad (9-13)$$

总就业效果可分为直接投资所产生的直接就业效果和与该项目直接相关的其他项目的投资产生的间接就业效果。

$$\text{直接就业效果} = \frac{\text{本项目新增的就业人数}}{\text{本项目的直接投资}} \text{（人／万元）} \quad (9-14)$$

$$\text{间接就业效果} = \frac{\text{相关项目新增就业人数}}{\text{相关项目投资}} \text{（人／万元）} \quad (9-15)$$

9.2.2　政府投资的经济效果

政府开支除部分用于经常性的公共开支，如国防、教育、卫生和行政开支外，一部分用于扩大再生产的投资。在投资不足的情况下，不能把上面所讨论的就业消费效果和这种积累的效果等同起来。政府掌握的未许使用收入的社会价值要高于立即消费掉的"价值"。这是因为前者可用来再投资，产生新的消费能力。

设 s——每单位投资的社会价值与立即消费的社会价值之比，亦称为积累升值或投资的影子价格，即单位投资所产生的消费现值累计；

r_t——单位投资产生的年再投资增值；

n_t, c_t, m_t——分别为每单位投资在 t 年增加的就业人数、每人就业后的消费水平和就业前的边际产出，见式（9-12）。

如果政府持有能用于投资的一元钱，那么资本的累计和通过扩大就业而新增的消费以及用消费利息率 i_t 进行折现后的现值列于表 9-3。

表 9-3　政府投资的经济效果计算

年末	投资的终值	新增消费	新增消费的现值
0	1	0	0
1	$(1+r_1)$	$n_1(c_1 - m_1)$	$\frac{1}{1+i_1} n_1(c_1 - m_1)$
2	$(1+r_1)(1+r_2)$	$n_2(1+r_1)(c_2 - m_2)$	$\frac{1+r_1}{(1+i_1)(1+i_2)} n_2(c_2 - m_2)$
3	$(1+r_1)(1+r_2)(1+r_3)$	$n_3(1+r_1)(1+r_2)(c_3 - m_3)$	$\frac{(1+r_1)(1+r_2)}{(1+i_1)(1+i_2)(1+i_3)} n_3(c_3 - m_3)$
⋮	⋮	⋮	⋮

每元钱投资所产生的消费现值累计 $s(r_0=0)$ 为

$$s = \sum_{i=1}^{\infty}(c_t - m_t)n_t \prod_{\tau=1}^{t}\frac{(1+r_{\tau-1})}{(1+i_\tau)} \tag{9-16}$$

如果各参数每年都相同,公式简化为

$$s = n(c-m)\sum_{t=1}^{\mu}\frac{(1+r)^{t-1}}{(1+i)^t} = n(c-m)\cdot\frac{1}{(1+i)}\sum_{t=0}^{\infty}\frac{(1+r)^t}{(1+i)^t}$$

若 $r<i$,则收敛为

$$s = n(c-m)\cdot\frac{1}{(1+i)}\left[\frac{1}{1-\frac{1+r}{1+i}}\right] = \frac{n(c-m)}{i-r} \tag{9-17}$$

应当指出:式(9-17)是在假设各参数保持不变的前提下得出的,也就是说,此式只适用于经济处于长期稳定增长,保证一定比例的再投资,而且 i 与 r 有一定的差距的情况。当然,对于有些急需发展的经济,有可能 $r_t>i_t$。同时,随着投资增加,n_t 和 (c_t-m_t) 就会变得很小,因此,以上两个计算积累升值的公式,在有些场合不一定适用。所以,L-M 法作者提出了另一种估计办法[16]:

(1) 政府计划或规划人员根据经济发展目标,估计一个时期 T,认为单位积累再投资的"价值",大于单位消费的情况只发生在有限年(T)以内。因为经济发展到一定程度,单位投资已不能在现代化生产部门产生新的就业,所以 $n(c-m)$ 趋向于零。

(2) 到达 T 年时,目前的单位投资 T 年后的累计积累为 $(1+r)^T$。按假定(1),它就等于第 T 年的消费,其现值

$$\frac{(1+r)^T}{(1+i)^T} = \left(\frac{1+r}{1+i}\right)^r \tag{9-18}$$

(3) 从目前到 T 年内,因增加就业而增加的消费是

$$n(c-m)\sum_{t=1}^{r}\frac{(1+r)^{t-1}}{(1+i)^t} = \frac{n(c-m)}{r-i}\left[(\frac{1+r}{1+i})^T-1\right] \tag{9-19}$$

(4) 式(9-18)与式(9-19)相加,得出目前单位投资升值:

$$s = \left(\frac{1+r}{1+i}\right)^T\left[\frac{n(c-m)}{r-i}+1\right] - \frac{n(c-m)}{r-i} \tag{9-20}$$

式(9-20)是一个简化式,实际上,c,m,n 等参数都会随时间而变化。另外,i,T 都很难确定。

9.3 影子工资

9.3.1 影子工资

影子工资①是指项目增加一名就业,社会为此而付出的代价。它并不像财务评价中劳动力的消耗表现为工资和有关福利,而是从整个社会角度分析每增加一个就业,社会的直接和间接的资源消耗。在上节分析的基础上,把影子工资表示为[13]

$$\mathrm{sw} = c' - \frac{1}{s}(c-m) \tag{9-21}$$

---

① 国外常称影子工资率(shadow wage rate)。

其中 sw——影子工资；c'——用于就业的资源消耗；s——用于投资的积累升值；c——职工的平均消费；m——职工在原来社会部门的边际产出。

式(9-21)中，c' 是由于支持就业，使原来可以用作投资的资源减少，致使产出减少，这是一种社会费用。$(c-m)/s$ 是单位就业增加的社会消费，并以积累的价值来度量。c' 和 c 略有不同，提供给消费者的资源可能大于消费者的实际消费。例如，城镇就业人口增加后，需要把消费品运往城市，这些交通运输费包括在 c' 内，但不包括在职工消费 c 内。

讨论影子工资的两种极端情况：由式(9-21)，当 $c=m$ 时，影子工资 sw 为 c'。其经济意义是：由于工人就业转移，使社会其他部门产出的减少(m)与这种转移的消费增加(c)相等。因此，这种就业除了增加工资和福利等开支(c')外，并未造成其他效果，它出现在就业充分的情况下。另一种极端情况是，劳动力原来的边际产出 $m=0$，即劳动力极度过剩的情况。此时的影子工资 $sw=c'-\frac{1}{s}c$ 也不等于零。这是因为政府工资福利支出的社会价值大于消费增加的价值。每单位货币的消费只值政府未许使用收入价值的 $1/s$。这也就是不能无限制地增加就业的原因。

式(9-21)转换成另一种表示为

$$sw = m + (c'-c) + (1-\frac{1}{s})(c-m) \tag{9-22}$$

即增加一名工人的社会费用由三部分组成：其他部门边际产出的减少 m；为安排职工就业而增加的运输交通费和城市管理费等社会资源耗费($c'-c$)；由于把原来可用于投资的资金用于消费而造成的贬值 $(1-\frac{1}{s})(c-m)$。在实际项目评价中影子工资一般只计算前两部分。

在计算 m，c' 和 c 时，其计量单位要与其他货物一致，如采用边境价格。在估计这些参数时，不可避免地要碰到非贸易物品。这些物品的分解又包含了影子工资，这样就形成了循环，解决的办法有两种：

(1) 对影子工资先作一假定，确定有关参数的影子价格，由式(9-21)求 sw，再进行逐步修正。

(2) 用一未知数 W 代替影子工资 sw，计算各参数的影子价格(包括未知数 W)，代入式(9-21)，求解 W。

公式中除 s 在上节详细介绍外，对其他几个数据的求得作如下说明：

① 边际产出 m 的估计。如果就业职工来自失业队伍，这样的就业并不减少社会的原来产出，因此 $m=0$。如果就业人员来自农村，就要估计抽调一个劳动力后对农业产出的影响。精确的估计是困难的，可以依据计量经济的研究结果或统计资料，算出平均农村劳动力的产出。在劳动力饱和的情况下，边际产出要比平均产出小。例如，一个农村有 100 个劳动力，平均产出为 200 元，抽掉一个劳动力后，产出不一定减少 200 元，根据该农村劳动力饱和的状态，边际产出可取平均产出的 1/2 到 1/4。

② 职工消费 c' 和 c 的估计。c' 应该包括付给职工的工资、奖金、津贴和各种福利开支。这些开支也应该在影子价格的基础上计价。可以根据平均水平的职工消费项目加权计算，也可用标准转换系数计算。对于从农村进入城市的职工，c' 与 c 的差别较大。应该从 c' 中扣除城乡消费的差距而得到职工实际的消费水平 c。关于职工工资中的储蓄部分，通常认为时间短、比例小，在缺乏足够信息时，这部分可以不加考虑。

116

9.3.2 影子工资与技术选择

正确的影子工资的确定,对于项目的技术选择有很大影响。除了经常费用中的原材料投入外,项目的主要支出是设备投资和劳动力费用开支。把问题抽象为图 9-4 所示的简单情况。不同的技术方案体现在不同数量的设备和劳动力的组合上,ii' 表示不同组合时的等产出曲线。直线 MW 表示把工资看成是一种完全支出时的各种可能的组合方案。为使产出最大,选择技术密集型的 A 点。如果考虑工资完全是一种福利,不作社会支出,可供选择的曲线是 $M'W'$,必然会选择技术落后、劳动密集的方案 C。适当权衡劳动就业的各种社会影响,如式(9-22)所考虑的影子工资,那就是曲线 $M'W''$,选择的技术方案 B 反映了与社会经济水平相适应的一种技术。

以下各节讨论非商品化、非市场物品

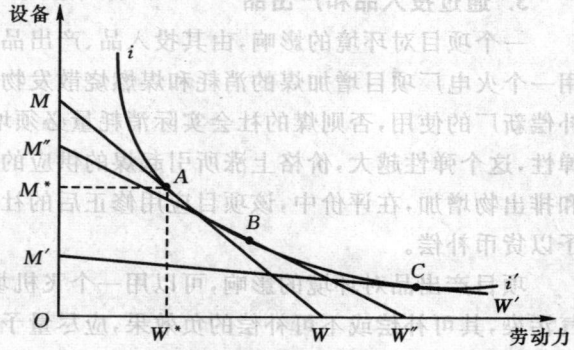

图 9-4 影子工资与技术选择

与服务的量化和评价问题,包括项目对环境的影响、公共事业和时间效用等。

9.4 项目对环境的影响

9.4.1 项目对环境的影响

一个建设项目,尤其是较大的项目总会或多或少对环境产生一些影响,有益的或有害的,其范围或大或小。

项目对环境的有益影响,如改善市场,便利消费者,促进资源的勘探及新地区的开发,改善交通条件,产生技术扩散,提供更多的信息和知识,扩大就业,提高居民的生活水平等;项目的有害影响,包括对空气、水和土地的污染,噪音的干扰,以及对人和动物健康的危害等。这些影响绝大多数是不能商品化的,无市场价格可循,有些甚至是无形的和不可定量的。不管怎样,其中较大的影响在项目评价时必须予以考虑[14,23]。

一个项目可以通过许多渠道对环境产生影响:

1. 通过生物系统和生物机制

(1)人类健康:发病率、死亡率。

(2)劳动生产率:农业、林业、牧业、渔业,工业,第三产业。

(3)生态系统:物种和生态系统改变,生态的多样性和稳定性,生态系统的消遣性使用,如钓鱼、打猎、旅游、体育等。

2. 通过非生物系统

(1)物质资源的改变:空气、水和土地的污染;矿产的发现和开采的改进,以及矿产业生产成本的增减,不可再生资源的消耗。

(2)气象和气候条件:对气温、湿度、雨量的影响;由于空气中二氧化硫含量增多造成的酸雨,二氧化碳含量增大引起的温室效应,据报道,工业革命之前,二氧化碳的排放量等于其固化吸收量,因而,大气中 CO_2 含量稳定;1750～1959 年大气中 CO_2 浓度从 280PPM 升高到 316 PPM,200 年增加了 13％;1959～1993 年,又升高到 357PPM,34 年增加了 14％,大气温度上升,会使海平面上升,引起许多严重问题。

(3) 其他影响:如气味、视野、美观、噪音、历史文物、古迹。

3. 通过投入品和产出品

一个项目对环境的影响,由其投入品、产出品和生产过程而产生。项目投入品的效应,可用一个火电厂项目增加煤的消耗和煤燃烧散发物的数量说明。除非其他用煤户煤耗量削减而补偿新厂的使用,否则煤的社会实际消耗量必须增加,其增加量取决于一个国家煤生产的价格弹性,这个弹性越大,价格上涨所引起煤的供应的增长也越快。假如一个项目使全国煤的消费和排出物增加,在评价中,该项目应用修正后的社会成本,或者在计算中,对其产生的有害影响予以货币补偿。

项目产出品对环境的影响,可以用一个飞机场的例子说明。它产生令人烦恼的噪音和空气污染,其可补偿或不可补偿的负效果,应尽量予以估价,包括在项目分析的内容中。

9.4.2 对环境影响的估算

分析人员在评价环境影响时必须首先确定项目的空间范围与时间范围。第一,他们必须决定环境影响的远近程度,也就是必须确定经济分析的空间范围。如果评价一个项目的内部效益和费用,分析的空间界限就很清晰。如果项目实体获得了效益,或者,如果项目实体承担了费用,就应该在分析中考虑这些效益或费用。如果我们试图评价一个项目的外部效果以确定其对社会产生的影响,空间界限就会变得模糊。识别外部效果意味着从概念上和实际上扩大了分析的空间界限。一个排放污水的工厂将对下游用于饮用、灌溉和渔业的水产生有害影响。分析人员可以较容易地识别这些影响,甚至可以对其量化。识别对环境的其他影响,比如发电厂排放物导致的酸雨时,可能就比较遥不可及或难于识别。把分析扩大到什么程度是一个需要作出判断的问题,同时,也取决于各个不同项目的具体情况。

第二个决定涉及项目的时间范围。与项目的实际边界一样,当我们从财务分析过渡到经济分析时,项目的时间界限也会变得模糊不清。项目环境影响的持续时间可能不会超过项目的寿命期,也可能会超过项目的寿命期。如果环境影响持续的时间比预期的项目经济寿命期短,环境影响就应该包括在标准的经济分析中,如果分析人员预期环境影响的持续时间会超过项目的寿命期,那就必须延长时间范围。可以采用两种方法延长时间范围,即增加现金流量分析的年限,或者,将超过项目寿命期的环境影响的资本化价值补充到项目最后一年。后一种方法类似于处置超过项目寿命期的资本货物,即在项目最后一年为它确定一个残值。

追踪这些影响往往困难,但应尽可能予以估算。如不能以货币价值计量,则可以用非货币型实物指标衡量。若两种方法都不行,则应用定性分析研讨项目对环境影响的性质和范围。

在缺乏市场价格的情况下,有时可以用推理和间接估计的方法进行合乎逻辑的评价。有些情形,可以估计为补偿受害者必须付出的代价,诸如对体力、健康和收入的影响。另一些情况下,可以估算为恢复原来的环境质量水平需付出的费用,如设置水处理系统、除尘系统的费用。所有这些补偿性支出可以看作项目的环境成本。同时,如果项目对环境产生有益的影响,可以估算能够征收多少税款和收费以抵偿这些意外的收获。这些可以看作是项目的环境效益。

这些估算是补偿原理的应用,即以资财补偿经济措施的后果,使社会福利保持原有水平。假如有些个人福利由于项目的成立而下降,应予以补偿,使其恢复原来的水平;反之,假如有些个人福利增加了,他们应付出代价,以抵消其收益。

还有一种方法,是通过财产价值变动来估价项目的环境影响。如用项目附近房地产的租金和售价等的变化来间接估计周围环境改变的社会费用或效益。噪音大的项目(例如机场、高速公路)会使附近房地产贬值;增加就业、改善交通、刺激市场的项目,会使附近房地产价格升高。

已建立的国际和国家环境质量标准可以用来测量项目的环境影响。例如空气和水质污染可以按照其有害物质含量的不同标准来测量,这些可以作为实物性指标用于评价。

为了把货币价值或重要性联系到项目对居民的环境影响,通常使用两种方法:一种是实地调查或通过调查表了解每个人对于一个有环境影响的项目的支持程度;另一个是用投票办法让个人考虑到环境影响,在几个可选择方案中表示取舍。

9.5 时间的价值

9.5.1 时间的价值

时间的价值或时间效用是一项非商品化范畴。对大多数人来讲,时间是宝贵的、有限的,是稀缺资源。古代就有"一寸光阴一寸金,寸金难买寸光阴"的谚语。在现代社会里,"时间就是金钱,效率就是生命"已越来越多地被人们作为信条。当时间与资金的流通或生产过程联系起来时,它具有效用,具有价值,需要评价。工人的生产效率是用单位时间的产出来计量的。在同一效率下,工作时间越久,产出就越多。一台能加快工作速度的设备或设施可以为人们节省时间。当然,人们获得的外加时间是有代价或成本的,这可引伸出资金换得了时间。在商业领域,资金周转越快,获利越大。这些都说明时间是一种可贵资源[4,14]。

除了时间作为一种资源这一概念,时间通常被认为是商品、服务或资源流量的一个坐标。在这个意义上,时间成为测量或确定商品和服务的特定效用,或效益流量的工具。这一概念的核心,是多数的经济客体的生命时间是有限度的,如一个人的工作年限、工厂和设备的寿命,以及非再生性资源的开采或使用年限。作为人的耐用物品或设施的服务和使用期限是有限的。也就是说,一个客体的经济生命时间是有限度的,因而是稀缺的。这种具有经济性的时间,有其具体的职能内容,存在于这些客体身上。对社会全体来说,商品的或物质资源的稀缺性,部分地反映了他们有限的经济寿命。因此,一个经济实体可说是有两重坐标:技术性坐标和可使用时间坐标。

在市场上,商品有两种报价办法:一种是商品的单价,一种是单位商品使用一段时间的价格。前者是普通的所谓买卖商品的价格,用以买卖一单位物品的全部经济生命。市场买卖适用于多种耐用品和非耐用品,以及一般消费品。后者是普通的所谓租赁价格,用以购买一单位物品的经济生命的一段时间的使用权。市场租赁适用于如脚踏车、汽车、飞机、房屋等长久耐用品,以及土地和空间等不可破灭的物品或资源。对人类来说,工资是对职工工作年龄中一部分时间的补偿。历史上,当一个奴隶被出卖时,他的全部工作寿命都被出卖了。

在财务信贷中,时间的价值特别明显。金融市场上信贷资金的利息计算中,时间是一个基本考虑的因素,贷款时间越长,贷款利息越高。

时效也作为一个生产的自然因素,时间的过渡使一些产品,如铸件、酒等物品的质量变优,使植物和动物成长和成熟。当然,这里所说的时间孕育着物理的、化学的和生物的自然变化。在经济范围内,也可以说其经济价值的变化为时间因素所促成。质量差异、成熟与不成熟之间的物价差额反映着时间价值。

从社会总的发展趋势来看,时间显得越来越宝贵。不仅生产活动需要人们的时间,消费活动也需要时间。随着生活水平的提高,消费的花色品种增多,会形成一种来不及消费的感觉。在生产高度发达的社会里,有一种趋势,即不仅重视生产中劳动时间的节省,而且重视研究人们消费时间的节省。随着生活水平的提高、消费品和服务的增加,时间的相对价值就越大。人们越来越重视他们的闲暇时间。这样的时间,人们可以不受职业限制而自由支配,发展自己的爱好、兴趣、友谊和扩展对世界的认识,使生活更加丰富多彩。为了节约人们的休闲时间,建设了诸如迪斯尼乐园,世界之窗,锦秀中华等集中景观,供人们在有限的时间内集中游览。

在交通运输领域中,交通速度所包含的时间因素,对于使用者来说是重要的。一个更为快速的交通工具,票价和运费较高。在交通项目的评价中,时间问题,或者车、船、飞机等交通工具的速度问题是非常重要的。乘客在旅行中所能节省的时间经常与票价成正比。

在货物运输中的时间价值更为明显。货运速度的增加使所运货物在生产-供应周期中更快地周转。对托运人来说,运输时间的节约意味着运送过程中占用资金的利息支付的减少,保险费的下降和早上市的时效优势。有时,新的快捷的交通工具,把原来不可能的运输交换变为可能。如非洲南部所产的菠萝、香蕉,直到有了直达飞机,才能当天运到巴黎应市。又如西藏地区,直到青藏和川藏公路修通之后,才能使大量的工业品由内地运进去,同时,当地土特产品也能运往祖国各地,促进了当地经济的发展。这类例子中,有技术扩大可能性的因素,也有时速因素。时速因素也正是新技术变成可能的核心。

对于全社会来讲,交通工具转运速度的增加,可以扩大运力及运送范围,同时减少运输的平均成本。也就是说,运输速度的增加,可以降低客运和货运的社会成本,扩展地区间的交换及分工,商品构成的技术进步,以及总的社会经济的发展。

9.5.2 时间价值的估算

时间是有价值的。任何节约时间的运输项目都会产生重要的可计量的效益。在许多情况下,时间节约价值反映在对快速服务需求和消费者意愿支付的价格上,如航空服务。消费者获得的时间节约价值必须间接地推算,特别是对大部分道路来说。本小节介绍不能直接用货币计量的时间节约的估计方法[35]。

大多数作者认为,时间节约价值取决于出行目的。工作出行按其生产产出价值或扣除相关投入费用的净产出计算时间节约价值。对于休闲出行,按消费者对休闲时间的支付意愿来计算。货物递送的时间节约价值另有其计算方法。下面我们根据出行目的来讨论如何计算时间价值。

1. 工作时间价值

某项目能节约人们的工作时间,或者工作人员在工作时间出行,旅行所耗费的时间未用于工作,因此计入节约的时间是能够用于生产的工作时间,其节约时间的价值等于工资率加上与就业有关的其他费用,如社会保障费。因此,工作时间节约(的价值)可以按雇主成本计算。

120

2. 非工作时间价值

非工作时间的出行所节约的时间价值按个人支付意愿确定。由于休闲时间既没有明确的市场，也没有可以观察到的市场价格，因此，这种时间价值必须通过推断方法来确定。原则上，消费者对节约休闲时间的支付意愿应低于节约工作时间的支付意愿，因为工资率包括了对工作中体现的努力和稀缺技能这两方面的报酬。

此外，休闲时间的支付意愿随出行目的和时间选择而变化，一是由于时间价值在一天中不同时刻会有不同；二是由于出行活动可能有某些正效用，例如，就医紧急出行节约的时间价值就非常高。然而，研究表明，不同出行目的节约的非工作时间价值的差别并不显著。在没有相反证据情况下，较好的经验方法是将所有节约的休闲时间价值都视为相同，约等于出行者小时工资的30%。

3. 步行和等待时间的价值

大多数人不喜欢非休闲目的的等待和步行。因此，减少等待时间和步行的项目较之仅减少旅行时间的项目可产生更多的效益。欧洲最近研究表明，换乘和等待节约的时间价值较乘车旅行节约的时间价值高1/3～2/3。智利人的研究（例如 Jara－Diaz 和 Orfeuzar, 1996）表明，这个比例还要高。我们应该给步行、等待和换乘时间以较高的估价——超过旅行时间价值。尽管人们喜欢采用具体国家的系数，在没有合适的系数时，根据经验估算，步行、等待和换乘时间价值要高于乘车旅行时间价值50%。

4. 货物运输节约时间的价值

货运车辆节约的时间能让车主节约成本。在边际意义上，对时间节约的支付意愿等于节约资源的边际成本。计算货运时间节约价值的要素法（The factor method）包括识别车辆成本构成。这些费用可能随时间推移而变化，包括工资、使用资金与车载货物的利息和执照费等。对于货物托运人来说，节约运输时间的价值包括运送过程中占用资金利息的减少、保险费的下降和早上市的时效优势带来的效益。

从以上各种角度看，时间是有效用、有价值的。在项目评价中，应该尽可能把时间价值考虑在内。可以量化的，予以量化；不能量化时，予以定性评价。

9.5.3　节约时间

本杰明·富兰克林说："你热爱生命吗？那就别浪费时间，因为生命是由时间组成的。"

节约时间的方式或途径很多，例如：用备忘录；上街避开高峰；布置任务限时；约会限时；业务信件格式化；打电话开门见山；增强计划性；预订全程机车票；以通讯代步；计算机管理和网络的应用等。

9.6　公共项目的评价

9.6.1　公共事业项目

公共事业也称公共产品（Public goods），包括公园、公共图书馆、公立学校、公路、街道、军事设施、公共卫生设施、排污及垃圾的收集与处理、广播、电视等。这些公共事业项目是为全体公民建立的，由大家分享。公共产品消费的边际成本通常是零或者非常低。原则上，没有任何人不能享用这些物品或服务。因此，公共事业项目没有市场价格。

公共事业中有很重要的一类项目,其产出称为集体物品(Collective goods)。具有以下两个特征的货物或服务,才称为集体物品[13]:

(1) 集体供应,即供应一个人的同时,不排斥供应其他人的可能性;

(2) 集体消费,当某个人消费时,不会剥夺其他人的消费。

例如,无线电广播、电视、国防设施、灯塔、公共图书馆等都属于集体物品。集体物品消费的边际成本为零。这些物品某个人享用不会影响其他人享用;另外增加一个消费者,不会增加其社会成本。免费公园,当不会引起拥挤时,属于集体物品。而当公园收费时,就可能排斥一部分人使用,就不是集体物品了。

9.6.2 公共事业项目的评价

公共事业可以用费用-效益分析方法评价。公共事业是指整个社会成员享用的物品和服务,其成本由整个社会承担,较容易计算。虽然这些品类不能上市,没有市场价格,但它们是以货币成本换来的,以满足公共需要。对这种物品的需求,可以用公众的支付意愿来衡量。其社会的需求总量等于个人需求之和。这种需求可以通过调查询问和投票的办法决定。一个公共设施的供给和需求关系如图 9-5 所示[14,31]。

图 9-5 中,DD——社会对该物品的需求曲线,由个人需求曲线 $d_j (j=1,2,\cdots)$ 的纵向叠加而成;SS——以该设施的边际成本为基础的供给曲线。公共产品的特征之一是供给上的非排他性(non-excludability),即一旦提供了某种公共产品,则社会全体成员都可同等地消费这种物品。公共产品的另一个特征是消费上的非竞争性(non-rivalness),即对于某种物品,许多人同时消费,并不能相互减少其消费的份量。每个人所能支配的是同样数量的公共产品,但他们所愿意支付的价格是不一样的。需求曲线反映个人支付意愿的叠

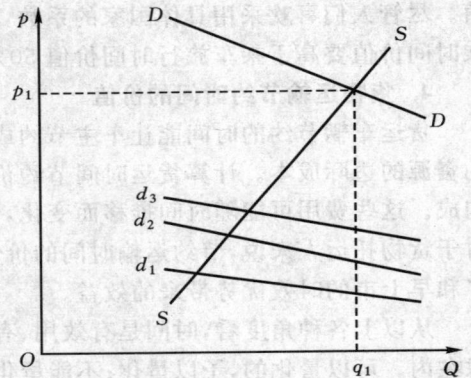

图 9-5 公共设施的供给和需求

加。p_1——SS 和 DD 曲线交点的纵坐标,即该物品应有的价格或社会成本,是应该用于项目评价的影子价格。求这个影子价格的关键是公众支付意愿的调查,或用模拟方法来求取这些无形效果的"价格"。

关于公共项目和集体物品的评价在我国已逐步提到议事日程上来。但有些公共项目常被列入某年某城市要为群众办几件实事中,由领导决定。在这个领域的评价有两方面容易造成思想障碍的问题需要讨论:

(1) 认为凡是公共事业项目都是为民造福的,似乎不存在评价的问题。事实上,社会能用于这方面的资源是有限的,就存在一个最优配置的问题,也就有费用与效益的比较问题。国外学者在公共项目和集体物品效益计量方面的努力和尝试是值得借鉴的。

(2) 认为公共项目投资决策主要是政府部门和领导者的事,不必花大力气来进行民意调查。虽然领导者掌握较全面情况,站得高,看得远,但只靠少数人的决策,难免带有主观性和片面性。项目评价坚持的补偿原则和消费者的主权原则,对评价方法的客观性和群众性给予足够的强调和重视。探讨以最少的资源耗费尽可能大地满足群众需求,正是我们社会追求的目标。

第3篇 项目评价方法及其应用

第10章 经济效果评价方法与评价指标

任何经济活动都要消耗一定的资源,从而对经济单位的目标作出贡献。任何经济活动都有经济效果高低或大小问题。工程项目或方案决策之前首先要评价其经济效果,看是否应该投入资源。经济效果评价是项目评价的核心内容。为确保投资决策的科学性和正确性,研究经济效果评价方法与评价指标是十分必要的。

经济效果存在正(+)与负(一)之分,正效果一般称为效益或收益,负效果一般称作费用(投资,成本)。经济效果评价的具体化就是效益(B)和费用(C)的比较问题。效益和费用的比较有两种基本形式:一种是(B−C),另一种是(B/C)。这两种比较形式从不同侧面反映了项目或方案的经济效果。前者反映项目效益的价值量,称为价值型指标或净效益指标,例如净现值,净年值,费用现值,费用年值等;后者反映单位费用的效益,称为效率型指标或比率型指标,如内部收益率,投资收益率,净现值率等。由于这两类指标是从不同的角度考察工程项目的经济性,所以在进行项目或方案的经济评价时,应当尽量同时选用这两类指标,而不是仅采用单一指标。又由于项目方案的决策结构是多种多样的,各个评价指标的适用范围和应用方法也是不同的,应该给予研究和讨论。

按照是否考虑资金的时间价值,经济效果评价指标分为静态评价指标和动态评价指标。不考虑资金时间价值的评价指标称为静态评价指标;考虑资金时间价值的评价指标称为动态评价指标。静态评价指标主要用于数据不完备和精确度要求较低的项目初选阶段;动态评价指标则用于项目最后决策前的可行性研究阶段。采用静态指标评价项目的经济效果的方法称为静态评价方法;采用动态指标评价项目的经济效果的方法称为动态评价方法[1,4,8]。

10.1 静态评价方法与评价指标

10.1.1 盈利能力分析

(1) 投资回收期(Payback Period)

投资回收期(P_t)系指以项目的净收益回收项目投资所需要的时间,一般以年为单位。投资回收期的定义表达式为

$$\sum_{t=0}^{P_t} (CI - CO)_t = 0 \tag{10-1}$$

式中　P_t——投资回收期；

　　　　CI——现金流入；

　　　　CO——现金流出；

　　　　$(CI-CO)_t$——第 t 年的净现金流量。

投资回收期宜从项目建设开始年算起，若从项目投产开始年计算，应予以特别注明。投资回收期可借助项目投资现金流量表计算。项目投资现金流量表中累计净现金流量由负值变为零的时点即为投资回收期。实用计算公式为：

$$P_t = [\text{累计净现金流量开始出现正值的年份数}] - 1 + \left\{ \frac{\text{上年累计净现金流量的绝对值}}{\text{当年的净现金流量}} \right\}$$

(10-2)

投资回收期指标的判别准则：设部门或行业的基准投资回收期为 P_c。

若 $P_t \leqslant P_c$，则项目可以考虑接受；

若 $P_t > P_c$，则项目应予拒绝。

当用于方案比较时，投资回收期愈短的方案愈优。

投资回收期指标的缺点和局限性：(1)它没有反映资金的时间价值；(2)由于它只考虑投资回收期之前的现金流量(收入和支出)，故不能全面反映项目在寿命期内真实的效益，也难于对不同方案的比较选择作出正确判断。

投资回收期指标的优点：(1)概念清晰，简单易用；(2)该指标不仅在一定程度上反映项目的经济性，而且反映项目风险的大小。项目决策面临着未来的不确定因素，这种不确定性带来的风险随着时间的延长而增加。为了减少这种风险，就必然希望投资回收期越短越好。因此，作为能够反映一定的经济性和风险性的投资回收期指标，在项目经济评价中具有重要地位和作用，作为一个主要指标被广泛采用。

例 10-1　某投资项目的现金流量表(全部投资)示于表 10-1，求所得税前的投资回收期 P_t。

解　根据表 10-1 中的数据，所得税前的累计净现金流量开始出现正值的年份数是 7，据式(10-2)得：

$$P_t = 7 - 1 + 446/1\ 182 = 6.4\ (\text{年})$$

答：该项目所得税前的投资回收期为 6.4 年。

(2) 总投资收益率(ROI)[34]

总投资收益率表示总投资的盈利水平，系指项目达到设计能力后正常年份的年息税前利润或运营期内年平均息税前利润(EBIT)与项目总投资(TI)的比率，其计算公式如下：

$$\text{ROI} = \frac{\text{EBIT}}{\text{TI}} \times 100\%$$

(10-3)

其中：EBIT——项目正常年份的年息税前利润或运营期内年平均息税前利润；

　　　　TI——项目总投资。

息税前利润＝年营业收入－年营业税金及附加－经营成本－折旧－摊销费

总投资收益率高于同行业的收益率参考值，表明用总投资收益率表示的盈利能力满足要求。

(3) 项目资本金净利润率(ROE)表示项目资本金的盈利水平，系指项目达到设计能力后

单位：万元

表 10-1 项目投资现金流量表

序号	项目	合计	计算期									
			1	2	3	4	5	6	7	8	9—17	18
1	现金流入	131 257				7 050	8 813	8 813	8 813	8 813	8 813×9	9 638
1.1	营业收入	130 432				7 050	8 813	8 813	8 813	8 813	8 813×9	8 813
1.2	补贴收入											
1.3	回收固定资产余值	360										360
1.4	回收流动资金	465										465
2	现金流出	116 649	374	2 039	801	6 553	7 724	7 631	7 631	7 631	7 613×9	7 613
2.1	建设投资	3 214	374	2 039	801							
2.2	流动资金	465				372	93					
2.3	经营成本	105 659				5 783	7 134	7 134	7 134	7 134	7 134×9	7 134
2.4	营业税金及附加	7 356				398	497	497	497	497	497×9	497
2.5	维护运营投资											
3	所得税前净现金流量（1-2）	14 563	−374	−2 039	−801	497	1 089	1 182	1 182	1 182	1 182×9	2 007
4	累计所得税前净现金流量		−374	−2 413	−3 214	−2 717	−1 628	−446	736	736	12 556	14 563
5	调整所得税											
6	所得税后净现金流量（3-5）											
7	累计所得税后净现金流量											
8	净现值计算											
8.1	折现系数（$i_0=17\%$）		0.855	0.731	0.624	0.534	0.456	0.390	0.333	0.333	0.285×4.451	
8.2	所得税前净现金流量现值	NPV=1 261.2	−319.8	−1 490.5	−499.8	265.4	496.6	461.0	393.6	336.9	1 499.4	118.4
9	内部收益率（所得税前）计算											
9.1	折现系数（$i_1=25\%$）		0.800	0.640	0.512	0.410	0.328	0.262	0.210	0.168	0.168×3.463	0.018
9.2	所得税前净现金流量现值	$NPV_1=26.6$	−266.2	−1 305	−410	203.3	357.2	309.7	248.2	198.2	687.7	36.1
9.3	折现系数（$i_2=26\%$）		0.794	0.630	0.500	0.397	0.315	0.250	0.198	0.157	0.157×3.366	0.016
9.4	所得税前净现金流量现值	$NPV_2=21.99$	−296	−1 248.6	−400.5	197.3	343	295.5	243	185.6	626.5	32.11

正常年份的年净利润或运营期内年平均净利润(NP)与项目资本金(EC)的比率;项目资本金净利润率应按下式计算:

$$ROE = \frac{NP}{EC} \times 100\%$$ (10-4)

式中 NP——项目正常年份的年净利润或运营期内年平均净利润;

EC——项目资本金。

项目资本金净利润率高于同行业的净利润率参考值,表明用项目资本金净利润率表示的盈利能力满足要求。

10.1.2 偿债能力分析

偿债能力分析应通过计算利息备付率(ICR)、偿债备付率(DSCR)和资产负债率(LOAR)等指标,分析判断财务主体的偿债能力。上述指标应按下列公式计算:

(1) 利息备付率(ICR)系指在借款偿还期内的息税前利润(EBIT)与应付利息(PI)的比值,它从付息资金来源的充裕性角度反映项目偿付债务利息的保障程度,应按下式计算:

$$ICR = \frac{EBIT}{PI}$$ (10-5)

式中 EBIT——息税前利润;

PI——计入总成本费用的应付利息。

利息备付率应分年计算。利息备付率高,表明利息偿付的保障程度高。

利息备付率应当大于1,并结合债权人的要求确定。

(2) 偿债备付率(DSCR)系指在借款偿还期内,用于计算还本付息的资金(EBITDA-T_{AX})与应还本付息金额(PD)的比值,它表示可用于计算还本付息的资金偿还借款本息的保障程度,应按下式计算:

$$DSCR = \frac{EBITAD - T_{AX}}{PD}$$ (10-6)

式中 EBITDA——息税前利润加折旧和摊销;

T_{AX}——企业所得税;

PD——应还本付息金额,包括还本金额和计入总成本费用的全部利息。融资租凭费用可视同借款偿还。运营期内的短期借款本息也应纳入计算。

如果项目在运行期内有维持运营的投资,可用于还本付息的资金应扣除维持运营的投资。

偿债备付率应分年计算,偿债备付率高,表明可用于还本付息的资金保障程度高。

偿债备付率应大于1,并结合债权人的要求确定。

(3) 资产负债率(LOAR)系指各期末负债总额(TL)同资产总额(TA)的比率,应按下式计算:

$$LOAR = \frac{TL}{TA} \times 100\%$$ (10-7)

式中 TL——期末负债总额;

TA——期末资产总额。

适度的资产负债率,表明企业经营安全、稳健,具有较强的筹资能力,也表明企业和债权人的风险较小。对该指标的分析,应结合国家宏观经济状况、行业发展趋势、企业所处竞争环境等具体条件判定。项目财务分析中,在长期债务还清后,可不再计算资产负债率。

（4）流动比率

流动比率是反映项目偿付流动负债能力的指标。

$$流动比率 = \frac{流动资产合计}{流动负债合计} \times 100\%$$

速动比率是反映项目快速偿付流动负债能力的指标。

$$速动比率 = \frac{流动资产合计 - 存货}{流动负债合计} \times 100\%$$

（5）借款偿还期

固定资产投资国内借款偿还期（简称借款偿还期）是指在国家财政及项目具体财务条件下,以项目投产后可用于还款的资金偿还固定资产投资国内借款本金和建设期利息（不包括已用自有资金支付的建设期利息）所需要的时间。其表达式为:

$$I_d = \sum_{t=0}^{P_d} R_t \tag{10-8}$$

式中　I_d——固定资产投资国内借款本金和建设期利息之和;

　　　P_d——固定资产投资国内借款偿还期（从借款开始年算起。当从投产年算起时,应予注明）;

　　　R_t——第 t 年可用于还款的资金,包括:利润、折旧、摊销及其他可用于还款的资金。

借款偿还期可由资金来源与运用表及国内借款还本付息计算表直接推算,单位为年。详细计算公式为:

$$借款偿还期 = \left[\begin{matrix}借款偿还后开始\\出现盈余年份数\end{matrix}\right] - 开始借款年份 + \frac{当年偿还借款额}{当年可用于还款的资金额} \tag{10-9}$$

涉及外资的项目,其国外借款部分的还本付息,应按已经明确的或预计可能的借款偿还条件（包括偿还方式及偿还期限）计算。

当借款偿还期满足贷款机构的要求时,即认为项目是有清偿能力的。

用静态评价指标进行项目评价的方法,称为静态评价方法。

10.1.3　财务生存能力分析

财务生存能力分析,应在财务分析辅助表和利润与利润分配表的基础上编制财务计算现金流量表,通过考察项目计算期内的投资、融资和经营活动所产生的各项现金流入和流出,计算净现金流量和累计盈余资金,分析项目是否有足够的净现金流量维持正常运营,以实现财务可持续性。

财务可持续性应首先体现在有足够大的经营活动净现金流量,其次各年累计盈余资金不应出现负值。若出现负值,应进行短期借款,同时分析该短期借款的年份长短和数额大小,进一步判断项目的财务生存能力。短期借款应体现在财务计划现金流量表中,其利息应计入财务费用。为维持项目正常运营,还应分析短期借款的可靠性。

10.2　动态评价方法与评价指标

动态评价指标是考虑资金时间价值的评价指标。与静态指标比较,动态指标不仅计入了资金的时间价值,而且考虑了项目在整个寿命期内收入和支出的全部经济数据,因此,它们是比静态指标更全面,更科学的评价指标。

用动态指标进行项目经济评价的方法,称为动态评价方法。

10.2.1　净现值(NPV)

1. 定义与计算

净现值(Net Present Value)和净现值率(Net Present Value Ratio)都是反映项目盈利能力,或对国民经济所作贡献的重要评价指标。净现值是按基准折现率将项目计算期(建设期+生产期)内各年的净现金流量折现到建设期初(第1年初)的现值之和。其表达式为:

$$\text{NPV} = \sum_{t=0}^{n} (CI - CO)_t (1 + i_0)^{-t} \tag{10-10}$$

式中　NPV——净现值;

CI——现金流入;

CO——现金流出;

$(CI - CO)_t$——第 t 年的净现金流量;

n——计算期;

i_0——基准折现率。

净现值是表示项目净效益的绝对指标,这个指标既可以用于财务评价,也可用于国民经济评价。

当用于财务评价时,称为财务净现值(FNPV),其基准折现率(i_0)应用部门或行业的基准收益率(i_C),(见附录:财务评价参数),根据项目的财务现金流量表中的数据计算。

当用于国民经济评价时,称为经济净现值(ENPV),其基准折现率(i_0)应采用社会折现率(i_S),社会折现率 i_S 是一个国家参数。国家发改委,建设部 2006 年在《建设项目经济评价方法与参数》(第三版)中公布:$i_S = 8\%$。经济净现值根据项目投资经济费用效益流量表中的数据计算。

评价准则:对单一项目方案而言,

若　NPV≥0,则项目可考虑接受;若 NPV<0,则项目应予否定。

多方案比选时,当投资差额不大时,净现值越大的方案相对优越(净现值最大准则)。

例 10-2　某项目的现金流量如表 10-1 所示,试用净现值(NPV)判别项目的经济性($i_0 = 17\%$)。

解　(1)在表 10-1 中,序号 8.1 列出各年 $i = 17\%$ 的折现系数,再由序号 3 的各年净现金流量乘以各年的折现系数,得到净现金流量现值,也列于表,求和得所得税前净现值 NPV=1 261.2 万元。

(2)由于 NPV>0,故该项目在经济效果上可以接受。

2. 净现金流量累积折现值曲线

净现金流量累积折现值曲线是反映项目逐年累积净现金流量现值随时间变化的一条曲线。累积折现值的表达式为:

$$\text{NPV}_t = \sum_{t=0}^{t} (CI - CO)_t (1 + i)^{-t} \tag{10-11}$$

128

对应于表 10-1 的净现金流量现值,逐年累加值示于表 10-2,相应的累积折现值曲线 (NPV_t)和与之对照的累积净现金流量(NCF_t)曲线示于图 10-1。

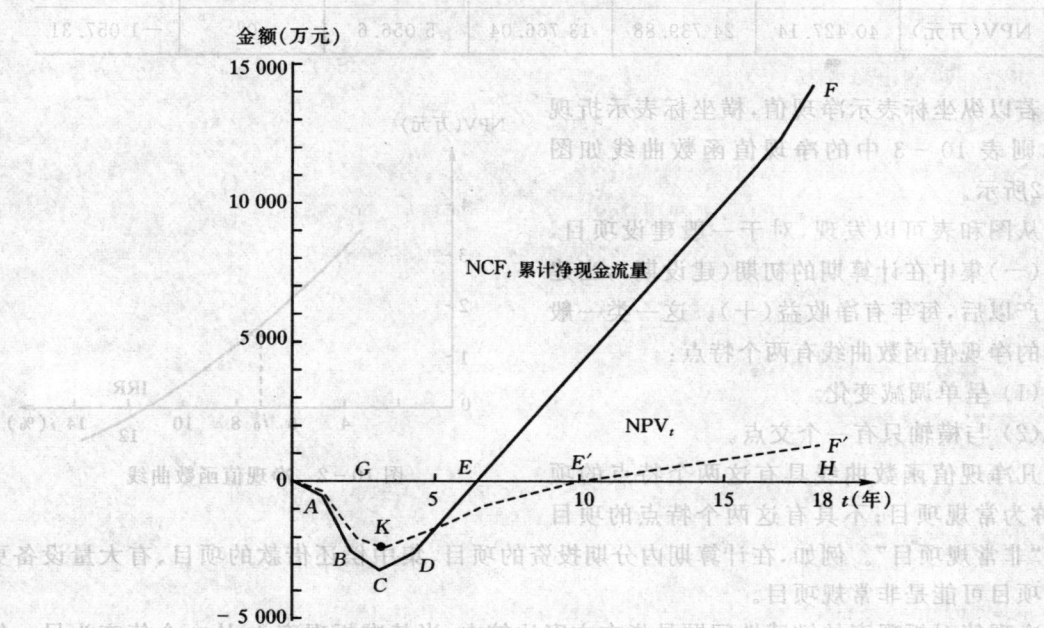

图 10-1　累积折现值和累积净现金流量曲线

表 10-2　累积折现值表　　　　　　　　　　　　　　　　　　　单位:万元

年	0	1	2	3	4	5	6
NPV_t	0	−319.8	−1 810.3	−2 310.1	−2 044.7	−1 548.1	−1 087.1
年	7	8	⋯	17	18		
NPV_t	−693.5	−356.6	⋯	1 142.8	1 261.2		

图 10-1 中的一些点和线段有明显的经济含义:

GC——固定资产投资总额;

$F'H$——净现值;

GK——固定资产投资总额的现值;

E——投资回收期;

FH——累积净现金流量(期末);

E'——动态投资回收期;

从图 10-1 可以看出动态评价指标与静态的累积净现金流量的显著差距。

3. 净现值函数及净现值对 i 的敏感性分析问题

所谓净现值函数就是 NPV 与折现率 i 之间的函数关系。据式(10-10),当折现率 $i_0 = i$ 连续变化时,就形成了净现值函数。表 10-3 列出一项目的净现值函数。

表 10－3　净现值函数

i(%)	4	6	8	10	11.62	12
NPV(万元)	40 427.14	24 739.88	13 766.04	5 056.6	0	−1 057.31

若以纵坐标表示净现值,横坐标表示折现率 i,则表 10－3 中的净现值函数曲线如图 10－2所示。

从图和表可以发现,对于一般建设项目,投资(一)集中在计算期的初期(建设期),当建成投产以后,每年有净收益(十)。这一类一般项目的净现值函数曲线有两个特点:

(1) 呈单调减变化

(2) 与横轴只有一个交点。

凡净现值函数曲线具有这两个特点的项目,称为常规项目;不具有这两个特点的项目

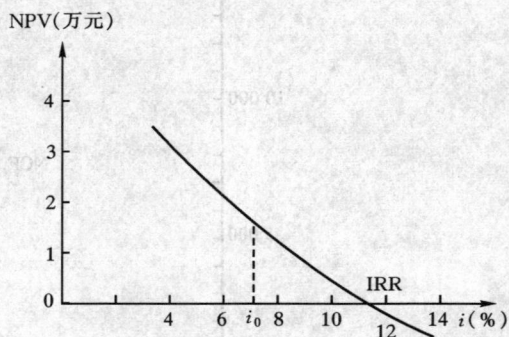

图 10－2　净现值函数曲线

称为"非常规项目"。例如,在计算期内分期投资的项目、集中偿还借款的项目、有大量设备更新的项目可能是非常规项目。

净现值对折现率的敏感性问题是指在方案比较中,当基准折现率 i_0 从一个值变为另一值时,若按净现值最大的原则优选方案,可能出现前后结论相悖的情况。表 10－4 列出了两个相互排斥的方案 A 与 B 的净现金流量及其在基准折现率分别为 10％和 20％时的净现值。

表 10－4　方案 A、B 在基准折现率变动时的净现值　　　　　　　　(万元)

年份　方案	0	1	2	3	4	5	6	NPV(10%)	NPV(20%)
A	0	−230	100	100	100	50	50	76.18	20.76
B	0	−100	30	30	60	60	60	68.49	28.03

由表 10－4 可知,在 i 为 10％和 20％时,两方案的净现值均大于零。根据净现值越大越好的原则,当 $i=10$％时,$NPV_A > NPV_B$,故方案 A 优于方案 B;当 $i=20$％时,$NPV_B > NPV_A$,则方案 B 优于方案 A。这一现象对投资决策具有重要意义。例如,假设在一定的基准折现率 i_0 和投资总限额 K_0 下,净现值大于零的项目有 5 个,其投资总额恰为 K_0,故上述项目均被接受;按净现值的大小,设其排列顺序为 A,B,C,D,E。但若现在的投资总额必须压缩,减至 K_1 时,新选项目是否仍然会遵循 A,B,C…的原顺序排列直至达到投资总额为止呢? 一般说不会的。随着投资限额的减少,为了减少被选取的方案数(准确地说,是减少被选取项目的投资总额),应当提高基准折现率。但基准折现率由 i_0 提高到 i_1 后,由于各项目方案净现值对基准折现率的敏感性不同,原先净现值小的项目,其净现值可能大于原先净现值大的项目。因此,在基准折现率随着投资总额变动的情况下,按净现值准则选取项目不一定会遵循原有的项目排列顺序。

130

10.2.2 净年值(NAV – Net Annual Value)

净年值是通过资金等值换算将项目净现值分摊到寿命周期内各年(从第 1 年到第 n 年)的等额年值。表达式为:

$$NAV = NPV(A/P, i_0, n)$$

$$= \left[\sum_{i=0}^{n} (CI - CO)(1 + i_0)^{-t} \right] (A/P, i_0, n) \qquad (10-12)$$

式中　NAV——净年值;$(A/P, i_0, n)$——资金回收系数;

其余符号意义同式(10-10)。

判别准则:

若 NAV≥0,则项目在经济效果上可行;

若 NAV<0,则项目在经济效果上不可行。

将净年值的计算公式及判别准则与净现值作一比较可知,由于$(A/P, i_0, n) > 0$,故净年值与净现值在项目评价的结论上总是一致的。因此,就项目的评价结论而言,净年值与净现值是等效评价指标。净现值给出的信息是项目在整个寿命周期内获得的超出最低期望盈利的超额收益的现值,与净现值所不同的是,净年值给出的信息是寿命周期内每年的等额超额收益。由于信息的含义不同,而且由于在某些决策结构形式下,采用净年值比采用净现值更为简便和更易于计算(例如计算期不同的方案比选),故净年值指标在经济评价指标体系中也占有相当重要的地位。

10.2.3 内部收益率(IRR – Internal Rate of Return)

1. 定义和经济涵义

内部收益率是指项目在计算期内各年净现金流量现值累计等于零时的折现率,即使项目净现值为零的折现率,其表示式为:

$$\sum_{t=0}^{n} (CI - CO)_t (1 + IRR)^{-t} = 0 \qquad (10-13)$$

由定义可知,内部收益率正好是净现值函数曲线与横轴的交点,见图 10-2。对多数实际问题,内部收益率范围为$-1 < IRR < \infty$。

内部收益率的经济涵义,是在计算期内项目的收益率,它反映项目的获利能力。一个投资项目开始以后,始终处于以某种"收益"产生收益的状态,这种收益率越高,项目的获利能力越强,经济性愈好,而这个收益率的高低完全取决于项目"内部",内部收益率因此得名。内部收益率是项目所固有的特性。

内部收益率的经济意义还可以这样理解:把资金投入项目以后,将不断通过项目的净收益加以回收,其尚未回收的资金将以

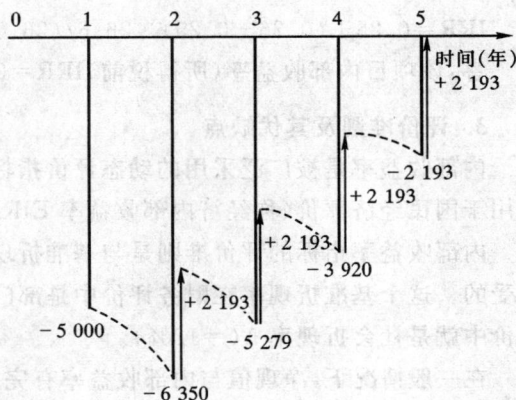

图 10-3　资金增值和回收过程

131

IRR 的比率（利率）增值，直到项目计算期结束时正好回收了全部投资。因此内部收益率是未回收资金的增值率。下面举例说明资金的回收过程。

例 10 - 3 某建设项目第一年投资 5 000 万元，计算期为 5 年，2～5 年每年净收入为 2 193 万元，经计算，IRR＝27％，则其现金流量如图 10 - 3 所示。第一年的投资 5 000 万元（全部未回收），经过一年后增值为 5 000×1.27＝6 350 万元，第二年的净收入回收了 2 193 万元，尚剩的未回收资金 4 157 万元经过一年后应增值为 4 157×1.27＝5 279 万元，依此类推，至第五年末，全部收回投资，并无剩余收益。资金增值和回收过程示于图 10 - 3。

2. 计算

式（10 - 13）是一个关于 IRR 的 n 次方程式，如果项目计算期 $n=2$，则式（10 - 13）是一元二次方程式，可以解析求出一个或两个根，其中正根即为内部收益率。然而，实际项目中，计算期为 2 年的很少，对于计算期大于 2 年的项目，式（10 - 13）就是一个高次方程式，难于解析求解。实际工程中，常用"试算内差法"求内部收益率的近似解。求解过程（参见图（10 - 4））；由小到大取一组折现率 i 值逐个求其对应的净现值，直至一个 NPV＝0 的 i，即为 IRR。而试算中很难碰巧得到 NPV＝0 这种情况，往往是计算到出现 NPV＜0 为止，最后两个折现率 i_1 和 i_2 分别对应于 NPV 1＞0 和 NPV 2＜0；然后用直线段 AB 近似净现值函数曲线段 AB，按内差公式计算 IRR 的近似值 i^*：

$$i^* = i_1 + (i_2 - i_1)\frac{NPV_1}{NPV_1 + |NPV_2|} \tag{10 - 14}$$

由于内差法的误差（IRR $-i^*$）与（$i_2 - i_1$）的大小关系甚大，为了控制误差，要求（$i_2 - i_1$）≤0.02。内部收益率的计算直接利用现金流量表，参见表 10 - 1。

例 10 - 4 某项目的现金流量如表 10 - 1 所列，试求其内部收益率 IRR。

解 经过多次试算，最后得 $i_1=25\%$，$NPV_1=26.6$ 万元；$i_2=26\%$，$NPV_2=-21.99$ 万元。据式（10 - 14）

IRR＝0.25＋（0.26－0.25）×26.6/（26.6＋21.99）＝0.255 5

答：该项目内部收益率（所得税前）IRR＝25.55％。

3. 评价准则及其优缺点

内部收益率是被广泛采用的动态评价指标，既用于财务评价（称财务内部收益率 FIRR），又用于国民经济评价（称经济内部收益率 EIRR）。

内部收益率指标的评价准则是与基准折现率 i_0 比较，当 IRR 大于 i_0 时，项目是可以考虑接受的。这个基准折现率在财务评价中是部门或行业的基准收益率 i_c（见附录），在国民经济评价中就是社会折现率 i_s（＝12％）。

在一般情况下，净现值与内部收益率有完全一致的评价结论，如图 10 - 2 所示，当 IRR＞i_0 时，则 NPV＞0。

内部收益率与净现值等指标相比，其显著的特点是不需要预先知道基准折现率的情况下

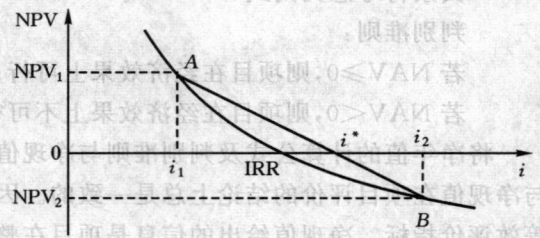

就能求出来。它的值的大小不受外部参数的影响，而完全取决于工程项目本身的现金流量。内部收益率缺点是并不能在所有的情况下具有唯一值；此外，在方案比较中，也不能按内部收益率的大小直接优选方案。

4. 内部收益率的几种奇异情况

非常规项目会出现净现金流量序列和内部收益率的奇异情况。

（1）内部收益率不存在。当项目效益特别好，当年投资，当年收益，而且第一年的收益就大于投资，项目计算期内各年净现金流量全为正值，则净现值函数不会出现负值，不存在内部收益率。如图 10 - 5a 所示。另一种情况是投资效益很差，入不敷出的情况，也不存在内部收益率，如图 10 - 5b 和 10 - 5c 所示。

（2）具有多个内部收益率的情况。

内部收益率的定义表达式（10－14）是一个高次方程。为清楚起见，令 $x = (1+\mathrm{IRR})^{-1}$，$At = (CI - CO)_t (t = 0, 1, \cdots, n)$，则式（10－14）变为：

$$A_0 + A_1 x + A_2 x^2 + \cdots A_n x^n = 0$$

这是一个 n 次方程，应有 n 个复数根（包括重根），故其正数根的个数可能

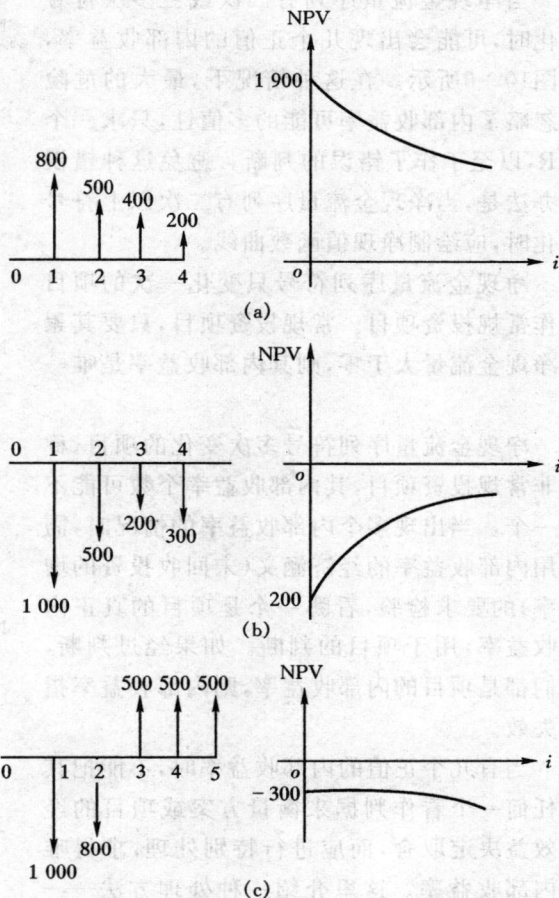

图 10-5　不存在内部收益率的情况（单元：万元）

不止一个。根据笛卡尔关于高次方程的符号规则，IRR 的正实数根的个数不会超过按年序排列的净现金流量序列的正负号变化次数（0 看作无符号），如表 10 - 5 所示。

表 10 - 5　现金流量符号变化与 IRR 正值个数

年	现 金 流 量（兆 元）						
	方案 A	B	C	D	E	F	G
0	0	0	0	+100	−20	+19	−10
1	+8	−100	−10	+80	0	+10	+47
2	+5	+10	−8	−80	+100	−50	−72
3	+4	+50	+5	−80	0	−50	+36
4	+2	+20	+5	−80	0	+20	0
5		+40	+5		−100	+60	0
符号变化次数	0	1	2	1	2	2	3
正 IRR 个数	0	1	0	1	2	2	3
参考图号	10-5a	10-2	10-5c		10-6a	10-6b	10-6c

当净现金流量序列有二次或更多次符号变化时,可能会出现几个正值的内部收益率,如图10-6所示。在这种情况下,最大的危险是忽略了内部收益率可能的多值性,只求一个IRR,以至于作了错误的判断。避免这种错误的办法是,当净现金流量序列有二次以上符号变化时,应绘制净现值函数曲线。

净现金流量序列符号只变化一次的项目称作常规投资项目。常规投资项目,只要其累积净现金流量大于零,则其内部收益率是唯一的。

净现金流量序列符号多次变化的项目,称作非常规投资项目,其内部收益率个数可能不止一个。当出现多个内部收益率的情况时,需应用内部收益率的经济涵义(未回收投资的增值率)的要求检验,看哪一个是项目的真正内部收益率,用于项目的判断。如果经过判断,它们都是项目的内部收益率,则内部收益率指标失效。

当有几个正值的内部收益率时,不能把其中任何一个看作判据来衡量方案或项目的经济效益决定取舍,而应进行特别处理,求得唯一内部收益率。这里介绍一种处理方法——外部利率法[2,3]。这种方法主要用于开始具有正的净现金流量的项目,可先把多余资金用于外部短期投资或存入银行生息。无论是短期工农业投资,还是商业投资都具有较大的不确定性,其利率在评价阶段难以预料,这时可采用基准折现率 i_0 为外部利率。最简单可行的方法是将多余资金暂存银行,以银行存款利率为项目的外部利率。下面举例来说明外部利率法。

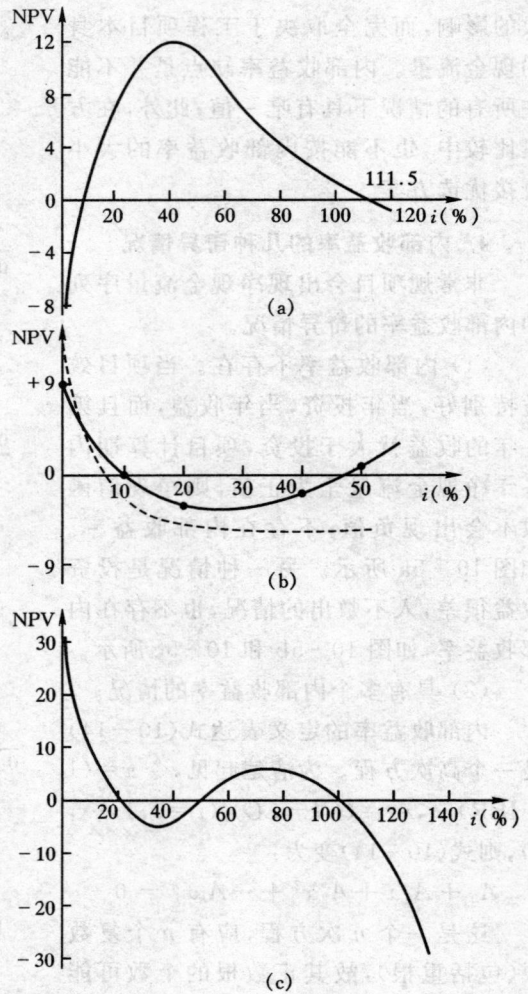

图10-6 三个方案的净现值函数
(a)方案 E;(b)方案 F;(c)方案 G

例10-5 甲飞机制造公司与乙国际航空公司签定提供四架大型客机的合同,约定乙公司在合同生效后立即预付19兆元,一年后再付10兆元。甲公司估计第二、第三年飞机投产后要支付生产费用两年中各50兆元。乙公司第四年提货,同时交付货款20兆元,剩余的60兆元在第五年付清。试计算甲公司该项目的内部收益率。

解 飞机制造公司该项目的净现金流量表即表10-5中的方案 F.根据符号规则其内部收益率正值个数 $k \leqslant 2$,经常规计算求得 IRR=10.1%和47%两个正值。其净现值函数曲线示于图10-6。由于存在两个内部收益率而难于判断该项目的效益。该项目的特点是一开始得到资金,到第二、三年才使用资金,可以设想,把项目第一年初的19兆元先存入银行两年,第一

年末的 10 兆元存入银行一年,经调查银行的存款复利年利率为 $i_0=6\%$,则第二年末的本利和

$$F_2=19(F/P,6\%,2)+10(F/P,6\%,1)=19\times1.124+10\times1.06=32(兆元)$$

把资金取回投入项目,第二年的净现金流量变成 $-50+32=-18$ 兆元,因而该项目的现金流量转变为表 $10-5$ 中方案 F 的另一列的形式。

经过处理后的现金流量只有一次符号变化,而且是先负后正,说明内部收益率不是零就是正值。经试算,当 $i_1=8\%$ 时,$NPV_1=0.4$ 兆元;

当 $i_2=10\%$ 时,$NPV_2=-1.5$ 兆元.

得到: $IRR=8\%+2\%(0.4/(0.4+1.5))=8.4\%$.

用外部利率法处理之后的净现值函数曲线如图 $10-6b$ 中的虚线所示。这样,就得到唯一的内部收益率,可供飞机制造公司决策者作为决策依据。

该例题给出一种经济问题的处理方法,即通过外部利率的应用,使现金流量符号变化次数减少为一次,以得到唯一的内部收益率。该外部利率应反映外部投资或存款机会的利率,不受任何特定的内部收益率的影响。

人们可能会提出一个问题:为什么最后所求的 IRR 比原来求得两个值都小呢?这是因为原来两个值都含有虚假,原情况要求第一年初和第一年末的收入在内部生息,其利率分别为 10.1% 或 47%,才能平衡开支,得到 10.1% 或 47% 的内部收益率。而闲置资金在项目内部无法增值,要增值必须向外部投资或存款。由于外部利率低于原来求得的两个 IRR,所以处理以后的综合内部收益率小。如果外部利率高于 10.1%,则处理后的内部收益率必然高于 10.1%。

以上例子还说明内部收益率不仅用于投资建设项目,还可以用作其他管理项目的技术经济分析。

10.2.4 动态投资回收期(P_{td})

为了克服"投资回收期"指标未考虑资金时间价值的缺点,可采用动态投资回收期指标。其表达式为:

$$\sum_{t=0}^{P_{td}}(CI-CO)_t(1+i_0)^{-t}=0 \tag{10-15}$$

式中 P_{td}——动态投资回收期(年)。

判别准则:设基准动态投资回收期为 P_d,若 $P_{td}\leqslant P_d$,项目可以被接受;否则应予以拒绝。

动态投资回收期只用于财务评价。借助于财务现金流量表(全部投资),在求净现值的过程中求出了各年的净现金流量的现值,得累积折现值。动态投资回收期就是累积折现值为零的时间。实用计算公式为:

$$P_{td}=\left(\begin{array}{c}累积折现值出\\现正值的年数\end{array}\right)-1+\frac{上年累积折现值的绝对值}{当年净现金流量的折现值} \tag{10-16}$$

10.3 方案比选方法与指标[1,4,8]

10.3.1 方案比选概述

方案比选是技术经济分析的重要方法,是寻求合理的技术和经济决策的必要手段,也是项

目经济评价工作的重要组成部分。由于经济环境的变化和技术进步,在可行性研究过程中,为实现项目的目标会形成众多的工程技术方案,例如,厂址和生产规模,产品方案,工艺流程和主要设备选择,原材料和燃料的选择和供应方式,工厂布置以及资金筹措等等,均应根据实际情况提出各种可能的方案进行初步筛选,然后对筛选出的几个方案进行技术经济计算和比选。最初拟订的方案越多,最后选出的方案就越接近最优方案。

一个国家,一个地区,一个行业或一个企业,常面临一批新建项目或技术改造项目要建设,但由于资源有限,例如资金限制,一般难于全部实现。这就需要决策人员决定投资先后次序。确定投资方向是一个带全局性,战略性的问题,需要综合考虑多方面因素,例如产业政策,市场需求,替代进口,出口创汇,资源优势,技术优势,发展战略等因素,进行综合比较,科学决策。

对于以上诸多因素,需要进行广泛的调查研究和深入的定性定量分析,为决策提供依据。本节所讨论的方案比选方法和指标,是在经济效益最优的原则下的定量分析方法。

方案比选原则上应通过国民经济评价来确定,对产出物基本相同、投入物构成基本一致的方案进行比选时,为了简化计算,在不会与国民经济评价发生矛盾的条件下,也可以通过财务评价来确定。

投资方案有独立型、互斥型和相关型三种关系。如果诸方案中某一方案的选择不影响其他方案的选择,此类方案称为独立型方案。如果诸方案之间有排它性,在几个方案中只能选择一个,此类方案称为互斥型方案。由于投资额等因素的限制,常常遇到的是互斥方案的优选问题。当一个方案的采用与否会对其他方案的现金流量带来一定的影响,进而影响其他方案的采用或拒绝时,诸方案称为相关型方案。对独立型方案,根据前面讲过的经济效益指标即可判断取舍;对互斥型方案则要进行比较才能选择。对相关型方案可通过转化成为互斥或独立型方案后,再进行比选。下面讨论互斥型方案的比选指标。

方案比选应遵循技术经济学的可比性原则。方案比较可按各方案所含的全部因素,计算各方案的全部经济效益指标,进行全面的比较;也可以仅就不同因素(不计算相同因素)计算相对经济效益指标,进行局部的对比。应该注意,在某些情况下,采用不同指标进行方案比较会导致不同的结论。

10.3.2 方案比选的价值型指标

1. 净现值(NPV)

关于净现值在前一节已经讨论过。在方案比较中,应选净现值大的方案,有些文献介绍用差额净现值指标来比选方案,其判据是:若 b 方案对 a 方案的差额净现值 $\Delta NPV_{ba} > 0$,则 b 优于 a,差额净现值的计算公式为

$$\Delta NPV_{ba} = \sum_{t=0}^{n} [(CI - CO)_b - (CI - CO)_a]_t (1 + i_0)^{-t} = NPV_b - NPV_a$$

式中 $(CI-CO)_b$ 和 $(CI-CO)_a$ 分别为方案 b 和方案 a 第 t 年的净现金流量;i_0 为基准折现率;NPV_b 和 NPV_a 为方案 b 和方案 a 的净现值。

若 $\Delta NPV_{ba} > 0$,则 $NPV_b > NPV_a$,可见,采用差额净现值与采用净现值比选方案,结果是一致的。因而一般是采用净现值,而不计算差额净现值。这个结论可以推广到所有价值型指标。由于价值型指标是由收益和费用的代数和构成,因此,两个方案的差额指标所显示的结果与单独计算各方案的价值型指标所显示的结果总是一致的,这一点是采用价值型指标进行方

案比选的一大优点。

2. 费用现值和费用年值

比较效益相同的方案或效益基本相同但难以估算的方案,为了简化计算,可采用最小费用法—费用现值比较法或费用年值比较法。这种情况在公共卫生,公共文化娱乐,教育和公共工程范围内是很多的。这些项目往往是政府确定或根据政策确定的,其目标不可更易或其效益不可用货币计量的情形下,变量只能是成本和投资,最小费用的项目方案自然是逻辑选择的对象。例如,某省为了彻底消灭某种地方病,在几个不同的项目方案中,只能选择费用最低的方案。

费用现值(PC)和费用年值(AC)分别是净现值和净年值的特例。其通用表达式为:

$$PC = \sum_{t=0}^{n}(I+C'-S_v-W)_t(P/F,i_0,t) \tag{10-17}$$

$$AC = \left[\sum_{t=0}^{n}(I+C'-S_v-W)_t(P/F,i_0,t)\right](A/P,i_0,n) \tag{10-18}$$

式中 I——投资(包括固定资产投资和流动资金);C'——年经营总成本;S_v——计算期末回收的固定资产余值;W——计算期末回收的流动资金;$(P/F,i_0,t)$——现值系数;$(A/P,i_0,n)$——资金回收系数;i_0——基准折现率;财务评价时,$i_0=i_c$,国民经济评价时,$i_0=i_s$;n——计算期。

计算各方案的费用现值(PC)和费用年值(AC),并进行比较,费用现值或费用年值较低的方案是可取方案。当计算期相等时,费用现值比较法和费用年值比较法是等价的。因而,两者只需其一。当计算期不同时,一般用费用年值比较法。

10.3.3 方案比选的比率型指标

1. 差额投资收益率和差额投资回收期

对于产出的数量、质量和计算期均相同的两个工程技术方案的比较,可归结为费用的比较问题。可采用静态的简便比较方法,包括差额投资收益率法和差额投资回收期法。设有两个方案1,2的投资(包括固定资产和流动资金)分别为 I_1 和 I_2,经常费用(年经营成本)C'_1 和 C'_2。若 $I_1<I_2$,$C'_1<C'_2$,则不言而喻,方案1优于方案2,无需计算指标进行比较。而通常碰到的问题是 $I_1<I_2$,$C'_1>C'_2$,即投资大的方案经营费用小。在这种情况下,可以用差额投资收益率 R_a 和差额投资回收期 P_a 这两个静态指标来判断两个方案的优劣。

差额投资收益率 R_a 表示增加单位投资所节省的经营费用

$$R_a = (C'_1-C'_2)/(I_2-I_1) \tag{10-19}$$

差额投资回收期 P_a,表示通过投资大的方案2每年所节省的经营费用来回收相对增加的投资所需要的时间(年)。

$$P_a = (I_2-I_1)/(C'_1-C'_2) \tag{10-20}$$

当两个方案的产量不同时,以上两个公式同样成立,而式中 C'_1 和 C'_2 分别表示两个比较方案的单位产品经营成本,I_1 和 I_2 分别表示两个比较方案单位产品所分摊的投资。

这两个指标由于计算方便,主要用于财务评价中的初步方案优选。其判据是,$R_a \geqslant i_c$(基准收益率),或 $P_a < T_0$(基准投资回收期)时,投资大的方案为优;反之,则投资小的方案为优。

2. 差额内部收益率（ΔIRR）

内部收益率是一个重要的且常用的比率型指标。在方案比较中，用内部收益率指标进行比较，不一定能选出较优方案。方案比较的评判指标应采用两个方案净现值相等时的折现率，此折现率称为差额（投资）内部收益率（ΔIRR）。它实际上是两方案增量现金流量的内部收益率。其定义表达式为：

$$\sum_{t=0}^{n}\left[(CI-CO)_2-(CI-CO)_1\right]_t(1+\Delta IRR)^{-t}=0 \tag{10-21}$$

即

$$\sum_{t=0}^{n}\left[\Delta CI-\Delta CO\right]_t(1+\Delta IRR)^{-t}=0$$

式中 $(CI-CO)_2$——投资大的方案第 t 年的净现金流量；$(CI-CO)_1$——投资小的方案第 t 年的净现金流量。

差额内部收益率 ΔIRR 与内部收益率一样，也可用试算内差法计算。

采用差额内部收益率比选方案时，若 i_0 为基准折现率，则当 $\Delta IRR \geqslant i_0$ 时，投资大的方案 2 较优，这意味着方案 2 比方案 1 多用的投资而形成了正的差额净现值，是值得的。反之，当 $\Delta IRR \leqslant i_0$ 时，投资小的方案 1 较优，这意味着方案 2 比方案 1 多用的投资是不值得的。应放弃投资大的方案。

用差额内部收益率进行方案比选的情形示于图 10-7。在图中，F 为投资大的方案，A 点为两方案净现值曲线的交点，在这一点两方案净现值相等。A 点所对应的折现率即为两方案的差额内部收益率 ΔIRR。

由图中可以看出，当 $\Delta IRR \geqslant i_0$ 时，$NPV_F > NPV_G$，当 $\Delta IRR \leqslant i_0$ 时，$NPV_G > NPV_F$。用 ΔIRR 与用 NPV 比选方案的结论是一致的。

由此可知，在对互斥方案进行比较选择时，净现值最大准则（以及净年值最大准则费用现值和费用年值最小准则）是正确的判别准则。而内部收益率最大准则不能保证比选结论的正确性。

净现值最大准则的正确性，是由基准折现率——最低期望收益率的经济意义决定的。一般来说，最低期望收益率应该等于被放弃的投资机会中最佳投资机会的盈利率，因此净现值就是拟采纳方案较之被放弃的最佳投资机会多得的盈利，其值越大越好，这符合盈利最大化的决策目标的要求。

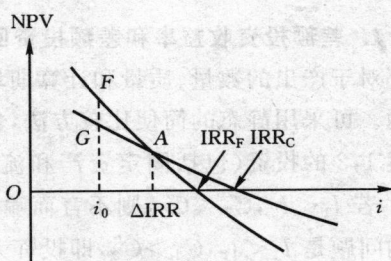

图 10-7 用于方案比较的差额内部收益率

内部收益率最大准则只在基准折现率大于被比较的两方案的差额内部收益率的前提下成立。也就是说，如果将投资大的方案相对投资小的方案的增量投资用于其他投资机会，会获得高于差额内部收益率的盈利率，用内部收益率最大准则进行方案比选的结论就是正确的。如图 10-8 所示，如果所取的基准折现率 i_0 大于 ΔIRR，则用内部收益率最大准则与净现值最大准则比选方案的结论就是一致的。但是倘若基准折现率小于差额内部收益率，用内部收益率最大准则选择方案就会导致错误的抉择。由于基准折现率是独立确定的，不依赖于具体待比选方案的差额内部收益率，故用内部收益率最大准则比选方案是不可靠的。

值得指出的是，ΔIRR 只能反映增量现金流量的经济性（相对经济效果），不能反映各方案自身的经济性（绝对经济效果）。故差额内部收益率法只能用于方案间的比较（相对效果检验），不能仅根据 ΔIRR 数值的大小判定方案的取舍。图 10-8 对此作了说明（A 为投资大的方案）。

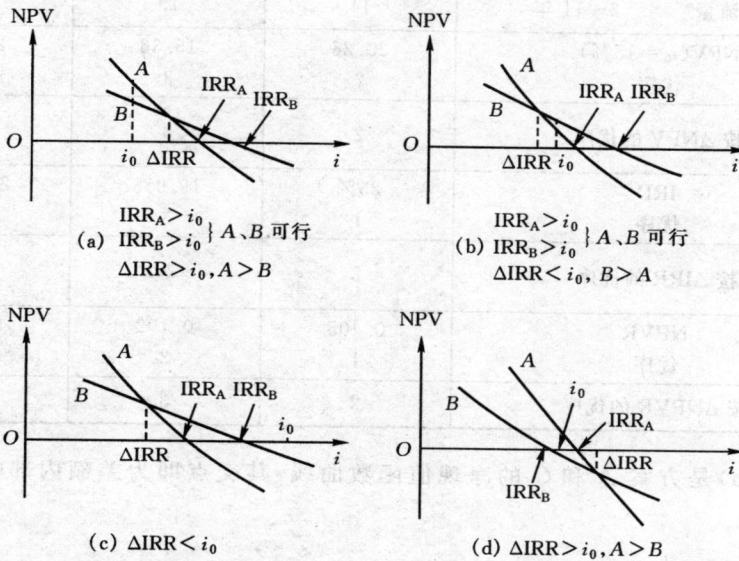

图 10-8　用内部收益率法与差额内部收益率法比选方案示意图

图 10-8 中，在 (a)，(b) 所示的两种情况下，方案 A 与方案 B 均能通过绝对效果检验（$\text{IRR}_A > i_0$，$\text{IRR}_B > i_0$），可以根据 ΔIRR 与 i_0 的比较判定方案的取舍：(a) 情况下，$\Delta\text{IRR} > i_0$，投资大的方案 A 优于投资小的方案 B；(b) 情况下，$\Delta\text{IRR} < i_0$，投资小的方案 B 优于方案 A；在 (c) 所示的情况下，方案 A 与方案 B 均不能通过绝对效果检验（$\text{IRR}_A < i_0$，$\text{IRR}_B < i_0$），故不管 ΔIRR 大小如何，两个方案都不应选取。在 (d) 所示的情况下，方案 A 通过绝对效果检验（$\text{IRR}_A > i_0$），而 $\Delta\text{IRR} > i_0$，可以判定方案 A 可行，且优于方案 B。

与差额内部收益率类似的比率型指标，还有差额净现值率指标 ΔNPVR。由于应用的较少，不作详细介绍，仅在下面的例子中应用，以便比较后得出一些一般性结论。

例 10-6　有 A，B，C 三个方案互斥，其投资（第 1 年）和 2~11 年的现金流量列于表 10-6 的第一行。设基准折现率 $i_0 = 15\%$，试用各种动态评价指标排其优劣顺序。

解　计算各方案的 NPV，IRR，NPVR，并按这些指标排优劣顺序，结果列于表 10-6。
计算各差额指标：

$\Delta\text{NPV}_{BA} = -4.9$（万元）$< 0$	A 优于 B
$\Delta\text{NPV}_{CA} = 5.21$（万元）$> 0$	C 优于 A
$\Delta\text{IRR}_{BA} = 10.5\% < 15\%$	A 优于 B
$\Delta\text{IRR}_{CA} = 17.6\% > 15\%$	C 优于 A
$\Delta\text{NPVR}_{BA} = -0.164 < 0$	A 优于 B
$\Delta\text{NPVR}_{CA} = 0.104 > 0$	C 优于 A

表 10-6　三个方案比较表　　　　　　　　　　（单位：万元）

排优序判据		方　案	
	A	B	C
1 年	−50	−80	−100
现金流量　　2～11 年	14	19	25
NPV($i_0=15\%$)	20.26	15.36	25.47
优序	2	3	1
按 ΔNPV 的优序	2	3	1
IRR	25%	19.9%	21.9%
优序	1	3	2
按 ΔIRR 的优序	2	3	1
NPVR	0.405	0.192	0.255
优序	1	3	2
按 ΔNPVR 的优序	2	3	1

图 10-9(a)是方案 A 和 C 的净现值函数曲线,其交点即为差额内部收益率,ΔIRR_{CA} =17.6%。

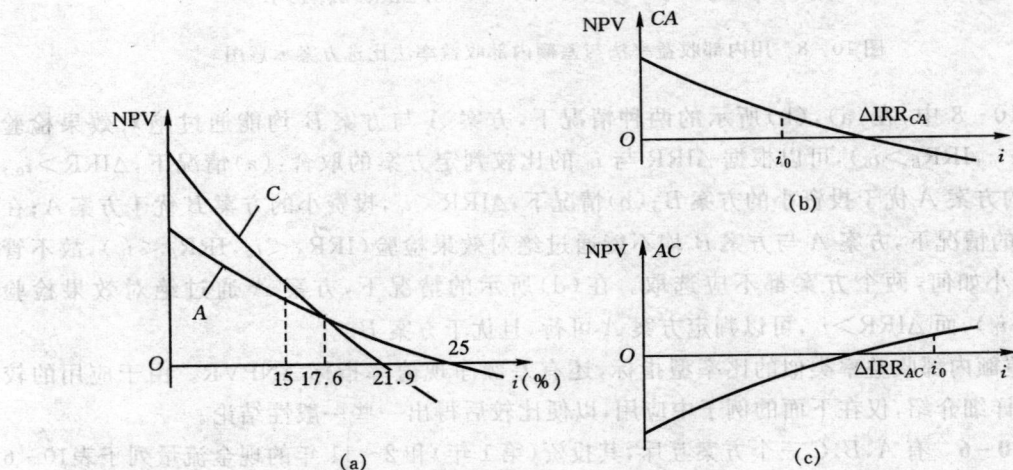

图 10-9　方案 C 与 A 的差额内部收益率

经过各差额指标的判断后,排序,其结果也列于表 10-6。分析结果可知,采用净现值与差额净现值比选优序一致;而采用内部收益率与差额内部收益率比选方案的优序不一致。同样,采用净现值率与差额净现值率比选方案的优序也不一致;而采用差额内部收益率和差额净现值率比选方案的优序与净现值的排序相一致。由于净现值是能反映总效益的价值型指标,所以差额内部收益率和差额净现值率比选正确。

可以证明,不论投资的边际收益随投资的增加如何变化,用差额比率型指标比选的结果总能保证总效益最大的目标,而按各方案的比率型指标排序则可能得出错误的判断。比率型指标有好几个,如内部收益率,净现值率,投资回收期等,在方案比选中,都应用其差额指标,其中用的最多的是差额内部收益率。

以上讨论表明,在进行互斥方案比较时,应该采用价值型指标比较法,或采用差额比率型指标法。当投资差别较大时,NPV 不适用,应用 ΔIRR。

关于差额内部收益率,尚有一点应该强调,求两个方案的差额内部收益率,要用投资大的方案的净现金流量减去投资小的方案净现金流量以形成常规的投资形式,便于处理。例如,图 10-9 是表 10-6 中的两个方案 A,C 的两种差额净现金流量 $[(CI-CO)_C-(CI-CO)_A]_t$ 与 $[(CI-CO)_A-(CI-CO)_C]_t$ 分别形成的差额净现值函数。显然,ΔIRR$_{CA}=\Delta$IRR$_{AC}=17.6\%$,但判别标准不同,当 ΔIRR$_{CA}>i_0$ 时,则方案 C 优于 A。当 ΔIRR$_{AC}>i_0$ 时,则方案 A 优于 C。反之则结果相反。

10.3.4 计算期不同的方案比较

就项目评价的基本原则而言,寿命不等的互斥方案经济效果评价与寿命相等的互斥方案经济效果评价一样,通常都应进行各方案的绝对效果检验与方案间的相对效果检验(仅有费用现金流的互斥方案只进行相对效果检验)。方案绝对效果检验的方法前面已作过论述,下面主要讨论寿命不等的互斥方案的相对效果检验(方案比选)。

根据"可比性原则",计算期不同的方案要进行比较,必须进行适当处理,使其具有可比性。

1. 净年值和费用年值比较法

在对寿命不等的互斥方案进行比选时,净年值法是最为简便的方法,当参加比选的方案数目众多时,尤其是这样。

设 m 个互斥方案的寿命期分别为 $n_1,n_2,\cdots,n_m$,方案 $j(j=1,2,\cdots,m)$ 在其寿命期内的净年值可根据式(10-12)计算。

净年值法的判别准则为:净年值大于或等于零且净年值最大的方案是最优可行方案。

用净年值法进行寿命不等的互斥方案比选,实际上隐含着作出这样一种假定:各备选方案在其寿命结束时均可按原方案重复实施或以与原方案经济效果水平相同的方案接续。因为一个方案无论重复实施多少次,其净年值是不变的,所以净年值法实际上假定了各方案可以无限多次重复实施。在这一假定前提下,净年值法以"年"为时间单位比较各方案的经济效果。从而使寿命不等的互斥方案间具有可比性。

例 10-7 设互斥方案 A,B 的寿命分别为 3 年和 5 年,各自寿命期内的净现金流量如表 10-7 所示。试用净年值法评价选择($i_0=12\%$)。

表 10-7 方案 A、B 的净现金流量 (单位:万元)

方案＼年末	0	1	2	3	4	5
A	-300	96	96	96	96	96
B	-100	42	42	42		

由式(10-12)可得

$$\text{NAV}_A=[-300+96(P/A,12\%,5)](A/P,12\%,5)$$

$$=-300\times0.277\ 41+96=12.78(万元)$$

$$\text{NAV}_B=[-100+42(P/A,12\%,3)](A/P,12\%,3)$$

$$=-100\times0.416\ 35+42=0.365(万元)$$

由 $\text{NAV}_A>\text{NAV}_B>0$，故可选取 A 方案。

对于仅有或仅需要计算费用现金流的互斥方案，可以比照净年值法，用费用年值指标进行比选。判别准则是：费用年值最小的方案为最优方案。

例 10-8 互斥方案 C,D 具有相同的产出，方案 C 寿命期 $n_C=10$ 年，方案 D 的寿命期 $n_D=15$ 年。两方案的费用现金流量如表 10-8 所示，试选优（$i_0=10\%$）。

表 10-8　方案 C、D 的费用现金流　　　　　　　（单位：万元）

年末 方案	投资		经营费用	
	0	1	2～10	11～15
C	100	100	60	—
D	100	140	40	40

本例为仅需计算费用现金流量的寿命不等的互斥方案比选，可用费用年值指标比选。

$$AC_C=[100+100(P/F,10\%,1)]+60[(P/A,10\%,9)(P/F,10\%,1)](A/P,10\%,10)$$

$$=(100+100\times0.909\ 1+60\times5.759\times0.909\ 1)\times0.162\ 75=82.2(万元)$$

$$AC_D=[100+140(P/F,10\%,1)]+40[(P/A,10\%,14)(P/F,10\%,1)](A/P,10\%,15)$$

$$=(100+140\times0.909\ 1+40\times7.367\times0.909\ 1)\times0.131\ 47=65.1(万元)$$

由于 $AC_D<AC_C$，故选取 D 方案。

2. 净现值法

当互斥方案寿命不等时，一般情况下，各方案在各自寿命期内的净现值不具有可比性。如果要使用净现值指标（对于仅有或仅需计算费用现金流的方案来说是费用现值指标）进行方案比选，必需设定一个共同的分析期。分析期的设定应根据决策的需要和方案的技术经济特征来决定。通常有以下几种处理方法：

（1）寿命期最小公倍数法

此法假定备选方案中的一个或若干在其寿命期结束后按原定方案重复实施若干次，取各备选方案寿命期的最小公倍数作为共同的分析期。例如，有两个备选方案，A 方案的寿命为 10 年，B 方案的寿命期为 15 年，假定 A 方案重复实施两次，B 方案重复实施一次，取两方案寿命期的最小公倍数 30 年作为分析期。用共同的分析期计算各方案的净现值，进行比较。

（2）净年值折现法

按某一共同的分析期将各备选方案的净年值折现得到用于方案比选的净现值。这种方法实际上是净年值的一种变形。设方案 $j(j=1,2\cdots,m)$ 的寿命期为 n_j，共同分析期为 N，方案 j 净现值的计算公式为

$$\text{NPV}_j=\Big[\sum_{t=0}^{n_j}(CI_j-CO_j)_t(P/F,i_0,t)\Big](A/P,i_0,n_j)(P/A,i_0,N) \qquad(10-22)$$

年值折现法求净现值时，共同分析期 N 取值的大小不会影响方案的比选结论。但通常 N 的取值不大于最长的方案寿命期，不小于最短的方案的寿命期，多用寿命期最短方案的计算期

为分析期 N。

用上述方法计算出的净现值用于寿命不等的互斥方案评价的判别准则是:净现值大于零,且净现值最大的方案是最优方案。对于仅有或仅需计算费用现金流量的互斥方案,可按照上述方法计算费用现值进行比选。判别准则是:费用现值最小的方案为最优方案。

例 10-9 根据表 10-7 的数据,用净现值法比选方案。

取最短的方案寿命期 3 年作为共同分析期,用净年值折现法求各方案的净现值:

$$NPV_A = [-300+96(P/A,12\%,5)] \times (A/P,12\%,5) \times (P/A,12\%,3)$$
$$= 30.70(万元)$$

$$NPV_B = [-100+42(P/A,12\%,3)] = 0.88(万元)$$

由于 $NPV_A > NPV_B > 0$,故选取方案 A。

对于某些不可再生资源开发型项目(如石油开采),在进行寿命不等的互斥方案比选时,方案可重复实施的假定不再成立。在这种情况下,不能用含有方案重复假定的净年值法和前面介绍的净现值法,也不能用含有同一假定的后面介绍的差额内部收益率法。对于这类方案,可以直接按各方案的净现值进行比选。这种处理方法所隐含的假定是:用最长的方案寿命期作为共同分析期,寿命短方案在其寿命期结束后,其再投资按基准折现率(最低期望收益率)取得收益。

3. 差额内部收益率

用内部收益率法进行寿命不等的互斥方案经济效果评价,需要首先对各备选方案进行绝对效果检验,然后再对通过绝对效果检验(净现值,净年值大于或等于零,内部收益率大于或等于基准收益率)的方案用差额内部收益率的方法进行比选。

求解寿命不等互斥方案间差额内部收益率的方程,可用令两方案净年值相等的方式建立,其中隐含了方案可重复实施的假定。设互斥方案 A,B 的寿命期分别为 n_A,n_B,求解差额内部收益率 ΔIRR 的方程为:

$$\left[\sum_{t=0}^{n_A} (CI_A - CO_A)_t (P/F,\Delta IRR,t)(A/P,\Delta IRR,n_A) \right]$$
$$- \left[\sum_{t=0}^{n_B} (CI_B - CO_B)_t (P/F,\Delta IRR,t)](A/P,\Delta IRR,n_B) \right] = 0 \tag{10-23}$$

当两个互斥方案投资额相等时,用 ΔIRR 比选方案会出现无法利用前面所述判别准则进行判别的情况,这里再提出另一判别准则,供前述判别准则失效时使用。

此判别准则为:在两个互斥方案的差额内部收益率 ΔIRR 存在的情况下,若 $\Delta IRR > i_0$,或 $-1 < \Delta IRR < 0$,则方案寿命期内"年均净现金流量"大的方案优于"年均净现金流量"小的方案;$0 < \Delta IRR < i_0$,则"年均净现金流量"小的方案优于"年均净现金流量"大的方案。

就一般情况而言,用差额内部收益率进行寿命不等的互斥方案比选,应满足下列条件之一:

(1) 初始投资额大的方案年均净现金流大,且寿命期长;

(2) 初始投资额大的方案年均净现金流小,且寿命期短。

年均净现金流的计算公式见式(10-24)。

设方案 j 的寿命期为 n_j,则

143

方案 j 的年均净现金流 $=\left[\sum_{t=0}^{n_j}(CI_j-CO_j)_t\right]/n_j$ （10-24）

方案比选的判别准则为：在 ΔIRR 存在的情况下，若 $\Delta IRR>i_0$，则年均净现金流大的方案为优，若 $0<\Delta IRR<i_0$，则年均净现金流小的为优。

例 10-10 根据表 10-7 的数据，用差额内部收益率法进行方案比选：

首先进行绝对效果检验，计算每个方案在各自寿命期内现金流的内部收益率。列出求解内部收益率的方程式

$$-300+96(P/A,IRR_A,5)=0$$
$$-100+42(P/B,IRR_B,3)=0$$

可求得 $IRR_A=18.14\%$，$IRR_B=12.53\%$。

由于 IRR_A，IRR_B 均大于基准折现率（$i_0=12\%$），故，方案 A，方案 B 均能通过绝对效果检验。

方案比选应采用差额内部收益率指标。根据式（10-24）计算，初始投资额大的方案 A 的年均净现金流量（$-300/5+96=36$）大于初始投资额小的方案 B 的年均净现金流量（$-100/3+42=8.7$），且方案 A 的寿命期（5 年）长于方案 B 的寿命（3 年），差额内部收益率指标可以使用。

根据式（10-23）列出求解差额内部收益率的方程式

$$[-300+96(P/A,\Delta IRR_A,5)(A/P,\Delta IRR,5)]$$
$$-[-100+42(P/B,\Delta IRR,3)(A/P,\Delta IRR,3)]=0$$

利用试算内插法，可求得：$\Delta IRR=20.77\%$

由于 $\Delta IRR>i_0$，根据判别准则可知，应选择年均净现金流量大的方案 A。

用差额内部收益率法比较互斥方案的相对优劣具有经济概念明确，易于理解的优点。但若比选的互斥方案较多时，计算工作相对繁难。这一方法的主要问题是，有时可能出现差额内部收益率不存在的情况，例如图 10-10 所示的情形。另外，如前所述，内部收益率方程在净现金流量符号多次变化的情况下可能存在多个实数解。一般来说，增量净现金流量较之单一方案的净现金流量更易出现符号多次变化的情况。所以，用差额内

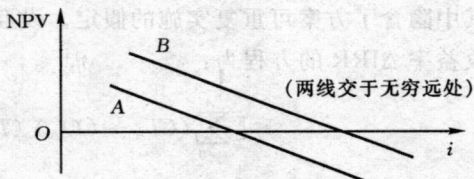

图 10-10 不存在差额内部收益率的一种情形

部收益率比选方案对此应特别注意，如果出现增量净现金流量符号多次变化的情况，应求出所有的差额内部收益率实数解，并按照内部收益率的经济含义逐一对其进行检验（参见有关内部收益率的论述）。

10.3.5 多方案的比选

前面讨论的主要是两个方案的比选问题。当待比较的方案是三个以上时，其比选方法还有一些概念和技巧问题。当用价值型指标比较法，只要分别计算各个方案的价值指标，据以对各方案进行排序选优，这在前面已经作过介绍，无需重复。需要讨论的是如何使用比率型指标比选方案。

采用差额指标法,只能判断被比较方案的相对优劣,不能说明较优方案是否通过绝对检验标准。

大家会想到,采用差额指标法时,可以对所有方案两两进行比较选出最优方案。然而,这样做在方案较多时将会因比较次数太多而费时费事,也不必要。下面介绍的多方案比选步骤简便而实用,具体比选步骤:

(1) 对 k 个互斥方案按投资从小到大排序,得 $A_1, A_2, A_3, \cdots, A_K$。

(2) 对 A_1 进行投资效益检验,若能通过绝对评价标准(如 $NPV_1 > 0$ 或 $IRR_1 > i_0$),则进行下一步;若不能通过标准(如 $NPV_1 < 0$),则淘汰方案 A_1,检验方案 A_2,以此类推,直至找到通过绝对检验的方案为止。

(3) 从通过绝对检验的方案开始,计算后一方案对前一方案的差额指标(如 ΔIRR_{21}),若结果是可以通过相对标准(如 $\Delta IRR > i_0$),则保留投资大的方案 A_2,并依次往下进行(即检验 $\Delta IRR_{32}, \cdots,$);若不能通过标准(如 $\Delta IRR_{21} < i_0$),保留投资小的方案 A_1,再依次往下进行差额指标的计算和检验(即检验 $\Delta IRR_{31}, \cdots$),直到全部方案比较完为止。

按照这个步骤进行多方案比较,只需要检验投资最小的一个方案或少数几个方案是否通过绝对评价标准即可。因为各方案是按投资由小到大排列的,假如方案 A_1 的经济效益指标能通过绝对检验标准(如 $NPV_1 > 0$),且方案 A_2 与方案 A_1 的差额指标也能通过标准(如 $\Delta IRR_{21} > i_0$),则必然方案 A_2 的效益指标也能通过绝对检验标准($NPV_2 > 0$),这点前面已经证明过。如果 A_2 与 A_1 的差额指标不能通过评价标准,则方案 A_2 被淘汰。因此按照这个步骤进行多方案比选,优选的方案必然通过规定的绝对效益评价标准。

例 10-11 五个计算期 21 年的互斥方案的数据如表 10-9,设基准折现率 $i_0 = 6\%$,试用差额内部收益率法比选最优方案。

表 10-9　各方案净现金流量表　　　　　　　单位:万元

方案	A	B	C	D	E
投资(第 1 年)	10.00	20.00	40.00	50.00	60.00
年净收益(2~21 年)	1.17	4.10	6.39	7.28	8.50

解 (1) 表 10-9 中各方案已按投资由小到大排列。

(2) 求方案 A 的内部收益率,并检验其是否通过绝对检验. 求得: $IRR_A = 10\% > i_0$,通过。

(3) 依次计算差额内部收益率:

$\Delta IRR_{BA} = 29\% > i_0$,　　　　　　　B 优于 A;

$\Delta IRR_{CB} = 10\% > i_0$,　　　　　　　C 优于 B;

$\Delta IRR_{DC} = 6,26\% > i_0$,　　　　　D 优于 C;

$\Delta IRR_{ED} = 10.57\% > i_0$,　　　　　E 优于 D。

结论:方案 E 为最优,若资金许可应选方案 E。若只能筹集 40 万元,应选方案 C。

10.3.6　项目组合的选择

在存在着资源约束的情况下,往往需要在众多的项目中选择资源许可情况下综合效益较优的项目组合。这种问题是一个地区、行业的计划部门或大公司常常碰到的。如果把待建项目的所有组合列出来,并把每一个项目组合看成一个投资方案,这样项目组合的选择问题就变成了一个互斥方案的选择问题。下面用一个较简单的例子说明项目组合的比选方法。

例 10-12 有 A,B,C 三个独立项目,其投资和年净收益示于表 10-10,今筹集到资金 600 万元可用于投资,设该部门的基准折现率为 10%,试选择项目组合。

表 10-10　三个独立项目数据

项目	投资(第1年,万元)	年净收益(第2年开始,万元)	生产期(年)
A	200	40	8
B	300	50	10
C	400	60	12

解 考虑到各项目计算期不同,采用净年值比较法。首先计算各项目的

$$NAV_A = [40(P/A,0.1,8)-200](P/F,0.1,1)(A/P,0.1,9)$$
$$= [40 \times 5.335 - 200] \times 0.909 \times 0.174 = 2.119(万元)$$
$$NAV_B = [50(P/A,0.1,10)-300](P/F,0.1,1)(A/P,0.1,11)$$
$$= [50 \times 6.145 - 300] \times 0.909 \times 0.154 = 1.015(万元)$$
$$NAV_C = [60(P/A,0.1,12)-400](P/F,0.1,1)(A/P,0.1,13)$$
$$= [60 \times 6.814 - 400] \times 0.909 \times 0.141 = 1.133(万元)$$

然后,按投资大小顺序列出全部项目组合及相应的净年值于表 10-11。

表 10-11　项目组合及其 NAV

序　号	1	2	3	4	5	6	7
项目组合	A	B	C	AB	AC	BC	ABC
投　资	200	300	400	500	600	700	900
NAV	2.119	1.015	1.133	3.134	3.252	2.138	4.267

由于受资金 600 万元的限制,只能在序号 1-5 的项目组合中选择,其中项目组合 AC 具有最大的净年值,故应选择项目 A 和 C。

习　题

1. 某投资方案的收支状况如表 10-12 所列,设基准折现率为 12%,试求其投资回收期、净现值和内部收益率。

表 10-12　　　　　　　　　　　　　　单位:万元

年	1	2	3	4	5	6
支出	10	1.5	2.0	0.5	0	0
收入	0	0.5	2.0	4.5	6.0	6.0

2. 某工程项目的简化财务现金流量表如表 10-13,设基准收益率为 10%,试求投资回收期、净现值和内部收益率,判断项目的可行性,并求投资利润率的近似值。

表 10 - 13　　　　　　单位:万元

年	1	2	3	4	5～7	8～13
投资	100	800	100			
经营成本				300	450	485
税后销售收入				350	700	700

3. 彼得·明纽特于 1626 年从曼哈多斯印第安人那里用价值 24 美元的玻璃珠子和小饰物买下一个小岛屿,到 1976 年,此岛土地的价值为 90 亿美元。如果此岛长期未利用,则彼得的收益率是多少?

4. 某山区企业若继续生产将不能保本,经上级批准搬迁。经初步调查研究选了五个厂址,其搬迁投资和等额年净收入列于表 10 - 14。搬迁建设期 1 年,生产期 9 年,其所在行业的基准收益率为 10%,试问应选那个厂址方案?

表 10 - 14　　　　　　单位:万元

方　　案	A	B	C	D	E
搬迁投资	200	300	450	550	750
年净收益	49	52	117	137	167

5. 某地方计委收到三个建设期均为 1 年的投资项目申请,情况如表 10 - 15,该地区基准收益率为 8%。问:(1)若在 3 个项目中选一个,应批准哪个项目?(2)若该地区可用于投资的资金总额为 40 万元,应批准哪几个项目?

表 10 - 15　　　　　　单位:万元

	A	B	C
投资(第 1 年)	10	20	30
年净收入(第 2 年开始)	1.5	1.5	0
残值	10	27	56
计算期(年)	6	7	8

6. 某项目净现金流量如表 10 - 16 所示。

(a)试计算投资回收期、净现值、净年值、内部收益率、净现值率和动态投资回收期($i_0 = 10\%$);

(b)画出累积净现金流量曲线与累积净现金流量现值曲线。

表 10 - 16　　　　　　单位:万元

年	0	1	2	3	4	5	6	7
净现金流量	0	−50	−80	40	60	60	60	60

7. A、B 为两个独立项目方案,净现金流量如表 10 - 17 所示。请按净现值准则和内部收益率准则判别它们的经济性($i_0 = 10\%$)。

表 10 - 17　　　　　　　　　　　　单位:万元

方　案 ＼ 年	0	1	2～11
A		-100	22
B		-60	15

8. 互斥方案 A、B、C 的净现金流量如表 10 - 18 所示,试评价选择($i_0 = 12\%$)。

表 10 - 18　　　　　　　　　　　　单位:万元

方　案 ＼ 年	1	2	3	4	5	6
A	-500	200	200	200	200	200
B	-160	-180	180	180	180	180
C	-100	40	40	40	40	40

9. 互斥方案 A、B 的费用现金流量如表 10 - 19 所示,试选优($i_0 = 15\%$)。

表 10 - 19　　　　　　　　　　　　单位:万元

方　案 ＼ 年	1	2	3～20
A	200	300	100
B	200	150	120

10. 互斥方案 A、B 寿命不等,净现金流量如表 10 - 20 所示,试评价选择($i_0 = 10\%$)。

表 10 - 20　　　　　　　　　　　　单位:万元

方　案 ＼ 年	0	1	2	3	4	5	6	7
A	0	-100	40	40	40	40	/	/
B	0	-250	60	60	60	60	60	60

11. 某海岛拟建海滨收费浴场。拟选场址有三个(A、B、C)。若只建一个,其现金流如表 10 - 21 所示。若建 A、B 两个浴场,则除了投资不变外,A 的年净收入减少 2/3,B 减少 1/3;若建 B、C 两个浴场,B 的年净收入减少 1/3,C 减少 2/3;若同时建 A、B、C,A、B、C 的年净收入均减少 2/3。问应如何决策?($i_0 = 10\%$)。

表 10 - 21　　　　　　　　　　　　单位:万元

方　案 ＼ 年	第1年末投资	2～21 年的年净收入
A	-100	20
B	-100	20
C	-100	20

12. 非直接互斥方案 A、B、C 的净现金流量如表 10-22 所示,已知资金预算为 600 万元, 请做出方案选择($i_0=10\%$)。

表 10-22 　　　　　　　　　　　　单位:万元

年 方　案	投　资 1	年净收入 2~11
A	−300	50
B	−400	70
C	−500	75

13. 某企业现有若干互斥型投资方案,有关收据如表 10-23 所示:

表 10-23 　　　　　　　　　　　　单位:万元

方案	初始投资(1)	年净收入(2~7)
A	2 000	500
B	3 000	900
C	4 000	1 100
D	5 000	1 380

以上各方案寿命周期均为 7 年,试问:

(1) 当折现率为 10% 时,资金无限制,哪个方案最佳?

(2) 折现率在什么范围内时,B 方案在经济上最佳?

第 11 章 投资估算与财务计划

通过项目技术方案分析,项目可实现性问题已经解决,而且此时已经产生了一个或几个技术上可行的方案。下面的工作主要从项目投资与财务角度来研究这些项目方案在经济上的可行性,即是否能够达到并超过预期的经济效益,并且设计项目的实施方案。内容包括:各技术可行方案的投资估算、筹资方案、项目进度计划、资金使用计划、贷款偿还计划以及项目经济评价等。项目的经济评价将在以后章节中详细论述。本章的内容也可以归入财务评价。

11.1 投资估算

投资一词在这里是指建设、装备并营运整个项目所必须占用的资金量。估算项目投资,一方面是因为项目评价的需要,另一方面是为了资金筹措的需要。项目投资的直接结果形成了各种企业资产,分为固定资产、流动资产、无形资产和其他资产。

11.1.1 项目总投资

项目总投资是指项目建设和投入营运所需要的全部投资,为建设投资、建设期利息和全部流动资金之和。

建设投资是项目费用的重要组成部分,可以根据项目前期的研究不同阶段、对投资估算精度的要求及其相关规定选用估算方法。建设投资的构成可按照概算法或形成资产法分类。

按概算法分类,建设投资由工程费用、工程建设其他费用和预备费三部分构成。其中工程费用又由建筑工程费、设备购置费和安装工程费构成。预备费包括基本预备费和涨价预备费。

按形成资产法分类,建设投资由形成固定资产的费用、形成无形资产的费用、形成其他资产的费用和预备费四部分构成。

固定资产是指使用寿命超过一年,单位价值在 2 000 元以上,为生产商品、提供劳务、出租或经营管理而持有的资产,如房屋及建筑物、机器设备、运输设备、工具、器具等。项目评价中,形成固定资产,构成固定资产原值的费用包括工程费用、固定资产其他费用、预备费和建设期利息。工程费用是指项目投产时将直接形成固定资产的建设投资,固定资产其他费用指工程建设其他费用中按规定形成的固定资产的费用,主要包括建设单位管理费、可行性研究费、研究试验费、环境影响评价费等。

无形资产是指企业拥有或者控制的没有实物形态的可辨认的非货币性资产,包括技术转让费和技术使用费(含专利技术和非专利技术)、商标权和商誉等。

其他资产,原称递延资产,是指除流动资产、长期投资、固定资产、无形资产以外的其他资产,如长期待摊费用。按照有关规定,除购置和建造固定资产以外所有筹建期间发生的费用,先归入长期待摊费用,待企业开始生产经营期记入当期的损益。主要包括生产准备费、开办

150

费、样品样机购置费和农业开荒费等。

流动资金和流动负债共同构成流动资产。

建设项目总投资及其形成的资产如图 11-1 所示。

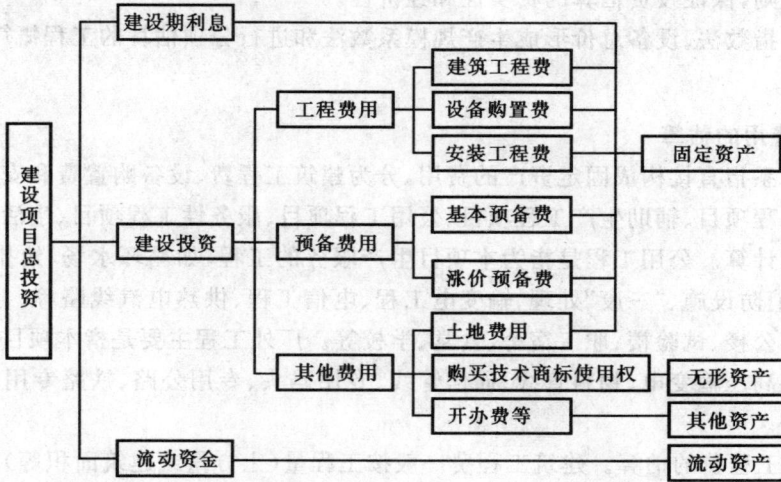

图 11-1　建设项目总投资及其所形成的资产

11.1.2　建设投资估算

1. 提高建设投资估算精度

建设投资是工业项目投资中最大的一项,其估算精度对项目投资的估算影响很大。提高投资估算的准确性,必须做好以下几项工作:

(1) 要重视积累经济分析资料。因为估算方法大多与已建工程项目有关,所以各种经济指标、投资分析资料等均是对估算投资有重要价值的参考资料。

(2) 要对掌握的资料进行研究分析。如已建工程的项目建设时期,依据的设备与材料的价格、定额和指标及其年代,各种费用项目与标准,费用项目的划分,其他费用包括的内容与规定等。由于时间、地区、价格及定额水平存在差异,会使投资估算结果有较大的出入,故必须做出定额指标水平、价差的调整系数及费用项目的调整,并使之符合估算投资时实际情况。

(3) 要分析和掌握工程资料的内容。如对工厂要分析装置组成、各辅助生产工程、公用工程、生产及生活服务性工程和厂外工程规模的规划和内容。对生产装置要分析其工艺流程及生产过程和自动化水平等。在估算投资时,对不同组成的工厂或工艺流程、不同内容和规模的工程,都要修正或补充投资额;对不同的自然条件、技术标准、环境要求等,在估算投资时均应引起注意,作出反应。

(4) 对引进国外设备或技术的项目,要考虑每年的通货膨胀与外汇汇率的变化。

(5) 要及时了解现行的设计标准和施工验收规范等。由于现行标准与规范均比已建项目的要求有提高,采用的新技术与新材料较多,故应考虑增加投资。

(6) 对环境保护的要求、"三废"处理方法、排放标准等影响投资的因素,估算投资时要加以考虑。

(7) 投资估算要留有余地,既要防止漏项少算,又要防止高估。要在优化、可行的设计方案的基础上,进行深入细致的调查研究,合理确定经济指标,保证投资估算的质量。

(8) 要注意提高投资估算人员的素质,加强他们的经济观念,要求他们在工作中切实贯彻实事求是的原则,保证投资估算的真实性和经济性。

生产规模指数法、设备总价形成生产规模系数法和进行分项估算的工程概算法,工程概算法较为常用。

2. 工程费用的估算

工程费用系指直接构成固定资产的费用,分为建筑工程费、设备购置费和安装工程费。可按主要生产工程项目、辅助生产工程项目、公用工程项目、服务性工程项目、生活福利设施及厂外工程等分别计算。公用工程是指为本项目生产服务的工程,如循环水场、给排水管网、给水泵站及水池、消防设施、"三废"处理、输变电工程、电信工程、供热电汽线路等。服务及生活福利工程包括办公楼、试验楼、职工宿舍、食堂、学校等。厂外工程主要是指本项目外围的输水管线、排水系统、高压输变电、物料管线、通信管线、专用码头、专用公路、铁路专用线、销售仓库、货物转运站等。

(1) 建筑工程费的估算。建筑工程费一般按工程量(土方量或建筑面积等)乘单位工程量成本进行估算。

(2) 设备购置费的估算。设备购置费的估算分两种情况:

对于成套设备可用类比估算法。

$$c_2 = c_1 \times \frac{p_2}{p_1} \times f \times (1 + \mu) \times \frac{x_2}{x_1} \qquad (11-1)$$

式中,c_2,c_1 分别为拟建项目和已建成类似项目的设备投资额;

x_2,x_1 分别为拟建项目和已建成类似项目的生产能力;

p_2,p_1 分别为拟建项目和已建成类似项目年份的物价指数;

f,i_f 分别为地区建设投资系数和间接费用系数。

该方法在化工、冶炼等类连续性生产项目中较适用,因为它们所用设备大多数为成套设备。

对于非成套设备则必须明确所需设备的清单,按当前平均价(也可以按购置时的预测价)乘(1+设备运杂费率)估算所需费用。

(3) 安装工程费的估算

估算安装工程费一般按行业(类型)设备安装费与设备价值(有时也用设备重量)之比的经验值。例如,机械类项目的安装费一般为设备费5%左右。另外,也可参考有关行业的"建设项目概预算方法"中的安装费比例进行估算。

3. 其他费用的估算

其他费用指根据有关规定应列入固定资产投资除工程投资费用以外的一切费用,包括待转入固定资产、待摊费用和核销费用。

(1) 土地使用权购买费。包括按国家规定所支付的土地补偿费,树木、水井等附着物补偿费,迁坟费,安置补助费,土地管理费和耕地占用税等。取费方法按土地面积乘单价(由当地省、自治区或直辖市有关规定确定)计算。

（2）工业产权购买费。包括专利权和非专利技术以及商标权等无形资产的购买费。论价方法以实际发生买价、支付手续费以及其他相关费用加总计算。

（3）可行性研究费。

（4）投资活动促进费。这项费用各种项目相差很大，主要为融资、寻求合作伙伴、取得地方政府和商界的支持等项活动的开支。

除此之外，还有：①建设单位管理费；②职工培训费；③办公和生活家具购置费；④外籍技术人员来华费用；⑤出国人员培训考察费；⑥进口设备材料国内检验费；⑦工程保险费；⑧设计费；⑨大型吊装机具费；⑩其他费。

4. 预备费的估算

预备费包括基本预备费和涨价预备费。前者是指在可行性研究和评估时难以预料的工程费用，如：自然灾害所造成损失和预防自然灾害所采取的措施；后者是指项目建设期价格变动而引起的投资增加额，如：在施工过程中，设备、材料价格的变动。这项费用通常用工程投资费用和其他费用之和为基数乘以规定的预备费率计算。该预备费率取决于项目复杂程度和经济环境的变化程度，一般取值范围为 5%～15%。

"建设投资估算表"可参考案例分析。

11.1.3 长期借款利息的计算

1. 有效年利率

在财务评价中，对国内外借款，无论实际按年、季、月计息，均可简化为按年计算，即将名义利率按计息时间折算成有效年利率（实际年利率）。计算公式为：

$$\text{有效年利率 } i = (1 + \frac{r}{m})^m - 1 \qquad (11-2)$$

式中　r——名义年利率；

　　　m——每年计息次数。

例：一项借款按季计息，年利率为 12%，

$$\text{有效年利率 } i = (1 + \frac{12\%}{4})^4 - 1 = 12.36\%$$

2. 利息计算方法

（1）为简化计算，假定固定资产投资借款（长期借款）发生当年均在年中支用，按半年计息，其后年份按全年计息；还款当年按年末偿还，全年计息。每年应计利息的计算公式如下：

$$\text{每年应计利息} = (\text{年初借款本息累计} + \frac{\text{本年借款额}}{2}) \times \text{年利率}$$

$$\text{建设期长期借款利息} = \sum_{i=1}^{m} (\text{每年应计利息})_i$$

式中 m 为项目建设期。

"借款还本付息表"参见案例分析。

（2）等额偿还本金和利息总额的公式为：

$$A = \text{Ic} \times \frac{i(1+i)^n}{(1+i)^n - 1} \qquad (11-3)$$

式中　A——每年的还本付息额；

I_c——建设期末固定资产借款本金及利息之和；

n——预定的还款期；

i——年利率；

$\dfrac{i(1+i)^n}{(1+i)^n-1}$资金回收系数，即$(A/P,i,n)=1/(P/A,i,n)$，可通过查复利表求得（见附录）。

等额还本付息方式中偿还的本金和利息各年不等，偿还的本金部分将逐年增多，支付的利息部分将逐年减少。计算公式分别为：

每年支付利息＝年初本金累计×年利率

每年偿还本金＝A－每年支付利息

式中年初本金累计＝I_c－本年以前各年偿还本金累计

（3）等额还本、利息照付的公式为：

$$A_t=\frac{I_c}{n}+I_c(1-\frac{t-1}{n})\times i \qquad (11-4)$$

式中 A_t——第t年的还本付息额。

等额还本、利息照付方式中，各年度偿还的本金及利息之和是不等的，偿还期内每年偿还的本金额是相等的，利息将随本金逐年偿还而减少。计算公式为：

第t年支付利息＝$I_c(1-\frac{t-1}{n})\times i$

每年偿还本金＝$\dfrac{I_c}{n}$

还款的资金来源包括未分配利润、折旧费和摊销费，还款资金不足时，可向银行申请短期借款。

（4）财务评价中，可以根据贷款方的要求选择不同的计息方法，计算生产期每年应计利息，计入财务费用中的利息支出项目。

流动资金借款利息的计算公式为：

年流动资金借款利息＝年初流动资金借款余额×流动资金借款利率

国外借款一般是根据借款合同规定的还款期限和还款方式还款。项目当年收益若不够偿还国外借款，可用短期借款补足。国外借款除支付银行利息外，还要另计管理费和承诺费等财务费用。为简化计算，可采用适当提高利率的方法进行处理。

11.1.4 流动资金的估算

流动资金是指为维持生产经营所占用的全部周转资金。它是流动资产与流动负债的差额。流动资金的构成如图11-2所示。

1. 流动资金的扩大指标估算方法

一般可参照同类生产企业流动资金占销售收入、经营成本、固定资产投资的比率，以及单位产量占用流动资金的比率来确定。

在项目评价中，流动资金的估算方法各行各业是不同的，通常采用下列几种方法：

（1）占销售收入或产值的15%～30%。例如，某铜镍矿工程和某水泥厂的流动资金分别

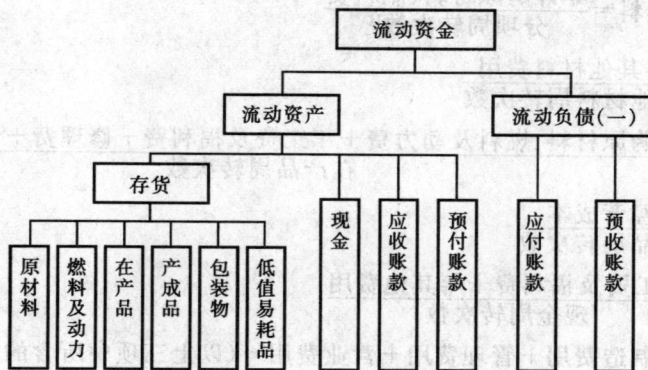

图 11－2　流动资金的构成

占产值的 30％和 20％；某钢铁厂的第二生产系统项目的流动资金占年销售收入的 20％，某化纤厂和某涤轮厂分别占销售收入的 20％和 15％；而某技术改造重型汽车项目的流动资金按销售收入的 30％估算。

（2）占成本的 25％～35％。例如某新建铁矿项目的流动资金占剥采比最大的年份的经营成本的 35％；而某化肥项目的流动资金则按总成本的 25％估算。

（3）占固定资产价值的一定比例。例如某热电厂项目的流动资金按固定资产价值的 2％估计。

2. 流动资金的分项详细估算法

需要分项详细估算流动资金时，根据流动资金的构成（图 11－2）可采用下列公式：

参见案例分析中"流动资金估算表"。

流动资金＝流动资产－流动负债

流动资产＝应收账款＋预付账款＋存货＋现金

流动负债＝应付账款＋预收账款

流动资金本年增加额＝本年流动资金－上年流动资金

流动资产和流动负债各项的计算公式如下：

（1）周转次数 $= \dfrac{360}{\text{最低周转天数}}$

最低周转天数参照同类企业的平均周转天数，并结合项目或部门（行业）规定，并考虑保险系数分项确定。

（2）应收账款 $= \dfrac{\text{年经营成本}}{\text{应收账款周转次数}}$

（3）预付账款 $= \dfrac{\text{外购商品或服务年费用金额}}{\text{预付账款周转次数}}$

（4）存货＝外购原材料、燃料＋其他材料＋在产品＋产成品

外购原材料、燃料应分项计算，其计算公式为：

$$外购原材料、燃料 = \frac{年外购原材料、燃料费}{分项周转次数}①$$

$$其他材料 = \frac{年其他材料费用}{其他材料周转次数}$$

$$在产品 = \frac{年外购原材料、燃料及动力费 + 年工资及福利费 + 修理费 + 年其他制造费用}{在产品周转次数}$$

$$产成品 = \frac{年经营成本}{产成品周转次数}$$

$$(5) 现金 = \frac{年工资及福利费 + 年其他费用}{现金周转次数}$$

年其他费用 = 制造费用 + 管理费用 + 营业费用 -(以上三项中所含的工资及福利费、折旧费、摊销费、修理费)

$$(6) 应付账款 = \frac{年外购原材料、燃料动力及其他材料费用}{应付账款周转次数}$$

$$(7) 预收账款 = \frac{预收的营业收入年金额}{预收账款的周转次数}$$

3. 流动资金在财务评价过程的处理

流动资金一般应在投产前开始筹措。为简化计算,《建设项目经济评价方法》规定流动资金在投产第一年开始按生产负荷进行安排,即每年新增流动资金等于当年生产负荷增加的百分比乘以流动资金总额。按银行规定,新建和改扩建项目在建成时必须至少有30%的自有(铺底)流动资金,才能贷给其余的流动资金。因此,在财务评价中流动资金借款不得超过流动资金总额的70%,其借款部分按全年计算利息。流动资金利息应计入财务费用,项目计算期末回收全部流动资金。

11.2　项目的资金来源与筹措

11.2.1　资金来源

能否筹集到项目所需资金,同样是决定项目可行性的关键问题之一。在当今社会化大生产的经济条件下,由项目发起人支付全部投资不仅是困难的,而且是不经济、不明智的。为项目进行融资已是普遍的作法和现象。

在资金筹措阶段,建设项目所需要资金总额由自有资金、赠款、借入资金三部分组成,见图11-3建设项目的资金来源。

(1) 自有资金是指投资者缴付的出资额,包括资本金和资本溢价。

(2) 资本金是指新建项目设立企业时在工商行政管理部门登记的注册资金。资本金的筹集可以采取政府投资、股东直接投资或者发行股票等方式。

(3) 资本溢价是指在资金筹措过程中,投资者缴付的出资额超出资本金的差额。

(4) 借入资金是指通过国内外银行贷款、国际金融组织贷款、外国政府贷款、出口信贷、发

---

① 注意对外购原材料、燃料应按种类分项,确定最低周转天数进行估算。

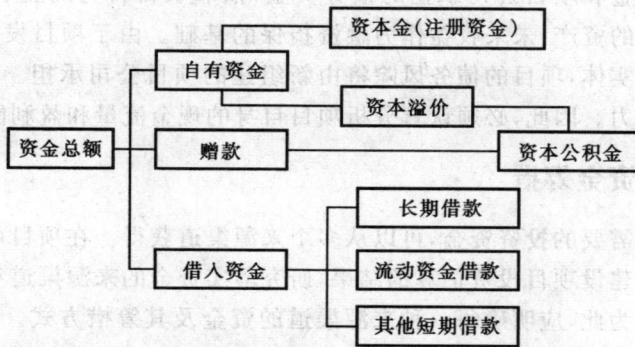

图 11-3　建设项目的资金来源

行债券等方式筹集的资金。

在一般情况下,资本金与债务资金之间必须进行平衡,资本金所占比例越高则财务安全度越高,税前利润也越大,但资本金利润率不一定高。从提高资本赢利能力角度出发,项目发起人总希望资本金所占比例尽可能小,但债务资金增加,又会增加项目财务风险。所以,将债务比例控制在 50% 以下较为合适。

11.2.2　既有法人融资与新设法人融资

提出项目的融资方案,首先需要确定项目的融资主体。项目的融资主体是指进行融资活动,并承担融资责任和风险的项目法人单位。根据融资主体不同,项目的融资可分为既有法人融资和新设法人融资两种融资方式。

1.　既有法人融资方式

既有法人融资方式是以既有法人为融资主体的融资方式。采用既有法人融资方式的建设项目,既可以是改扩建项目,也可以是非独立法人的新建项目。这种方式是由既有法人发起项目、组织融资活动并承担融资责任和风险,建设项目的资金,来源于既有法人内部的融资、新增资本金和新增债务资金,新增债务资金依靠既有法人整体(包括拟建项目)的盈利能力来偿还,并以既有法人整体的资产和信用承担债务担保。

既有法人融资方式筹集的债务资金虽然用于项目投资,但债务人是既有法人。债权人可对既有法人的全部资产进行债务追索,因而债权人的债务风险较低。采用这种方式,必须充分考虑既有法人的整体盈利能力和信用状况,分析可用于偿还债务的既有法人整体的未来的净现金流量。

2.　新设法人融资方式

新设法人融资方式是以新组建的具有独立法人资格的项目公司为融资主体的融资方式。采用新设法人融资方式的建设项目,项目法人大多是企业法人。社会公益性项目和某些基础设施项目也可能组建新的事业法人实施。采用新设法人融资方式的建设项目,一般是新建项目,但也可以是将既有法人的一部分资产剥离出去后重新组建新的项目法人的改扩建项目。

在这种融资方式下,项目发起人(企业或政府)会发起组建新的具有独立法人资格的项目公司,由新组建的项目公司承担融资责任和风险,建设项目所需要的资金来源,可包括项目公司的股东投入的资本金和项目公司承担的债务资金,依靠项目自身的盈利能力来偿还债务。一般以项目投资形成的资产、未来收益作为融资担保的基础。由于项目发起人与新组建的项目公司分属于不同的实体,项目的债务风险将由新组建的项目公司承担。项目能否贷款取决于项目自身的盈利能力。因此,必须认真分析项目自身的现金流量和盈利能力。

11.2.3　项目资金筹措

　　一个建设项目所需要的投资资金,可以从多个来源渠道获得。在项目可行性研究阶段,资金筹措工作是根据对建设项目投资估算的结果,研究落实资金的来源渠道和筹措方式,从中选择条件优惠的资金。为此,应明确每一种来源渠道的资金及其筹措方式。筹资方案的设计是建立在对项目资金来源、建设进度进行综合研究基础之上的。为保证项目有适宜的筹资方案,要对可能的筹资方式进行比选。方案设计中,要对各种可能的筹资方式的筹资成本、资金使用条件、利率和汇率风险等进行比较,寻求资金成本最小的筹资方案。

　　项目资金筹措可以从国内融资和国外融资两个渠道来考虑,如图 11－4 所示。也可以按照资本金、债务资金、其他资金(如既有法人的内部融资和准股本资金)三个渠道来筹措。

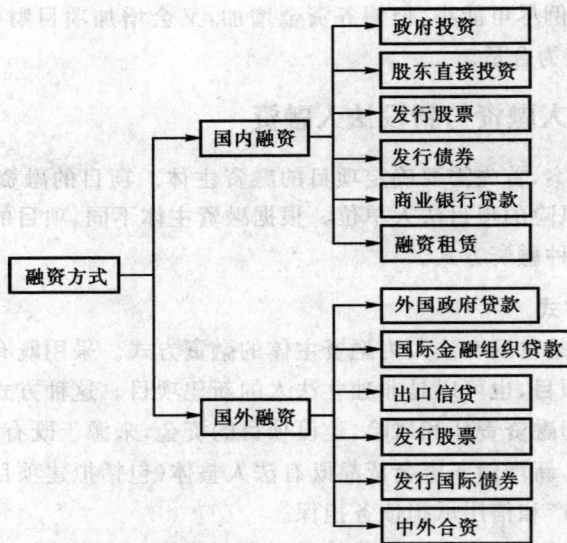

图 11－4　资金筹措的主要方式

1. 项目资本金的来源渠道与筹措方式

　　项目资本金是指在建设项目总投资中由投资者认缴的出资额,项目法人不承担这部分资金的任何利息和债务,投资者可按其投入比例依法享有所有者权益,也可转让其出资,但一般不得以任何方式抽回。

　　投资者可以用货币出资,也可以用实物、无形资产等作价出资,但是出资额必须由有资格的资产评估机构评估作价,其中以工业产权和非专利技术作价的比例一般不得超过资本金总额的 20%(经批准,部分高新技术企业可以达到 35%)。

　　项目资本金的来源和渠道主要有:

（1）股东直接投资

股东直接投资具体包括国家资本金、法人资本金、个人资本金和外商资本金。既有法人融资项目，股东直接投资表现为扩充既有企业的资本金，包括原有股东增资扩股和吸收新股东投资。新设法人融资项目股东直接投资表现为项目投资者为项目提供资本金。合资经营公司资本金由企业的股东按持股比例认缴，合作经营公司的资本金由合作方案预先约定的金额投入。

（2）股票融资

无论是既有法人融资项目还是新设法人融资项目，符合规定条件的均可以通过发行股票在资本市场筹集股本金。股票融资可以采取公募和私募两种形式。公募又称公开发行，是在证券市场上向特定的社会公众公开发行股票。私募又称为不公开发行或内部发行，是指将股票直接出售给少数特定的投资者。

（3）政府投资

政府投资资金，包括各级政府的财政预算内资金、国家批准的各种专项建设基金、国外贷款、土地批租收入、地方政府按规定收取的各种费用及其预算外资金等。政府投资主要用于关系国家安全和市场不能有效配置资源的经济和社会领域，包括加强公益性和公共基础设施建设、保护生态环境，促进欠发达地区的经济和社会发展，推进科技进步和高新技术产业化等项目。中央政府投资除本级政权的建设外，主要安排跨地区、跨流域以及对社会经济发展具有全局性影响的项目，如三峡工程、青藏铁路工程等。

采用新设法人融资方式的项目，投资各方经过协商，确定各方的出资比例、出资形式和出资时间。而采用既有法人融资方式的项目要考虑既有法人的财务状况和融资能力，合理确定既有法人内部融资和新增资本金在融资总额中的比例，分析既有法人内部融资和新增资本金的可能性与合理性。

另外，尽管国家放宽社会资本（包括外资）的投资领域，但是，对一些项目仍不允许外国资本控股，必须由国有资本控股。2005年1月1日实行的《外商产业投资指导目录》（2004年修订）中明确规定，核电站、铁路干线网、城市地铁及轻轨等项目，必须由中方控股。

2. 项目债务资金的来源渠道与筹措方式

债务资金是项目投资中以负债方式从金融机构、资本市场等取得的资金。债务资金必须到期偿还，无论项目融资主体今后经营效果的好坏，均需按期还本付息，从而形成企业的财务负担，但是资金成本一般比权益资金低。

项目债务资金的来源渠道和筹资方式主要包括：

（1）商业银行贷款

商业银行贷款是我国建设项目获得短期、中长期贷款的重要渠道。我国商业银行包括中国工商银行、中国建设银行、中国银行、招商银行、民生银行等。各家银行的资产规模相差较大，但是商业银行的存贷款利率统一由中国人民银行确定。

（2）政策性银行贷款

政策性银行贷款一般期限较长，利率较低，往往是为了配合政策性项目提供的贷款。我国的政策性银行有国家开发银行、中国进出口银行和中国农业发展银行。

（3）外国政府贷款

外国政府贷款是具有一定援助或部分赠与性质的低息优惠贷款。一般利率为2%～4%，还款期限为20～30年，最长可达50年。外国政府贷款主要有：日本国际协力银行贷款、日本能源贷款、美国国际开发署贷款、加拿大国际开发署贷款等。

（4）国际金融组织贷款

国际金融组织贷款是国际金融组织按照章程向其成员国提供的各种贷款。目前与我国关系密切的国际金融组织包括：国际货币基金组织、世界银行和亚洲开发银行。

国际货币基金组织贷款只限于成员国的财政和金融当局，不与任何企业发生业务，贷款用途限于国际收支逆差或用于经常项目的国际支付，期限为 1～5 年。

世界银行贷款一般期限较长，为 20 年，最长可达 30 年，宽限期为 5 年；贷款实行浮动利率；世界银行通常对其资助的项目只提供货物和服务所需要的外汇部分，约占项目总额的 30%～40%；世界银行的贷款程序严密，审批时间较长，从提出项目到最终同世界银行签订贷款协议，一般要一年半到两年的时间。

亚洲开发银行贷款分为硬贷款、软贷款和赠款。硬贷款的贷款期限为 10～30 年，含 2～7 年的宽限期，贷款利率为浮动利率，每年调整一次。软贷款为优惠利率贷款，其贷款期限为 40 年，含 10 年宽限期，不收利息。该贷款只限于发展中国家。赠款资金由技术援助特别基金提供。

（5）出口信贷

出口信贷是设备出口国政府为促进本国设备的出口，鼓励本国银行向本国出口商或外国进口商（或进口方银行）提供的贷款。贷给本国出口商的称为"卖方信贷"，贷给外国进口商（或进口方银行）的称为"买方信贷"。贷款使用条件是购买贷款国的设备。利率一般低于国际市场上的商业贷款利率，但需要一定的附加费用（管理费、承诺费、信贷保险费等）。

（6）银团贷款

银团贷款是指多家银行组成的一个集团，由一家或几家银行牵头，采用同一贷款协议，按照共同约定的贷款计划，向借款人提供贷款的贷款方式。银团贷款，由于参加的银行较多，需要多方协商，贷款过程周期长。而且，除支付利息之外，按照国际惯例，通常还需要支付承诺费、管理费和代理费等。

（7）企业债券

企业债券是企业以自身的财务状况和信用条件为基础，依照国家相关法律和程序发行的、约定在一定期限内还本付息的债券，如三峡债券、铁路债券等。

（8）国际债券

国际债券是一国政府、金融机构、工商企业或国际组织为筹措和融通资金，在国际金融市场上发行的、以外国货币为面值的债券。依据所使用的货币与发行地点的不同，国际债券主要有外国债券和欧洲债券。

（9）融资租赁

融资租赁是资产拥有者在一定期限内将资产租给承租人使用，由承租人分期付给一定的租赁费的融资方式。它一般由出租人按承租人选定的设备，购置后出租给承租人长期使用。在租赁期内，出租人以收取租金的形式收回投资，并取得收益；承租人支付租金租用设备进行生产经营活动。租赁期满后，出租人一般将设备作价转让给承租人。该方式适用于以购买设备为主的建设项目。

3. 既有法人内部融资

建设项目采用既有法人融资方式，既有法人的资产也是项目建设资金的来源之一。企业

160

现有资产的形成主要来源于三个方面：(1)企业股东过去投入的资本金；(2)企业的债务资金；(3)企业经营形成的净现金流。

既有法人内部融资的渠道和方式：

(1)可用于项目建设的货币资金

它包括既有法人现有的货币资金(即库存现金和银行存款)和未来经营活动中可能获得的盈余现金。

(2)资产变现的资金

资产变现的资金是指既有法人将流动资产、长期投资和固定资产变现为现金的资金。企业可以通过加强财务管理,提高流动资产周转率,减少存货、应收账款等流动资产占用而取得的资金,也可以出让有价证券取得现金。企业的长期投资包括长期股权投资和长期债权投资,一般可以通过转让而变现。企业的固定资产中,有些由于产品方案改变而被闲置,有些由于技术更新而被替换,都可以通过出售而变现。

(3)资产经营权变现的资金

既有法人可以将所属资产的经营权的一部分或全部转让,取得现金用于项目建设。如,某公司将其已经建成的一座大桥的45%经营权转让给另外一家公司,转让价格为未来15年这座大桥收益的45%。然后用这笔钱用于新项目建设。

(4)直接使用非现金资产

既有法人的非现金资产(包括实物、工业产权、非专利技术、土地使用权等)适用于拟建项目的,经资产评估可直接用于项目建设。当既有法人在改扩建项目中直接用于本单位的非现金资产时,其资产价值应计入"有项目"的项目总投资,但不能记作新增投资。

4. 准股本资金

准股本资金是一种既具有资本金性质、又具有债务资金性质的资金。准股本资金包括优先股股票和可转换债券。

(1)优先股股票

优先股股票是一种兼具资本金和债务资金特点的有价证券。如同债券一样,优先股股息有一个固定的比率,通常高于银行的贷款利息。如果公司破产清算,优先股股东对公司的剩余财产有优先于普通股股东的要求权。优先股一般不参加公司的红利分配,持股人没有表决权,也不能参与公司的经营管理。在项目评价中,优先股股票视为项目资本金。

(2)可转换债券

可转换债券是一种可以在特定时间、按照特定条件转换成为普通股股票的特殊企业债券。它兼有债券和股票的特性。它具有三个特点：①债权性。与其他债券一样,可转换债券也有规定的利率和期限,债券持有人可以选择债券到期,收取本金和利息。②股权性。可转换债券在转换成股票之前是纯粹的债券,但是在转换成股票之后,原债券持有人就由债权人变成公司的股东,可参与公司的经营决策和红利分配。③可转换性。债券持有人有权按照约定的条件将债券转换成股票。转换权是投资者享有的、普通企业债券所没有的选择权。可转换债券的持有人可以按照发行的价格将债券转换成普通股票。如果债权人不想转换,则可以继续持有,直到偿还期满时收取本金和利息或在流通市场上变现。

由于可转换债券有转换权,因此,可转换债券的利率一般低于普通企业债券的利率,从而降低企业的资金成本。但是转股后,又会造成股权的分散。

在项目评价中,可转换债券应视为项目的债务资金。

11.2.4 资金成本

1. 资金成本

项目为筹集和使用资金而付出的费用称为资金成本,包括资金占用费和资金筹集费。资金成本通常用资金成本率表示。资金成本率是指使用资金所负担的费用和筹集资金净额之比,其公式为:

$$资金成本率 = \frac{资金占用费}{筹集资金总额 - 资金筹集费} \times 100\%$$

或

$$资金成本率 = \frac{资金占用费}{筹集资金总额(1 - 筹资费用率)} \times 100\% \tag{11-5}$$

2. 债务资金成本

债务资金成本由债务资金的筹集费和债务资金占用费组成。前者是指筹集过程中所支付的费用,包括承诺费、发行手续费、担保费、代理费和债券兑付手续费等,而后者是指使用债务资金过程中发生的经常性费用,如贷款利息和债券利息。含筹资费用的税后资金成本计算公式为:

$$P_0(1 - F) = \sum_{i=1}^{n} \frac{P_t + I_t(1 - T)}{(1 + K_d)^t} \tag{11-6}$$

式中 P_0——债券发行额或长期借款金额,即债务现值;

I_t——约定的第 t 期末支付的债务利息(面值×息票利率);

P_t——约定的第 t 期末偿还的债务本金;

K_d——所得税后的债务资金成本;

F——债务资金筹资费用率;

T——所得税率;

n——债务期限,通常以年表示。

3. 权益资金成本

投资者购买股份公司股票是为了得到股票的股息和股票增值的资本收益。股票持有者投资股票所得的收益率就是公司用股票筹资所花费的成本。假设公司股票的股息稳定增长,那么普通股的资金成本可用股利增长模型公式计算:

$$K_s = \frac{D_1}{P_0} + g \tag{11-7}$$

式中 P_0——普通股市价;

D_1——预期第 1 年底获得的现金股息;

K_s——权益资金成本;

g——预期的现金股息增长率。

对于新发行的普通股票,发行成本为 f 时,其资金成本为 K'_s:

$$K'_s = \frac{D_1}{P_0 - f} + g \tag{11-8}$$

股票未上市的公司和非股份制企业,无法按照股票价格计算权益资本的成本。这时可采用债务成本加风险报酬率的方法。即:

权益资本成本＝企业平均债务成本＋风险报酬率

企业的债务有借贷资金和债券,按照企业长期债务的组成和利率,可求出平均负债成本。风险报酬率指的是相对债权人而言,股东因承担更大的风险而要求的风险补偿。企业可根据证券市场股票对无风险债券的平均风险补偿率或企业自身平均的历史风险报酬率来估计此值。

4. 企业利润留存(简称留利)的成本

企业将留利用于再投资,虽然不必支付利息和股息,但还是有筹资成本的。因为企业若不将利润留在企业而分给股东,则股东可得到股息。利润留存用于投资的资金成本应是由于再投资而造成股东损失的投资效益,可用留利的机会成本来衡量。因此,利润留存的资金成本等于现有普通股的资金成本。对非股份制企业,可用投资者期望的最低收益率来计算。

企业投资人和股东是从企业的税后利润中获得投资报酬的,因此,按股东期望收益率而定的权益资本成本是税后成本。

5. 加权平均资本成本

企业为投资项目所筹措的资金往往有多种来源,每种资金来源的成本各异,总的筹资成本应按加权平均资本成本计算,简写成 WACC(Weighted Average Cost of Capital)。

$$WACC = \sum_{i=1}^{n} W_i K_i \qquad (11-9)$$

式中　W_i——第 i 种资金在总筹资额中所占比例;

　　　K_i——第 i 种资金的资金成本。

通常加权平均资金成本都按税后成本计算,故式(11-9)中的 K_i 应为各项资金的税后成本。

11.3　项目建设计划的制定

项目建设计划又称项目实施计划或宏观进度计划(Overview schedule),主要任务是从宏观上安排项目实施各项工作的顺序与进度,并从组织、资金等方面提出保障计划。项目计划的作用与目的主要有三个:一是把握项目的建成投产期;二是为项目筹资及其他保障工作提供时间依据;三是在时间上衔接、协调各项工作,便于项目管理和监督。

11.3.1　项目实施计划的编制

要编制项目实施计划,首先要了解实施项目所必须完成的主要工作。对一般工业项目而言,主要实施工作有:可行性研究、项目立项审批、征地与搬迁、投资促进与招商、初步设计、详细设计、工程招标、技术洽谈与合同、资金筹集、施工图设计、土建施工、设备订购与到货、安装与调试、生产准备、试生产、验收、交付使用等。其次,根据每项工作的难度与工作量估计所需时间。最后,根据各项工作之间的逻辑顺序关系,制定最佳计划,必要时需要运用网络计划技术，如 PERT、GERT 等。在一般情况下，时间计划常用"甘特图"法。表 11-1 就是一个用甘特图表示的项目实施计划。

表 11-1　项目建设进度计划　　　　　　　　　　　　单位:万元

年份 \ 项目	2000	2001	2002	2003	2004	2005
设计,咨询	20					
加工中心土建		80	71.8			
铸工车间土建				30	20.6	
装配车间扩建					11	
油漆车间		22				
露天库及运输						27.5
加工中心设备购买与安装			220	447.59		
铸工安装					2.53	
投产						315.34
投资合计	20	102	291.8	477.59	34.13	342.84

注:—表示建设进行的时间,上面的数字是所需投资。

11.3.2　资金使用计划的编制

资金筹集计划的作用一是在总量上保证项目实施的需要,二是确定项目投资的最佳结构。资金使用计划则是根据项目实施进度计划及资金筹集计划,为项目实施的每一步骤提供资金保证。其主要目的是为了避免项目实施过程中出现财务困难,实现资金平衡。这里资金平衡有两层意思:一是要在项目建设期的各个阶段按时、按量、按币种提供需要的资金,使项目建设期各年资金平衡,以避免因资金供应不上而中断项目建设的现象。二是在贷款期内有足够的资金来还本付息。

由于各种资金都有各种限制性要求和一定的资金成本,因此,资金使用计划就是要在这些限制条件下,依据项目对资金的具体要求,合理地安排各种资金的使用用途和使用时间,并使项目承担的成本最低。

编制资金使用计划一般遵循下列原则:

(1)资本金一般用在项目早期和作备用资金,即作为应急资金;

(2)借入资金最好均匀使用,以使将来还贷负担比较均匀。高利率贷款后用,低利率贷款尽可能早用、多用;

(3)合伙人资金可安排在稍后使用,以减少风险,降低合作条件。

在实际中,安排资金使用计划的技巧还有许多,这就要求可行性研究人员在实践中积累经验。表 11-2 是一个资金使用计划的实例。

表 11-2 资金使用计划表 单位：万元

使用时间 资金来源	2000	2001	2002	2003	2004	2005
资本金	20	22	120	137.59	34.13	27.5
工行贷款				250		315.34
建行贷款		80	71.8			
合作投资			100	90		
合计	20	102	291.8	477.59	34.13	342.84

11.3.3 贷款偿还计划的编制

项目的还款能力是关系到能否筹集足够贷款和决定贷款成本的重要因素。另外，项目建成后能否顺利营运也与还贷负担的大小有关，严重时会使未来企业资金周转发生困难而影响未来企业正常营运。因此，必须对贷款的偿还做统筹规划。

制定贷款偿还计划包括三项工作内容：测算可还贷资金量、确定还贷方式以及编制还贷计划。

对于工业项目，还贷资金主要来源有：利润、折旧和摊销费等。用于还贷的利润一般是税后利润，但有时也可能是税前利润，要根据项目特性和国家有关政策来确定。折旧是指基本折旧，不包括大修理折旧基金。无形资产和递延资产的年摊销费均可用于还贷。

还贷方式不是统一的，视借贷双方谈妥的贷款协议规定而定。一般有两种方式：一是将建设期利息计入本金，分期等额偿还本金，利息单独计算偿还，即等额还本利息照付方式；另一种是在复利条件下的等额年金方式偿还，此时，每年的还本付息额是相等的，负担均匀，即等额还本付息方式。两种还贷方式的计算见 11.1.3。但一般项目在投产早期盈利较低，有时甚至还要亏损，所以最好能少还些贷款。

制定还贷计划也有一些简单的原则，如：短期的、高利率的贷款要早还，长期的、低利率的贷款争取迟还。实际上只要项目内部收益率（IRR）大于贷款利率，延迟还款是有利的。另外，在还款计划中通常不包括流动资金贷款，在计算贷款偿还期时只计算固定资产投资借款偿还期。流动资金贷款在项目终了时回收还贷，每年利息计入成本。

还贷计划格式参见案例分析中"借款还本付息计算表"。

综合以上对项目必要性、项目可实现性和项目经济性的研究与设计，通常已经能够形成实现项目目标的若干个可行方案。进一步的工作就是要对这些方案进行全面系统的经济评价，并在此基础上通过正确的选择或决策最终确定项目的最佳方案。

第 12 章　财务评价

项目经济评价分为财务评价和国民经济评价。本章将阐述财务评价与国民经济评价的关系及财务评价基本方法[1]。

财务评价所要解决的主要问题是：(1)从项目或企业的角度和范围，按照现行财税制度和价格，计算项目的费用和效益，衡量项目的盈利大小、竞争能力和抗风险能力，据以判定项目的财务可行性。(2)为项目制订资金规划，通过不同的资金筹措、使用和偿还方案比较，以选择最好的资金规划方案，同时分析贷款的偿还能力。(3)为协调企业利益和国家利益提供建议。当项目的财务评价结论是不可行，国民经济评价结论是可行，而该项目又是国计民生急需项目时，国家必须采取经济手段加以调节，使项目财务上有生存能力。在财务评价中可以通过考察财务评价参数(如价格、税收、利率等)变动对评价指标的影响，找出向国家提出进行经济调节的方法和幅度的建议。

财务评价与企业日常财务分析不同，其主要差别：

(1)日常财务分析是对记录下来的实际收支所进行的分类、整理和分析，是事后评价；财务评价则是对项目未来的数据所进行的预测和分析，是事前评价。

(2)日常财务分析的是企业近期(一月、一季度或一年)的生产经营活动情况分析，财务评价所要分析的则是项目整个计算期的投资和生产经营活动。

(3)日常财务只对企业的财务收支状况作静态分析，财务评价对项目的经济状况既要作静态分析，又要作动态分析，还要进行不确定性研究和风险性分析。

12.1　财务评价与国民经济评价

项目经济评价一般分为财务评价和国民经济评价两个层次。本节以我国建设项目经济评价方法为主阐述财务评价与国民经济评价的主要区别和共同问题。

12.1.1　我国建设项目经济评价方法的特点

1987 年出版的《建设项目经济评价方法与参数》第一版，是在总结我国近 40 年来投资经济效益分析与评价的实践经验，和近 10 几年来理论研究成果的基础上，借鉴了国外，特别是"经济合作和发展组织"、"联合国工业发展组织"和"世界银行"的作法而编制的。它是我国关于项目评价较为完整的标准和规范，比较符合我国社会主义制度、现行管理体制和评价目标。1993 年出版的《建设项目经济评价方法与参数》(简称《方法与参数》)第二版，反映了第一版执行 6 年的实践经验和公司法、新财会制度颁布的新情况。2006 年出版的《建设项目经济评价方案与参数》(第三版)是在总结第二版实施经验的基础上，立足我国国情，借鉴国际上项目经济评价研究成果，经过大量调查研究和专题科研的基础上，提出的一套比较完整、适用广泛、切实可行的经济评价方法与参数体系,是项目评价的最新规范。

我国经济评价方法的特点是:宏观效益分析与微观效益分析相结合,以宏观效益分析为主;价值量分析与实物量分析相结合,以价值量分析为主;阶段性经济效益分析与全过程经济效益分析相结合,以全过程分析为主;定量分析与定性分析相结合,以定量分析为主;动态分析与静态分析相结合,以动态分析为主;预测分析与统计分析相结合,以预测分析为主。

12.1.2　财务评价与国民经济评价的主要差别

项目一般应分别进行财务评价和国民经济评价,财务评价是按现行价格和财税制度分析计算项目的效益和费用,考察项目的获利能力、清偿能力及外汇效果等状况,以判别项目的财务可行性。

国民经济评价是在合理配置社会资源的前提下,从国家经济整体利益的角度出发,计算项目对国民经济的贡献,分析项目的经济效率、效果和对社会的影响,评价项目在宏观经济上的合理性。

建设项目经济评价内容的选择,应根据项目性质、项目目标、项目投资者、项目财务主体以及项目对经济与社会的影响程度等具体情况确定。对于费用效益计算比较简单,建设期和运营期比较短,不涉及进出口平衡等一般项目,如果财务评价的结论能够满足投资决策需要,可不进行国民经济评价;对于关系公共利益、国家安全和市场不能有效配置资源的经济和社会发展的项目,除应进行财务评价外,还应进行国民经济评价;对于特别重大的建设项目尚应辅以区域经济与宏观经济影响分析方法进行国民经济评价。

项目经济评价的主要内容见表 12-1[34]。

表 12-1　建设项目经济评价内容选择参考表

分析内容 项目类型			财务分析			经济费用 效益分析	费用效果 分析	不确定性 分析	风险 分析	区域经济与 宏观经济 影响分析
			生存能力 分析	偿债能力 分析	盈利能力 分析					
政府 投资	直接 投资	经营	☆	☆	☆	☆	△	☆	△	△
		非经营	☆	△		☆	☆	△	△	△
	资本金	经营	☆	☆	☆	☆	△	☆	△	△
		非经营	☆	△		☆	☆	△	△	△
	转贷	经营	☆	☆	☆	☆	△	☆	△	△
		非经营	☆	△		☆	☆	△	△	△
	补助	经营	☆	☆	☆	☆	△	☆	△	△
		非经营	☆	△		☆	☆	△	△	△
	贴息	经营	☆	☆	☆	☆	△	☆	△	△
		非经营								
企业投资(核准制)		经营	☆	☆	☆	△	△	☆	△	△
企业投资(备案制)		经营	☆	☆	☆	△	△	☆	△	△

注:1. 表中☆代表要做;△代表根据项目的特点,有要求时做,无要求时可以不做。具体使用的指标见相关分

析条文。

2. 企业投资项目的经济评价内容可根据规定要求进行，一般按经营性项目选用，非经营项目可参照政府投资项目选取评价内容。

表 12-2 简明示出财务评价与国民经济评价的主要差别。由于存在这些差别，两种评价有时可能得出相反的结论。例如，某石油化工厂的主要原料原油是出口占用品，产品内销。由于原油的国内价格远低于国际市场价格，其产品的国内价格又高于国际市场价格。财务评价结果，企业利润很高，项目可行。当进行国民经济评价时，采用影子价格计算，该项目的国民经济效益是负值，不可行，则该项目不能通过。又如煤炭和基础原料或燃料工业的产品国内价格偏低，企业利润很少，财务评价可能不易通过，在进行国民经济评价时，这些国计民生不可缺少的基本物资生产项目的贡献可能很大，就能通过。在这种情况下，评价人员应向国家或主管部门提出采取减免税收，甚至给予补贴等优惠措施的建议，使企业财务上有生存能力。经过调整之后，项目在财务上也成为可行。

表 12-2　财务评价与国民经济评价的主要差别

序号	比较项目		财 务 评 价	国 民 经 济 评 价
1	评价立场		项目经营企业	国民经济全局
2	追求的目标		企业盈利最大 （微观经济评价）	国家资源合理分配、国民经济 全局效益最大（宏观经济评价）
3	效益费用的 含意和范围		项目的实际收支 只计直接效益和费用	国民经济效益和社会耗费 还计及外部效果
4	价　格		现 行 价 格	影 子 价 格
5	劳动价值		名义工资（工资＋福利基金）	影 子 工 资
6	基准折现率		行业基准收益率 i_c	社会折现率 i_s
7	汇　率		官方汇率 OER	影子汇率 SER
8	项	✓	✓	✓
	目	×	×	×
	取	×	✓	×
	舍	✓	×（优惠措施→✓）	✓

注：✓表示可行，×表示不可行

12.1.3　项目评价指标与计算报表

1. 评价指标与对应的基本报表（表 12-3）

表 12-3 所列举的各项指标中，财务内部收益率、投资回收期、资产负债率和经济内部收益率为主要指标，必须计算。其他指标可根据具体情况决定取舍。

表 12－3　项目经济评价指标和基本报表

| 评价内容 | 基本报表 | 财务评价指标 | | 国民经济评价指标 | 融资前 | 融资后 |
		静态	动态	动态		
投资效益分析	B9 项目投资 现金流量表	投资回收期	财务内部收益率 财务净现值		√	
	B10 项目资本金 现金流量表		财务内部收益率			√
	B11 投资各方 现金流量表		投资各方 财务内部收益率			√
	B16 项目投资经济费 用效益流量表			经济内部收益率 经济净现值	√	
	B12 利润及 利润分配表	总投资收益率				√
生存能力分析	B13 财务计划 现金流量表	净现金流量 累计盈余资金				√
偿债能力分析	B14 资产负债表	资产负债率				√
	B15 借款还本付息表	利息备付率 偿债备付率				√

2. 辅助报表

为了完成表 12－3 中的项目经济评价的 8 类基本报表,还应编制基础数据表——辅助报表:

财务评价辅助报表 B1　　建设投资估算表(概算法)

财务评价辅助报表 B2　　建设投资估算表(形成资产法)

财务评价辅助报表 B3　　建设期利息估算表

财务评价辅助报表 B4　　流动资金估算表

财务评价辅助报表 B5　　项目总投资使用计划与资金筹措表

财务评价辅助报表 B6　　营业收入、营业税金及附加和增值税估算表

财务评价辅助报表 B7　　总成本费用估算表(生产要素法)

财务评价辅助报表 B8　　总成本费用估算表(生产成本加期间费用法)

经济评价辅助报表 B17　经济费用效益分析投资费用估算调整表

经济评价辅助报表 B18　经济费用效益分析经营费用估算调整表

经济评价辅助报表 B19　项目直接效益估算调整表

经济评价辅助报表 B20　项目间接费用估算表

经济评价辅助报表 B21　项目间接效益估算表

项目评价的基本报表和辅助报表附录于本章末。

12.1.4 计算期及其年序

1. 计算期

项目的计算期是根据经济评价要求所规定的一个计算项目净效益的年限。计算期(n)包括建设期(n_1)和运营期(n_2)，即 $n=n_1+n_2$。运营期对有些项目称为生产期，经营期或服务期。

建设期的长短同项目的大小、性质和建设方式有关，应参照项目建设合理工期或项目的建设进度计划合理确定。例如纺织等轻工项目建设期 1～3 年，机械工程需 2～5 年，煤矿的建设期长达 10～20 年。建设期的确定也有技术经济合理性问题。如果一个工程项目有几种施工方案，就应进行技术经济比较，选年费用最小的方案。我国"一五"期间，各类项目的建设期较正常，近十几年来许多工程的建设期偏长。所以，目前加快建设速度，缩短建设期，是减少建设投资，减少资金占用，提高项目技术经济效益的重要途径。

一般来说，在建设期内只有"投入"，当项目有"产出"时，建设期就已经结束，进入运营期了。运营期分为部分生产的投产期和达到设计能力生产期（达产期），投产期应尽量短。

通常的运营服务期可分为下列三种：

（1）技术服务期。这是指一个工程项目或一台设备技术上可以使用的寿命，超过这个寿命就不能正常使用。

（2）经济服务期。这是从经济效益的角度，对一个工程项目或一台设备所确定的使用寿命，超过这个寿命虽然技术上仍可使用，但是经济上已经不合理了，应该报废更新。一般说来，经济服务期是小于或等于技术服务期。

（3）折旧期。这是从财政角度对一个项目或一台设备所规定的折旧年限。我国现在按照财政部(1992)《工业企业财务制度》执行（见附录）。

项目评价计算期中的计算运营期，是项目收益的考察期。它与上述三种服务期中的任何一种不一定相同。考察期长短的确定必须既考虑当前利益，又考虑长远利益。运营期的确定主要考虑以下几个问题：

（1）满足国民经济近期和长远规划，我国实行的是社会主义市场经济体制，还有近期的和中长期的经济发展规划。因此，希望工程项目既能在短期内发挥最大的经济效益，又能满足长期发展规划的要求。

（2）考虑科学技术进步的影响。现代科技飞跃进步，计算期不能考虑过长，因为很可能在这个计算期内由于出现某些在技术上十分先进、在经济上十分优越的新方案，使原来采用的技术方案提前报废。例如，国外有些地区为了满足电能需要，当时建造了许多小型水电站，后来由于电力系统的扩大和发展，这些小水电站就都提前报废，有的重建为大型水电站。真空管大量地被晶体管所代替，后又大量地被集成线路所代替，等等。这种情况就是平常所说的"精神磨损"。但是，也不能采取过短的计算期。因为现代科学技术尽管进步很快，一般来说（个别情况，如电子技术等除外），也不是一二年或三五年就能产生很大变化。经过对许多新技术发展周期的研究表明，一项新技术的出现到大规模的采用一般需要 10～20 年。

（3）要考虑经济资料的准确性和经济发展情况。项目评价经常利用近期的经济资料，同时考虑到今后一个时期的经济发展情况，进行预测。计算期愈长，经济情况发生变化的可能性愈大，预测的准确性愈差、计算误差就愈大。但是在适当时期内，经济情况的变化还是比较小的，对评价计算精度影响不大。

(4) 考虑资金的时间价值。用动态指标计算,二三十年以后的收益折现后,为数甚微,对评价结论不发生举足轻重的影响。所以,计算期不需要太长。

运营期的确定应该综合考虑上述有关的各种因素。按照中国的具体情况,考虑到以上因素,计算运营期一般可采用 10~20 年,个别项目可以适当缩短或延长。具体项目的计算运营期应根据具体情况确定。例如,采掘工业可参考根据资源储量所测定的合理开采年限;一般工业项目可采用综合折旧寿命期;对于有些折旧寿命期很长,甚至是"永久性"工程项目,如水坝等,其计算运营期可低于其折旧寿命。此时在现金流量表中最末一年"回收固定资产余值"栏目内可填入该年的固定资产净值。

应该说明,计算期不一定受方案的技术服务期的限制,因为如果国民经济需要,某技术方案可以重复采用。

2. 计算期的年序问题

财务现金流量表(或经济费用效益流量表,下同)的年序 $0,1,2,\cdots,n$,建设开始年作为计算期的第一年,第一年年初为 0,年末年序为 1。为了与复利系数表的年序相对应,在折现计算中,采用了年末习惯法。即年序 1 发生的现金流量按 $(1+i)^{-1}$ 折现;年序 2 发生的现金流量按 $(1+i)^{-2}$ 折现,余类推。通常,在项目建设期以前发生的费用占总费用的比例不大。为简化计算,这部分费用可列入年序 1。这样计算的净现值或内部收益率,比列在建设期以前计算的略大一些,但一般不会影响评价的结论。有些项目,如老厂改、扩建项目,需要计算有改、扩建项目的效益,且原有固定资产净值占改、扩建总投资的比例较大,需要单独列出时,可在年序 1 之前另加一栏"建设起点"年序为 0,即第 1 年年初。将建设期以前发生的现金流出填入该栏,计算净现值时不予折现。

12.1.5 关于经济评价价格问题

1. 财务价格

财务评价用的价格可简称为财务价格,即以市场价格体系为基础的预测价格。项目评价人员应根据项目的实际情况,实事求是地通过分析、论证加以确定。

(1) 国内市场价格是指现行商品价格和收费标准,有国家定价、国家指导价和市场价三种价格形式。在多种价格并存的情况下,项目财务价格应采用预计最有可能发生的价格。

(2) 市场价格的变化受多种因素的影响。例如,因价格政策变化引起的国家定价和市场价比例的变化,以及因商品供求关系变化引起的供求均衡价格的变化等等。导致价格变动的这类因素称为相对价格变动因素。另一类使价格变动的因素是物价总体水平的上涨,即因货币贬值(或称通货膨胀)而引起的所有商品的价格以相同比例向上浮动。预测现行价格除必须考虑前一类相对价格的变动因素外,原则上还应考虑后一类物价总水平的上涨因素。

(3) 在财务评价中,对于价格变动因素,项目财务盈利能力分析和清偿能力分析原则上应作不同处理。即:为了消除通货膨胀引起的财务报表上的"浮肿"利润,计算"实际值"的内部收益率等盈利能力指标,使项目与项目之间、项目评价指标与行业财务评价参数(不含通货膨胀的基准收益率和基准投资回收期)之间具有的可比性,财务盈利能力分析应采用以基年(或建设期初)物价总水平为基础,并考虑了计算期内相对价格变化、但是不考虑物价总水平上涨因素的价格,计算财务内部收益率和投资回收期等指标;同时,为了使项目投资估算、资金筹措及清偿能力的计算与项目实施中实际发生的数值相一致,清偿能力分析应采用时价(既考虑计算期内相对价格变动,又考虑物价总水平上涨因素)进行还本付息等财务平衡计算。

结合我国情况,《建设项目经济评价方法》中规定,对物价总水平上涨因素可区别以下不同情况,分别作不同的简化处理:

(1) 建设期较短的项目,两种分析在建设期内各年均可采用时价,运营期内各年均采用以建设期末(运营期初)物价总水平为基础,并考虑运营期内相对价格变化的价格。

(2) 建设期较长,确实难以预测物价上涨指数的项目,两种分析在计算期内均可采用以基年(或建设期初)物价总水平为基础,仅考虑相对价格变化,不考虑物价总水平上涨因素的价格。但应就物价总水平变动因素对项目盈利能力的影响,进行敏感性分析。

上述处理主要出于以下考虑:

① 按国家规定,要打足投资,不留缺口。为此,在投资估算中要求考虑物价总水平的上涨因素,即预留涨价预备费。在财务评价中,建设期考虑物价总水平的上涨,各年采用时价,可与投资估算数保持一致。

② 相对说来,建设时间较短,价格水平上涨指数预测比较容易;运营期时间较长,价格水平上涨指数预测难度较大。在运营期不考虑物价总水平的上涨因素,可避免因测算不准人为地导致指标的虚假成分。

③ 当建设期较长时,在建设期内预测物价总水平的变化,同样存在因测算不准人为地导致指标虚假的问题。项目盈利能力分析和清偿能力分析在整个计算期内均不考虑物价总水平上涨因素,按基年(或建设期初)物价总水平确定财务价格,计算有关评价指标,可以在不同程度上避免这些实际上难以克服的困难。

2. 影子价格

国民经济评价使用的影子价格是指依据一定原则确定的、比财务价格更为合理的价格。所谓合理,从定价原则来看,应能更好地反映产品的价值,反映市场供求情况,反映资源稀缺程度;从价格产生的效果来看,应能使资源配置向优化方向发展。

12.2 成本、税和利润估算

在上一章投资估算之后,还需进行营业收入计算,成本费用和税费估算,利润计算,借款偿还和盈余资金等内容,是财务评价的重要内容。

12.2.1 营业收入

营业收入包括销售产品或提供服务所获得的收入。

计算营业收入时,假设生产出来的产品全部销售,销售量等于生产量。销售价格一般采用市场价格,也可根据需要采用送达用户的价格或离岸价格

营业收入＝价格×产销量

12.2.2 总成本费用

1. 总成本费用

总成本费用是指运营期内为生产产品或提供服务所发生的全部费用。

总成本费用由生产成本、管理费用、财务费用和营业费用组成。

生产成本包括各项直接支出(直接材料、直接工资和其他直接支出)及制造费用。

制造费用是指为组织和管理生产所发生的各项费用,包括生产单位(分厂、车间)管理人员工资、职工福利费、折旧费、维简费、修理费及其他制造费用(办公费、差旅费、劳动保护费)。

管理费用是指企业行政管理部门为管理和组织经营活动发生的各项费用,包括管理人员工资和福利费、折旧费、修理费,无形及递延资产摊销费及其他管理费用(办公费、差旅费、劳动保护费、技术转让费、土地使用税)。

财务费用是指为筹集资金而发生的各项费用,包括生产经营期间发生的利息净支出及汇兑净损失等。

营业费用是指为企业在销售商品过程中发生的各项费用以及专设销售机构的各项费用,包括应由企业负担的运输费、装卸费、包装费、保险费、广告费、展览费以及专设销售机构人员工资及福利费,类似工资性质的费用、业务费等经营费用。

为便于计算,在总成本费用估算表(辅助报表 B7)中,将工资及福利费、折旧费、修理费、摊销费、利息支出进行归并后分别列出,该表中的"其他费用"是指在制造费用、管理费用、财务费用和营业费用中扣除工资及福利费、折旧费、修理费、摊销费、利息支出后的费用。

在计算总成本费用时,要注意扣除原材料消耗中自产自用部分,以免重复。

单位生产成本和总成本费用估算表参见案例分析。

2. 经营成本

经营成本是项目经济评价中所使用的特定概念,作为项目运营期的主要现金流出,其构成和估算可采用下式表达:

经营成本＝外购原材料＋燃料和动力费＋工资及福利费＋修理费＋其他费用

式中:其他费用是指从制造费用、管理费用和营业费用中扣除了折旧费、摊销费、修理费、工资及福利费以后的其余部分。

《方法与参数》规定经营成本不包括折旧费、维简费、摊销费和借款利息,这是因为:

(1)现金流量表反映项目在计算期内逐年发生的现金流入和流出。与常规会计方法不同,现金收支在何时发生,就在何时计入,不作分摊。由于投资已在其发生的时间作为一次或几次性支出被计入现金流出,所以不能再以折旧和摊销的方式计为现金流出,否则会发生重复计算。因此作为经常性支出的经营成本中不包括折旧和摊销费,同理也不包括矿山"维简费"。

(2)因为全部投资现金流量表是以全部投资作为计算基础(自有资金假设),利息支出不作为现金流出,而自有资金现金流量表中已将利息支出单列,因此,经营成本中也不包括利息支出。

3. 可变成本与固定成本

产品成本按其与产量变化的关系分为可变成本、固定成本和半可变(或半固定)成本。在产品总成本中,有一部分费用随产量的增减而成比例地增减,称为可变成本,如原材料费用一般属于可变成本。另一部分费用与产量的多少无关,称为固定成本,如固定资产折旧费、管理费用。还有一些费用,虽然也随着产量增减而变化,但非成比例地变化,称为半可变(半固定)成本。通常将半可变成本进一步分解为可变成本与固定成本。因此,产品总成本费用最终可划分为可变成本和固定成本。

4. 折旧与摊销

（1）固定资产折旧

固定资产折旧一般采用平均年限法或工作量法。

按平均年限法计算折旧，其计算公式为：

$$年折旧率 = \frac{1 - 预计净残值率}{折旧年限}$$

$$年折旧额 = 年固定资产原值 \times 年折旧率$$

折旧年限参考附录中，1992 年 12 月 30 日财政政部颁布的《工业企业财务制度》中的"固定资产分类折旧年限表"。

按工作量法计算折旧，可采用下列两种方法：

①按照行驶里程计算折旧的公式：

$$单位里程折旧额 = \frac{原值 \times (1 - 预计净残值率)}{总行驶里程}$$

$$年折旧额 = 单位里程折旧额 \times 年行驶里程$$

②按照工作小时计算折旧的公式：

$$每工作小时折旧额 = \frac{原值 \times (1 - 预计净残值率)}{总工作小时}$$

$$年折旧额 = 每工作小时折旧额 \times 年工作小时$$

有些企业（例如高新技术企业）经财政部门批准进行加速折旧，其机器设备的折旧可采用双倍余额递减法或年数总和法。

①双倍余额递减法的折旧计算公式为：

$$年折旧率 = \frac{2}{折旧年限} \times 100\%$$

$$年折旧额 = 固定资产净值 \times 年折旧率$$

实行双倍余额递减折旧法的固定资产，应当在其固定资产折旧年限到期前两年内，将固定资产净值扣除预计净残值后的净额平均摊销。

②年数总和法的折旧计算公式为：

$$年折旧率 = \frac{折旧年限 - 已使用年数}{折旧年限 \times (折旧年限 + 1) \div 2} \times 100\%$$

$$年折旧额 = (固定资产原值 - 预计净残值) \times 年折旧率$$

固定资产折旧可分类计算，也可综合计算。

（2）无形资产和递延资产的摊销

无形资产按规定期限分期摊销；没有规定期限的，按不少于 10 年分期摊销。递延资产中的开办费按照不短于 5 年的期限分期摊销。

销售收入、成本、税金和利润的关系示于图 12-1。

12.2.3　关于融资租赁

融资租赁是指建设项目不是通过银行贷款自行购置设备，而是通过租赁公司（出租方）代为购入，租给企业（承租方），以"融物"代替"融资"。它实质上是建设项目筹措资金的一种特殊形式。

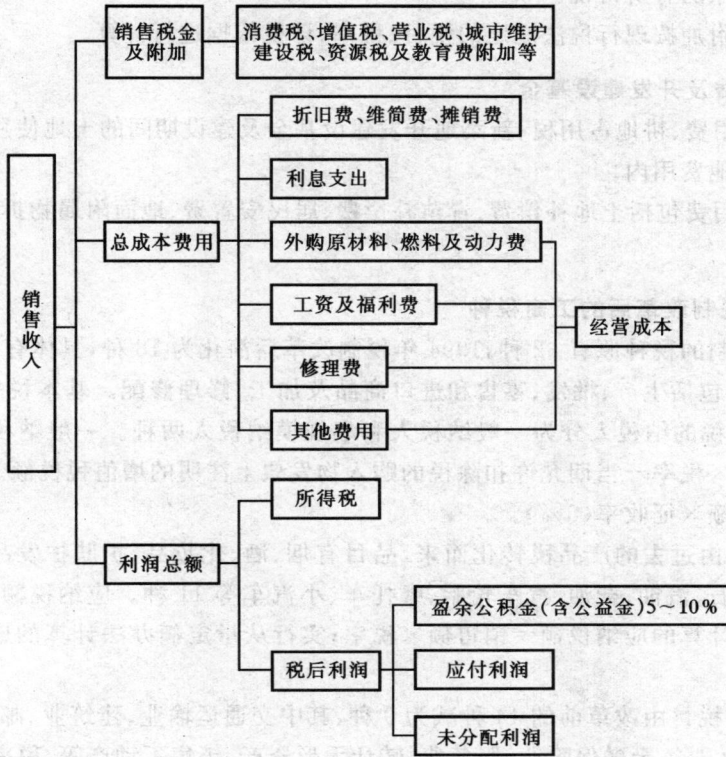

图 12-1 　销售收入、成本、税金和利润的关系图

销售收入
- 销售税金及附加 → 消费税、增值税、营业税、城市维护建设税、资源税及教育费附加等
- 总成本费用
  - 折旧费、维简费、摊销费
  - 利息支出
  - 外购原材料、燃料及动力费
  - 工资及福利费 ┐
  - 修理费 ├→ 经营成本
  - 其他费用 ┘
- 利润总额
  - 所得税
  - 税后利润
    - 盈余公积金(含公益金)5～10%
    - 应付利润
    - 未分配利润

根据现行会计制度规定,融资租入固定资产作为承租方的固定资产进行管理。在租赁期满后,一般将其所有权转移给承租方。因此,在评价时,作如下简化处理:

(1)融资租入固定资产是建设项目投资的组成部分,作为现金流出。其计算方法同银行贷款项目。

(2)该部分融资租入固定资产视同为本项目的固定资产,其折旧一般按平均年限法计算,折旧额计入总成本费用。对价值较大的、有条件单独计算折旧的,其折旧年限也可低于国家规定的同类设备折旧年限。

(3)承租方在租赁期限内支付租赁费(包括手续费、利息、构成固定资产价值的设备价款、运输费、途中保险费、安装调试费等)视同为"还本付息",其资金来源是固定资产折旧、自有资金以及新增利润。

12.2.4　税金及附加

1. 税金及附加的会计处理

根据现行会计制度规定,税金及附加主要有:进入产品成本费用的税金有房产税、土地使用税、车船使用税、印花税以及进口原材料、备品备件的关税。

从销售收入中直接扣除的销售税金及附加有消费税、增值税、营业税、城市维护建设税、资源税和教育费附加。

从利润中扣除的有所得税。

各种税金及附加按现行税法规定的税目、税率、计税依据进行计算。

2. 土地税、费及开发建设基金

（1）土地征用费、耕地占用税、新菜地开发建设基金及建设期间的土地使用税列入建设项目投资估算的其他费用内。

（2）土地征用费包括土地补偿费、青苗补偿费、居民安置费、地面附属物拆迁补偿费、征地管理费等。

3. 1994 年税制改革后的工商税种[25]

我国工商税制的税种原有 32 种，1994 年税制改革后简化为 18 种，具体有：

（1）增值税：包括生产、批发、零售和进口商品及加工、修理修配。基本税率为 17％，低税率为 13％。增值税的纳税人分为一般纳税人和小规模纳税人两种。一般纳税人的应纳税额＝当期销售收入×税率－当期允许扣除税的购入物发票上注明的增值税税额。小规模纳税人的应纳税＝销售额×征收率（6％）。

（2）消费税：由过去的产品税转化而来，品目有烟、酒、化妆品、护肤护发品、鞭炮焰火、贵重首饰和珠宝玉石、汽油、柴油、汽车轮胎、摩托车、小汽车等 11 种。应纳税额的计算公式：实行从价定率办法计算的应纳税额＝销售额×税率；实行从量定额办法计算的应纳税额＝销售数量×单位税额。

（3）营业税：税目由改革前的 14 种减为 9 种，其中交通运输业、建筑业、邮电通信业、文化体育业等，税率为 3％；金融保险业、服务业、转让无形资产、销售不动产等，税率为 5％；娱乐业的税率为 5％至 20％，营业税的交纳税额＝销售额×税率。

（4）资源税：税目有：原油、天然气、煤炭，其他非金属矿原矿、黑色金属矿原矿、有色金属矿原矿、盐。资源税应纳税额＝课税数量×单位税额。

（5）企业所得税：税率为 25％，应纳税所得额＝纳税人每一纳税年度的收入总额－准予扣除项目后的余额，一般企业的应纳税所得额为利润总额。

外商投资企业和外国企业所得税：税率为 25％。凡是税收优惠政策，例如对高新技术企业的两免三减半等优惠均是指企业所得税而言。应纳税所得额（制造业）＝产品销售利润＋其他业务收入－营业外支出。

（6）个人所得税：工资、薪金所得，适用超额累进税率，税率 5％至 45％，以每月收入额减除费用 1 600 元（2008 年 3 月后为 2 000 元）后的余额，为应纳税所得额。个体工商户生产经营所得和对企事业的承包经营、承租经营所得，适用 5％至 35％的超额累计税率。稿酬所得，适用 20％的比例税率，并按应纳税额减征 30％，劳务报酬和特许权使用费所得，利息、股息、红利所得，财产租赁所得、财产转让所得等，均适用 20％的比例税率。

（7）土地增值税：实行四档超率累进税率，最低为 30％，最高为 60％。

（8）城镇土地使用税：以纳税人实际占用的土地面积为计税依据，依照规定税额计征。

（9）营业税金附加包括城市维护建设税（税率：城市 7％，县城 5％，非城镇 1％）及教育费附加（3％）属附加税种，是以纳税人实际交纳的消费税，增值税，营业税税额为计税依据计征。分别用于城市公用事业和公共设施的建设维护以及发展教育事业。

（10）其他税种包括房产税、固定资产投资方向调节税、证券交易税、印花税、车船使用税、遗产税、屠宰税、筵席税。

4. 改革后的营业税种

新的税制改革后,营业税共有9种,其税率分别为:

(1) 交通运输业:铁路运输、陆路运输、海上运输、内海运输、航空运输、管道运输、公共运输、装卸搬运,税率为3%。

(2) 建筑业:建筑、安装、修缮、装饰、其它工程作业,税率为5%。

(3) 金融保险:金融、保险、典当,税率为5%。

(4) 邮电通信业:邮政、集邮、邮汇、报刊发行、邮务物品、电报、电传、电话、电话安装,税率为3%。

(5) 文化体育业:文化运动、艺术表演、体育比赛、播映、公园,税率为3%。

(6) 娱乐业:歌厅、舞厅、卡拉 OK 歌舞厅、音乐茶座、台球、高尔夫球、保龄球、游艺,税率为5%～20%。

(7) 服务业:代理业、旅店业、饮食业、旅游业、仓储业、租赁业、广告业、其它服务业,税率为5%。

(8) 转让无形资产:转让土地使用权、商标权、著作权、技术权等税率为5%。

(9) 销售不动产:销售建筑物及其他土地附着物,税率为5%。

12.2.5 利润

产品的销售收入扣除总成本费用、销售税金及附加之后得利润总额。利润总额扣除所得税,剩余为税后利润,即可分配利润,如图 12-1 所示。

税后利润中一般提留 5～10% 的盈余公积金(含公益金)后为应付利润和未分配利润。应付利润及盈余公积金的比例由公司股东(代表)大会决定,在未明确前,项目评价人员自定盈余公积金比例,其余均记入未分配利润。

12.3 财务评价报表和评价基准

12.3.1 财务评价的基本报表和对应指标

财务评价的基本报表有各类现金流量表、利润及利润分配表、财务计划现金流量表、资产负债表和借款还本付息结算表。

(1) 各类现金流量表反映项目计算期内各年的现金收支(现金流入和现金流出),用以计算各项动态和静态评价指标,进行项目财务盈利能力分析。按投资计算基础的不同,现金流量表分为:

① 项目投资现金流量表(B9)。该表以全部投资作为计算基础,用以计算全部投资所得税前和所得税后财务内部收益率、财务净现值和投资回收期等评价指标,考察项目全部投资的盈利能力,为各个投资方案(不论其资金来源及利息多少)进行比较建立共同基础。

② 资本金现金流量表(B10)。该表从出资者角度出发,以出资者的出资额作为计算基础,把借款本金偿还和利息支付作为现金流出,用以计算项目资本金财务内部收益率评价指标。

③ 投资各方现金流量表(B11),用于反映投资各方收益状况,盈利能力的报表,用于计算

项目投资各方内部收益率。

（2）利润及利润分配表（B12）。该表反映项目计算期内各年的营业收入、总成本费用、利润总额、所得税及税后利润的分配情况，用以计算总投资收益率和资本金净利润率等指标。

（3）财务计划现金流量表（B13）。反映项目计算期各年的投资、融资及经营活动的现金流入和流出，用于计算累计盈余资金，分析项目的财务生存能力。

（4）资产负债表（B14）。该表综合反映项目计算期内各年末资产、负债和所有者权益的增减变化及对应关系，以考察项目资产、负债、所有者权益的结构是否合理，用以计算资产负债率、流动比率及速动比率，进行清偿能力分析。

（5）借款还本付息计划表（B15）。反映项目计算期内各年借款本金偿还和利息支付情况，用于计算偿债备付率和利息备付率指标。

12.3.2 报表计算顺序

财务评价的报表按下列顺序计算：
（1）独立计算的报表

辅助报表 {
1. 建设投资估算表（B1，B2）
2. 建设期利息估算表（B3）
3. 流动资金估算表（B4）
4. 项目总投资使用计划与资金筹措表（B5）
5. 营业收入、营业税金及附加和增值税估算表（B6）
6. 总成本费用估算表（B7，B8）
}

（2）相互联系需平行计算的报表（图 12-2）
（3）结果性报表

基本报表 {
1. 现金流量表（B9，B10，B11）
2. 利润及利润分配表（B12）
3. 财务计划现金流量表（B13）
4. 资产负债表（B14）
5. 借款还本付息计划表（B15）
}

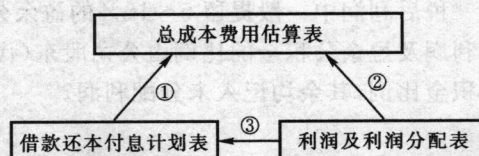

图 12-2 平行计算报表

12.3.3 财务评价准则

1. 盈利能力分析

财务评价盈利能力分析指标满足如下条件时，则认为项目在财务上是可以接受的：

财务内部收益率*（FIRR）与行业的基准收益率或设定的折现率（i_c）比较，当 FIRR$\geqslant i_c$ 即认为其盈利能力满足或大于最低要求。

投资回收期*（P_t）与行业的基准投资回收期（P_c）比较，$P_t \leqslant P_c$ 时，表明项目投资能在规定的时间内收回。

财务净现值 FNPV$\geqslant 0$，项目盈利能力合格。

总投资收益率若大于或等于行业的平均水平，则表明项目单位投资盈利能力达到要求。

资本金净利润率也应与行业的平均水平比较，看项目的资本金盈利能力如何。

178

2. 清偿能力分析

清偿能力分析指标主要考察计算期内各年的财务状况及偿债能力。其中利息备付率、偿债备付率应大于1,并结合债权人的要求确定。有关各行业利息备付率、偿债备付率与最低可接受值见《方法与参数》。

财务评价各项指标中,财务内部收益率、全部投资回收期、资产负债率是必须计算和分析的主要指标。其他指标可根据具体情况决定取舍。

财务评价的基准值可看第19章附录中的建设项目经济评价参数。

习　题(思考题)

1. 固定资产投资与流动资金的主要区别是什么?

2. 解释固定资产原值、固定资产净值及固定资产残值的含义。

3. 影响工业投资项目流动资金数额大小的因素有哪些?

4. 产品总成本费用项目如何划分? 其中哪些项目属于固定成本,哪些项目属于变动成本?

5. 经营成本与总成本费用的差别是什么? 为什么要在技术经济分析中引入经营成本的概念?

6. 简述税收的性质与特点,为什么说税收是国家对各项经济活动进行宏观调控的重要杠杆? 工业企业的增值税、消费税、资源税、所得税的征税对象分别是什么?

7. 项目总投资包括哪几项? 在资金筹措过程中,建设项目所需要的资金总额的主要来源分哪几部分?

8. 项目借款利息如何计算?

9. 全部投资现金流量表与自有资金现金流量表的主要差别有哪些?

10. 财务评价计算报表中哪几个表需要平行计算?

11. 试述财务评价准则。

12. 国民经济评价与财务评价的主要差别有哪些?

附:项目财务评价和国民经济评价的基本报表和辅助报表(表 B1~表 B21)。

表 B1 建设投资估算表(概算法)

人民币单位:万元,外币单位:

序号	工程或费用名称	建筑工程费	设备购置费	安装工程费	其他费用	合计	其中:外币	比例(%)
1	工程费用							
1.1	主体工程							
1.1.1	×××							
	……							
1.2	辅助工程							
1.2.1	×××							
	……							
1.3	公用工程							
1.3.1	×××							
	……							
1.4	服务性工程							
1.4.1	×××							
	……							
1.5	厂外工程							
1.5.1	×××							
	……							
1.6	×××							
2	工程建设其他费用							
2.1	×××							
	……							
3	预备费							
3.1	基本预备费							
3.2	涨价预备费							
4	建设投资合计							
	比例(%)							100%

注:1. "比例"分别指各主要科目的费用(包括横向和纵向)占建设投资的比例。

　　2. 本表适用于新设法人项目与既有法人项目的新增建设投资的估算。

　　3. "工程或费用名称"可依不同行业的要求调整。

180

表 B2　建设投资估算表(形成资产法)

人民币单位:万元,外币单位:

序号	工程或费用名称	建筑工程费	设备购置费	安装工程费	其他费用	合计	其中:外币	比例(%)
1	固定资产费用							
1.1	工程费用							
1.1.1	×××							
1.1.2	×××							
1.1.3	×××							
	……							
1.2	固定资产其他费用							
	×××							
	……							
2	无形资产费用							
2.1	×××							
	……							
3	其他资产费用							
3.1	×××							
	……							
4	预备费							
4.1	基本预备费							
4.2	涨价预备费							
5	建设投资合计							
	比例(%)							100%

注:1. "比例"分别指各主要科目的费用(包括横向和纵向)占建设投资的比例。

　　2. 本表适用于新设法人项目与既有法人项目的新增建设投资的估算。

　　3. "工程或费用名称"可依不同行业的要求调整。

表 B3　建设期利息估算表

人民币单位:万元

序号	项　　目	合计	建 设 期					
			1	2	3	4	⋯⋯	n
1	借款							
1.1	建设期利息							
1.1.1	期初借款余额							
1.1.2	当期借款							
1.1.3	当期应计利息							
1.1.4	期末借款余额							
1.2	其他融资费用							
1.3	小计(1.1+1.2)							
2	债券							
2.1	建设期利息							
2.1.1	期初债务余额							
2.1.2	当期债务金额							
2.1.3	当期应计利息							
2.1.4	期末债务余额							
2.2	其他融资费用							
2.3	小计(2.1+2.2)							
3	合计(1.3+2.3)							
3.1	建设期利息合计 (1.1+2.1)							
3.2	其他融资费用合计 (1.2+2.2)							

注:1. 本表适用于新设法人项目与既有法人项目的新增建设期利息的估算。

　　2. 原则上应分别估算外汇和人民币债券。

　　3. 如有多种借款或债券,必要时应分别列出。

　　4. 本表与财务分析表 B15"借款还本付息计划表"可二表合一。

表 B4 流动资金估算表

人民币单位:万元

序号	项　目	最低周转天数	周转次数	计　算　期					
				1	2	3	4	……	n
1	流动资产								
1.1	应收账款								
1.2	存货								
1.2.1	原材料								
1.2.2	×××								
	……								
1.2.3	燃料								
	×××								
	……								
1.2.4	在产品								
1.2.5	产成品								
1.3	现金								
1.4	预付账款								
2	流动负债								
2.1	应付账款								
2.2	预收账款								
3	流动资金(1-2)								
4	流动资金当期增加额								

注:1. 本表适用于新设法人项目与既有法人项目的"有项目"、"无项目"和增量流动资金的估算。

2. 表中科目可视行业变动增减。

3. 如发生外币流动资金,应另行估算后予以说明,其数额应包含在本表数额内。

4. 不发生预付账款和预收账款的项目可不列此两项。

183

表 B5　项目总投资使用计划与资金筹措表

人民币单位:万元,外币单位:

序号	项 目	合 计			1			......		
		人民币	外币	小计	人民币	外币	小计	人民币	外币	小计
1	总投资									
1.1	建设投资									
1.2	建设期利息									
1.3	流动资金									
2	资金筹措									
2.1	项目资本金									
2.1.1	用于建设投资									
	××方									
	......									
2.1.2	用于流动资金									
	××方									
	......									
2.1.3	用于建设期利息									
	××方									
	......									
2.2	债务资金									
2.2.1	用于建设投资									
	××借款									
	××债券									
	......									
2.2.2	用于建设期利息									
	××借款									
	××债券									
	......									
2.2.3	用于流动资金									
	××借款									
	××债券									
	......									
2.3	其他资金									
	×××									
	......									

注:1. 本表按新增投资范畴编制。

　　2. 本表建设期利息一般可包括其他融资费用。

　　3. 对既有法人项目,项目资本金中可包括新增资金和既有法人货币资金与资产变现或资产经营权变现的资金,可分别列出或加以文字说明。

表 B6 营业收入、营业税金及附加和增值税估算表

人民币单位:万元

序号	项　目	合计	计　算　期					
			1	2	3	4	......	n
1	营业收入							
1.1	产品 A 营业收入							
	单价							
	数量							
	销项税额							
1.2	产品 B 营业收入							
	单价							
	数量							
	销项税额							
	......							
2	营业税金与附加							
2.1	营业税							
2.2	消费税							
2.3	城市维护建设税							
2.4	教育费附加							
3	增值税							
	销项税额							
	进项税额							

注:1. 本表适用于新设法人项目与既有法人项目的"有项目"、"无项目"和增量的营业收入、营业税金与附加和增值税估算。

2. 根据行业或产品的不同可增减相应税收科目。

185

表 B7　总成本费用估算表(生产要素法)

人民币单位:万元

序号	项　　目	合计	计　算　期					
			1	2	3	4	………	n
1	外购原材料费							
2	外购燃料及动力费							
3	工资及福利费							
4	修理费							
5	其他费用							
6	经营成本(1+2+3+4+5)							
7	折旧费							
8	摊销费							
9	利息支出							
10	总成本费用合计(6+7+8+9)							
	其中:可变成本							
	固定成本							

注:本表适用于新设法人项目与既有法人项目的"有项目"、"无项目"和增量成本费用的估算。

表 B7基1　外购原材料费估算表

人民币单位:万元

序号	项　　目	合计	计　算　期					
			1	2	3	4	………	n
1	外购原材料费							
1.1	原材料 A							
	单价							
	数量							
	进项税额							
1.2	原材料 B							
	单价							
	数量							
	进项税额							
	……							
2	辅助材料费用							
	进项税额							
3	其他							
	进项税额							
4	外购原材料费合计							
5	外购原材料进项税额合计							

注:本表适用于新设法人项目与既有法人项目的"有项目"、"无项目"和增量外购原材料费的估算。

表 B8 总成本费用估算表(生产成本加期间费用法)

人民币单位:万元

序号	项 目	合计	计 算 期					
			1	2	3	4	……	n
1	生产成本							
1.1	直接材料费							
1.2	直接燃料及动力费							
1.3	直接工资及福利费							
1.4	制造费用							
1.4.1	折旧费							
1.4.2	修理费							
1.4.3	其他制造费							
2	管理费用							
2.1	无形资产摊销							
2.2	其他资产摊销							
2.3	其他管理费用							
3	财务费用							
3.1	利息支出							
3.1.1	长期借款利息							
3.1.2	流动资金借款利息							
3.1.3	短期借款利息							
4	营业费用							
5	总成本费用合计 (1+2+3+4)							
5.1	其中:可变成本							
5.2	固定成本							
6	经营成本 (5−1.4.1−2.1−2.2−3.1)							

注:1. 本表适用于新设法人项目与既有法人项目的"有项目"、"无项目"和增量总成本费用的估算。

2. 生产成本中的折旧费、修理费指生产性设施的固定资产折旧费和修理费。

3. 生产成本中的工资和福利费指生产性人员工资和福利费。车间或分厂管理人员工资和福利费可在制造费用中单独列项或含在其他制造费中。

4. 本表其他管理费用中含管理设施的折旧费、修理费以及管理人员的工资和福利费。

187

表 B9 项目投资现金流量表

人民币单位:万元

序号	项 目	合计	计 算 期					
			1	2	3	4	......	n
1	现金流入							
1.1	营业收入							
1.2	补贴收入							
1.3	回收固定资产余值							
1.4	回收流动资金							
2	现金流出							
2.1	建设投资							
2.2	流动资金							
2.3	经营成本							
2.4	营业税金及附加							
2.5	维持运营投资							
3	所得税前净现金流量(1-2)							
4	累计所得税前净现金流量							
5	调整所得税							
6	所得税后净现金流量(3-5)							
7	累计所得税后净现金流量							

计算指标:
项目投资财务内部收益率(%)(所得税前)
项目投资财务内部收益率(%)(所得税后)
项目投资财务净现值(所得税前)($i_c = \%$)
项目投资财务净现值(所得税后)($i_c = \%$)
项目投资回收期(年)(所得税前)
项目投资回收期(年)(所得税后)

注:1. 本表适用于新设法人项目与既有法人项目的增量和"有项目"的现金流量分析。
  2. 调整所得税为以息税前利润为基数计算的所得税,区别于"利润与利润分配表"、"项目资本金现金流量表"和"财务计划现金流量表"中的所得税。

表 B10　项目资本金现金流量表

人民币单位:万元

序号	项　目	合计	计　算　期					
			1	2	3	4	……	n
1	现金流入							
1.1	营业收入							
1.2	补贴收入							
1.3	回收固定资产余值							
1.4	回收流动资金							
2	现金流出							
2.1	项目资本金							
2.2	借款本金偿还							
2.3	借款利息支付							
2.4	经营成本							
2.5	营业税金及附加							
2.6	所得税							
2.7	维持运营投资							
3	净现金流量(1—2)							

计算指标:
资本金财务内部收益率(%)

注:1. 项目资本金包括用于建设投资、建设期利息和流动资金的资金。

2. 对外商投资项目,现金流出中应增加职工奖励及福利基金科目。

3. 本表适用于新设法人项目与既有法人项目"有项目"的现金流量分析。

表 B11　投资各方现金流量表

人民币单位:万元

序号	项　目	合计	计算期					
			1	2	3	4	……	n
1	现金流入							
1.1	实分利润							
1.2	资产处置收益分配							
1.3	租赁费收入							
1.4	技术转让或使用收入							
1.5	其他现金流入							
2	现金流出							
2.1	实缴资本							
2.2	租赁资产支出							
2.3	其他现金流出							
3	净现金流量(1-2)							

计算指标:

投资各方财务内部收益率(%)

注:本表可按不同投资方分别编制。

1. 投资各方现金流量表既适用于内资企业也适用于外商投资企业;既适用于合资企业也适用于合作企业。

2. 投资各方现金流量表中现金流入是指出资方因该项目的实施将实际获得的各种收入;现金流出是指出资方因该项目的实施将实际投入的各种支出。表中科目应根据项目具体情况调整。

1) 实分利润是指投资者由项目获取的利润。

2) 资产处置收益分配是指对有明确的合营期限或合资期限的项目,在期满时对资产余值按股比或约定比例的分配。

3) 租赁费收入是指出资方将自己的资产租赁给项目使用所获得的收入,此时应将资产价值作为现金流出,列为租赁资产支出科目。

4) 技术转让或使用收入是指出资方将专利或专有技术转让或允许该项目使用所获得的收入。

表 B12 利润与利润分配表

人民币单位:万元

序号	项 目	合计	计算期					
			1	2	3	4	……	n
1	营业收入							
2	营业税金及附加							
3	总成本费用							
4	补贴收入							
5	利润总额(1-2-3+4)							
6	弥补以前年度亏损							
7	应纳税所得额(5-6)							
8	所得税							
9	净利润(5-8)							
10	期初未分析利润							
11	可供分配的利润(9+10)							
12	提取法定盈余公积金							
13	可供投资者分配的利润(11-12)							
14	应付优先股股利							
15	提取任意盈余公积金							
16	应付普通股股利(13-14-15)							
17	各投资方利润分配:							
	其中:××方							
	××方							
18	未分配利润(13-14-15-17)							
19	息税前利润(利润总额+利息支出)							
20	息税折旧摊销前利润(息税前利润+折旧+摊销)							

注:1. 对于外商投资项目由第 11 项减去储备基金、职工奖励与福利基金和企业发展基金(外商独资项目可不列入企业发展基金)后,得出可供投资者分配的利润。

2. 法定盈余公积金按净利润计提。

表 B13　财务计划现金流量表

人民币单位:万元

序号	项　目	合计	计　算　期					
			1	2	3	4	……	n
1	经营活动净现金流量(1.1-1.2)							
1.1	现金流入							
1.1.1	营业收入							
1.1.2	增值税销项税额							
1.1.3	补贴收入							
1.1.4	其他流入							
1.2	现金流出							
1.2.1	经营成本							
1.2.2	增值税进项税额							
1.2.3	营业税金及附加							
1.2.4	增值税							
1.2.5	所得税							
1.2.6	其他流出							
2	投资活动净现金流量(2.1-2.2)							
2.1	现金流入							
2.2	现金流出							
2.2.1	建设投资							
2.2.2	维持运营投资							
2.2.3	流动资金							
2.2.4	其他流出							
3	筹资活动净现金流量(3.1-3.2)							
3.1	现金流入							
3.1.1	项目资本金投入							
3.1.2	建设投资借款							
3.1.3	流动资金借款							
3.1.4	债券							
3.1.5	短期借款							
3.1.6	其他流入							
3.2	现金流出							
3.2.1	各种利息支出							
3.2.2	偿还债务本金							
3.2.3	应付利润(股利分配)							
3.2.4	其他流出							
4	净现金流量(1+2+3)							
5	累计盈余资金							

注:1. 对于新设法人项目,本表投资活动的现金流入为零。

　　2. 对于既有法人项目,可适当增加科目。

　　3. 必要时,现金流出中可增加应付优先股股利科目。

　　4. 对外商投资项目应将职工奖励与福利基金作为经营活动现金流出。

表 B14　资产负债表

序号	项　目	计　算　期					
		1	2	3	4	……	n
1	资产						
1.1	流动资产总额						
1.1.1	货币资金						
1.1.2	应收账款						
1.1.3	预付账款						
1.1.4	存货						
1.1.5	其他						
1.2	在建工程						
1.3	固定资产净值						
1.4	无形及其他资产净值						
2	负债及所有者权益(2.4+2.5)						
2.1	流动负债总额						
2.1.1	短期借款						
2.1.2	应付账款						
2.1.3	预收账款						
2.1.4	其他						
2.2	建设投资借款						
2.3	流动资金借款						
2.4	负债小计(2.1+2.2+2.3)						
2.5	所有者权益						
2.5.1	资本金						
2.5.2	资本公积						
2.5.3	累计盈余公积金						
2.5.4	累计未分配利润						
计算指标: 资产负债率(%)							

注:1. 对外商投资项目,第 2.5.3 项改为累计储备基金和企业发展基金。

　　2. 对既有法人项目,一般只针对法人编制,可按需要增加科目,此时表中资本金是指企业全部实收资本,包括原有和新增的实收资本。必要时,也可针对"有项目"范围编制。此时表中资本金仅指"有项目"范围的对应数值。

　　3. 货币资金包括现金和累计盈余资金。

人民币单位:万元

序号	项 目	合计	计 算 期					
			1	2	3	4	……	n
1	借款1							
1.1	期初借款余额							
1.2	当期还本付息							
	其中:还本							
	付息							
1.3	期末借款余额							
2	借款2							
2.1	期初借款余额							
2.2	当期还本付息							
	其中:还本							
	付息							
2.3	期末借款余额							
3	债券							
3.1	期初债务余额							
3.2	当期还本付息							
	其中:还本							
	付息							
3.3	期末债务余额							
4	借款和债券合计							
4.1	期初余额							
4.2	当期还本付息							
	其中:还本							
	付息							
4.3	期末余额							
计算指标	利息备付率							
	偿债备付率							

注:1. 本表与财务分析辅助表 B3"建设期利息估算表"可合二为一。

2. 本表直接适用于新设法人项目,如有多种借款或债券,必要时应分别列出。

3. 对于既有法人项目,在按有项目范围进行计算时,可根据需要增加项目范围内原有借款的还本付息计算;在计算企业层次的还本付息时,可根据需要增加项目范围外借款的还本付息计算;当简化直接进行项目层次新增借款还本付息计算时,可直接按新增数据进行计算。

4. 本表可另加流动资金借款的还本付息计算。

表 B16　项目投资经济费用效益流量表

人民币单位:万元

序号	项　目	合计	计　算　期					
			1	2	3	4	……	n
1	效益流量							
1.1	项目直接效益							
1.2	资产余值回收							
1.3	项目间接效益							
2	费用流量							
2.1	建设投资							
2.2	维持运营投资							
2.3	流动资金							
2.4	经营费用							
2.5	项目间接费用							
3	净效益流量(1-2)							
计算指标: 经济内部收益率(%) 经济净现值($i_s=$%)								

表 B17　经济费用效益分析投资费用估算调整表

人民币单位:万元

序号	项　目	财务分析			经济费用效益分析			经济费用效益分析 比财务分析增减
		外币	人民币	合计	外币	人民币	合计	
1	建设投资							
1.1	建筑工程费							
1.2	设备购置费							
1.3	安装工程费							
1.4	其他费用							
1.4.1	其中:土地费用							
1.4.2	专利及专有技术费							
1.5	基本预备费							
1.6	涨价预备费							
1.7	建设期利息							
2	流动资金							
	合计(1+2)							

注:若投资费用是通过直接估算得到的,本表应略去财务分析的相关栏目。

表 B18　经济费用效益分析经营费用估算调整表

序号	项　　目	单位	投入量	财务分析		经济费用效益分析	
				单价(元)	成本	单价(元)	成本
1	外购原材料						
1.1	原材料 A						
1.2	原材料 B						
1.3	原材料 C						
1.4	……						
2	外购燃料及动力						
2.1	煤						
2.2	水						
2.3	电						
2.4	重油						
2.5	……						
3	工资及福利费						
4	修理费						
5	其他费用						
	合计						

注:若经营费用是通过直接估算得到的,本表应略去财务分析的相关栏目。

表 B19　项目直接效益估算调整表

人民币单位：万元

产出物名称		投产第一期负荷（%）				投产第二期负荷（%）				……	正常生产年份（%）			
		A产品	B产品	……	小计	A产品	B产品	……	小计	……	A产品	B产品	……	小计
	计算单位													
年产出量	国内													
	国际													
	合计													
财务分析	单价（元）国内市场													
	现金收入													
	单价（美元）国际市场													
	现金收入													
经济费用效益分析	单价（元）国内市场													
	直接效益													
	单价（美元）国际市场													
	直接效益													
合计（万元）														

注：若直接效益是通过直接估算得到的，本表应略去财务分析的相关栏目。

197

表 B20　项目间接费用估算表

序号	项　目	合计	计　算　期					
			1	2	3	4	······	n

表 B21　项目间接效益估算表

序号	项　目	合计	计　算　期					
			1	2	3	4	······	n

第 13 章　国民经济评价

13.1　国民经济评价的效益与费用

国民经济评价是按照资源合理配置的原则,从国家整体角度考察项目的效益和费用,用影子价格、影子工资、影子汇率和社会折现率等经济参数分析、计算项目对国民经济的净贡献,分析项目投资的经济效率,评价项目的经济合理性[1]。

13.1.1　效益和费用

项目的国民经济效益(B)是指项目对国民经济所作的贡献,分为直接效益和间接效益。项目的费用(C)是指国民经济为项目所付出的代价,分为直接费用和间接费用。

13.1.2　直接费用与直接效益

直接效益是指由项目产出物产生并在项目范围内用影子价格计算的经济效益。一般表现为增加该产出物数量满足国内需求的效益;替代其他相同或类似企业的产出物,使被替代企业减产以减少国家有用资源耗费(或损失)的效益;增加出口(或减少进口)所增收(或节支)的国家外汇等。

直接费用是指项目使用投入物所产生并在项目范围内用影子价格计算的经济费用。一般表现为其他部门为供应本项目投入物而扩大生产规模所耗用的资源费用;减少对其他项目(或最终消费)投入物的供应而放弃的效益;增加进口(或减少出口)所耗用(或减收)的外汇等。

项目范围内主要为本项目服务的商业、教育、文化、卫生、住宅等生活福利设施的投资应计为项目的费用。这些生活福利设施所产生的效益,可视为已经体现在项目的产出效益中,一般不必单独核算。

13.1.3　间接效益和间接费用

1. 项目的外部效果

项目外部效果包括间接效益和间接费用。

间接效益是指由项目引起而在直接效益中未得到反映的那部分效益。项目的效益除了由其产出物所体现的直接效益外,还应包括对社会产生的某些其他效益,即间接效益。例如,建设一个钢铁厂的同时,修建了一套厂外运输系统,这套运输系统除为钢铁厂服务外,还会使当地的工农业生产和人民生活得益。

间接费用是指由项目引起而在项目的直接费用中未得到反映的那部分费用。

项目的费用除了由其投入物所体现的直接费用外,还应包括社会为项目所付出的其他代价,即间接费用。典型的例子是工业项目的三废(废水、废气和废渣)引起的环境污染。

项目的间接效益和间接费用统称为外部效果，对显著的外部效果能定量的要作定量分析，计入项目的效益和费用；不能定量的，应作定性描述。要防止外部效果重复计算或漏算。

2. 外部效果的计算

外部效果通常是较难计算的，为了减少计量上的困难，首先应力求明确项目范围的"边界"。一般情况下是扩大项目的范围，把一些相互关联的项目合在一起作为"联合体"进行评价。另外，采用影子价格计算效益和费用，在很大程度上使项目的外部效果在项目内部得到了体现。因此，通过扩大计算范围和调整价格两步工作，实际上已将很多"外部效果"内部化了。这样处理之后，在考虑某些外部效果时，还应注意以下问题：

（1）对上、下游企业产生的效果，它是指由于拟建项目的投入与产出使其上、下游企业原来闲置的生产能力得以发挥或达到经济规模所产生的效果。为防止外部效果扩大化，计算时需注意，随着时间的推移，如果没有该拟建项目，上、下游企业生产能力的利用也可能会发生变化，要按照有无对比的原则计算增量效果；并注意其他拟建项目是否也有类似的效果。如果有，就不应把上、下游企业闲置生产能力的利用都归因于该拟建项目，以免引起外部效果的重复计算。

（2）技术扩散的效果。建设技术先进的项目，由于技术培训，人才流动，技术的推广和扩散，整个社会都将受益，这种效果通常都未在影子价格中得到反映，不过由于计量上的困难，一般只作定性说明。

（3）工业项目造成的环境污染和对生态的破坏，是一种间接费用，可参照现有同类企业所造成的损失来计算，至少也应作定性的描述。

（4）拟建项目的产出增加了国内市场供应量，导致产品价格下降，可以使原用户或消费者从中得到产品降价的好处。但是这种好处一般不应计作项目的间接效益，因为产品降价将使原生产厂的效益减少，即减少的效益转移给了用户或消费者，从整个国民经济的角度看，效益并未增加或减少。但是，如果该拟建项目的产出增加了出口量，导致原出口产品价格下降，减少了创汇的效益，则应计为该项目的间接费用。

（5）计算外部效果时，还应区别是否已经在项目投入物和产出物的影子价格中得到充分反映。由于项目使用投入物，提供产出物，引起上游工业、下游工业效益或费用的变化，一般多在投入物、产出物的影子价格中得到反映，不必再计算间接效益或费用。

（6）项目的外部效果一般只计算一次相关效果，不应连续扩展。

3. 转移支付

国家对项目的补贴，项目向国家交纳的税金，由于并不发生实际资源的增加和耗用，而是国民经济内部的"转移支付"，因此不计为项目的效益和费用。

教育费附加在国民经济评价中不列为费用，按转移支付处理。

13.2 影子价格的确定

为了正确计算项目为国民经济所作的净贡献，在进行国民经济评价时，原则上都应该使用影子价格。为了简化计算，在不影响评价结论的前提下，可以只对其价值在效益或费用中占比重较大，或者国内价格明显不合理的产出物或投入物使用影子价格。

13.2.1 外贸货物的影子价格

在确定影子价格时要作有根据的预测,应预测货物特别是外贸货物供求变化趋势对评价产生的影响。确定外贸货物的口岸价格应考虑国际市场的变化趋势,力求作出有根据的预测。要注意由于倾销或暂时紧缺出现的口岸价格过低或过高。

口岸价格也称边境价格,或国际市场价格。外贸实务中计价方式很多,最常用的两种口岸价格是到岸价格和离岸价格。到岸价格 c. i. f 或 CIF(Cost Insurance Freight)是指进口货物到达本国口岸的价格,包括国外购货成本及运到本国口岸,并卸下货物所需花费的运费及保险费。离岸价格 FOB 或 F. o. b(Free On Board)是指出口货物离境(口岸)的交货价格。如果是海港交货,则指船上交货价格。

外贸货物的影子价格以实际可能发生的口岸价格为基础确定,具体定价方法如下:

1. 产出物(项目产出物的出厂价格见图 13-1)

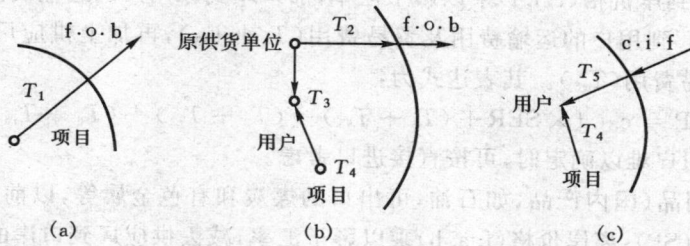

图 13-1 产出物的影子价格
(a)直接出口;(b)间接出口;(c)替代进口

(1) 直接出口产品(外销产品)的影子价格(SP):离岸价格(f. o. b)乘以影子汇率(SER),减去国内运输费用(T_1)和贸易费用(T_{r1})。其表达式为:

$$SP = f. o. b \times SER - (T_1 + T_{r1})$$

(2) 间接出口产品(内销产品,替代其他货物使其他货物增加出口)的影子价格(SP):离岸价格(f. o. b)乘以影子汇率,减去原供应厂到口岸的运输费用(T_2)及贸易费用(T_{r2}),加上原供应到用户的运输费用(T_3)及贸易费用(T_{r3}),再减去拟建项目到用户的运输费用(T_4)及贸易费用(T_{r4})。其表达式为:

$$SP = f. o. b \times SER - (T_2 + T_{r2}) + (T_3 + T_{r3}) - (T_4 + T_{r4})$$

原供应厂和用户难以确定时,可按直接出口考虑。

(3) 替代进口产品(内销产品,以产顶进,减少进口)的影子价格(SP):原进口货物的到岸价格(c. i. f)乘以影子汇率,加口岸到用户的运输费用(T_5)及贸易费用(T_{r5}),再减去拟建项目到用户的运输费用及贸易费用($T_4 + T_{r4}$)。其表达式为:

$$SP = c. i. f \times SER + (T_5 + T_{r5}) - (T_4 + T_{r4})$$

具体用户难以确定时,可按到岸价格计算。

2. 投入物(项目投入物的到厂价格,见图 13-2)

(1) 直接进口产品(国外产品)的影子价格(SP):到岸价格(c. i. f)乘以影子汇率,加国内运

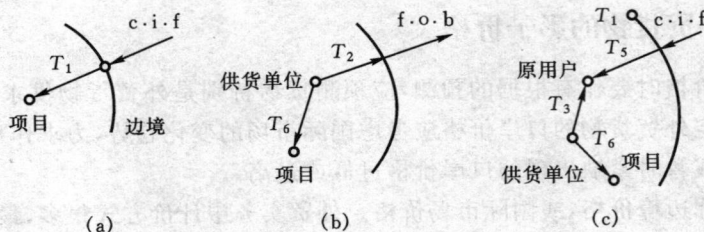

图 13-2 项目投入物的影子价格

(a)直接进口;(b)出口占用;(c)间接进口

输费用和贸易费用($T_1 + T_{r1}$)。其表达式为:

$$SP = c.i.f \times SER + (T_1 + T_{r1})$$

(2)间接进口产品(国内产品,如木材、钢材、铁矿、铬矿等,以前进口过,现在也大量进口)的影子价格(SP):到岸价格(c.i.f)乘以影子汇率,加口岸到原用户的运输费用及贸易费用($T_5 + T_{r5}$),减去供应厂到用户的运输费用及贸易费用($T_3 + T_{r3}$),再加上供应厂到拟建项目的运输费用(T_6)及贸易费用(T_{r6})。其表达式为:

$$SP = c.i.f \times SER + (T_5 + T_{r5}) - (T_3 + T_{r3}) + (T_6 + T_{r6})$$

原供应厂和用户难以确定时,可按直接进口考虑。

(3)出口占用品(国内产品,如石油,可出口的煤炭和有色金属等,以前出口过,现在也能出口)的影子价格(SP):离岸价格(f.a.b)乘以影子汇率,减去供应厂到口岸的运输费用及贸易费用($T_2 + T_{r2}$),再加上供应厂到拟建项目的运输费用(T_6)及贸易费用(T_{r6})。其表达式为:

$$SP = f.o.b \times SER - (T_2 + T_{r2}) + (T_6 + T_{r6})$$

供应厂难以确定时,可按离岸价格计算。

3. 影子汇率

影子汇率(SER)反映外汇的真实价值,用于国民经济评价中外汇与人民币之间的换算,同时也用作经济换汇或节汇成本的判据。

影子汇率可通过国家外汇牌价乘以影子汇率换算系数求得,影子汇率换算系数是一个重要的通用参数,由国家统一测定发布。2006年《建设项目评价方法与参数》公布的影子汇率换算系数是在考虑到我国进出口关税和补贴时,取值为1.04。如果再考虑到进口增值税税率一般为17%,出口产品通常免征增值税。再考虑非贸易外汇收支不征收增值税,非贸易外汇收支占我国外汇收支一定比例时,最终影子汇率换算系数取值为1.08。

4. 贸易费用

(1)项目国民经济评价中的贸易费用是指物资系统、外贸公司和各级商业批发站等部门花费在货物流通过程中以影子价格计算的费用(长途运输费用除外)。贸易费用率是反映这部分费用相对于货物影子价格的一个综合比率,用以计算贸易费用。

(2)根据测算和综合分析。贸易费用率取值为6%。对于少数价格高、体积与重量较小的货物,可适当降低贸易费用率。

(3)由贸易费用率计算货物的贸易费用时,使用下列公式:

① 进口货物的贸易费用=到岸价×影子汇率×贸易费用率

② 出口货物的贸易费用＝（离岸价×影子汇率－国内长途运费）

$$÷（1＋贸易费用率）×贸易费用率$$

③ 非外贸货物的贸易费用＝出厂影子价格×贸易费用率

（4）不经商贸部门流转而由生产厂家直供的货物，不计算贸易费用。

13.2.2 特殊投入物的影子价格

1. 劳动力的影子工资及土地的影子费用的确定原则

劳动力的影子工资是指建设项目使用劳动力、耗费劳动力资源而使社会付出的代价，它应能反映该劳动力用于拟建项目而使社会为此放弃的效益（机会成本），以及社会为此而增加的资源消耗。

影子工资可通过财务评价时所用的工资与福利费之和乘以影子工资换算系数求得，影子工资换算系数由国家统一测定发布，2006 年《方法与参数》给出的取值为，技术劳动力为 1，非技术劳动力为 0.25～0.8。

土地的影子费用应能反映该土地用于拟建项目而使社会为此放弃的效益（机会或本），以及社会为此而增加的资源消耗（如居民搬迁费等）。

"建设项目经济评价参数"中有关于农用土地影子费用的详细计算方法（见附录）。

2. 社会折现率

社会折现率反映国家对资金时间价值的估量，是计算经济净现值等指标时采用的折现率，同时用它作为经济内部收益率的判据。

社会折现率是一个重要的通用参数，由国家统一测定发布。2006 年《方法与参数》发布的社会折现率 $i_s＝8\%^{[34]}$。

13.2.3 非外贸货物的影子价格

1. 非外贸货物影子价格确定的原则和方法

（1）产出物

① 增加供应数量满足国内消费的产出物。供求均衡的，按财务价格定价；供不应求的，参照国内市场价格并考虑价格变化的趋势定价，但不应高于相同质量产品的进口价格；无法判断供求情况的，取上述价格中较低者。

② 不增加国内供应数量，只是替代其他相同或类似企业的产出物，致使被替代企业停产或减产的。质量与被替代产品相同的，应按被替代企业相应的产品可变成本分解定价；提高产品质量的，原则上应按被替代产品的可变成本加提高产品质量而带来国民经济效益定价，其中，提高产品质量带来的效益，可近似地按国际市场价格与被替代产品的价格之差确定。

③ 如果项目产出品占全国供应量的份额较大，且会使市场价格下降，则可用无该项目的原价格 P_0 和有该项目后预测的新价格 P_1 的平均值作为影子价格的近似值：

$$P_s ＝ (P_0 ＋ P_1)/2$$

这种情况是通过降低市场价格扩大需求量，意味着市场均衡假设成立，因而，这种作价方法是建立在供求均衡和消费者剩余理论基础上的。

④ 产出物按上述原则定价后，再计算为出厂价格。

（2）投入物

① 能通过原有企业挖潜(不增加投资)增加供应的,按可变成本分解定价。

② 在拟建项目计算期内需通过增加投资扩大生产规模来满足拟建项目需要的,按全部成本(包括可变成本和固定成本)分解定价。当难以获得分解成本所需要的资料时,可参照国内市场的价格定价。

③ 项目计算期内无法通过扩大生产规模增加供应的(减少原用户的供应量),参照国内市场价格、国家统一价格加补贴(如有时)中较高者定价。

④ 投入物按上述原则定价后,再计算为到厂价格。

2. 非外贸货物的成本分解

成本分解原则上应是对边际成本而不是平均成本进行分解。如果缺乏资料,也可分解平均成本。必须用新增投资来增加所需投入物供应的,应按其全部成本(包括可变成本和固定成本)进行分解;可以发挥原有企业生产能力增加供应的,应按其可变成本进行分解。成本分解的步骤为:

(1) 按费用要素列出某种非外贸货物的财务成本、单位货物的固定资产投资额及占用的流动资金,并列出该货物生产厂的建设期限、建设期各年投资比例。

(2) 剔除上述数据中包括的税金和补贴。

(3) 按"建设项目经济评价方法"的规定,对外购原材料、燃料和动力等投入物的费用进行调整。其中有些可直接使用给定的影子价格或换算系数。对重要的外贸货物应自行测算其影子价格。重要的非外贸货物可留待第二轮分解。有条件时,也应对投资中某些占比例大的费用项目进行调整。

(4) 工资及福利费和其他费用原则上不予调整。

(5) 计算单位货物总投资(包括固定资产投资和流动资金)的资金回收费用(M),对折旧和流动资金利息进行调整。计算公式为:

$$M = (I - S_v - W)(A/P, i_s, n_2) + (W + S_v)i_s$$

因:$I = I_F + W$

故:$M = (I_F - S_v)(A/P, i_s, n_2) + (W + S_v)i_s$

当 $S_v = 0$ 时,则:

$$M = I_F(A/P, i_s, n_2) + Wi_s$$

式中 I——换算为生产期初的全部投资;

I_F——换算为生产期初的固定资产投资,按可变成本分解时,I_F 为零;

W——流动资金占用额;

S_v——计算期末回收的固定资产余值;

i_s——社会折现率;

n_2——生产期。

I_F 可由下式求得:

$$I_F = \sum_{t=0}^{n_1} I_t (1 + i_s)^{n_1 - t}$$

式中 I_t——建设期第 t 年调整后的固定资产投资;

n_1——建设期。

(6) 必要时对上述分解成本中涉及到的重要非外贸货物进行第二轮分解。

综合以上各步之后,即可得到该种货物的分解成本。

举例如下:

非外贸货物 X 为某拟建项目的主要投入物,为保证对拟建项目的供应,需新增投资扩大货物 X 的生产量。货物 X 的影子价格拟按该货物的全部成本分解定价。由于缺乏边际成本资料,现采用平均成本进行分解,其财务成本见表 13-1。经调查,得知生产每吨该种货物的固定资产投资为 1 225 元,占用流动资金 180 元。

分解步骤:

(1) 投资调整。固定资产投资中建筑费用占 20%,按建筑工程影子价格换算系数 1.1,设备及安装工程、其他工程及费用影子价格换算系数 1.0,调整固定资产投资为:

$$1\ 225 \times (0.8 + 0.2 \times 1.1) = 1\ 250 \ (\text{元})$$

生产货物 X 的项目建设期为 2 年,各年投资比为 1:1,社会折现率为 12%,换算为生产期初的固定资产投资为:

表 13-1 货物 X 的单位产品财务成本表(按生产费用要素)

项目	单 位	耗用量	耗用金额(元)
一、外购原材料、燃料和动力			667.30
原料 A	m³	1.25	334.50
原料 B	t	0.25	21.64
燃料 C	t	1.40	65.82
燃料 D	t	0.07	43.68
电力	kkw. h	0.33	28.74
其他			94.31
铁路货运			59.24
汽车货运			9.37
二、工资及福利费			43.81
三、折旧费			58.20
四、修理费			23.24
五、利息支出			7.24
六、其他费用			26.48
单位成本			826.27

$$I_F = \frac{1\ 250}{2} \times (1 + 0.12) + \frac{1\ 250}{2} = 1\ 325 \ (\text{元})$$

(2) 资金回收费用的计算。生产货物 X 的项目计算生产期为 $n_2 = 20$ 年,不考虑固定资产余值回收,查复利系数得知

$$(P/A, 0.12, 20) = 7.469$$

$$(A/P, 0.12, 20) = 1/(P/A, 0.12, 20) = 0.133\ 88$$

$$年资金回收费用(M) = 1\ 325 \times 0.133\ 88 + 180 \times 0.12$$
$$= 198.99\ (元 / 吨)$$

(3) 外购原料 A 为外贸货物,直接进口,到岸价 50 美元/立方米,影子汇率为 5.8 元/美元 (5.37×1.08),项目位于港口附近。贸易费率 6%。该项费用调整为:
$$50 \times 5.8 \times 1.25 \times (1 + 6\%) = 384.25\ (元 / 吨)$$

(4) 外购燃料 D 为外贸货物,可以出口,出口离岸价扣减运费和贸易费用后为 120 美元/吨,该项费用调整为:
$$120 \times 5.8 \times 0.07 = 48.72\ (元 / 吨)$$

(5) 外购燃料 C 为非外贸货物,取影子价格 144.8 元/吨,贸易费率 6%,该项费用调整为:
$$144.8 \times (1 + 6\%) \times 1.40 = 214.88\ (元 / 吨)$$

(6) 生产货物 X 的项目地处华东,电力影子价格取华东电网平均电力影子价格 0.238 9 元/千瓦时,该项费用调整为:
$$0.238\ 9 \times 0.33 \times 1\ 000 = 78.84\ (元 / 吨)$$

(7) 铁路货运影子价格换算系数为 2.60,该项费用调整为:
$$59.24 \times 2.6 = 154.02\ (元 / 吨)$$

(8) 汽车货运影子价格换算系数为 1.26,该项费用调整为:
$$9.37 \times 1.26 = 11.81\ (元 / 吨)$$

(9) 原料 B 为非外贸货物,可通过老企业挖潜增加供应,按可变成本(见表 13-2)进行第二轮分解。步骤如下:

表 13-2 原料 B 的单位产品财务成本及分解成本表(可变成本部分)

项 目	单 位	耗用量	耗用金额(元)	分解成本 影子价格(元/吨)
a	m³	0.01	2.75	3.07
b	t	0.002	1.59	2.62
c	t	0.01	0.44	1.12
d	t	0.12	0.78	1.33
电力	kkw.h	0.06	3.79	13.09
铁路货运			0.16	0.42
汽车货运			0.08	0.10
其他			8.75	8.75
可变成本合计			18.16	30.32

① a 为外贸货物,到岸价 50 美元/立方米,贸易费率 6%,该项费用调整为:
$$50 \times 5.8 \times (1 + 6\%) \times 0.01 = 3.07\ (元 / 吨)$$

② b 为非外贸货物,已知影子价格换算系数为 1.65(影子价格与财务价格之比),该项费用调整为:
$$1.59 \times 1.65 = 2.62\ (元 / 吨)$$

③ c 为非外贸货物,影子价格为 105.54 元/吨,该项费用调整为:
$$105.54 \times (1 + 6\%) \times 0.01 = 1.12\ (元 / 吨)$$

④d 为非外贸货物,影子价格为 10.47 元/吨,该项费用调整为:
$$10.47\times(1+6\%)\times0.12=1.33(元/吨)$$

⑤ 生产原料 B 的老企业地处华北,电力影子价格取 0.218 1 元/千瓦时,该项费用调整为:
$$0.218\ 1\times0.06\times1\ 000=13.09(元/吨)$$

⑥ 铁路货运费调整为:
$$0.16\times2.60=0.42(元/吨)$$

⑦ 汽车货运费调整为:
$$0.08\times1.26=0.10(元/吨)$$

⑧ 其他费用不予调整,为 8.57 元/吨。

⑨ 以上原料 B 分解可变成本为 30.32 元/吨,作为影子价格还应考虑 6% 的贸易费用。
$$原料 B 的影子价格=30.32\times(1+6\%)=32.14(元/吨)$$
货物 X 中原料 B 的费用调整为:
$$32.14\times0.25=8.04(元/吨)$$

(10) 其他(如工资及福利费、修理费、其他费用等)不予调整。

综合以上 10 项,将货物 X 的成本分解计算结果列出表 13-3。

表 13-3 货物 X 成本分解计算表 单位:元/吨

项　目	单　位	耗用量	耗用金额(元)	分解成本影子价格(元/吨)
一、外购原材料、燃料和动力			667.30	994.72
原料 A	m³	1.25	334.50	384.25
原料 B	t	0.25	21.64	8.04
原料 C	t	1.40	65.82	214.88
原料 D	t	0.07	43.86	48.72
电力	kkw.h	0.33	28.74	78.84
其他			94.31	94.31
铁路货运			59.24	154.02
汽车货运			9.37	11.81
二、工资及福利费			43.81	43.81
三、折旧费			58.20	—
四、修理费			23.24	23.24
五、利息支出			7.24	—
六、其他费用			26.48	26.48
七、资金回收费用			—	198.99
单位成本			826.25	1287.39

表 13-3 中成本分解计算结果为 1 287.39 元/吨,可作为货物 X 的影子出厂价格,作为拟建项目投入物的影子价格(到厂价)时,还应加影子运费和贸易费用。

13.3 国民经济评价方法与评价结论

13.3.1 国民经济评价方法

国民经济评价可以在财务评价基础上进行,也可以直接进行。

1. 在财务评价基础上进行国民经济评价的步骤

在财务评价基础上进行国民经济评价时,首先剔除在财务评价中已计算为效益或费用的转移支付,增加财务评价中未反映的间接效益和间接费用,然后用影子价格、影子工资、影子汇率和土地影子费用等代替财务价格及费用,对销售收入(或收益)、固定资产投资、流动资金、经营成本等进行调整,并以此为基础计算项目的国民经济评价指标。具体步骤如下:

(1) 效益和费用范围的调整。

① 剔除已计入财务效益和费用中的转移支付。

② 识别项目的间接效益和间接费用,对能定量的应进行定量计算,不能定量的,应作定性描述。

(2) 效益和费用数值的调整。

① 固定资产投资的调整。剔除属于国民经济内部转移支付的引进设备、材料的关税和增值税,并用影子汇率、影子运费和贸易费用对引进设备价值进行调整;对于国内设备价值则用其影子价格、影子运费和贸易费用进行调整。

根据建筑工程消耗的人工、三材、其他大宗材料、电力等,用影子工资、货物和电力的影子价格调整建筑费用,或通过建筑工程影子价格换算系数直接调整建筑费用。

若安装费中的材料费占很大比重,或有进口安装材料,也应按材料的影子价格调整安装费用。

用土地的影子费用代替占用土地的实际费用。剔除涨价预备费。调整其他费用。

② 流动资金的调整。调整由于流动资金估算基础的变动引起的流动资金占用量的变动。

③ 经营费用的调整。可以先用货物的影子价格、影子工资等参数调整费用要素,然后再加总求得经营费用。

④ 销售收入的调整。先确定项目产出物的影子价格,然后重新计算销售收入。

⑤ 在涉及外汇借款时,用影子汇率计算外汇借款本金与利息的偿付额。

(3) 编制项目投资经济费用效益流量表(B16),并据此计算项目投资经济内部收益率和经济净现值指标。

2. 直接做国民经济评价的步骤

直接做国民经济评价的项目,首先应识别和计算项目的直接效益、间接效益、直接费用和间接费用,然后以货物影子价格、影子工资、影子汇率和土地影子费用等计算项目固定资产投资、流动资金、经营费用、销售收入(或效益),并在此基础上计算项目的国民经济评价指标。具体步骤如下:

(1) 识别和计算项目的直接效益,对哪些为国民经济提供产出物的项目,首先应根据产出物的性质确定是否属于外贸货物,再根据定价原则确定产出物的影子价格。按照项目的产出物种类、数量及其逐年增减情况和产出物的影子价格计算项目的直接效益。对那些为国民经济提供服务的项目,应根据提供服务的数量和用户的受益计算项目的直接效益。

（2）用货物的影子价格、土地的影子费用、影子工资、影子汇率、社会折现率等参数直接进行项目的投资估算。

（3）流动资金估算。

（4）根据生产经营的实物消耗,用货物的影子价格、影子工资、影子汇率等参数计算经营费用。

（5）识别项目的间接效益和间接费用,对能定量的应进行定量计算,对难于定量的,应作定性描述。

（6）编制有关报表,计算相应的评价指标。

13.3.2 国民经济评价指标

国民经济评价包括国民经济效益分析和外汇效果分析,以经济内部收益率为主要评价指标。根据项目特点和实际需要,也可计算经济净现值等指标。产品出口创汇及替代进口节汇的项目,要计算经济外汇净现值、经济换汇成本和经济节汇成本等指标。此外,还可对难以量化的外部效果进行定性分析。

1. 国民经济效益分析

用国民经济效益分析计算经济内部收益率和经济净现值等指标。

（1）经济内部收益率（EIRR）

经济内部收益率是反映项目对国民经济净贡献的相对指标。它是项目在计算期内各年经济净效益流量的现值累计等于零时的折现率。其表达式为:

$$\sum_{t=0}^{n}(B-C)_t(1+\text{EIRR})^{-t} = 0$$

式中　B——效益流入量;

　　　C——费用流出量;

　　　$(B-C)_t$——第 t 年的净效益流量;

　　　n——计算期。

经济内部收益率等于或大于社会折现率表明项目对国民经济的净贡献达到或超过了要求的水平,这时应认为项目是可以考虑接受的。

（2）经济净现值（ENPV）

经济净现值是反映项目对国民经济净贡献的绝对指标。它是指用社会折现率将项目计算期内各年的净效益流量折算到建设期初的现值之和。其表达式为:

$$\text{ENPV} = \sum_{t=0}^{n}(B-C)_t(1+i_s)^{-t}$$

式中　i_s——社会折现率

经济净现值等于或大于零表示国家为拟建项目付出代价后,可以得到符合社会折现率的社会盈余,或除得到符合社会折现率的社会盈余外,还可以得到以现值计算的超额社会盈余,这时就认为项目是可以考虑接受的。

2. 外汇效果分析

涉及产品出口创汇及替代进口节汇的项目,应进行外汇效果分析,计算经济外汇净现值、经济换汇成本、经济节汇成本等指标。

(1) 经济外汇净现值(ENPV_F)。经济外汇净现值是反映项目实施后对国家外汇收支直接或间接产生影响的重要指标,用以衡量项目对国家外汇真正的净贡献(创汇)或净消耗(用汇)。

经济外汇净现值通常用外币单位表示,可通过经济外汇流量表计算,其表达式为:

$$\text{ENPV}_F = \sum_{t=0}^{n} (FI - FO)_t (1 + i_s)^{-t}$$

式中　FI——外汇流入量;(外币单位,如 \$);

　　　FO——外汇流出量;(外币单位,如 \$);

　　　$(FI - FO)t$——第 t 年的净外汇流量;

　　　n——计算期。

当有产品替代进口时,可按净外汇效果计算经济外汇净现值。

(2) 经济换汇成本和经济节汇成本。

当有产品直接出口时,应计算经济换汇成本。它是用货物影子价格、影子工资和社会折现率计算的为生产出口产品而投入的国内资源的现值(以人民币表示)与生产出口产品的经济外汇净现值(通常以美元表示)之比,亦即换取 1 美元外汇所需要的人民币金额,是分析评价项目实施后在国际上的竞争力,进而判断其产品应否出口的指标。其表达式为:

$$经济换汇成本 = \frac{\sum_{t=0}^{n} DR_t (1 + i_s)^{-t}}{\sum_{t=0}^{n} (FI' - FO')_t (1 + i_s)^{-t}}$$

式中

　　　DR_t——项目在第 t 年为生产经营出口产品投入的国内资源(包括投资、原材料、工资、其他投入和贸易费用),单位:元;

　　　FI'——生产出口产品的外汇流入,单位:美元;

　　　FO'——生产出口产品的外汇流出(包括应由出口产品分摊的固定资产投资及经营费用中的外汇流出),单位:美元;

　　　n——计算期。

当有产品替代进口时,应计算经济节汇成本,它等于项目计算期内生产替代进口产品所投入的国内资源的现值与生产替代进口产品的经济外汇净现值之比,即节约 1 美元外汇所需的人民币金额。其表达式为:

$$经济节汇成本 = \frac{\sum_{t=0}^{n} DR''_t (1 + i_s)^{-t}}{\sum_{t=0}^{n} (FI'' - FO'')_t (1 + i_s)^{-t}}$$

式中

　　　DR''_t——项目在第 t 年为生产替代进口产品投入的国内资源(包括投资、原材料、工资、其他投入和贸易费用),单位:元;

FI''——生产替代进口产品所节约的外汇,单位:美元;

FO''——生产替代进口产品的外汇流出(包括应由替代进口产品分摊的固定资产投资及经营费用中的外汇流出),单位:美元。

经济换汇成本或经济节汇成本(元/美元)小于或等于影子汇率(SER),表明该项目产品出口或替代进口是有利的。要计算这两个指标,需编制国内资源流量表。

13.3.3 国民经济评价的基本报表

国民经济评价的基本报表是项目投资经济费用效益流量表(B16)。该报表以全部投资作为计算的基础,用以计算全部投资经济内部收益率、经济净现值等评价指标。

13.3.4 国民经济评价结论

国民经济评价结论一般应包括项目对国家产业结构的影响,项目的区位效应,项目经济效益指标,项目的风险性,以及项目的其他社会效应和损害的分析评价[4,14]。

1. 项目与产业结构

国民经济评价是站在全社会和国民经济整体的立场上进行项目综合评价,是决定项目或方案取舍的主要依据,国民经济评价的结论应既包括经济效益评价指标,又包括经济效益所不能概括的社会效益,有时还涉及技术问题,产业结构和项目的区位效应等问题。

项目的取舍不仅取决于项目的经济评价指标,有的情况下还要根据国家的产业政策考虑产业结构调整的需要。例如,国家或某地区的战略产业和新兴产业,需要保护的国内产业的某些项目,即使经济效益差一些,也不一定舍弃。但经过经济评价可以知道效益差多少,进而判断出付出这样多的代价是否值得。同样,对一些外贸项目,出于开辟和占领国际市场的考虑,也不一定全凭经济评价指标进行取舍,但进行经济评价有助于分析取舍的代价。

有时项目的取舍还取决于技术和其他社会效益,例如,核能民用技术在我国的长期能源供应上具有重要作用和深远影响,即使首批核电站的发电成本稍高于燃煤发电,但为了取得核能发电的实际经验,培养本国的核电站设计,设备制造和运行队伍,建设首批核电站项目是必要的。

2. 项目的区位效应

国民经济评价还应考虑项目的区位效应,尤其是大型企业的位置必然对国民经济产生重大影响。

建设项目各有一定的空间范围和地理环境。工厂和矿山必定占据特定的空间位置。公路,铁路和运河项目必定还涉及线路、站点和辅助设施的选址问题,海港和机场必须建于适当的地区。一个项目位置的选择,必须根据国民经济的空间结构进行规划。一个新项目的兴建是在国民经济的空间布局的地图上平添一个新据点,其区位效应应通过各种渠道向四面八方逐渐延伸。这种效益的具体情况,一般依据项目的内部和外部条件,以及项目的类型和规模而定。

在项目的实践和理论上,经济学家已用折现方法解决了成本和效益的时间因素问题,把未来和现在的价值折算到现值的基础上,建立了共同标准的可比性。项目成本和效益的空间坐标和地区因素与时间因素具有相似的意义,也需要建立同一价值基础上的可比性。虽然传统的经济学家把投入产出的交通运输费用包括在项目的成本与效益之内,与项目区位有关,但那不是综合处理项目空间效应的观点。实际上古典经济学家所采用的传统方法是企图把项目从空间的牵连中抽象出来予以评价,这等于为了排除空间因素而做的假设。同时,"新方法"也没有充分解决项目区位问题,"新方法"对不同地区收入分配影响问题的处理只解决了一国或一个地区内部的收入再分配,而未涉及到项目位置对整个国民经济和社会活动的空间关系的影响,而且忽视了项目如何选址本身这个重要课题。

一个国家的社会经济结构包括职能和空间的两个方面。项目对经济和社会的影响则包括职能效应和空间效应,这是互相影响的两个方面,在给定的情况下,如果已知的空间条件保持不变,那么职能因素就占主导地位;反之,如果职能条件保持不变,则空间因素就占主导地位。如果两种地位都发生变化,那么当经济系统纳入新建设项目时,就产生一个相互调整的动态过程。

项目选址效应的表现形式如下:①城市间和区域间商品流动的变化;②交通市场结构和货物运输费率的变化;③对地方经济和地区经济的影响;④国民经济空间结构的变化。

①类影响涉及到国家各地区之间的商品流通网络;②类涉及到国家交通运输市场的供求状况。就范围而论,①和②均属部门经济和微观经济效应,③和④则属宏观效应。在宏观效应中,③所考虑的是地方和地区经济的变化,④所考虑的是全国的经济组织和经济活动在地理分布上的变化。一个项目的选址效应,从①开始,通过②向③和④扩展。由项目引起的商品流通和交通运输市场的变化,即①影响和②影响之间,有其经济的和技术的联系。①和②合在一起则导致地区和地方经济发展的变化,以及国民经济空间布局的变化。

项目的商品流通效应就是那些在各城市和地区间发生的供需地位的变化。商品剩余地区供应商品,商品短缺地区则有商品需求。一般地讲,商品从剩余地区向短缺地区流动。在某一地点建立的项目,通过其投入需求和产出供给,会改变城市间和地区间的商品流通。商品流动效应的范围和作用,决定于项目的投入和产出品类在全国商品交换体系中的地位及其价格体系,特别是地区间的有关商品的价格差额。

由项目最初直接产生地区间商品流动的变化,又会受到商品间彼此的技术和经济关系的影响。例如,在一个特定地区修建一个钢铁厂,它必然影响投入品(如燃料、原料、机器、设备等)和产出品(如钢铁制品)的地区间流动;这种影响的大小、方向和种类,又受到本项目行业与其他行业间,及这些项目有关商品与其他各类商品间的纵向或横向联系的影响。

项目选址的商品流通效应,必定会引起交通市场上的变化,特别是引起运费率及运输服务条件的变化。因为商品流通必须运输,而商品流通的变化即意味着运输供需,即运输市场和运费的变化。评价一个项目对交通市场的影响时,必须区别交通项目和非交通项目。交通项目是为了新建或改善交通工具,以增加运力的供应。非交通项目则增加对交通运力的需求。在一般情况下,这两类项目可以对交通市场产生相反的影响。例如,工业、农业和矿业等项目,其投入品来自不同的地点,其产出品疏散到不同的市场。这些输入输出业务都需要交通设施来完成。所以在某些地区的一个新建项目会在特定方向上创造一簇数量和种类不同的交通需求,并与其他行业竞争。不同的选择意味着不同的交通需求,从而以不同的方式影响交通运输市场和运价。

在特定地区的非交通项目对交通市场的影响,要看这个项目需要的运输能力是由现有的交通设施提供,还是来自削减其他客户的使用。当现有交通运输系统未充分利用时,新项目创造的交通运输需求可以由过剩交通运输能力来满足，这样，在经济活动范围内，就业和收入都有所增长，是极其有益的。反之，当交通运输系统已充分利用时（这种现象在第三世界国家经常存在），新创造的交通运输需求必须出于其他客户的让予来满足。这或者经由行政调拨或者通过市场机制调节而达成。运力的行政调拨意味着直接削减对其他行业的交通供应，也就是缩减其他经济活动的范围；市场调节意味着相应的交通方式紧张和运输费的提高，限制了使用同一交通设施的其他行业的发展。

运输费的增加将及时使一些项目的成本和收益结构与现存企业的盈利性发生变化，继而这些变化或快或慢地影响相应企业的空间布局决策。对于新投资项目来说更是如此。此外，像钢铁业和矿业等重点项目对交通运输有高度的依赖性，而其他行业像轻工业和手工业等对交通运输的敏感性则较低。因此，项目的区位效应随着行业类型和地区不同而不同。

如果拟建项目是增加交通运输设施，那就大不相同。项目的直接后果是扩大交通运输能力，降低运输费用，从而增大商品和人的流通，有利于开发新地区、新市场和新的资源产地。在许多方面，交通项目可使其所服务的企业受益。另一方面，交通投资项目必然会使国家承受经济的、财务的负担，以及环境损坏一类的社会成本，通常一个交通运输项目的成本和效益，在不同的地区和区域之间是不相等的。

很显然，项目区位是国民经济空间结构的组成部分。项目地点的选择应该从地理位置出发，考虑整个国家的经济、技术、社会和其他的因素，以取得恰当的结论，与其他项目效应一样，项目的选址效应的评价必须基于国民福利或国家的政策目标。

项目对地方和地区经济发展的影响是项目宏观效应的主要部分。从财务角度来看，项目支出可以诱发地方和地区的收入上的乘数效果；在就业的问题上，则可以为当地人民提供一些就业机会，从实物角度看，项目可以通过规模经济性、工业的集聚性和技术的关联性等引起一般经济活动的增加。同时在区域经济方面，也有其不利的影响。项目建设可能引起水、空气、土地污染和噪音干扰；又可能导致交通紧张和拥挤、公路事故、旅行的困难和大范围的交通运输费的增加。一个大规模的项目还可能改变地区的生态平衡或者气候变化。例如，苏丹的一个大型格泽拉（Gezeira）水利灌溉工程，改变了喀土穆地区的气候。又例如，巴西和委内瑞拉的贯穿内地的公路项目促进了新经济区、新能源的开发和连带的地区生态环境的变化。

在特定地区建设一个重点项目所引起的对商品流通、交通市场和区域经济的影响，将改变国民经济的空间结构，这种空间结构是由一个国家的社会经济和多种因素决定的。交通运输网络是国民经济空间结构的主要基础设施，一国的经济空间布局反映了区域分工和劳动的专业化。

一国的国民经济结构可分析为各部门经济活动的职能上的分工协作和地域间的分布。如果假定国民经济空间分布处于均衡状态，新项目就是干扰均衡的新因素。过了一定时间，待新因素的影响被吸收后，则形成一个新的均衡。如果国民经济的空间布局处于动态的调整过程中，则新项目的建设就成为这种调整的新力量，促进其进一步发展。

对于发展中国家，重点项目的建立又可以促进地区经济的商品化，这是项目影响的另一面。由于在许多发展中国家里，还存在自然经济的部门和区域，项目的商业活动自然会引起或大或小、或远或近的商业化影响，缩小自然经济的范围。

以上所述的各种项目区位影响中，虽可在观念上分析其逻辑层次，但在实际现象中，国民经济是一个整体，其职能方面的结构和空间结构是一个问题的两个方面，不可分割。

总之,项目选址的各种影响必须在项目评价中加以分析。处理这些问题时,应该尽可能地使用定量分析,但在发展中国家中,资料短缺,项目的空间效果的量化困难重重。因此,事实上只能多依赖定性分析。

3. 项目国民经济评价结论

一般建设项目或技术改造项目,除了进行经济效益指标的计算和评价之外,还应对其他有形和无形的效果进行分析计算或作定性说明。包括以下几个方面:

(1) 对商品流通状况的影响;

(2) 对交通状况的作用和影响;

(3) 对地区经济和全国经济结构的影响;

(4) 对改变产业结构、产品结构和工业布局的影响;

(5) 对提高技术水平的影响及其技术扩散和示范效果;

(6) 对生态平衡和环境的影响;

(7) 对劳动就业的影响;

(8) 对提高文化教育水平的影响等等。

13.4   区域经济与宏观经济影响分析

特大型建设项目由于建设规模巨大,需要消费大量的人力、物力、财力、自然资源等,这自然会产生国力能否承受的问题,必然会影响到国民经济其他地区、其他部门的建设和发展。因此,在国民经济评价时必须进行特大项目对区域经济与宏观经济的影响分析[34]。

13.4.1   特大型项目的特征与类型

特大型建设项目是特定时期根据国家经济发展状况、生产力发展水平及经济发展需要所提出的相对概念。特大型建设项目通常具有以下特征:

(1) 在国民经济和社会发展中占有很重要的战略地位,如三峡工程;

(2) 建设周期或实施周期长;

(3) 投资总额或人力物力财力的投入量大,而且年度投入量的分布非常不均;

(4) 项目的实施对国家经济发展水平、潜在需求产生巨大变化;

(5) 技术风险大;

(6) 对生态环境影响巨大;

(7) 对国家经济安全带来巨大影响。

根据上述特征,结合项目特点及行业,特大型建设项目可以分为以下几类:

(1) 特大型基础设施项目:主要指铁路、高速公路、水利工程、港口等,如西藏铁路项目;

(2) 特大型资源开发项目:主要指耗竭性资源开发(油、气田开发)、长距离管道输送等,如西气东送工程;

(3) 特大型高科技攻关项目:主要指航空、航天、国防等高科技关键技术攻关项目,如大飞机项目。

13.4.2 特大型项目对区域和宏观经济的影响

特大型建设项目的区域经济影响分析是指从区域经济的角度出发,综合分析特大型项目的建设对项目所在区域乃至较大区域的经济活动带来的各方面影响的综合分析,包括对区域现存发展条件、经济结构、城镇建设、劳动就业、土地利用、生态环境等方面现实影响和长远影响的分析。

特大型建设项目的宏观经济影响分析是指从国民经济整体角度出发,综合分析特大型项目建设对国家宏观经济带来的各方面影响的综合分析,包括对国民经济总量增长、产业结构调整、生产力布局、自然资源开发、劳动力就业结构变化、物价变化、收入分配等方面影响的分析,以及国家承担项目建设的能力即国力的分析、项目上马时机选择对国民经济影响的分析等。

1. 对所在区域的影响

特大型项目的建设对所在区域的影响主要表现在:

(1) 可能改变其所在区域的功能与发展条件。如大型飞机项目落户在阎良国家航空高科技产业园,必将对陕西阎良的城市交通、能源供应条件、专业技能的劳动力供给和生活及服务设施产生影响。

(2) 可能改变所在区域的产业结构,促进区域产业循环的形成。特大型建设项目的实施可能会在区域内建立起一套新的经济结构,从而改变原有的经济结构;另外,由于特大型建设项目投资大、建设内容多、技术含量高,很容易在区域内形成新的核心产业,并且围绕着核心产业有可能形成一定规模的产业集群。

(3) 特大型项目的实施有利于区域品牌的建立和发展,从而有利于加速区域经济的发展。

(4) 特大型建设项目对所在区域也有可能带来负面影响。如:耕地的减少、环境污染、历史文化遗产的破坏等。

2. 对宏观经济的影响

特大型建设项目的实施,对宏观经济的影响主要表现在:

(1) 促进国民经济总量增长和经济结构的优化;

(2) 增加就业机会,改变就业结构,包括就业的产业结构、知识结构;

(3) 减轻乃至消除经济发展中的"瓶颈"制约因素的作用;

(4) 推进国家的城市化进程,提高国民经济整体实力,促进现代化建设。

13.4.3 特大型建设项目对区域和宏观经济影响的分析方法

1. 指标法

所谓指标法,是指通过建立指标体系并计算指标数值来分析评价特大型投资项目对区域和宏观经济的影响。

(1) 总量指标

主要包括增加值、净产值、社会纯收入等指标,增加值是指项目投产后对国民经济的净贡献,即每年形成的国内生产总值。

按收入法计算的公式为:

增加值＝项目范围内全部劳动者报酬＋固定资产折旧＋生产税净额＋营业盈余

净产值是指项目全部效益扣除各项费用(不包括工资及附加费)后的余额。

社会纯收入是指净产值扣除工资及附加费后的余额。

(2) 结构指标

主要包括影响力系数、三次产业结构、就业结构指标等。

影响力系数又被称之为带动度系数,是指特大型建设项目所在的产业,当它增加产出满足社会需求,每增加一个单位最终需求时,对国民经济各部门产生的增加产出的影响。

计算公式为:

$$影响力系数 = \sum_{i=1}^{n} b_{ij} \bigg/ \left(\sum_{j=1}^{n} \sum_{i=1}^{n} b_{ij}/n \right)$$

式中:b_{ij} 为列昂惕夫矩阵系数,即完全消耗系数,表示生产部门第 j 个部门的一个最终产品对第 i 个部门的完全消耗量;n 为国民经济的产业部门总数。

影响力系数大于 1 表示该部门增加产出对其他产业部门产出的影响程度超过社会平均水平,影响力系数越大,该产业部门对其他产业部门的带动作用越大,对经济增长的影响越大。

产业结构可以各产业增加值结算,反映各产业在国内生产总值中所占份额大小。特大型建设项目前后产业结构的变化反映了项目对产业结构的影响。

就业结构包括就业的产业结构、就业的知识结构等,前者指各产业就业人数的比例,后者指不同知识水平就业人数的比例。特大型建设项目建设前后就业结构的变化反映了项目对就业结构的影响。

(3) 社会与环境指标

① 就业效果指标。实现社会充分就业是宏观经济致力于实现的重要目标之一。评价特大型建设项目的就业效果对存在大量过剩劳动力的我国尤其具有意义。劳动力就业效果一般用项目单位投资带来的新增就业人数表示,即:

$$单位投资就业效果 = \frac{新增总就业人数(包括本项目与相关项目)}{项目总投资(包括直接投资和间接投资)} (人/万元)$$

总就业效果可分为直接投资所产生的直接就业效果和与该项目直接相关的其他项目的投资产生的间接就业效果。

$$直接就业效果 = \frac{本项目新增的就业人数}{本项目的直接投资} (人/万元)$$

$$间接就业效果 = \frac{相关项目新增就业人数}{相关项目投资} (人/万元)$$

② 收益分配效果。分配效果指标用于检验项目收益分配在国家、地方、企业、职工间的分配比重是否合理。主要有以下项目:

$$国家收益分析比重 = \frac{项目上缴国家的收益}{项目的总收益} \times 100\%$$

$$地方收益分配比重 = \frac{项目上缴地方的收益}{项目的总收益} \times 100\%$$

$$企业收益分析比重 = \frac{企业的收益}{项目的总收益} \times 100\%$$

$$职工收益分配比重 = \frac{职工的收益}{项目的总收益} \times 100\%$$

③ 对资源和环境的影响效果指标。对资源和环境的影响效果指标主要有节能效果指标、

节约时间效果指标、节约用地效果指标、节约用水效果指标等几类。

节能效果以项目的综合能耗水平（可折合成"年吨标煤消耗"）来反映。

$$项目的综合能耗水平 = \frac{项目的综合能耗}{项目的净产值}$$

项目的综合能耗水平低于社会平均能耗水平，则说明项目具有较好的节能效果。

节约时间的效果分析应结合具体项目进行。此类指标对交通运输类特大型建设项目尤其具有意义。

节约用地效果用单位投资占地反映。

$$单位投资占地 = \frac{项目土地占用量}{项目总投资}（平方米/万元）$$

项目单位投资占地低于社会平均水平，则说明项目具有较好的节约用地效果。

类似的，节约用水效果以项目单位产值或产品耗水量来反映。

$$项目单位产值耗水量 = \frac{项目总耗水量}{项目总产值}（立方米/人·日）$$

项目单位产值耗水量和国家与地区的定额比较，可判定项目的节水效果。对生产性项目应分别计算单位产品生产用水和项目人均耗水量，单位产品耗水量应与行业规定的定额进行比较。

（4）国力适应性指标

特大型建设项目由于建设规模巨大，需要耗费大量的人力、物力、财力、自然资源等，这就会产生国力能否承受的问题，同时也会影响到国民经济其他地区、其他部门的建设和发展。如果特大型项目挤占资源过多，导致其他领域所需资源无法满足而阻碍了项目的发展进程；或者由于特大型建设项目使用的投入品过多，引发该物品供应紧张，抬升了重要物品的价格，乃至加剧通货膨胀水平，则说明国力承担该项目的能力不足。

2. 模型法

所谓模型法是指根据具体问题的性质，通过建立经济数学模型来评价特大型投资项目对区域和宏观经济的影响。主要包括：

（1）宏观经济计量模型

是在一定的经济假设下，依据一定的经济理论，建立众多经济变量之间的关系式，利用变量的历史序列数据对关系方程式组成的联立方程组进行回归分析运算，确定方程式中的经济参数和其他参数数值，从而得出方程的确定形式，并在此基础上预测未来经济发展趋势，或者判定经济变量或经济参数对经济发展的影响。模型一般包括生产、收入、投资、消费、劳动力、财政、金融、价格、贸易、能源等模块，能较全面地反映现实经济结构及其数量关系。利用宏观经济计量模型分析特大型投资项目对区域和宏观经济的影响，主要是考察有无该项目两种情况下的宏观经济计量模型的运算结果，从而判定项目对区域和宏观经济影响的大小和好坏。

（2）动态投入产出模型

投入产出模型是指依据美国著名经济学家列昂惕夫（W. Leontief）创立的投入产出经济学的原理，利用大量实际经济数据，构造反映国民经济各部门之间生产联系的投入产出表，根据该表可以计算出各部门的投入系数（即直接消耗系数）和完全消耗系数，并进一步可计算各部门的影响力系数和感应度系数，分析判断各部门对国民经济其他部门的影响或其他部门发展对某一部门的影响。简言之,投入产出分析可以从数量上系统地研究一个复杂经济实体的各不同部门之间的相互关系。

（3）系统力学模型

经济系统的动力学模型可以动态地模拟经济发展趋势。系统动力学建模不是建立纯数学符号的数学模型,而是借助于 DYNAMO 语言编写面向计算机的仿真程序,再借助于计算机的模拟技术定量地进行系统结构、功能与行为的模拟。模型可考虑短缺对国民经济的影响,还可以通过对比其他工程项目,分析其财力承受能力。在处理特大型投资项目时,以不同集资方式和不同上马时机,动态模拟国民经济发展状况,对比有无此项工程国民经济的状态,再分析判断国家财力对特大型项目的承受能力。

第 14 章 不确定性分析与风险分析

在建设项目和投资方案的经济评价中,所研究的问题都是发生在未来,所引用的数据是根据假设和现有统计资料进行预测和估算的,加之时间的推移,条件的变化和一些未考虑因素的影响,从而使项目评价不可避免地带有不确定性,使投资项目的决策存在潜在的风险。如果在项目经济评价中仅根据一些基础数据所作的确定性评价取舍项目,可能会导致决策的失误。为了分析不确定性因素对经济评价指标的影响,需进行不确定性分析,以估计项目可能承担的风险,确定项目经济上的可靠性。本章介绍几种常用的不确定性分析方法,包括盈亏分析、敏感性分析和概率分析,最后讲述蒙特卡洛模拟法。盈亏分析只用于财务评价,其他几种方法可同时用于财务评价和国民经济评价。

14.1 盈亏分析

盈亏分析(Break Even Analysis),亦称盈亏平衡分析、够本分析。它是研究一个项目的营业收入、成本和产销量之间的关系,确定够本点,预测产品产量对项目盈亏的影响。

够本点 BEP(盈亏平衡点,Break Even Point)是营业总收入和总成本正好相等的产销量,即利润等于零时的营业水平。当产销量大于够本点时,企业盈利;当产销量小于够本点时,则企业亏损[1,4]。

14.1.1 盈亏分析的基本假设

进行盈亏分析是以下列基本假设条件为前提:
(1) 生产量等于销售量,称产销量;
(2) 单位产品的销售价格、可变成本和固定生产成本在项目寿命期内保持不变;
(3) 产品品种结构稳定。

14.1.2 够本点的确定

1. 代数法

销售收入(税后)方程 $Y_1 = pX - T_r$ (14 - 1)

生产总成本方程 $Y_2 = F + \nu X$ (14 - 2)

根据够本点定义,当 $Y_1 = Y_2$ 时,求得够本点产销量

$$\text{BEP}_x = \frac{F}{p - v - T_r/X} = \frac{\text{年固定总成本}}{\text{产品单价} - \text{单位产品可变成本} - \text{单位产品销售税金及附加}}$$

(14 - 3)

式中 p——产品销售单价;X——年产品产销量;T_r——年销售税金及附加;F——年产品固

定总成本;v——单位产品可变成本。

有些企业的够本点通常以生产能力利用率表示,一种产量的生产能力利用率就是它占设计生产量的百分比。够本生产能力利用率(BEP_μ)计算公式为

$$\text{BEP}_\mu = \frac{F}{pX - vX - T_r} = \frac{\text{年固定总成本}}{\text{年销售收入} - \text{年可变总成本} - \text{年销售税金及附加}}$$

(14-4)

2. 图解法

盈亏分析也可以用图解法进行。盈亏分析图能把企业的成本、产销量和利润形象地表现出来。图14-1示出一个传统的盈亏分析图,横坐标代表产销量,纵坐标代表总成本或减去销售税金后的总销售收入。图中有三条线:

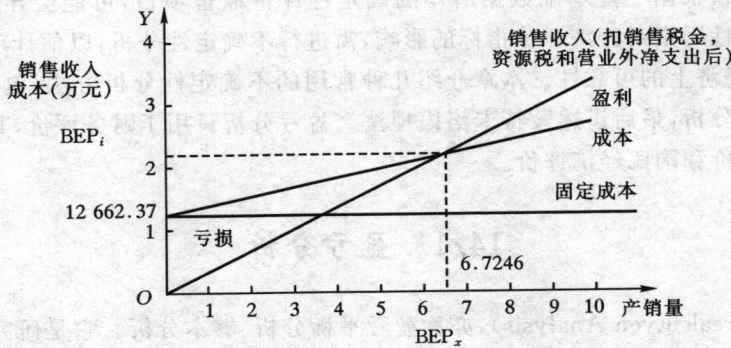

图 14-1 盈亏分析图

(1)固定成本线。固定成本不随产量变化,是一条在纵轴上截距为 F 的水平线。

(2)总成本线。总成本是固定成本和变动成本之和。由于变动成本与产量成正比关系,所以总成本与产量成线性关系。总成本线则是一条在纵轴上截距为 F、斜率为 v 的直线。

(3)总销售收入线,销售收入和销售税金均与销售量成正比。销售收入线是一条通过原点,斜率为单位产品售价 p 的直线。

总成本线与总销售收入线的交点就是够本点。与够本点相对应的横坐标即为够本点产量 BEP_x,其对应的纵坐标为够本销售额 BEP_i。在够本点的产销量下,企业既不亏损也不盈利。当 $X < \text{BEP}_x$ 时,企业亏损;当 $X > \text{BEP}_x$ 时,企业盈利。总销售量与总成本线垂直距离即为不同产量时企业的亏损或盈利值。从图中还可以看出,够本点越低,盈利区就越大,则项目的盈利机会越大。

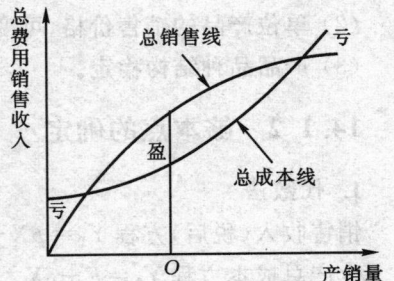

图 14-2 非线性盈亏分析图

需要注意的是,销售收入方程和生产总成本方程并不一定是线性的,因而总成本和销售收入线也可能是曲线或折线。例如,受市场供求关系的影响,有时会出现如图14-2那样的非直线型盈亏分析图,并有两个够本点。

例 14-1 某灯具厂设计生产某种新型台灯,年产销量 $R=8$ 万只,固定成本总额 15 万元,产品售价 8 元/只,单位变动成本 5 元/只,销售税率 4%,求各种够本点。

解 据式(14-3)和(14-4)

$$\text{BEP}_x = \frac{150\ 000}{8(1-0.04)-5} = 55\ 970\ (\text{只})$$

$$\text{BEP}_u = \frac{\text{BEP}_x}{R} = \frac{55\ 970}{80\ 000} = 0.7$$

即该企业的够本产量为 55 970 只,够本生产能力利用率为 70%。

14.1.3 盈亏分析的应用

1. 风险承受能力分析

够本点的高低,可以判断投资项目承受风险能力的大小。较小的够本点,说明达到较低的产销量和生产能力利用率时,就可以保本或盈利,也即意味着该项目可以经受较大的风险。相反,如果够本点大,说明要达到较高的产销量和生产能力利用率时,企业才能保本,说明该项目要承受较大的风险。

有了够本点,可以用安全幅度 MS 和安全幅度率 MSR 表示项目承受风险能力的大小。

$$\text{MS} = X - \text{BEP}_x \qquad (14-5)$$

$$\text{MSR} = 1 - \frac{\text{BEP}_x}{X} \qquad (14-6)$$

式中 X——预计产销量。

安全幅度或安全幅度率越高,说明项目承受风险的能力越强。

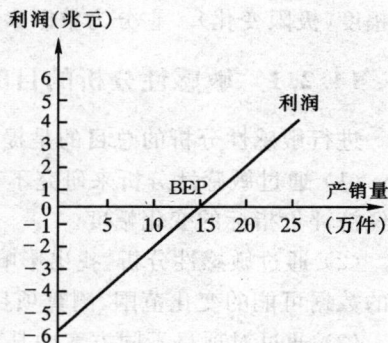

图 14-3 量利图

2. 量利图

量利图表示利润与产销量的关系,是盈亏分析图的一种变例。在量利图上,利润线与横轴的交点即为够本销售量(图 14-3)。量利图比盈亏分析图更加直观地表现出了利润。

3. 勾划企业经营的大致轮廓

够本点高的企业,一般固定成本比较大,像铁路、港口、电力等,这就要求这类企业采取一系列经营措施,获得高的营业收入;而够本点低的企业,像服装、食品工业等,就要着眼于减少变动成本,提高效益。

4. 方案选优

对于一个项目的两种投资方案 A 和 B,如果设计的产量或收入相同,方案 A 的固定成本高于 B,单位变动成本 B 高 A 低,那么应选择够本点低的方案 B(图 14-4)。

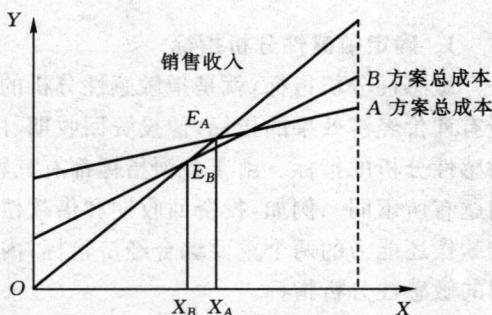

图 14-4 利用盈亏分析图进行方案优选

14.1.4 盈亏分析的局限性

(1) 盈亏分析只讨论价格、产量、可变成本、固定成本等因素对项目盈亏的影响,其他相关因素考虑很少,对项目的盈利能力分析也比较粗浅。

(2) 盈亏分析是静态分析,没有考虑资金的时间价值。

(3) 盈亏分析的各条假设与现实情况不尽一致,计算结果也不够精确。

盈亏分析只用于财务评价。

14.2 敏感性分析

敏感性(Sensitivity)是指某一相关因素的变动对反映项目投资效果的评价指标(内部收益率、净现值、投资回收期等)的影响程度。敏感性分析(Sensitivity analysis)就是为了提高决策的正确性和可靠性,预防决策中相关因素的变动可能带来的损失而进行的测算,即测算主要因素变动对项目投资评价指标的影响程度,或测算能够保持项目可行时,容许相关因素变动的最大幅度(极限变化)。它分为单因素敏感性分析与多因素敏感性分析两类[1,4]。

14.2.1 敏感性分析的目的

进行敏感性分析的总目的是提高项目经济效果评价的准确性和可靠性,具体如下:

(1) 通过敏感性分析来研究不确定因素变动对工程项目经济评价指标的影响程度,即引起经济评价指标的变化幅度。

(2) 通过敏感性分析,找出影响项目经济效果的敏感因素,并进一步分析与预测或估算有关的数据可能的变化范围,测算项目风险的大小。

(3) 通过对项目不同方案中某些关键因素的敏感性程度对比,可区别项目不同方案对某关键因素的敏感性大小,选取敏感性小的方案,以减少项目的风险性。

(4) 通过敏感性分析,可以估算能够保持项目评选原有结论时,相关因素容许的变动范围,找出它们变化的最好和最坏情况,以便在项目管理中施行有效的控制措施,使项目风险减小,获得预期的或更大的收益。

14.2.2 单因素敏感性分析方法和步骤

1. 确定敏感性分析指标

敏感性分析指标,就是指敏感性分析的具体对象——项目的经济评价指标。从理论上讲,所有评价经济效果的指标,像投资回收期、内部收益率、投资净效益率、净现值等,都可以作为敏感性分析的指标。由于各项指标都有其特定含义,所以用不同指标作敏感分析时所反映的问题有所不同。例如,投资回收期和借款偿还期是反映财务上投资回收能力和固定资产投资借款偿还能力的两个重要综合经济指标;内部收益率和净现值是动态指标,它们都是经常被采用的敏感性分析指标。

在实际工作中,不可能也不需要对每种评价指标都作敏感性分析,而只针对项目特点和经济评价的深度选择一种或二三种评价指标进行分析。例如,在项目的机会研究阶段,由于经济数据不完全,可信度低,常用投资回收期作敏感性分析指标;在项目的初步可行性研究和详细可行性研究阶段,主要采用内部收益率和净现值作为项目的敏感性分析指标。

2. 设定不确定因素

工程项目的建设期和生产期内可能发生变化的因素很多,实际中不需要对全部可变因素逐个进行敏感性分析。通常只选择变动可能较大,且其变动将会对指标值产生较强影响的因素,或在确定性分析中数据准确性把握不太大的因素。通常选择产品销量、售价、经营成本、项目建设年限、折现率、投资额、汇率等作为敏感性分析的不确定因素。例如,对于产品主要供应国际市场的项目,产品需求受国际市场供求关系变化和汇率变化的影响大,而且这种变化项目本身难以控制,因此产品销售量和汇率将构成项目的不确定因素,需要重点加以分析。又如,对于投入物中煤占相当大比重的火力发电项目,在我国目前煤和电的比价不合理,煤炭价格严重偏离价值,存在着调价可能性的情况下,煤价和电价将是影响项目经济效益的不确定因素,需要加以分析。

3. 寻找敏感因素

(1) 相对确定法。设定的因素均从确定性分析所采用的数值开始变动,且各因素每次变动幅度相同,计算每次变动对评价指标的影响程度。显然,在变动率相同的情况下,各因素对指标值的影响是会有差异的,这样可以对各因素的敏感性进行排序,找出敏感因素。

(2) 绝对确定法。将某一因素向着对项目经济效益发生不利影响的方向变动,并设因素的取值是有可能发生的最坏值,然后相应计算其评价指标,看指标是否已达到使项目不可接受,那就表明此因素是项目的敏感因素。另外也可先确定项目经济评价指标的基准值,然后求某特定因素的最大允许变动幅度,并将此变动幅度与可能会发生的变动幅度估计值进行比较,若前者小于后者,则项目经济效益对此因素敏感。

实践中,常把以上两种方法结合起来应用。不论采用何种方式,基本做法都包括以下内容:

第一,逐个计算不确定因素的变动对评价指标发生影响的具体数值。对某特定因素作分析计算时,设定其他因素不变,对特定因素设定变动数量或幅度(如±5%,±10%,±15%等),计算评价指标相应的变动结果。对每项因素的每次变动,均重复以上计算。

第二,在对各项因素逐一进行计算的基础上,将结果加以整理,并用图或表的形式表示不确定因素变动与评价指标随之变动的对应数量关系。

第三,通过对表或图中数据的分析,找出影响项目经济效益的敏感因素。图中斜率大的曲线代表的因素为敏感因素。

例 14－2 有一个生产 525 号硅酸盐水泥的新建项目,在进行财务和国民经济评价时算得财务内部收益率为 11.62%,经济内部收益率为 13.57%。分析此项目的敏感性,并加以评价。

解 ① 确定财务内部收益率和经济内部收益率为敏感性分析指标。

② 设定售价、投资额和经营费用为不确定因素,因为对于此项目来说,这三个因素的变动可能性最大。

③ 寻找敏感因素。本例采用相对确定法。根据前面学过的内部收益率求法和本例给定的条件,分别算出售价、投资额和经营费用三个因素,并分别按±10%和±20%变动后的财务内部收益率和经济内部收益率的变化幅度,列表于表14-1,并作敏感性分析图,如图 14-5,14-6。

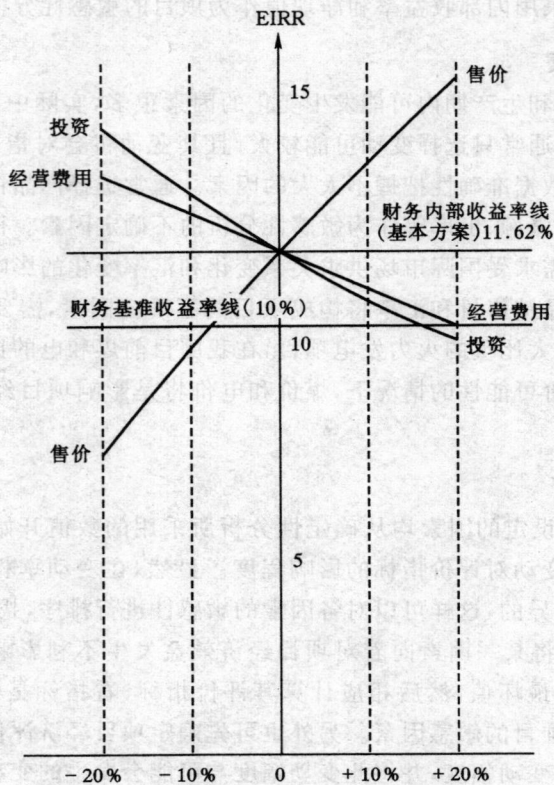

图 14-5　财务评价的敏感性分析图

表 14-1　不确定性因素对内部收益率的影响

变量 项目	基本 方案	售价因素变动				投资因素变动				经营费用变动			
		-20%	-10%	+10%	+20%	-20%	-10%	+10%	+20%	-20%	-10%	+10%	+20%
财务内部收益率(%)	11.62	6.74	9.3	13.75	15.69	14.52	12.94	10.47	9.46	13.43	12.54	10.68	9.69
经济内部收益率(%)	13.57	7.94	10.90	15.96	18.24	16.67	14.97	12.24	11.21	15.76	14.68	12.39	10.16

　　由表 14-1 和图 14-5,14-6 可以看出,财务内部收益率和经济内部收益率对投资额和经营费用的变动不太敏感,而对售价的变动敏感。在其他因素不变的情况下,售价上升 10%,财务内部收益率增加 2.13 百分点,经济内部收益率增加 2.39 百分点;当售价下降 10%,财务和经济内部收益率分别下降 2.32 百分点和 2.67 百分点,比增减同幅度时的投资额和经营成本的变动率大得多,所以,产品售价是敏感因素。

　　对于此项目,售价虽是敏感因素,但变动幅度不算太大,另外从国内此行业的发展趋势看,525 号水泥在相当长的时间内仍为紧缺物资,国内的市场价格大大高于统配价,并且售价一直

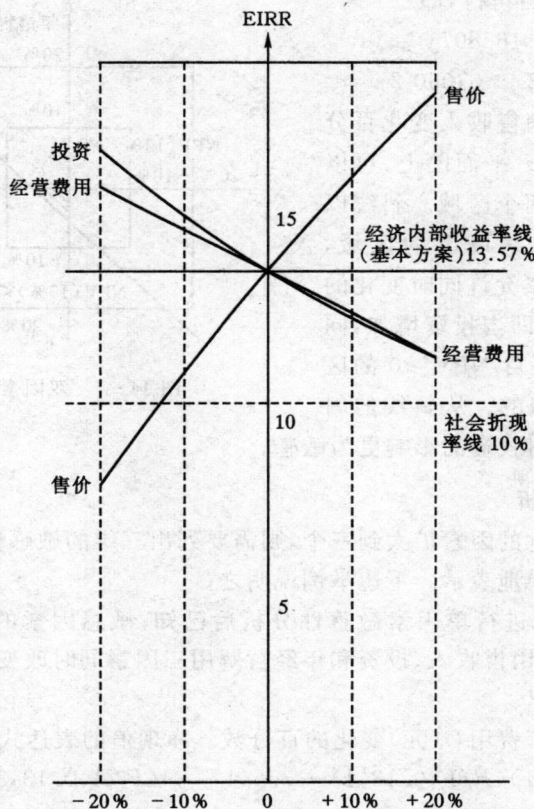

图 14-6 国民经济评价的敏感性分析图

有上涨的趋势,所以售价的变动可能引起的风险不大。

14.2.3 多因素敏感性分析

单因素敏感性分析在计算某因素变动对项目经济评价指标的影响时,假定其他因素不变。实际上这种假设难于成立,可能会有两个以上的因素同时变动,这时,要更好反映项目承担风险的状况,有时需要进行多因素敏感性分析。

进行多因素分析的假设条件是,同时变动的因素相互独立。

1. 双因素敏感性分析

一次改变一个因素的敏感性分析可以得到一条敏感性曲线。当两个因素同时变化时的敏感性分析则可以得到一个敏感面。下边举例说明双因素敏感性分析。

例 14-3 设某项目的固定资产投资为 17 万元,年销售收入为 3.5 万元,年经营费用为 0.3 万元,项目建设期 1 年,生产期 10 年,固定资产残值为 2 万元。基准收益率 $i_c = 13\%$。试就最关键的两个因素,初始投资和年销售收入,对该项目的净现值进行双因素的敏感性分析。

解 设 x 表示投资变化的百分数,y 表示同时改变的年销售收入百分数,则

$$\text{NPV}(i_c) = -17(1+x)(P/F, 0.13, 1) + 3.5(1+y)(P/A, 0.13, 10)(P/F, 0.13, 1)$$
$$- 0.13(P/A, 0.13, 10)(P/F, 0.13, 1) + 2(P/F, 0.13, 11)$$

当 $NPV(i_c) \geqslant 0$ 时,该项目可行,即

$$0.843\,4 - 15.045x + 16.807y \geqslant 0$$

化简得 $\quad y \geqslant 0.895\,2x - 0.050\,2$

把该不等式绘于年销售收入变化百分数 y 和投资变化百分数 x 平面图上,可以得到如图 14-7 所示的两个区域。斜线以上的区域,$NPV > 0$;斜线以下的区域,$NPV < 0$,斜线显示两因素允许同时变化的幅度。在最坏的情况下,即当投资增加,同时年销售收入减少时,项目 $NPV \geqslant 0$ 的区域即阴影区域,是很狭窄的。从斜线的斜率分析,两因素中,项目对投资的影响更为敏感。

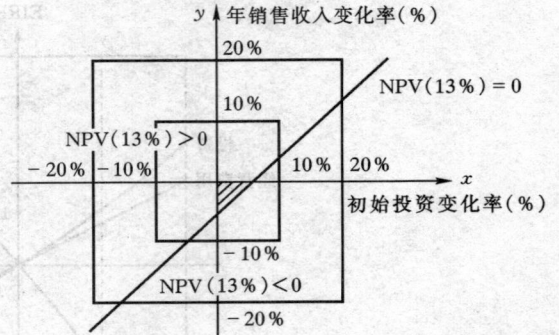

图 14-7 双因素敏感性分析图

2. 三因素敏感性分析

如果把同时发生变化的因素扩大到三个,则需要列出三维的敏感性分析数学表达式,也可以采取降维的方法来简单地表示。下边举例说明之。

例 14-4 在对上例进行单因素敏感性分析后已知,敏感因素的排序是年销售收入、投资、年经营费用。试就年销售收入、投资和年经营费用三因素同时改变时对项目净现值的影响进行敏感性分析。

解 设 z 表示年经营费用 C(元)变化的百分数。净现值的表达式为

$$NPV = -17(1+x)(P/F,0.13,1) + 3.5(1+y)(P/A,0.13,10)(P/F,0.13,1)$$
$$- 0.3(1+z)(P/A,0.13,10)(P/F,0.13,1) + 2(P/F,0.13,11)$$

当 $NPV \geqslant 0$ 时,项目可行,其三变量表达式为

$$y \geqslant 0.895\,2x + 0.085\,7z - 0.050\,2$$

为了便于分析,采用降维法,即以一个变量(因素)为参变量,其余两个变量用双因素敏感性分析方法。

当 $z = -100\%,C = 0,y \geqslant 0.895\,2x - 0.135\,9$

$\quad z = -50\%,C = 1\,500,y \geqslant 0.895\,2x - 0.093\,1$

$\quad z = +50\%,C = 4\,500,y \geqslant 0.895\,2x - 0.007\,3$

$\quad z = +100\%,C = 6\,000,y \geqslant 0.895\,2x + 0.035\,5$

图 14-8 表示了以上计算结果。

由图 14-8 可以看出,对应不同经营费用 C 的斜线以上区域,$NPV > 0$,以下的 $NPV < 0$,显示了当经营费用以某一幅度变化时,其他两因素投资和年销售收入允许变动的幅度。

总之,敏感性分析有助于找出影响项目经济效益的敏感因素及其影响强度,使评价人员将注意力集中于这些关键因素。必要时可对某些最敏感的因素重新预测和估算,以减少投资的风险。另外,单因素敏感性分析方法简单,结果直观,是不确定性分析的一种实用方法。

敏感性分析能够表明不确定性因素对项目经济效益的影响,得到维持项目可行所能允许的不确定因素发生不利影响的幅度,从而预测项目承担的风险,但是并不能表明这种风险发生的可能性有多大。敏感性分析可能会出现指向错误,找出的某一个敏感因素在未来可能发生某一幅度变动的概率很小,以至于可以不必考虑它的影响。实践表明,不同的项目,各个不确

226

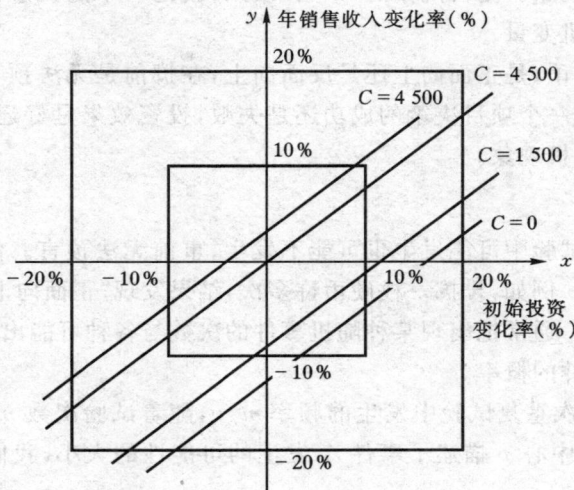

图 14-8 三因素敏感分析图

定因素发生相对变动的概率是不同的。两个同样敏感的因素,在一定不利的变动范围内,可能一个发生的概率很大,另一个发生的概率很小。很显然,前一个因素给项目带来的影响很大,后一个因素给项目带来的影响很小,甚至可以忽略不计。这些问题是敏感性分析所解决不了的。因此,对一些项目,尤其是重大项目,还必须作概率分析。

14.3 概率分析

敏感性分析只能指出项目评价(评估)指标对各不确定因素的敏感程度,但不能表明不确定因素的变化对评价指标的这种影响发生的可能性的大小,以及在这种可能性下对经济指标的影响程度。因此,根据项目的特点和实际需要,有条件时还应该进行概率分析。

概率分析是运用概率论方法研究预测各种不确定因素和风险因素的发生对项目经济评价指标影响的一种定量分析方法。概率分析一般是计算项目净现值的期望值及净现值大于或等于零时的累计概率;累计概率值越大,说明项目承担的风险越小。也可以通过模拟方法测算项目评价指标(如内部收益率)的概率分布,为项目的投资决策提供依据[1,4]。

14.3.1 概率分析中的一些基本概念

概率分析是把概率论的方法用于项目分析,首先介绍一些概率论中的一些基本概念。

1. 随机现象、随机事件和随机变量

在自然界和社会中有许多事件,在一定的条件下,必然发生的结果称为必然事件,必然不发生的结果称为不可能事件。例如,在标准大气压下,将水加热到 $100℃$,"水沸腾"是必然事件;而同样条件下,"水结冰"却是不可能事件。

除了必然事件和不可能事件外,还存在着另一类事件。在一定条件下做试验,一次试验可能发生某种结果,也可能不发生某种结果,这是偶然的,全然没有规律性。这种无法事先预测

227

结果的现象称为随机现象。随机现象的每一种结果,就是一个随机事件。表示随机现象每一种结果的变量称为随机变量。

例如,投掷一枚硬币,是正面向上还是反面向上,在掷前是无法预言的,是随机现象。"正面向上"是随机事件。一个项目决策的成功还是失败,投资效果是好还是坏,产品的价格是升还是降,都可认为是随机现象。

2. 概率

随机事件在一次试验中可能发生也可能不发生,事前无法预言。但在大量重复试验中却具有某种统计规律性。例如,投掷一枚硬币许多次,结果发现"正面向上"与"反面向上"发生的可能性几乎是一样的。通常把出现某种随机事件的次数与各种可能出现随机事件的次数总和之比称为某种随机事件的概率。

随机事件 A 在 n 次重复试验中发生的频率 m/n,随着试验次数 n 的增加,稳定于某个实数 p,这个频率的稳定中心 p 描述了事件 A 发生的可能性的大小,我们把这个实数 p 称为事件 A 的概率,记为:

$$p(A) = p \tag{14-7}$$

3. 概率的基本性质

(1) $0 < p(x) < 1$,其中,x 是随机变量。就是说,任何随机事件的概率一定为正值,且在 0 和 1 之间。概率为 0 的事件称为不可能事件;概率是 1 的事件,就是必然事件。

(2) $\sum_{i=1}^{n} p(x_i) = 1$,即在一定条件下试验,所有随机事件的概率之和等于 1。

4. 概率分布

随机变量的各种取值按它们各自可能出现的概率分布,称为概率分布。对于连续型随机变量,$f(x)$ 表示概率的分布函数,或密度函数,如图 14-9 所示。概率 $p(x)$ 为

$$p(x_1 < x < x_2) = \int_{x1}^{x2} f(x)dx \tag{14-8}$$

即概率的大小由图上的积分面积大小度量。

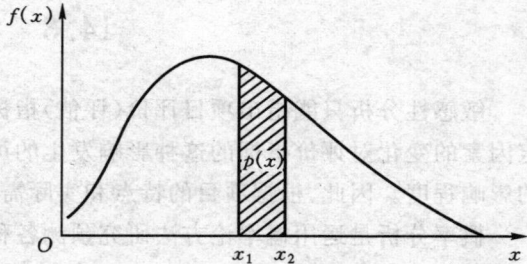

图 14-9 概率分布函数

对于离散型随机变量的概率分布通常以表格表示。例如,某建设项目,其投资回收期在 5~9 年之间,其概率分布可列成为表 14-2 的形式。

表 14-2 投资回收期的概率分布

投资回收期 x_p 年	5	6	7	8	9
概率 $p(x_i)$	0.1	0.2	0.4	0.2	0.1

5. 期望值(数学期望)

期望值是大量重复试验时随机变量取值的平均值,也是最大可能取值,最接近真值。对于离散型随机变量的期望值,其计算公式为:

$$m(X) = \sum_{i=1}^{n} x_i p_i \qquad\qquad (14-9)$$

式中 $m(X)$——随机变量 X 的期望值；x_i——随机变量的各种取值；$p_i = p(x_i)$——对应出现 x_i 的概率。

表 14-2 例子中投资回收期的期望值为：

$$m(X) = 5 \times 0.1 + 6 \times 0.2 + 7 \times 0.4 \times + 8 \times 0.2 + 9 \times 0.1 = 7 \text{（年）}$$

即在五个可能投资回收年份中，最接近实际的年数是 7 年。也就是说，该项目投资回收期的最大可能取值是 7 年。

6. 方差、标准差

期望值表示随机变量取值的平均，它仅从一个角度描述了随机变量的特征，对了解其全貌还不够，还应该考虑随机变量取值关于期望值的偏离程度，这就引出了方差 σ^2 和标准差 σ，计算公式为：

$$\sigma = \sqrt{\sum_{i=1}^{n} (m - x_i)^2 p_i} \qquad\qquad (14-10)$$

$$\sigma^2 = \sum_{i=1}^{n} (m - x_i)^2 p_i \qquad\qquad (14-11)$$

式中 m——期望值；x_i——随机变量的取值；p_i——概率。

例如，上例中投资回收期的标准差

$$\sigma = \sqrt{(7-5)^2 \times 0.1 + (7-6)^2 \times 0.2 + (7-8)^2 \times 0.2 + (7-9)^2 \times 0.1} = \pm 1.1 \text{ 年}$$

说明该项目最大可能的投资回收期是 7 年，前后有 1.1 年的偏差。

标准差大小反映期望值计算的准确性，也反映项目的风险性大小。在方案比较时，标准差较大的方案，是变动因素难以捉摸的方案，也就是风险较大的方案。例如，一项目的两个方案的利税总额和其标准差列于表 14-3。图 14-10 表示此二方案的概率分布。如果仅就利税而言，方案 A 优于方案 B。而当结合标准差考虑时，情况则不同，决策者很可能选择方案 B，因为方案 A 在最不利的

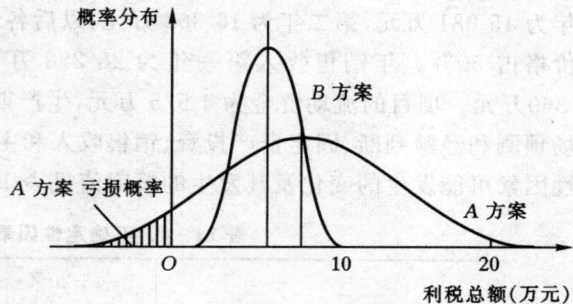

图 14-10　两方案的概率分布

情况下，利税总额为负值，而方案 B 即使在最不利的情况下仍能得到 4 万元的利税。也就是说，方案 A 虽然利税总额高，但风险较大。

表 14-3　A,B 两方案的利税总额和标准差（万元）

方案	A	B
利税总额	8	6
标准差	±10	±2

14.3.2 概率分析——净现值期望值,NPV≥0 时的累计概率

项目决策中不确定因素的概率分析主要研究和计算各种影响经济效益指标的不确定因素的变化范围,以及此范围内出现的概率、期望值和标准差。

比较明显的例子是综合水利工程,其效益主要表现在发电、防洪、灌溉、航运。效益的大小在很大程度上取决于水位。而水位的高低不是一成不变的,这就需要根据历史统计资料作出判断,给出各种水位出现的概率,分析各种水位及其出现的概率对主要经济效益指标的影响,即进行概率分析。通常把以客观统计数据为基础的概率称为客观概率,以人为预测和估计为基础的概率称为主观概率。确定主观概率应十分慎重,因为它会对分析结果的正确性产生影响。

简单的概率分析可以计算项目净现值的期望值及净现值大于或等于零(NPV≥0)时的累计概率。方案比选时可以只计算净现值的期望值。计算分析中应该根据具体问题的特点选择适当的方法。一般概率分析的步骤是:

(1) 列出各种要考虑的不确定性因素(敏感要素);

(2) 设想各不确定性因素可能发生的情况,即其数值发生变化的几种情况;

(3) 分别确定每种情况出现的可能性即概率,每种不确定性因素可能发生情况的概率之和必须等于1;

(4) 分别求出各可能发生事件的净现值、加权净现值,然后求出净现值的期望值;

(5) 求出净现值大于或等于零的累计概率。

例 14-5 某建设项目的固定资产投资为 85 082 万元,建设期为 4 年,各年资金投入分别为 12 762 万元、25 525 万元、34 4033 万元、12 762 万元。项目生产期为 16 年。年经营成本第一年为 15 081 万元,第二年为 16 362 万元,以后各年均为 17 643 万元。经营成本中主要原材料价格占 50%。年销售收入第一年为 28 288 万元,第二年为 31 824 万元,以后各年均为 35 360 万元。项目的流动资金为 4 575 万元,生产期末回收固定资产余值为 3 486 万元。根据市场预测和经验判断,固定资产投资、销售收入和主要原料价格(三者之间相互独立)等各不确定性因素可能发生的变化及其发生的概率值见表 14-4。

表 14-4 不确定性因素变化的概率值

	+20%	0	-20%
固定资产投资	0.6	0.3	0.1
销售收入	0.5	0.4	0.1
主要原料价格	0.5	0.4	0.1

取折现率为 12%,对该项目净现值的期望值及净现值大于或等于零的累计概率进行计算并说明如下:

图 14-11 为该项目投资风险分析决策树图。表示节点,每个节点中的数字表示不确定性因素出现的概率,并以直线与另一些节点联结。每一个分支表示在某一不确定条件可能发生的事件(经济状况)。图中共有 27 个分支。第一个分支表示固定资产投资、销售收入和主要原料价格分别增加 20% 的情况。

(1) 分别计算各种可能发生事件(各个分支)的概率值。

第一分支为 $0.6 \times 0.5 \times 0.5 = 0.15$；

第二分支为 $0.6 \times 0.5 \times 0.4 = 0.12$；其余类推。

发生的可能性（概率值）	净现值（万元）	加权净现值（万元）
$0.6 \times 0.5 \times 0.5 = 0.15$	15 018.00	2 252.7
$0.6 \times 0.5 \times 0.4 = 0.12$	22 627.27	2 715.27
$0.6 \times 0.5 \times 0.1 = 0.03$	30 236.54	907.10
$0.6 \times 0.45 \times 0.5 = 0.12$	-15 164.92	-1 819.79
$0.6 \times 0.4 \times 0.4 = 0.096$	-7 555.65	-725.34
$0.6 \times 0.4 \times 0.1 = 0.024$	53.62	1.29
$0.6 \times 0.1 \times 0.5 = 0.03$	-45 347.83	-1 360.43
$0.6 \times 0.1 \times 0.4 = 0.024$	-37 738.56	-905.73
$0.6 \times 0.1 \times 0.1 = 0.006$	-30 129.29	-180.78
$0.3 \times 0.5 \times 0.5 = 0.075$	31 638.14	2 372.86
$0.3 \times 0.5 \times 0.4 = 0.06$	39 247.41	2 354.84
$0.3 \times 0.5 \times 0.1 = 0.015$	46 856.67	702.85
$0.3 \times 0.4 \times 0.5 = 0.06$	1 455.22	87.31
$0.3 \times 0.4 \times 0.4 = 0.048$	9 064.45	435.1
$0.3 \times 0.4 \times 0.1 = 0.012$	16 673.76	200.09
$0.3 \times 0.1 \times 0.5 = 0.015$	-28 727.69	-430.92
$0.3 \times 0.1 \times 0.4 = 0.012$	-21 118.42	-253.42
$0.3 \times 0.1 \times 0.1 = 0.003$	-13 509.15	-40.53
$0.1 \times 0.5 \times 0.5 = 0.025$	48 258.27	1 206.46
$0.1 \times 0.5 \times 0.4 = 0.02$	55 867.54	1 117.35
$0.1 \times 0.5 \times 0.1 = 0.005$	63 476.81	317.38
$0.1 \times 0.4 \times 0.5 = 0.02$	18 075.36	361.51
$0.1 \times 0.4 \times 0.4 = 0.016$	25 084.63	410.95
$0.1 \times 0.4 \times 0.1 = 0.004$	33 293.90	133.18
$0.1 \times 0.1 \times 0.5 = 0.005$	-12 107.55	-60.54
$0.1 \times 0.1 \times 0.4 = 0.004$	-4 498.28	-17.99
$0.1 \times 0.1 \times 0.1 = 0.001$	3 110.99	3.11
合计 1.000		净现值的期望值 9 783.88

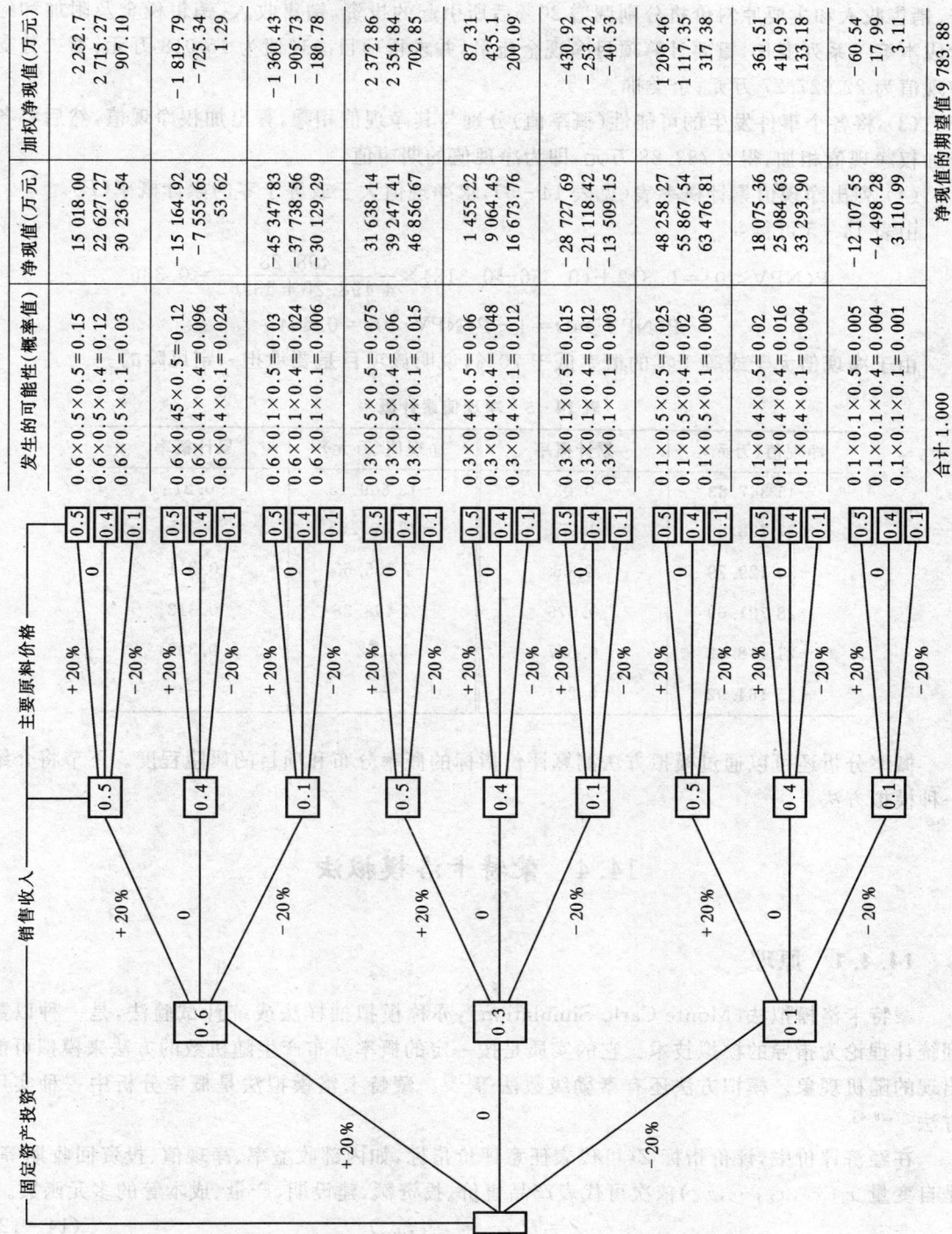

图 14-11 风险分析决策树图

各分支的概率终值之和等于1。

（2）分别计算各种可能发生事件情况下的项目净现值。例如第一分支，即按固定资产投资、销售收入和主要原料价格分别调增 20% 后所引起的投资、销售收入、销售税金及附加和经营成本等一系列变化，重要计算项目净现金流量，并求得项目净现值为 15 018 万元；第二分支净现值为 22 627.27 万元；余类推。

（3）将各个事件发生的可能性（概率值）分别与其净现值相乘，算出加权净现值，然后将各个加权净现值相加，得 9 783.88 万元，即为净现值的期望值。

（4）列出净现值累计概率表（见表 14-5），求净现值大于或等于零的累计概率（P）。

由表 14-5 可得：

$$P(NPV<0)=0.312+(0.336-0.312)\times\frac{4\ 498.28}{4\ 498.28+53.62}=0.336$$

$$P(NPV\geq0)=1-P(NPV<0)=0.664$$

由于净现值大于或等于零的概率低于 70%，说明该项目是要承担一定风险的。

表 14-5 净现值累计概率

净现值（万元）	累计概率	净现值（万元）	累计概率
−45 347.83	0.03	−13 509.15	0.21
−37 738.56	0.054	−12 107.55	0.215
−30 129.29	0.06	−7 555.65	0.311
−28 721.69	0.075	−4 498.28	0.312
−21 118.42	0.087	53.62	0.336
−15 164.92	0.207	—	—

概率分析还可以通过模拟方法测算评价指标的概率分布和项目的风险程度。下节将介绍一种模拟方法。

14.4 蒙特卡洛模拟法

14.4.1 原理

蒙特卡洛模拟法（Monte Carlo Simulation），亦称模拟抽样法或统计试验法，是一种以数理统计理论为指导的模拟技术。它的实质是按一定的概率分布产生随机数的方法来模拟可能出现的随机现象。模拟方法还有泰勒级数法等[29]。蒙特卡洛模拟法是概率分析中一种实用方法[27,28,4]。

在经济评价中，评价指标 Z（可代表任意评价指标，如内部收益率、净现值、投资回收期等）是自变量 $x_i(x_1, x_2, \cdots, x_m)$ 依次可代表产品售价、投资额、建设期、产量、成本等的多元函数。

$$Z=f(x_1, x_2, \cdots, x_m) \tag{14-12}$$

函数 f 就是计算评价指标的表达式。通常的评价方法是各自变量都被赋予一定值，计算得到的指标 Z 也是一个确定值。概率分析法区别于传统计算法的特点有两个：①自变量 x_i 中

232

全部或至少一部分是随机变量,因而 Z 也是随机变量;②在进行方案比较时,不但比较 Z 的期望值的大小,而且还要比较方案失败的风险程度。

14.4.2 过程及步骤

蒙特卡洛模拟法的主要过程和步骤如图 14-12 所示。分述如下:

(1)分析主要影响因素(自变量 x_i),确定自变量的概率分布。在某种情况下,用一个适当的理论分布来描述自变量的经验概率分布,是可取的实用方法。例如,一定时期内,服务台到达的顾客量即服从泊松分布;在社会经济系统中,变量往往受许多因素的影响,有些是随机因素的干扰,根据概率论的理论,认为这种变量服从正态分布。理论分布往往更能代表所研究的变量的"总体",用于确定经验分布的抽样信息就是从这个"总体"中得出来的。在经济问题中,如果没有可能直接引用分布律,则通常的做法是根据历史记录或主观分析判断求得研究对象的一个初始概率分布。例如在需求预测中,可以根据过去的实际需求量分布状况估计预测目标的初始分布,或运用主观概率法、专家调查法给出一个事件出现的概率分布。

如果自变量的概率分布可以用一种理论分布表示,则直接用这种分布律表达式表示。例如,用正态分布,当已知某自变量的期望值 m 和方差 σ^2,则其分布可表示成 $N(m, \sigma^2)$。如果用经验概率分布,则一般是分组预测或判断来确定其概率分布。

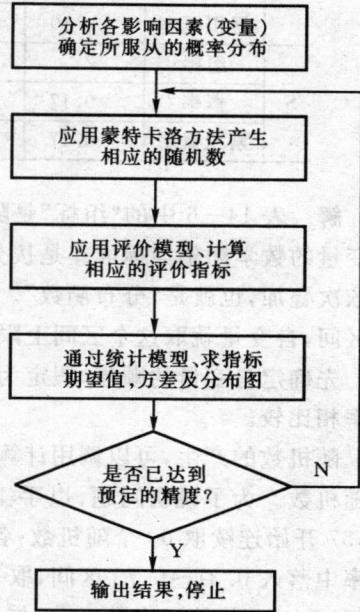

图 14-12 蒙特卡洛模拟步骤框图

(2)随机抽样。可按自变量概率分布通过计算机产生随机数为一个样本,用函数关系求该样本的评价指标。对均匀分布、泊松分布、正态分布等常用概率分布,一般计算机都配有随机数发生程序;也可以用任意随机数程序或随机数表随机产生一个数。若该数落到某一事件发生概率所对应的区间(累积概率区间),则认为该事件发生了,用此概率所对应的自变量值计算评价指标。重复抽样数百次,直到达到满意的模拟结果为止。

(3)通过统计模型计算评价指标的期望值、方差及概率分布图,分析评价指标的置信区域和项目的风险程度。

下面举例说明用蒙特卡洛模拟法进行概率分析的具体过程。

例 14-6 某航运公司为了满足货运增长的需求,准备建造一艘货轮。基准收益率为 6%,第一年投资 I,从第二年起营运,每年净收益为 A,船舶营运寿命为 20 年,固定资产余值为 S_v。根据大量统计调查资料,运用科学预测方法,得随机变量 A, S_v, I 的分布如表 14-6。试用蒙特卡洛模拟法分析建造该货轮的净现值分布。

表 14-6 随机变量分布表　　　　单位:万元

A	组标	128.5	148.0	167.5	187.0	206.5	$m_A = 164.58$
	概率	0.17	0.20	0.36	0.15	0.12	$\sigma_A = 23.78$
	累积概率	0.17	0.37	0.73	0.88	1.00	
I	组标	1 250	1 310	1 370	1 490	1 430	$m_p = 1\ 388$
	概率	0.10	0.13	0.34	0.23	0.20	$\sigma_p = 72.75$
	累积概率	0.10	0.23	0.57	0.80	1.00	
S_v	组标	72	78	84	90	96	$m_L = 82.86$
	概率	0.17	0.22	0.34	0.17	0.10	$\sigma_L = 7.19$
	累积概率	0.17	0.39	0.73	0.90	1.00	

解　表 14-6 中的"组标"是随机变量在可能的范围内等距离分组得到的各组中值。各随机变量的数学期望与标准差是按分组资料用公式计算求得的。"累积概率"的概念是将各组概率依次叠加,也就是"分布函数"。进行蒙特卡洛模拟时,把随机数跟累积概率相比较,落入哪个区间,自变量就取这个区间上限那个组标。

先确定自变量的顺序,假定为 A, S_v, I。每次试验取三个随机数,依次跟 A, S_v, I 的累积概率相比较。

随机数的产生,可以调用计算机内生成随机数的程序,也可以用一定的算法在计算机上生成随机数。为了说明问题,以手工计算为例,手算时可查阅随机数表。在随机数表中从 66,06,57 开始连续取 60 个随机数,各乘 10^{-2} 后,依次同 A, S_v, I 比较。第一个数 0.66 在 A 累积概率中落入 0.37~0.73 区间,取 $A_1 = 167.5$;第二个数 0.06 在 A 的累积概率中落入 0~0.17 区间,取 S_{v2};将第三个数 0.57 与 I 相比较落入 0.23~0.57 区间,取 $I_1 = 1\ 370$。把 A, S_{v1}, I 这一组数代入净现值的计算公式,得第一个样本,列于表 14-7 第一行。

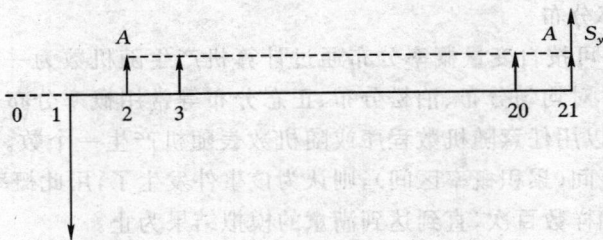

图 14-13　某造船项目的现金流量图

据题意,该造船项目的现金流量如图 14-13 所示,其净现值计算公式为

$$\text{NPV} = A(P/A, 0.06, 20)(P/F, 0.06, 1) + S_v(P/F, 0.06, 21) - I(P/F, 0.06, 1)$$

接着依次再取三个随机数,与 A, S_v, I 相比较得第二个样本。这样就依次取随机数,可以得到净现值的一批样本。取了 60 个随机数,共计算了 20 个样本,列于表 14-7。

表 14-7　净现值的随机计算　　　　　　　　　　　　　单位:万元

样本号	随机数	A	随机数	S_0	随机数	I	NPV
1	0.66	167.5	0.06	72	0.57	1 370	540.9
2	0.47	167.5	0.17	72	0.34	1 370	540.9
3	0.07	128.5	0.67	84	0.68	1 430	66.1
4	0.50	167.5	0.36	78	0.69	1 430	486.1
5	0.73	167.5	0.61	84	0.70	1 430	487.9
6	0.65	167.5	0.81	90	0.33	1 370	546.2
7	0.98	206.5	0.85	90	0.31	1 370	968.1
8	0.06	128.5	0.01	72	0.08	1 250	232.3
9	0.05	128.5	0.45	84	0.57	1 370	122.7
10	0.18	148.0	0.24	78	0.06	1 250	450.4
11	0.35	148.0	0.30	78	0.34	1 370	337.2
12	0.26	148.0	0.14	72	0.86	1 490	222.3
13	0.79	187.0	0.90	90	0.74	1 430	706.0
14	0.39	167.5	0.85	90	0.26	1 370	546.2
15	0.97	206.5	0.76	90	0.02	1 250	1 081.2
16	0.02	128.5	0.05	72	0.16	1 310	175.7
17	0.56	167.5	0.92	96	0.68	1 430	491.4
18	0.06	167.5	0.57	84	0.48	1 370	544.5
19	0.18	148.0	0.73	84	0.05	1 250	452.1
20	0.38	167.5	0.52	84	0.47	1 370	544.5

把表 14-7 中的 20 个子样的 NPV 由小到大等距离地分为 11 个区段,检查 20 个子样值落入各区段的频率(落入各区段的 NPV 值个数除以全部 NPV 值个数 20),可以作 NPV 的概率分布直方图(图 14-14)。

图 14-14 中各区段 NPV 值出现的频率就是它发生的概率的近似值,表示此项目所能获得的各种 NPV 的可能性的大小。

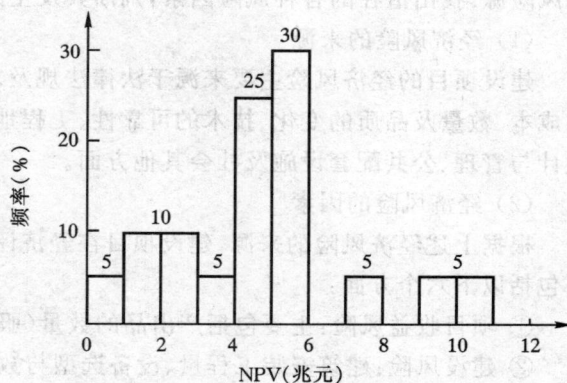

图 14-14　NPV 的概率分布直方图

由图分析可知,NPV<0 的概率为 0,即没有负净现值的风险;0<NPV<1 兆元的概率为 5%;0<NPV<2 兆元的概率为 15%;NPV>4 兆元的概率为 70%;NPV>6 兆元的概率为 15%。

由于用手工计算,样本数较小,所以概率分布图不甚理想。若用计算机计算,模拟样本数可成百上千,则模拟结果就比较满意,精度较高。

14.5 风险分析

风险分析是指辨识和估计风险,并对风险的结果进行评价,为风险管理计划的制定和实施提供依据。风险分析的目的是为了查明项目在哪些方面、哪些地方、什么时候会出现问题,哪些地方潜藏着风险。在查明风险的基础上提出减少风险的各种行动路线和方案。因此,风险分析不仅仅是简单的风险辨识、估计与评价,而是一项复杂的风险管理过程[34]。

风险分析的主要内容如图 14-15 所示。

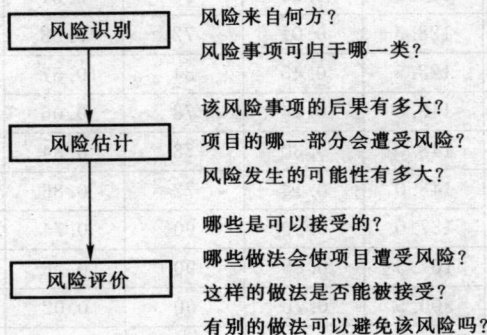

图 14-15 风险分析

14.5.1 风险识别

风险识别是风险分析的基础,其目的是通过系统、全面的分析与考察,发现导致项目风险的风险源,找出潜在的各种风险因素,判断其发生的可能性及对项目的影响程度。

(1)经济风险的来源

建设项目的经济风险主要来源于法律法规及宏观政策、市场供需的变化、资源开发与利用的成本、数量及品质的变化、技术的可靠性、工程地质和水文地质条件的变化、融资方案、组织设计与管理、公共配套设施及社会其他方面。

(2)经济风险的因素

根据上述经济风险的来源,建设项目在经济评价阶段需要考虑的财务及经济风险因素主要包括以下六个方面:

① 项目收益风险:主要包括产出品的数量(服务量)与预测的(财务与经济)价格;

② 建设风险:建筑安装工程量、设备选型与数量、土地征用和拆迁安置费、人工费、材料价格、机械使用费及取费标准;

③ 融资风险:资金来源、供应量与供应的成本等;

④ 建设期风险:工期延长、投资超支;

⑤ 运营成本费用风险:投入的各种原材料、动力的需求量与预测价格、劳动力工资、各种管理费取费标准等。

⑥ 法律法规及政策风险:税率、利率、汇率及通货膨胀、规制政策等。

(3)风险识别的方法

风险识别采用的方法有问卷调查、专家调查和情景分析等方法。

① 专家调查法

② 层次分析法

14.5.2　风险估计

风险估计又称为风险估算,它是在风险识别之后,通过定量分析的方法测度风险事件发生的可能性及其对项目的影响程度的一项工作。通常需要经过两个步骤完成。

(1) 风险事件的概率估计

风险事件的概率估计方法有两种:主观概率估计与客观概率估计。

所谓主观概率估计是指人们根据长期积累的经验和所掌握的大量信息对某一风险事件发生可能性的主观判断。所谓客观概率估计是指根据大量的实验数据,用统计的方法所计算出的某一风险事件发生的可能性。为了准确地做出项目风险事件发生的概率,在项目前期可以采用专家调查的方法,借助于专家的知识、经验和判断能力对事件出现风险的可能性做出主观的估计。

(2) 风险事件的概率分布

风险估计的一个重要的工作就是确定风险事件的概率分布。概率分布是显示各种风险事件所导致项目损失发生可能性的分布情况,通常可以用描述风险事件发生概率分析的函数表述。

概率分布函数所给出的期望值、方差分别表示风险事件所造成的严重程度和变化幅度。

概率分布函数一般情况下应根据历史资料进行确定。当项目管理人员没有足够的历史资料进行风险事件的概率分布函数时,可以利用理论概率分布进行风险估计,也可以用概率树、莫特卡罗模拟机 CIM 模型等分析方法确定事件的风险概率分布。

14.5.3　风险评价

1. 风险评价的判别标准

风险评价是对项目经济风险进行综合分析,是依据风险对项目经济目标的影响程度进行风险分级排序的过程。它是在风险识别和估计的基础上,通过建立风险系统评价模型,确定可能导致的损失大小,从而找到项目的关键风险,确定项目的整体风险水平。通过风险评价,有助于确定哪些风险和机会需要应对、哪些风险和机会可以接收、哪些风险和机会可以忽略,从而为科学地处置项目风险提供科学的依据。

风险评价可以以经济指标的累积概率、标准差为判别标准,通常情况下:

(1) 财务(经济)内部收益率大于等于基准收益率的累积概率值越大,风险越小;标准差越小,风险越小。

(2) 财务(经济)净现值大于等于基准收益率的累积概率值越大,风险越小;标准差越小,风险越小。

2. 风险评价的方法

风险评价的方法很多,在此仅介绍三种常用的方法,具体应用参见相关书籍。

(1) 专家调查法。专家调查法是凭借专家(包括可行性研究人员和决策者等)的经验、判断能力对项目各类风险因素及其风险程度作出定性估计的一种方法。专家调查法简单,易操作。专家调查法主要包括集思广益法和德尔菲法(Delphi)(两种方法的具体分析步骤请参考有关书籍)。另外,专家调查法是获得主观概率的基本方法。

(2) 层次分析法。层次分析法(简称 AHP 法),是一种多准则决策分析方法,在风险分析中它有两种用途:一是将风险因素逐层分解识别,见图 14-16,直至最基本的风险因素,也称正向分解;二是两两比较同一层次风险因素的重要程度,列出该层风险因素的判断矩阵(判断矩阵可由专家调查法得出),判断矩阵的特征根就是该层次各个风险因素的权重(具体计算方法可参见介绍层次分析的书籍),利用权重与同层次风险因素概率分布的组合,求得上一层风险的概率分布,直至求出总目标的概率分布,也称反向合成。运用层次分析法解决实际问题一般包括四个步骤:

① 建立所研究问题的递阶层次结构;

② 构造两两比较判断矩阵;

③ 由判断矩阵计算被比较元素的相对权重;

④ 计算各层元素的组合权重;

⑤ 将各子项的权重与子项的风险概率分布加权叠加……,即得出项目的经济风险概率分布。

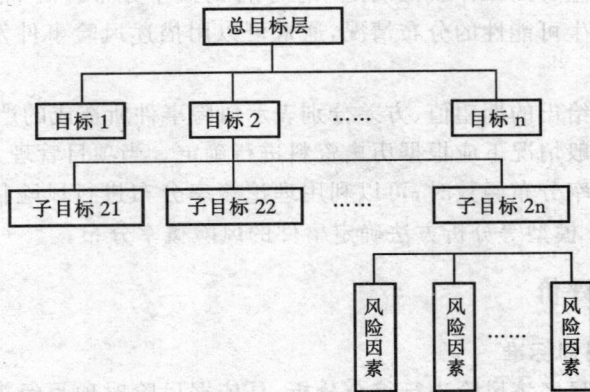

图 14-16 风险分析的递阶层次图

(3) 概率树法。

概率树分析是假定风险变量之间是相互独立的,在构造概率树的基础上,将每个风险变量的各种状态取值组合计算,分别计算每种组合状态下的评价指标值及相应的概率,得到评价指标的概率分布,并统计出评价指标低于或高于基准值的累计概率,计算评价指标的期望值、方差、标准差和离散系数。可以绘制以评价指标为横轴,累计概率为纵轴的累计概率曲线。概率树计算项目净现值的期望值和净现值大于或等于零的累计概率的计算步骤:

① 通过敏感性分析,确定风险变量;

② 判断风险变量可能发生的情况;

③ 确定每种情况可能发生的概率,每种情况发生的概率之和必须等于1;

④ 求出可能发生事件的净现值、加权净现值,然后求出净现值的期望值;

⑤ 可用插入法求出净现值大于或等于零的累计概率。

第 15 章　改扩建项目与并购项目经济评价

改扩建项目系指既有企业利用原有资产与资源,投资形成新的生产(服务)设施,扩大或完善原有生产(服务)系统的活动,包括改建、扩建、迁建和停产复建等,目的在于增加产品供应,开发新型产品,调整产品结构,提高技术水平,降低资源消耗,节省运行费用,提高产品质量,改善劳动条件,治理生产环境保护生态环境等。改扩建项目是技术改造项目与扩建项目的通称。

并购项目系指既有企业通过投资兼并或收购目标企业,获得目标企业的部分或全部产权的项目。并购的目的在于扩大既有企业规模,提高既有企业效率,减少竞争对手,取得管理、经营、财务协同效益,增强既有企业的竞争能力,同时维持或改进目标企业原有的生产系统。

15.1　企业技术改造

15.1.1　技术改造的概念

技术改造是工业企业改建与更新改造的通称。它与新建项目不同[4,20]。新建项目主要特点是以增加生产要素的数量来增加社会生产能力。主要表现为外延型扩大再生产;也有使用更先进的技术以提高生产要素的质量,优化产业结构的新建或扩建,其中既包含有外延型扩大再生产,又包含内涵型扩大再生产。

技术改造是指采用国内外先进的技术改造现有企业已经落后的技术,用先进的产品代替落后的产品,用先进的工艺、设备和生产管理技术代替使用中已落后的工艺、设备和生产管理技术。也就是通过不断提高现有企业各种生产要素的质量,以达到增加产品品种,提高质量,扩大生产能力,降低成本,提高社会经济效益的目的。所以,技术改造是以技术进步为手段和特点的现有企业扩大再生产的形式,是以内涵为主的扩大再生产,体现集约型的增长。技术改造是一种特殊形式的固定资产投资,它是以对原有固定资产进行维持、改善、提质、增效为特点而进行的固定资产投资,可使原有固定资产的结构得到改善,素质得到提高,所以能收到比较高的经济效益。技术改造的资金主要来源于现有企业的补偿基金,如固定资产折旧基金、利润留成中的发展基金等,当然,也可以争取国内外贷款,或用发行债券、股票等方式筹资。

企业的利润是由企业的技术、规模、管理等内部因素与企业的外部环境共同决定的。只有当企业的内部条件适应外部环境时,企业才有较好的效益。企业进行技术改造的目的仅仅是通过改进企业的内部条件来更好地适应外部环境,以取得更好的效益。由于外部环境(市场)是不断变化的,任何一个企业要想求得不断的发展,就必须随着技术的不断进步和市场形势的变化,不断地进行技术改造。这是现有企业生存和发展的必要条件。所以,技术改造不是只进行一两次,而是一个适应情况变化不断进行的永无止境的动态过程。

15.1.2　技术改造的地位

在建国初期的第一个五年计划期间,我国进行了以 156 个项目为重点的大规模的经济建设。这些新建项目与旧中国原有的工业相比,技术上有很大进步,许多项目在当时具有世界先进水平。它们的建成不仅对奠定我国工业化的初步基础起了重大作用,同时也使我国的工业技术向前推进了二三十年。可是,由于外国对我国实行经济封锁和禁运,再加上我们自己执行闭关锁国政策和单纯重视扩大生产规模,所以在此后 20 多年中所建设的新企业,反而大部分是技术进步程度很小的新建扩建式的扩大再生产项目。在处理扩大再生产和简单再生产的关系上未能贯彻先简单再生产、后扩大再生产的原则,甚至连维持简单再生产的资金也被这种以外延为主的扩大再生产挤占了,更无力进行技术改造,其后果是使已经建设起来的大量现有企业处于设备陈旧、技术落后、产品质量低、经济效益差的状态。这就是我们在经济建设策略上的一次持续时间较长的失误。直到 1970 年代末,实行改革、开放、搞活的新政策后,才在总结以往经验的基础上,实行了向以技术进步为主的扩大再生产的战略转变。不过,还应看到,重数量轻技术进步、重新建扩建轻技术改造的思想同重速度轻效益、重数量轻质量的思想一样,有着长期的历史渊源,且同旧的管理体制、管理方法有密切的联系,要在人们思想上和工作中彻底扭转过来并不那么容易,尚需继续努力纠正。

在世界各国的经济发展过程中,一个具有普遍性的趋势,就是投资的重点逐步从外延扩大再生产转向以技术进步为主的内涵扩大再生产。

表 15−1 列出美国 1947～1978 年生产性固定资产投资和机器设备投资中,用于更新生产要素的投资占总投资的比重(用 1 减去这个百分比,即为用于扩大生产要素数量的投资比重)。美国除在战后初期为了改变战时经济曾用了较多的投资于扩大生产要素的数量(新建、扩建企业)外,其投资重点一直放在更新原有企业的生产要素方面,而且呈现出不断增大的趋势。例如,钢铁工业是美国经济三大支柱之一,在过去 30 年里,其炼钢能力增加了 60%,但仅新建了两个钢铁厂。其他如汽车、纺织等传统工业也都是如此,很少建新厂,而是主要通过对老企业进行技术改造来实现工业的现代化。其他工业发达国家的情况也类似[4]。

表 15−1　美国 1947～1978 年非住宅固定资本投资和机器设备投资的构成

年代	非住宅固定资产投资中更新占的百分数	机器设备投资中更新占的百分数
1947～1950	55	51
1951～1955	71	76
1956～1960	74	87
1961～1965	71	80
1966～1970	65	71
1971～1978	77	81
1947～1978 累计	69	77

原苏联成立初期工业有一定基础,而其基建投资比重是不断上升的。在第一个五年计划期间,用于新建项目的投资只占 15%,第二个五年计划时期增至 35%～40%,到第六个五年计

划时更进一步提高到45％。这时已出现了新建项目挤占已有企业技术改造和设备更新的现象。因此，从1959年起，原苏联开始改变了投资策略，转移投资重点，不断增加用于改建和技术改造的投资。例如，原苏联冶金工业最后25年产品产量增加了两倍，但并没有新建一个大型冶金企业。其产量的增加和品种的增多，都是通过不断对已有企业进行技术改造实现的。

　　1995年以前，中国统计年鉴将全社会固定资产投资划分为基本建设投资、更新改造投资、房地产开发投资和其他固定资产投资四部分，其中前两部分占全社会固定资产投资的一半以上（1995年为53.5％）。现将我国基本建设（含新建及扩建）投资和更新改造投资历年数据汇总计算后列入表15-2和图15-1[30]。

　　我国实行改革开放政策以来，工业企业技术进步和技术改造方面已经迈开坚实的步伐，取得了一定成效。但从表15-2和图15-1可以看出，在固定资产投资中更新改造所占比例仍只有三分之一左右，基本建设投资仍占主导地位。虽然随着工业基础的逐步形成，为了维持已有企业的简单再生产，不得不在更新改造方面进行必要的投资，但是数额有限，比重较小。

表15-2　中国基本建设与更新改造的固定资产投资

时期	基本建设投资（亿元）	更新改造投资（亿元）	$\dfrac{更新改造投资}{基本建设投资+更新改造投资}$（％）
1953～1957（"一、五"）	588.47	23.11	3.8
1958～1962（"二、五"）	1 206.09	100.91	7.7
1963～1965	421.89	77.56	15.5
1966～1970（"三、五"）	976.03	233.06	19.3
1971～1975（"四、五"）	1 763.95	512.42	22.5
1976～1980（"五、五"）	2 342.17	844.05	26.5
1981～1985（"六、五"）	3 410.09	1 495.22	30.0
1986～1990（"七、五"）	7 352.07	3 977.32	35.0
1991～1995（"八、五"）	23 584.31	10 898.14	32.0
1996～2000（"九、五"）	56 286.78	21 650.08	27.78

　　总体上讲，1995年以前我国固定资产投资策略尚未转向以现有企业技术进步的内涵式扩大再生产为主的轨道上来。

　　1995年以来，《中国统计年鉴》把固定资产投资按建设性质分为新建、扩建、改建和技术改造、房地产投资等[33]。扩建投资中也包括部分更新改造，另外，扩大原有产品的生产能力或增加新品种，一般也会采用新技术设备和新工艺设备流程，也有技术进步意义。我们把扩建投资与改建投资之和作为改扩建投资。1996～2005各年的改扩建投资与新建投资加改扩建投资的比值在40％～55％之间，这说明，自1990年代中期以来，我国也逐步重视了改扩建投资，固定资产的投资策略逐步向以现有企业技术进步为主的内涵式扩大再生产转变。

　　研究世界各国工业化进程的规律与经验和我国经济建设的经验与教训可以得出结论：我国经济建设的投资重点应由以基本建设为标志转向以技术进步为标志的现有企业技术改造方面，即应该实施以内涵为主的扩大再生产的投资策略，促进经济增长方式从粗放式转向集约式

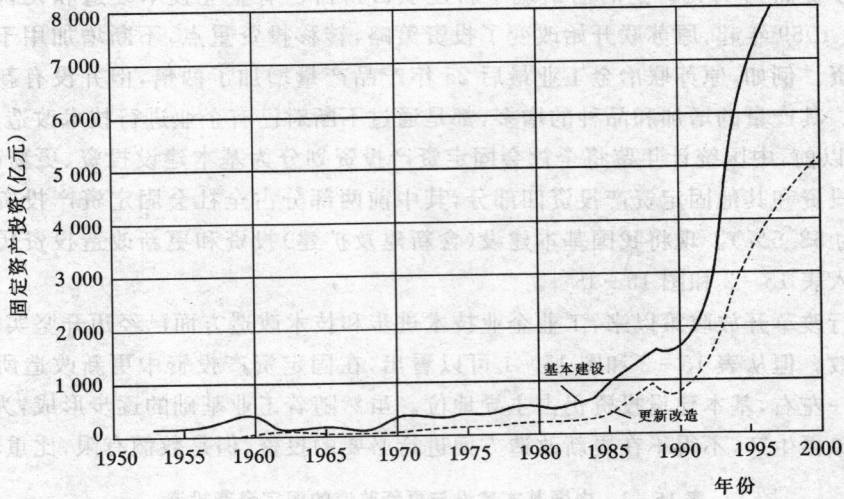

图 15-1　中国基本建设和更新改造的固定资产投资

的转变。这样,投资效益才会大大提高,进而大大加快我国现代化的进程。

15.1.3　技术改造的内容

企业作为整个社会经济系统中的一个小系统,一般由三个子系统构成:生产子系统、技术子系统和管理子系统,而每个子系统又可以分成多个更小的系统。这些子系统的功能既有独立的,也有相互覆盖的,共同组成一个有机的、具有某种特定功能的系统,共同生产出社会所需要的产品。技术改造项目的直接作用是改变企业某个或若干个子系统的结构和功能,比如,提高了机加工系统的技术水平等。这种改变经过几层作用传递,最终体现在企业产品的数量、质量、成本、性能、品种等方面的变化上。这些变化进一步将导致企业销售收入、利润的变化。这种因果递推关系如图 15-2 所示[4]。项目的经济效益则取决于这种变化的程度和时间。

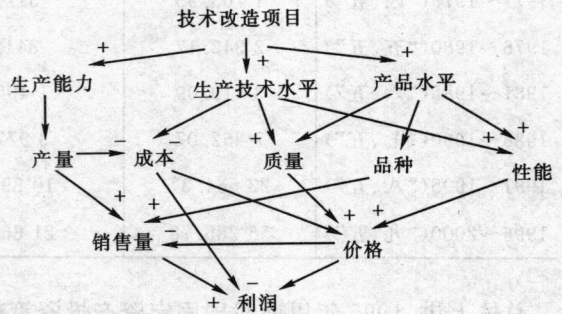

图 15-2　技术改造项目系统递推关系图

总结几十年的实践,我国技术改造主要内容有:

(1) 维持简单再生产。这一部分技术改造投资是一种补偿性投资。因为许多五六十年代建设的老厂,大修费用已不够用,不得不动用折旧基金和进行技术改造来维持简单再生产。例如,处理重大设备缺陷,消除安全隐患,弥补基建遗留问题,治理污染改善环境等。

(2) 推动技术进步。以开发新型产品,提高技术水平和产品质量,降低能源与原材料消耗,降低生产成本,节省运行费用为目标,对原有技术、工艺和装备进行改造的项目就属于这种性质,这是技术改造的重点。

（3）调整产品结构。随着市场需求的变化，需要不断调整不同品种、档次产品的生产，因而需要相应地对现有技术、装备进行改造，其中也包括必要的转产改造。

（4）挖潜增产。包括三种情况：一是企业为了实现技术进步，用技术先进的新设备代替技术落后的旧设备，同时也就增加了生产能力。如用高效机床代替老机床，用较大的高炉、转炉代替旧的高炉、转炉等，用体积较小的先进设备替换体积较大的落后设备（如用金属阳极电解槽置换原有的石墨电解槽），不扩大原有厂房就可多装设备，也可成倍增加产量。二是改造生产流程中的薄弱环节，增大综合生产能力。三是在市场经济规律的作用下，扩大紧缺商品利大商品的生产能力。以上三种情况中，前两种属于内涵的扩大再生产，第三种则有相当部分是在原有技术基础上进行扩建的外延扩大再生产。这几年，技术改造统计资料中"用于增产"的投资占相当大的比重。其中除了包括上述几种情况的投资以外，还包括在调整产品结构的同时，增加生产能力的投资和本来不属于技术改造项目，由于国家控制基建规模而人为地挤进技术改造项目中的纯属基本建设项目的投资。

以上四项内容，第一项的投资是必须的，因为它是企业维持生产的基础。其中有些是由于经济、技术的发展，提高了标准（如安全、环保）而要追加的投资，还有不少是由于技术改造不及时而不得不采取的应急措施的投资。真正对企业的活力、实力、竞争能力起重要作用的是第二、三、四三项内容。随着技术改造的进展，维持简单再生产的负担应该能逐步得到减轻；生产能力的增长，有相当多的部分可以在技术进步、技术改造的同时实现。今后在技术改造中应更加强调技术进步的内容，强调技术改造对原有固定资产提质增效的作用，以进一步提高技术改造的经济效益。

15.1.4　技术改造原理

技术改造要起到提高投资效益，促进国家经济繁荣的作用，必须遵循下列原理：

（1）技术进步原理。所谓技术进步是指劳动工具、劳动对象和劳动方法的进步，也就是指新产品、新技术、新工艺、新设备、新材料在社会生产中的应用和推广。所以，技术进步实际上就是生产力的进步。技术进步可以促进经济效益的提高和劳动生产率的提高，极大地促进经济的增长和社会的进步。

（2）产业结构优化原理。合理的产业结构是经济按比例协调发展的重要保证。产业结构在技术进步的作用下总在不断发生变化。为了保证国民经济的顺利发展，必须不断调整和优化产业结构。技术改造在调整产业结构中起着非常重要的作用。对制约经济发展的"短腿"产业（如能源、交通、原材料工业等），虽然要实行优先发展的原则，但用基本建设形式上的新建项目仍是少数，主要的还是如鞍钢、首钢所走过的道路，依靠采用技术改造来实现产量的扩大、品种的增加和消耗的降低。至于其他产业的调整，更是要依靠技术改造来实现。

在技术改造中还可以通过产品方向的补救性转换和发展性转换来实现产业结构和产品结构的调整。前者是放弃原来生产的无发展前途的产品，利用原有场地和固定资产改产前景乐观的产品。目前我国大多数企业（尤其是加工行业）的设备利用率不高（40%～50%），处于转换产品方向或调整结构的关头，需要进行技术改造，使其适应产业结构优化的要求。所谓发展性转换，是指随着技术的不断进步、产品的不断发展所引起的企业产品方向或产品结构的转换。例如机械表制造厂向石英表、电子表制造厂的转换。这种转换也必须通过技术改造来实现。由此不难看出，要实现产业结构的调整和优化，也必须把投资的重点转移到技术改造上面来。

(3) 增量带动存量原理。技术改造投资所形成的新增固定资产,相对于企业原有固定资产(存量)来说称为增量。技术改造的目的不仅是要获得增量的效益,更主要的目的是要利用增量去调动存量的作用和潜力,使之在新的条件下创造出比原来更多的经济效益,这就是增量带动存量原理。一个企业技术落后,往往只是关键环节落后,制约了整个生产系统质量和产量的提高。在这种情况下,用相对较小的投资引入某些关键设备和技术,进行技术改造,往往可以使老企业获得新生。这就为企业技术改造工作提出一条原则,即必须以薄弱环节作为技术改造的突破点。这条原则也适用于一个地区、一个行业、一个工业基地,甚至整个产业结构的改造。如果突破口选择得好,不仅可以使一个企业获得新生,而且可以使一个地区、一个行业获得振兴。

15.1.5 要使技术改造项目的决策科学化

经济管理部门应该加强对技术改造工作的引导,以提高企业技术改造投资决策的科学化水平。企业作为技改项目的投资主体,承担投资决策的责任和风险,要精心决策。

(1) 要准确地判断自己的优势和弱点,根据本企业的具体情况及其在国民经济和本行业中的地位,正确确定本企业的发展方向。根据社会需求和企业条件,选择最优的技术改造投资方向。有的企业需要巩固现有阵地,提高产品的质量档次;有的则应开拓新的需求领域;有的要扩大批量达到经济规模,以降低成本;有的则要搞小批量、多品种,填补空白;有的应攻占高精产品市场;有的可满足对低档产品的需求;有的应着力提高自己在国际市场上的竞争能力。

(2) 选择具体技术改造方案时要尽量做到少投入,多产出,早收效,快积累,注意技术改造工程的经济效益和还贷能力。

(3) 要加强横向联系,注意专业化协作,提高设备仪器的利用率。企业要切忌追求大而全、小而全,注意充分利用全社会的生产能力,尽量用较少的附加投资得到较大的配套效果和较大的综合生产能力。特别要注意发挥和利用军工企业、高等院校和院所的潜力,发展多种形式的横向联合。

(4) 采用科学的决策程序和方法。应该遵循投资机会研究、可行性研究等行之有效的决策程序和方法。科学的决策方法不能代替决策者的胆识,但有远见的胆识却要依靠科学的方法。精明的决策者懂得,一项重大决策的正确与错误会带来巨大的效益或重大的损失,会影响企业的盈亏与生命。要按科学的程序和方法决策,力求提高决策的命中率。

(5) 改扩建项目的投资决策要考虑项目与既有企业两方面的因素。首先考虑项目级的因素:能否在预定时间内收回投资? 有无盈利能力? 如果能盈利,盈利水平是否达到预期的水平? 项目是否有能力偿还与项目有关的债务? 如果项目自身还款资金不足,需要既有企业支持多少资金? 什么时候支持? 项目财务持续能力如何? 项目的经济合理性是否有保障? 资源配置是否合理?

如果说,考虑项目层次的因素是改扩建项目投资决策的“必要条件”,那么项目给既有企业带来的实惠是改扩建项目投资决策的“充分条件”,这就是先做项目分析,然后求出“有项目”与“现状”之差,即“新增”数值。“新增”数值就是项目给企业带来的“实惠”。有些项目,如环境治理或保护项目,本身可能无收益,也不可能靠项目自身的能力偿还借款,但是,污染减少节省了成本,能使企业整体效益提高,为既有企业实现战略目标创造了有利条件。所以,既有企业绩效指标的改善程度也是改扩建项目投资决策重要的因素。

15.2 改扩建项目经济评价

改扩建项目与原有企业之间存在着既相对独立，又相互依存的特殊关系。除了企业进行总体改造外，一般改扩建项目并不涉及整个企业，项目范围的界定应以说明项目的效益和费用为准。当改扩建项目的效益和费用不能单独计算时，应采用"有无对比法"计算项目的效益与费用[1]。

15.2.1 改扩建项目的范畴和特点

改建、扩建、技术改造、迁建、停产复建等项目都可以归入改扩建项目的范畴。

改扩建项目的目的在于增加产品供给，开发新型产品，调整产品结构，提高技术水平，降低资源消耗，节省运行费用，提高产品质量，改善劳动条件，治理生产环境等。项目的效益与其目的有关，有些效益可以用目的直接体现，有些效益要通过间接途径来体现。

改扩建项目具有下列特点：

(1) 项目是既有企业的有机组成部分，同时项目的活动与企业的活动在一定程度上是有区别的；

(2) 项目的融资主体是既有企业，项目的还款主体是既有企业；

(3) 项目一般要利用既有企业的部分或全部资产与资源，且不发生资产与资源的产权转移；

(4) 建设期内既有企业生产（运营）与项目建设一般同时进行。

15.2.2 改扩建项目的效益与费用

1. 改扩建项目应明确界定项目效益和费用范围

在财务评价中，效益和费用的范围指项目活动的直接影响范围。

在国民经济评价中，效益和费用范围指项目活动的直接和间接影响的范围。

范围界定合适与否与项目的经济效益和评价的繁简程度有直接关系。

(1) 对于"整体改扩建"的项目，项目范围包括整个既有企业，除要使用既有企业的部分或全部原有资产、场地、设备，还要另外新投入一部分资金进行扩建或技术改造。企业的投资主体、融资主体、还债主体、经营主体是统一的，项目的范围就是企业的范围。"整体改扩建项目"不仅要识别和估算与项目直接有关的费用和效益，而且要识别和估算既有企业其余部分的费用和效益。

(2) 对于"局部改扩建"项目，项目范围只包括既有企业的一部分，只使用既有企业的一部分原有资产、资源、场地、设备，加上新投入的资金，形成改扩建项目；企业的投资主体、融资主体与还债主体仍然是一致的，但可能与经营主体分离。整个企业只有一部分包含在项目"范围内"，还有相当一部分在"企业内"但属于项目"范围外"。

(3) 在保证项目的费用与效益口径一致以及不影响分析结果的情况下，应尽可能缩小项目的范围，有可能的话，只包括与项目直接关联的财务费用与效益。在界定了项目的范围后，就应当正确识别与估算项目范围内、外的费用与效益。

2. 效益

改扩建项目的目标不同,实施方法各异。其效益可以表现在增加产量、扩大品种、提高质量、降低能耗、合理利用资源、提高技术装备水平、改善劳动条件或减轻劳动强度、保护环境和综合利用等一个方面或几个方面。在评价过程中应具体分析其效益的表现和计量:

(1) 扩大生产规模的项目,其经济效益主要表现为由于产品销售量增加,以及由于产量增加使成本降低所获得的实际效益。

(2) 提高产品质量的项目,其经济效益表现为,由于产品质量提高而使得产品销售对象、销售量、销售价格或生产成本变化所获得的实际效益。

(3) 改进原有工艺、更新陈旧设备的项目,其经济效益主要表现为由于劳动生产率提高,设备使用费用和修理费用减少,单位产品成本下降所获得的实际效益。

(4) 改进试验测试手段的项目,其经济效益主要表现为由于产品质量的提高而增加的销售收入。

(5) 改善劳动条件,消除环境污染的项目,其效益有经济效益,也有非经济效益。经济效益表现为提高劳动生产率,节约医疗费用,减少污染处理费用等。

3. 费用

改扩建项目的费用应包括新增固定资产投资、可利用的原有固定资产(作为投资)、新增流动资金、新增经营费用,以及技术改造过程中的停产或减产损失、废弃固定资产的折除费用等。

可利用的原有固定资产的价值,当不涉及产权变动时可采用账面净值;当涉及产权变动时,其价值应由资产评估机构评估。

4. 单独计算项目的增量效益和费用

改扩建项目的净效益是项目产生的增量效益与增量费用的差值。所以,要估算项目净收益,必须解决如何测算增量效益和增量费用的问题。

一般情况下,采用直接划分法。这种方法是将项目新增费用和收益直接从企业的总费用和总收益中划分出来,按新建项目经济评价方法,简化处理。

在下述两种情况下,可以考虑采用直接划分法。

(1) 项目的产品是完全新增的。例如,企业原有一种产品,拟建技术改造项目又新增一种或多种不同产品,且原有产品的产量、销售收入和成本没有多大变化,这时可测算新增产品的销售收入和成本。预测产品成本时,材料、能源等变动费用均按项目新增产品的耗用数计算,工资按项目职工数计算,企业管理费可不摊或适当分摊。

(2) 项目产品系以新替旧,即项目新增一种或多种产品,而企业停产一种或多种原有产品。在这种情况下,只要企业未停产的原产品在销售收入和成本上没有多大变化,就可分别计算新增产品和停产产品的成本和销售收入,二者的差值即为项目新增成本和新增销售收入的近似估算值。

5. 用"有无对比法"估算项目增量效益和费用

改扩建项目的净效益是一种增量净效益,应该用"有无对比法"识别与估算。这种方法不同于"前后对比法"。前后对比法不能说明在无项目情况下,投入产出方面随着时间变化所发生的变化,因而会导致对项目投资所产生的净收益作出错误的判断。

改扩建项目经济评价应正确识别与估算"无项目"、"有项目"、"现状"、"新增"、"增量"等五种状态下的资产、资源、效益与费用。"无项目"与"有项目"的口径与范围应当保持一致。避免费用与效益误算、漏算或重复计算。对于难于计算的费用和效益，可做定性描述

（1）"有项目"（With Project），指既有企业进行投资活动后，在项目的经济寿命期内，在项目范围内可能发生的效益与费用流量。"有项目"的流量是时间序列的数据。

（2）"无项目"（Without Project），指既有企业利用拟建项目范围内的部分或全部原有生产设施（资产），在项目计算期内可能发生的效益与费用流量。"无项目"的流量是时间序列的数据。

（3）"增量"（Increment），是"有项目"的流量减"无项目"的流量，是时间序列的数据。"有项目"的投资减"无项目"的投资是增量投资；"有项目"的效益减"无项目"的效益是增量效益；"有项目"的费用减"无项目"的费用是增量费用。

（4）"现状"数据是项目实施前的资产与资源、效益与费用数据，也可称基本值（Baseline），是一个时点数。"现状"数据对于比较"项目前"（Before Project）与"项目后"（After Project）的效果有重要作用。现状数据也是预测"有项目"和"无项目"的基础。现状数据一般可用实施前一年的数据，当该年数据不具有代表性时，可选用有代表性年份的数据或近几年数据的平均值。其中，特别是对生产能力的估计，应慎重取值。

（5）"新增"（Additional）数据是项目实施过程各时点"有项目"的流量与"现状"数据之差，也是时间序列的数据。新增建设投资包括建设投资和流动资金，还包括原有资产的改良支出、拆除、运输和重新安装费用。新增投资是改扩建项目筹措资金的依据。

"无项目"时的效益由"老产品"产生，费用是为"老产品"投入；"有项目"时的效益一般由"新产品"与"老产品"共同产生；"有项目"时的费用包含为"新产品"的投入与为"老产品"的投入。"老产品"的效益与费用在"有项目"与"无项目"时可能有差异和变化。

在无项目时，企业的净效益也可能会逐年发生变化[4,31]，逐年增加，逐步减少或不变。当市场需求和企业自身都有一定潜力，通过改善经营管理，无项目时企业的净效益可能逐年增长。其他情况下，"无项目"时企业的净效益可能逐年下降（图15－3），或净效益无变化。当"无项目"时企业净效益逐年增长或下降时，"前后对比法"就不能鉴别改扩建项目的效益和费用。

当然，如果预计"无项目"则企业的净收益无变化，那前后比较法与有无比较法所计算的结果一致。

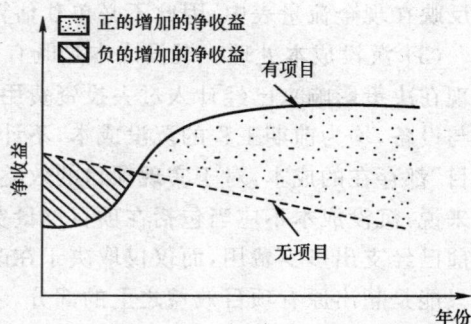

图15－3 圭亚那海岸防护工程项目

进行"有无对比"时，应注意以下问题：

（1）和现状相比，"无项目"情况下的效益和费用在计算期内可能增加，可能减少，也可能保持不变。必须预测这些趋势，以避免人为地低估或夸大项目的效益。

（2）"有项目"与"无项目"两种情况下，效益和费用的计算范围、计算期应保持一致，具有可比性。

为使计算期保持一致，应以"有项目"的计算期为基准，对"无项目"的计算期进行调整。

一般情况下，可通过追加投资（局部更新或全部更新）来维持"无项目"时的生产经营，延长

其寿命期到与"有项目"的计算期相同,并在计算期末将固定资产余值回收。

在某些情况下,通过追加投资延长其寿命期在技术上不可行或经济上明显不合理时,应使"无项目"的生产经营适时终止,其后各年的现金流量为零。

6. 改扩建项目有关费用的计算

(1) 固定资产投资和折旧的计算。

在不涉及产权转移时,原有固定资产价值采用账面值(原值和净值)计算。固定资产投资和折旧计算时需注意以下几点:

① 项目范围内的原有固定资产可分为"可利用"和"不可利用"的两部分。计算"有项目"投资时,原有资产无论其利用与否,均与新增投资一起计入投资费用。"可利用"的资产要按其净值提取折旧与修理费。"不可利用"的资产如果变卖,其价值按变卖值和变卖时间另行计入现金流入及资金来源栏目,不能冲减新增投资。

② "有项目"情况下,"不可利用"的原有固定资产只要不处理(报废或变卖),就仍然是固定资产的一部分,但是不能提取折旧。

新增折旧是指"有项目"折旧与"无项目"的折旧的差额,它等于新增固定资产的折旧减去"不可利用"的原有固定资产本来应该计提的折旧。只有在原有固定资产全部利用的情况下,这两个数值才相等。

在清偿能力分析中用到新增折旧数值时,如果"不可利用"的原有固定资产的价值较小,为简化计算,也可直接采用新增固定资产的折旧。

(2) 停产减产损失。改扩建项目的改建活动与生产活动总是同时进行,但一般总会造成部分生产停止或减产。这一部分停产减产损失的直接结果是减少"老产品"的营业收入,同时也会减少相应的生产费用。这些流量的变化均应在销售收入表和生产成本表中有所体现,最终反映在现金流量表中,因此不必单独估算。

(3) 沉没成本处理。沉没成本是既有企业过去投资决策发生的、非现在决策能改变(或不受现在决策影响)、已经计入过去投资费用回收计划的费用。如前期工程为后期工程预留的场地与设备,均为前期工程的沉没成本,不计入后期投资决策费用。沉没成本是"有项目"和"无项目"都存在的成本,对于实现项目的效益不会增加额外的费用。对于项目是否应当实施的决策来说,沉没成本不应当包括在项目增量费用之中。改扩建项目的经济效果不取决于项目开始前已经支出多少费用,而仅仅取决于在改扩建过程中新投入的费用。改扩建项目的效益也只能是超出原有项目效益之上的部分。对沉没成本的这种处理办法可能导致项目的内部收益率很高,但这恰恰反映了当前决策的性质。如果为了弄清原来投资决策是否合理,可以计算整个项目(有项目状态)(包括已经建成和计划实施的项目)的收益率,这时就应把沉没成本计算在内。

(4) 机会成本。如果项目利用的现有资产,有明确的其他用途(出售、出租或有明确的使用效益),那么将资产用于该用途能为企业带来的收益被看作项目使用该资产的机会成本,也是无项目时的收入,按照有无对比识别效益和费用的原则,应该将其作为无项目时的现金流入。

15.2.3 改扩建项目经济评价

1. 改扩建项目经济评价的简化处理

改扩建项目一般要用到"有项目"、"无项目"、"现状"、"新增"和"增量"数据,增大了数据预测的工作量;在企业规模比较大时,有些必要的企业数据比较难于获得,或即使得到了可靠性也比较差;还款主体与经营主体异位,一般要进行项目层次与企业层次的分析。因此,改扩建项目经济评价比较复杂,在项目评价的实践中,往往简化处理按新建项目进行评价。

(1) 项目与既有企业的生产经营活动相对独立。在这种情况下,项目的边界比较清楚,可以进行独立经济核算,项目的费用与效益比较好识别。现金流入与流出比较好测度,符合新建项目评价的基本条件,可简化处理。

(2) 以增加产出为目的的项目,增量产出占既有企业产出比例较小。这种情况下,既有企业产出规模大,项目的增量产出不会对既有企业现金流量产生较大影响,项目实际上也相对独立,可以简化成新建项目处理。

(3) 利用既有企业的固定资产量与新增量相比较小。被使用的既有企业的固定资产量小,意味着"有项目"情况下现金流入与流出基本不受既有企业的影响,新增投资是项目建设期内主要的现金流出,项目其他现金流入和流出也是总现金流的主要组成部分,所以可以简化处理,使用新建项目的评价过程。

(4) 效益和费用的增量流量较容易确定。"有无对比"是项目评价的根本原则,对比的结果是求出增量现金流量,增量现金流量可直接用于项目(含新建项目)的盈利能力分析。新建项目实际是改扩建项目的特例,"无项目"的净现金流量为零,也不利用既有企业的任何资产,增量现金流量可以视作"无项目"的流量为零时"有项目"的现金流量。

(5) 对于可以进行简化处理的项目,一定要阐明简化处理的理由,不能直接用新建项目的做法进行估算和分析。

2. 改扩建项目的财务评价

(1) 项目和企业两个层次的财务分析

改扩建项目财务分析采用一般建设项目财务分析的基本原理和分析指标。由于项目与既有企业既有联系又有区别,一般可进行下列两个层次的分析:

① 项目层次:盈利能力分析,遵循"有无对比"的原则,利用"有项目"与"无项目"的效益与费用计算增量效益与增量费用,用于分析项目的增量盈利能力,并作为项目决策的主要依据之一;清偿能力分析,分析"有项目"的偿债能力,若"有项目"还款资金不足,应分析"有项目"还款资金的缺口,即既有企业应为项目额外提供的还款资金数额;财务生存能力分析,分析"有项目"的财务生存能力。符合简化条件时,项目层次分析可直接用"增量"数据和相关指标进行分析。

② 企业层次:分析既有企业以往的财务状况与今后可能的财务状况,了解企业生产与经营情况、资产负债结构、发展战略、资源利用优化的必要性、企业的信用等。特别关注企业为项目的融资能力、企业自身的资金成本或同项目有关的资金机会成本。有条件时要分析既有企业包括项目债务在内的还款能力。

(2) 改扩建项目财务评价的内容

改扩建项目在完成财务费用效益识别和估算以后,要进行融资分析、盈利能力分析、项目层次的偿债能力分析、企业层次偿债能力分析以及生存能力分析。

① 融资分析。改扩建项目的资金筹措是比较复杂的。从法律上来讲,项目的所有资金都来源于既有企业,因为项目要用的债务资金是以既有企业的名义去借的,项目的权益资金也全部来源于既有企业。既有企业的债务资金包括既有企业自身运行和发展需要的贷款,也包括

为实施项目的贷款。银行在为项目贷款时，一方面考虑项目未来的现金流量，项目是否有可能盈利；另一方面要考虑企业的信用与还款能力，而且后者的影响可能重于前者的影响。项目的权益资金由两部分组成，一部分是既有企业资产（含固定资产和流动资产），如既有企业的土地或现金盈余；另一部分是既有企业定向募集的股本，这部分股本对于既有企业和项目来说都是增量股本。

② 盈利能力分析。项目经济评价的基本原则是利用时间价值的原理，通过比较"有项目"与"无项目"的净现金流，求出增量净现金流，并依此计算内部收益率，考查项目实施的效果。由于既有企业不实施改扩建项目的"无项目"数据是固有的且是非零的，在进行既有企业改扩建项目的盈利能力分析时，要将"有项目"的现金流量减去"无项目"的现金流量，得出"增量"现金流量，依"增量"现金流量判别项目的盈利能力。"增量"现金流量包括"增量权益资金"、"增量借贷资金"、"增量营业收入"、"增量补贴收入"、"增量经营成本"、"增量所得税"等。既有企业改扩建项目的盈利能力分析是"增量分析"的最好体现。

③ 偿债能力。从法律上讲，改扩建项目是由既有企业出面向银行借款，当然还款的财务主体是既有企业，也就只应考虑既有企业的偿债能力。然而，既有企业借款是为了项目，不管项目将来是否独立核算，都应当考察项目本身的还款能力，这是企业财务管理本身的需要。因此，改扩建项目的偿债能力分析宜进行两个层次的分析：

a. 项目层次的偿债能力分析，编制借款还本付息计划并分析拟建项目"有项目"时的收益偿还新增债务的能力，计算利息备付率和偿债备付率，考察还款资金来源（折旧、摊销、利润）是否能按期足额偿还借款利息和本金，若还款资金来源足以还款或倘有节余，表明项目自身的还款能力强；若项目自身的还款资金来源不足，应由既有企业动用自有资金补足，或采用其他方式还款。计算得到的项目偿债能力指标可以表示项目用自身的各项收益抵偿债务的能力，显示项目对企业整体财务状况的影响。虽然债务偿还是企业行为，但项目层次偿债能力指标可以给企业法人和银行重要的提示：即项目本身收益是否可能完全偿还债务，是否会因此增加企业法人的债务负担。若项目范围内"无项目"时倘有借款（整体改扩建），应用"有项目"的整体收益一并偿还，需要编制"有项目"的借款还本付息计划表，包括新增借款和原有借款。

b. 企业层次的借款偿还能力。项目决策人（既有企业）要根据企业的经营与债务情况，在计入项目借贷及还款计划后，估算既有企业总体的偿债能力。银行等金融部门在做贷款决定之前，往往要了解现有企业财务状况，尤其是企业的债务情况（含原有贷款、其他拟建项目贷款和项目新增贷款），考虑企业的综合偿债能力，企业应根据债权人的要求提供相应的资料。在项目产出与企业产出相同或相近时，企业的资金成本与项目的资金成本相同；在项目资金投向其他行业时，项目的资金成本与其他行业的投资风险或投资机会成本相近。

c. 在项目范围与企业范围一致时（整体改扩建），"有项目"数据与报表都与企业一致，可直接利用企业财务报表进行借款偿还计算、资金平衡分析和资产负债分析。

在改扩建项目范围与企业范围不一致时（局部改扩建），偿债能力分析就有可能出现项目和企业两个层次。

在直接用增量进行简化时，仅有项目一个层次，同时应结合企业现行财务状况进行分析。

对于一些信誉好的公司，或者银行已通过信用评级，并授以一定的授信额度的公司，这些公司的贷款项目一般只需进行项目层次的偿债能力分析。

对于财务状况良好的大公司进行建设的小项目，一般也只需进行项目层次的偿债能力分析。

④ 生存能力。改扩建项目只进行"有项目"状态的生存能力分析,分析的内容同一般新建项目。

⑤ 与迁建同时进行的改扩建和在停产基础上复建、改扩建的项目,当产权不变时,要考察生存能力和总量指标;清偿能力分析有时还要考虑改建前的负债情况。当产权变化时,其经济评价应视同新建项目,原有资产按评估价值计为投入费用。

3. 改扩建项目的国民经济评价

改扩建项目的国民经济评价应采用一般建设项目的经济费用效益分析原理,其分析指标为增量经济净现值和经济内部收益率。关键是应正确识别"有项目"与"无项目"的经济效益和经济费用。

进行改扩建项目的既有企业条件各异,应根据项目目的、项目层次与企业层次财务分析的结果、经济费用效益分析的结果,结合不确定性分析和风险分析的结果,以及项目对企业的贡献等,统筹兼顾,进行多指标投融资决策。

改扩建项目经济评价所用的表格可以照财务分析表格和经济费用效益分析表格,所用指标也与一般建设项目相同。一般情况下,财务(经济)效益与费用宜分别单列"有项目"与"无项目"的流入与流出表格。

改扩建项目是实现既有企业总体战略目标的手段,其目的是通过实施项目,提高既有企业总体经济效益。企业总体经济效益可表现在多个方面。对于有直接财务收益的改扩建项目,项目的增量收入或减少亏损一定会增加既有企业的经济效益;对于环境治理与保护的项目,既有企业不能得到直接的财务收益,但是可能减少排污费,进而节约了生产成本,减少社会为治理污染发生的费用,从而节约了经济费用,最终提高了既有企业的财务与经济效率。改扩建项目对既有企业的生产活动可能还有"乘数效应",或对既有企业上下游产业链条有带动作用。

分析项目对既有企业经济效益的影响,在财务上主要看营业收入和利润总额的影响,这两个指标比较直观,计算也比较简单。由于有分配的影响,税后利润一般不作为考核指标,净现金流量由于受到既有企业本身现金流量的影响,也不作为考核指标。对于整体改扩建项目,有条件时也可以作财务或经济净现金流分析。

15.3　并购项目经济评价

并购项目系指既有企业通过投资兼并或收购目标企业,获得目标企业的部分或全部产权的项目。并购的目的在于扩大既有企业规模,提高既有企业效率,减少竞争对手,取得管理、经营、财务协同效益,增强既有企业的竞争能力,同时维持或改进目标企业原有的生产系统。

15.3.1　并购项目的特点

(1) 并购项目包括兼并和收购。兼并是指一个企业采取各种形式有偿接收其他企业的产权,使被兼并方丧失法人资格或改变法人实体的经济行为。企业兼并的形式主要有:承担债务式兼并、购买式兼并、吸收股份式兼并、控股式兼并。收购是指一个企业通过购买公司股份而使公司经营决策权易手的行为,包括企业收购和股权收购。

(2) 并购的目的在于取得管理、经营、财务协同效应,降低经营成本,或获得特殊资源,提高市场竞争力。

15.3.2 并购企业价值评估

并购企业价值评估是决定并购企业股权转让价格的关键。企业价值是公司所有的投资人对于公司资产要求权价值的总和。企业价值可分为三个层次：企业的基础价值、内在价值和战略价值。

基础价值(Basic Value)，即净资产价值，是目标企业转让的价格下限；内在价值(Internal Value)，是目标企业在持续经营的情况下可能创造出的预期的现金流量价值，是目标企业的动态价值；战略价值(Strategic Value)是指并购完成后，经过总体重组与协同，使得外部交易内部化、生产要素重新组合、市场份额进一步扩展、消除或减轻竞争压力、绕过各种限制或贸易壁垒、规避各种风险和税收、提高垄断地拉、拓展新的利润增长点，从而取得的规模经济效益。确定合理的并购价格区间时，需要综合考虑企业的三种价值。

并购价格估算方法有收益现值法、市场比较法、账面价值调整法等，每种方法都有其适用条件。虽然并购价格最终取决于市场，但并购价格的估算为企业并购谈判提供了一个价格基础。

(1) 收益现值法是将拟投资企业的未来收益换算成现值的各种评估方法的总称。从投资人、企业的定义来看，收益现值法是评估企业价值的一条最直接、最有效的方法。企业价值的高低主要取决于其未来的获利能力，而不是现实存量资产的多少。

收益现值法是从目标企业未来收益的角度，在企业"持续经营"的假定前提下，将目标企业未来预测的现金流量进行折现，计算目标企业的价值，并以此为基础确定测算目标企业的最高收购价格。采用收益现值法估算目标企业价值的收购价格，可由下式计算：

$$MAP = \sum_{t=0}^{n} \frac{CF_t}{(1+k)^t} + \frac{CF_n/(k-g)}{(1+k)^n} - L \tag{15-1}$$

式中　MAP——应付兼并方的最高购买价格；

　　　k——被兼并企业的加权平均资本成本，也可采用行业基准收益率；

　　　n——被兼并企业预期成长的计算时间；

　　　CF_t——被兼并企业在兼并后第 t 期所有资本产生的税后净现金流量；

CF_t 的计算公式为：

CF_t ＝经营利润×(1－所得税率)＋折旧和其他非现金支出－(增量营运资金和固定资产等支出)。

　　　g——被兼并企业第 t 年后的 CF_t 成长率；

　　　L——被兼并企业负债的市场价值。

(2) 账面价值调整法(重置成本法)，其评估思路是从企业重建的角度，即在评估点时企业的投入成本之和，或再造一个与被评估企业完全相同的企业所需的投资，并把这个投资额作为被评估的企业价值。

企业账面价值等于企业资产减去企业负债，但由于不能反映通货膨胀、技术贬值和企业组织资本等，基于历史成本记录形成的账面价值很有可能不等于其市场价值。因此需要对账面价值进行调整。

账面价值调整法是从资产成本的角度，以目标企业的资产净值为基础估算确定收购价格，即按照财务报表中的资产净值,采用经过注册会计师审计调整后的资产账面价值进行估算。它是目标企业价值评价估算的基本依据。

账面价值调整的方法通常有重置成本法和资产变现法。

$$企业价值＝调整后的总资产－调整后的总负债$$

账面价值法通常只应用在企业破产清算或资产出售时的价值评估,对企业整体的出售,特别是对高科技企业和服务类企业尤其不适用,因此这些企业的组织资本产生了大量价值未反映在账面中。

(3)市场比较法是通过把与被评估企业类似的上市公司或已交易的非上市公司的市盈率(或市净率)作为倍数,乘以被评估企业的当期收益(或净资产),从而计算出企业的市场价值。运用市场比较法需要有高度发达的证券市场为前提,要有足够多的上市公司做备选参照物。

在实际使用市场比较法来评估目标企业的价值时,一般可选定 5～10 家与目标企业类似的上市公司或已交易的非上市公司,分别求"每股净利润"、"每股息税前利润"加权平均值,再将其股价与两个加权平均值相比,所得的两个比值再分别乘上目标企业的"每股净利润"及"每股息税前利润"即可得出两个股份价,作为估算目标企业价值的"上下"限范围。

(4)上述方法中,理想的方法是收益现值法,最简便的方法是市场比较法。但是,在我国企业并购、股份制改制的估值中,广泛采用的却是重置成本法。原因在于:

① 根据中国资产评估协会的专业操作标准规定,企业整体评估一般要求采用重置成本法,收益现值法是作为验证法。

② 我国国有企业资产盘子大,非经营性资产占相当大比例,由于国有企业的法人缺位,运用收益法很容易造成国有资产流失。

③ 我国传统企业效益低下,采用收益现值法缺乏市场基础。

④ 我国的市场机制不完善,企业经营受政府宏观调控的影响大,且法制不健全,未来收益不可控因素多,难以估算未来收益。

15.3.3　并购项目经济评价

并购项目一般只做财务评价,分析财务效益、资产经营效益和发展速度等。对于影响行业结构和地区发展的重大并购项目,还应做国民经济评价,判断并购产生的失业、垄断等后果的社会承受能力。

1. 并购项目经济评价的主要内容

并购项目经济评价主要包括下列内容:

(1)分析目标企业所处行业地位、竞争对手、行业发展趋势、市场格局与前景;

(2)分析目标企业经营管理现状、资产与债务结构、盈利能力、管理水平,并预测发展前景;

(3)分析既有企业管理能力与水平、财务状况、品牌商誉、市场份额、融资能力、企业现状等;

(4)测算并购成本;

(5)测算改组改造所需投资;

(6)预测并购收益和经营费用;

(7)构造并购后的现金流量表,依据内部收益率等指标判断并购的可行性;

(8)并购风险分析。

2. 并购成本分析

并购成本包括产权交易价格、并购后对目标企业的投资(包括对目标企业改造、改组、人员安置与遣散费用等)、咨询费、律师费、佣金等。

3. 并购项目效益评价

并购效益评价包括企业自身的效益和由于并购带来的企业整体协同效应。前者包括资本经营效益、经济增加值、市场增加值三个方面,后者包括财务协同效应和经营协同效应。

(1) 资本经营效益,评价指标包括投资回报率、总资产收益率等,主要反映并购后的当期经营效益。将目标公司并购后的资本经营效益与并购前进行比较,从而衡量并购对目标公司所产生的绩效增长。

(2) 市场增加值。收购后目标企业的市场价值与收购前的市场价值的比较,其差额为市场增加值。

(3) 经济增加值(EVA)。收购企业将投资于目标企业的资本变现的收益与资本的机会成本进行比较,两者的差额就是企业的增值收益。

$$EVA = (ROC - k) \times 现有资产的账面价值$$

$$= EBIT(1 - 税率) - k \times 现有资产的账面价值 \qquad (15-2)$$

式中 ROC = 资本收益率 = $EBIT \times (1 - 税率) /$ 现有资产的账面价值;

$EBIT$——息税前利润;

k——加权平均的资金成本。

(4) 协同效应。包括财务协同效应和经营协同效应。

财务协同效应。财务协同效应包括通过业务多样化来降低经营风险,或是收购一家资金短缺但有投资机会的公司获得的商业机会,或是收购一家享受税收优惠企业带来的税收节余等。

经营协同效应。由于目标企业控制着某种关键资源、技能或能力,如果与收购企业资源结合,将产生更大的价值。当处于同一业务领域的两家企业发生水平并购时,由于生产规模提高、成本降低,边际利润水平提高;当收购原材料供应商或产品的分销商或零售商时,协同效应来自对价值链的更完整控制。

利用有无对比和现金流量分析方法,评估经营协同效应。首先,分别评估收购公司和目标企业的价值,根据各企业的现金流计算现值,汇总得到并购前的企业价值;其次,考虑并购完成后企业预期增长率或成本的下降,重新评估企业价值;第三,将"有并购"的企业价值减去"无并购"的公司价值,得到并购协同效应的价值。

4. 并购风险分析

并购风险分析包括融资风险分析、经营风险分析、政策风险分析和市场风险分析等;重点应分析资本结构的合理性,并充分考虑并购项目的不可预见成本。

第16章 交通运输项目经济评价

交通运输项目包括铁路、公路、水运、空运和管道等基础设施的新建和改扩建项目。

16.1 交通运输项目经济评价的特点

交通运输项目属社会经济的基础设施型项目,建成后一般向全社会开放。其特点是不生产实物产品,而为社会提供运输服务。因而,交通运输项目的评价除具有一般项目评价的共性之外,尚有以下几个特点:

(1)交通运输项目一般投资额大。例如,修 1 km 铁路一般需投资 500~1 500 万元,修 1 km 公路需投资 200~1 200 万元,建设高速公路的投资高达 1 000~5 000 万元。国家基本建设总投资的三分之一以上用于交通运输项目,以保证国民经济基础设施水平的不断提高。这些占巨额投资的交通运输项目的社会经济效益分析、评价与方案比选就更显得重要和突出。

(2)交通运输项目有的难以形成一个独立的企业,尤其是公路、水运项目。例如,公路建成以后面向全社会开放,公路上行驶的车辆分属于运输企业、非运输企业、事业单位,也有一些车辆归个人所有。其次,公路建设、公路管理和养护、公路运输是分开经营的,分属于不同的公司和企业,无法估算公路本身的赢利。水运项目也类似。所以,交通项目的经济评价应重视系统观点,按整个交通系统(网络)和运输全过程计算效益和费用。

(3)交通项目一般是由国家投资的。交通项目的投资不仅是为发展交通运输业本身,更主要的是为促进社会经济的发展。交通运输作为直接生产过程在流通领域的继续,在实现产品价值的同时,不仅使交通运输部门获得直接效益,更主要更大量的是全社会获得综合效益。更为确切地说,交通项目主要是间接效益和社会效益。

(4)交通运输项目的区域经济或宏观经济影响效益主要体现在改善路网结构、促进资源利用开发、推动区域社会经济发展等效果,一般仅作为国民经济评价。

(5)收费交通项目需作财务评价。通过收费偿还国内外贷款的封闭式公路、桥梁、港口和机场等需要作财务分析,计算贷款偿还年限等财务评价指标。应该说明,交通运输项目是公共基础设施,其建设和管理单位本身没有利润或赢利甚微,所收的过路(使用)费收入不是其效益的全部货币表现,这是交通运输项目的财务分析与其他项目财务评价的主要区别。

(6)交通运输项目的经济评价采用有无比较法。这种方法下的项目效益和费用,表现为有项目相对于无项目时总效益和总费用的增值,即其净效益表现为有项目相对于无项目时运输总费用的节省,及项目带来的其他净效益。有无比较法要求考虑在无项目下的变动,即在计算效益和费用的增值时,应预测无项目时的发展变化。还应重视项目首选方案与次优方案的比较。

(7)交通运输项目一般建设期较长,投资与取得效益在时间上存在很大差距,例如港口、铁路建成一般要 5～10 年,有的更长。交通量预测要考虑长远的经济发展计划。建成后的营运时间一般按 20 年计算。交通项目计算期末的固定资产余值较大。

(8) 专为新开发地区或新建厂矿兴建的交通运输项目应视为该地区或厂矿综合开发项目的组成部分,其效益和费用应纳入整个地区或厂矿联合体内进行统一计算和评价。

除考虑交通运输项目的上述特点之外,项目评价的一般原则,如费用-效益范围对应原则、在计算期内采用同一价格的原则和确定影子价格的方法及原则等在交通运输项目评价中同样是适用的。一般工业项目的评价指标也是适用于交通运输项目的。

16.2　分析交通运输项目的概念框架

大多数运输项目都涉及改善现有的运输服务、降低运输费用等问题。为此,政府通常对现有道路进行路面翻修以降低车辆的营运成本,或加宽道路以缓解拥挤。类似地,港口和机场的改善工程也会减少拥挤或降低使用费用,图 16-1 给出了用于分析改善现有设施的交通运输项目的概念框架[35]。

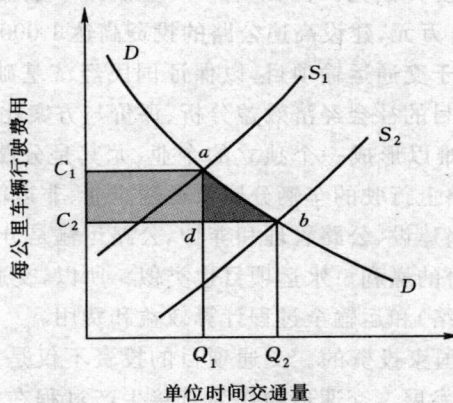

图 16-1　交通运输项目效益示意图

假设项目是改善现有的道路,图 16-1 中纵轴表示用户使用该道路的费用:车辆营运成本(Vehicle Operating Costs,VOC)、运行时间、事故费用和收费。横轴表示该道路单位时间通过的车辆数。由于通过该道路的车辆增加,增加了拥挤,个人费用会提高。车辆营动成本(VOC)也会增加,但对于增量时间费用而言,增加量较小。此外,由于交通量的缘故道路维护费用也提高了。从个人观点来看,该道路交通的边际成本随交通量的增加而提高。然而,对通过该道路的其他人来说,由于每增加一辆车都会增加这条路的拥挤,他将为此付出更多的费用。所以,拥挤的外部性与增加车辆相关。

让我们假设,在初始状况下,单位时间,譬如说一年,通过该道路的车辆数为 Q_1。初始交通量作为正常交通量或基本负荷交通量。假设项目改善了道路,降低拥挤和车辆营运成本(VOC),由此,成本由 C_1 降低到 C_2,交通量由 Q_1 增至 Q_2。发生这种情况可能有两个原因:原想留在家里不外出的人现在发现可以出行,而原先选择替代路线的人现在可以利用已经改善了的道路。

为了评价道路改善的效益,分析人员首先必须注意无项目情况,即年交通量等于 Q_1 的情况。道路改善后,运输更加快捷,车辆营运成本下降,事故减少,从而使成本降到 C_2。该道路原先用户获得的净效益等于该道路年车辆通过的公里数乘以成本的降低额,即:

$$Q_1(C_1 - C_2)$$

此外,道路的改善派生出新的交通量,等于 Q_2 和 Q_1 之差。新用户利用经改善道路的效益等于区域 $Q_1 dabQ_2$ 的面积。

但是,新道路的车辆营运成本等于交通量 $Q_2 - Q_1$ 乘以相应成本 C_2。因此,净效益等于三角形 abd,它等值于被改善道路的新用户获得的消费者剩余。这个效益约等于单位时间的 $\frac{1}{2}(Q_2 - Q_1)(C_1 - C_2)$。新增效益或成本等于道路改善前后维护费用之差。

如果改善后的道路把其他现有道路的交通量转移过来,新增效益将是其他公路拥挤的减少,以及伴随的行驶时间节约。车辆营动成本和公路维护费用也随之下降。但是,事故发生率是不确定的,因为事故的增加或减少取决于车速限制的变动。如果支线道路通向被改善的道路,则这些支线道路交通量可能增加。结果,道路的拥挤和行驶时间都会增加,道路维护费用也会提高。但交通事故率的变化仍然是不确定的。因此,改善道路的净效益等于项目产生的直接效益,加上减少替代道路拥挤的正外部效果,再加互补支线道路交通量增加的负外部效果,即:

$$Q_1(C_1 - C_2) + \frac{1}{2}(C_1 - C_2)(Q_2 - Q_1) + 道路维护费用之差 + 替代道路交通减少的效益 - 支线道路交通量增加的费用$$

分析人员能够将这个概念框架应用于任何运输项目,即便是由于项目性质而使效益构成不同。对于有些项目,如道路,主要效益一般是减少车辆营运成本(VOC)。对于他其项目,如港口的扩建,主要效益是减少拥挤。

16.3 交通运输项目的费用

交通运输项目的效益与费用的计算范围应该对应一致。

16.3.1 交通运输项目的直接费用

交通运输项目的费用包括线路、枢纽(港口、车站、机场)、运输工具和相关配套设施的固定资产投资、流动资金投资和运营费用。具体地说,有征地拆迁安置费、建设费、大修费、养护费、交通管理费和营运费费用等。交通运输项目费用计算方法与一般工业项目相同,在财务费用计算中用财务价格,在经济费用计算中要用影子价格。在确定项目费用时,应注意与其效益范围一致的原则。

16.3.2 交通运输项目的环境影响

大多数交通运输项目都会产生外部效果,尤其是道路项目有相当规模的直接或间接影响。在深入到未开垦的处女地的道路情况下,这些影响可能是特别深远的。分析人员必须尽可能地把这些影响计入运输项目费用和效益内。

新道路可能沿建设线路产生直接环境影响,并通过所提供的通道改善产生间接影响,项目的间接效果可能比直接影响更为严重,因为这些通道将促进森林砍伐,引起肥沃土地的流失和野生动物减少。交通量的提高也会增加大气污染、噪声、振动和建设美学上令人不快的构筑物。

减少环境影响的代价昂贵,而且环境效益又没有无限的价值。因此,必须对减少环境影响措施的效益和费用予以评估。

16.4　交通运输项目的效益

16.4.1　交通运输项目效益的分类

交通运输项目一般是为了增加公共品的供给。因此,很难用货币计量其效益。虽然目前已有完善明确的计量运输项目效益的概念框架,但对数据的要求是大量而精确的,有时是令人望而生畏的。本章阐述这些技术在评价一般运输项目时的应用,但重点放在道路项目上。由于分析人员能够容易地把以前各章阐述的方法用于费用的计量,这里我们把重点放在效益的计量上。

交通运输项目评价,要求进行有项目情况与无项目情况的比较,以及项目首选方案与次优方案的比较。这种操作方法需要有高度的想象力和良好的判断力。要对所有可行方案都进行评价往往是做不到的。例如,市内公共汽车过度拥挤,一种解决办法是提高票价来减少需求,另一种办法是增加更多的汽车来增加供给,第三种办法可能是提供替代的运输方式,如地铁或出租车,以转移需求。

建设一条全天候的农村道路的替代方案,可以是投资建设农产品储存设施,该设施能把产品储存到交通条件改善之时。要评价所有可行的方案在费用和时间的耗费上可能是令人难以接受的,因此,必须清楚地阐明项目的目标,以限制被研究的方案数目。排除一些明显不合理的方案也是明智的。

交通运输项目属国民经济基础设施,涉及的社会经济因素较多,影响面较广,因而其国民经济效益的识别、划分和定量计量有一定难度。交通运输项目效益的内容和计算方法会因项目的具体条件而异,所以,进行一些交通项目的评价具有一定科学研究性质。一般来说,交通项目的效益包括三方面:

(1) 运输效益,指项目使用者获得的直接效益,是项目建成后带来的最重要、最直接的、可以以货币计量的效益。应该注意,这里所说的"直接效益"与一般工业项目的直接效益在范围和概念上均有差别。关于运输效益下一节详细阐述。

(2) 项目对地区其他经济领域产生的间接效益。例如,交通项目上马可能促进某些矿产和其他资源的开发利用;促进一些企业的兴建;促进地区产业结构的变化和地区经济的繁荣;促进旅游业和第三产业的发展;促进地区间的商品流通和外贸事业的发展等所产生的净效益。

项目促进地区经济发展的效益计算尚无规范方法。可以用由于交通项目的开发,地区新增加的净产值扣除其他经济部门全部投入的费用及其应得的投资效益(按社会折现率计算其资金效益)后的净现值。或者用下式与其他经济部门分摊投资效益。

$$B = \Delta V \frac{I_T}{I_T + \sum_{j=1}^{n} I_j}$$ (16-1)

式中 B——促进地区经济发展的效益;ΔV——地区新增净效益;I_T——交通项目的投资额;I_j——地区第 j 个经济部门的投资额。

当运输成为地区经济的制约因素,即无此交通项目时,地区经济资源得不到或不能充分利用,如以运定产,自然资源不能开发,新的产业和经济活动(如外贸出口、旅游等)不会出现的条件下,运输项目促进地区经济发展的效益 $B = \Delta V$。这种情况是指地区经济发展生产条件均已具备,只缺运输条件。

也有人采用系统仿真模拟的方法估算交通项目促进地区经济发展的效益[33]。

(3) 社会效益,指交通项目建设对政治、国防、文化、环境、就业、人民生活水平的提高,以及对国家和地方财政所产生的影响等难以定量化的效益。

以上所举的三方面效益反映了交通运输项目效益的综合性和影响程度。三类效益中的第一类——运输效益具有普遍性,即所有交通项目都具有运输效益。其计算方法也有一定的通用性,下一节将专门介绍。其余两类效益的内容和方法会因项目具体条件的变化而变化,无法给出通用计算方法,只能举例说明。

16.4.2 交通运输项目的运输效益

1. 运输效益的内容

交通项目的运输效益,主要表现为有项目相对于无项目时运输总费用的节省及项目带来的其他净效益[1]。其主要内容如下:

项目建设使客、货运输成本的降低——晋级和里程缩短的效益;

客、货节约在途时间的价值;

拥挤程度的缓解,减少交通事故而节约的费用;

运输质量的提高,包装费用的节约,设施设备维修养护费用的减少;货损减少而节约的费用;

诱发新运输量所产生的效益。

晋级效益指改善运输工艺,提高线路、枢纽和运输工具标准等级等降低运输费用所取得的效益。例如公路、航道等级提高,车速、航速提高使客货运输成本的降低;管道运输代替其他运输方式节省的费用等。新交通线路使运输距离缩短产生的效益也表现为运费的节约。缩短运输工具的运行时间,港站作业时间,使旅客和货物节约在途时间所带来的效益,即客货节约在途时间的价值。由于项目建设,改善运输条件,降低运费而诱发的新运输量也会产生经济效益。

以上五种运输效益的比重随项目的不同而异。有的项目可能不能取得其中某种效益。

2. 运输量(交通量)的分类

运输量(交通量)是计算运输项目效益和费用的基础。为便于计算项目的效益,将运输量分为正常的、转移的和诱发的三种。

正常运输量是指无项目时在现有运输系统上也会发生的运输量(包括正常增长的运输量)。

转移运输量是指项目实施后从本运输方式的其他线路或其他运输方式转移过来的运输量。

诱发运输量，是指运输项目建成后，由于运输成本的降低、运输条件的改善而诱发的新运输量。诱发运输量分为两部分：一部分是本地区原先就有，不建项目时，由于不方便或运费太高而不值得运，有了此项目后就值得运输的运输量；另一部分是该项目建设带来新的经济活动引起的运输量，例如建新厂、开发新矿形成的运输量。这部分运输量的大小取决于运输的供求状况。诱发运输量的效益，是按正常交通量在有、无此项目条件下产生的运输成本差额的一半来计算。

3. 运输效益计算

运输项目的国民经济效益要素有些能够定量，有些则难以定量。可定量的几项经济效益的计算公式如下：

（1）运输费用节约效益（B_1）。

① 按正常运输量计算：

$$B_{11} = (C_w L_w - C_y L_y) Q_n$$

式中　B_{11}——按正常运输量计算的运费节约效益，万元/年；

　　　C_w, C_y——分别为无项目和有项目时的单位运输费用，元/吨公里（元/人公里）；

　　　L_w, L_y——分别为无项目和有项目时的运输距离，公里；

　　　Q_n——正常运输量，万吨/年（万人次/年）。

② 按转移运输量计算：

$$B_{12} = (C_z L_z - C_y L_y) Q_z$$

式中　B_{12}——转移运输量的运费节约效益，万元/年；

　　　C_z——原相关线路的单位运输费用，元/吨公里（元/人公里）；

　　　L_z——原相关线路的运输距离，公里；

　　　Q_z——转移过来的运输量，万吨/年（万人次/年）。

计算上述效益时，应考虑到项目实施后，由于新老运输工具的类型和效率的不同带来的对运输费用节约额的差异。

③ 按诱发运输量计算：

$$B_{13} = \frac{1}{2}(C_m L_m - C_y L_y) Q_g$$

式中　B_{13}——诱发运输量的运费节约效益，万元/年；

　　　C_m, L_m——无项目时，各种可行的方式中最小的单位运输费用及相应的运输距离，元/吨公里（元/人公里）；

　　　Q_g——诱发运输量，万吨/年（万人次/年）。

（2）运输时间节约效益（B_2）。

① 旅客时间节约效益分别按正常客运量和转移客运量中的生产人员数计算。计算时，考虑节约的时间只有一半用于生产目的。

a. 按正常客运输量计算：

$$B_{211} = \frac{1}{2} T_n Q_{np}$$

式中 B_{211}——按正常客运量计算的旅客时间节约效益,万元/年;

      b——旅客的单位时间价值(按人均国民收入计算),元/小时;

      T_n——节约的时间,小时/人,$T_n = T_w - T_y$(T_w、T_y 分别为无项目和有项目的旅行时间);

      Q_{np}——正常客运量中的生产人员数,万人次/年。

    b. 按转移客运量计算:

$$B_{212} = \frac{1}{2} b T_z Q_{zp}$$

式中 B_{212}——按转移客运量计算的旅客时间节约效益,万元/年;

      T_z——节约的时间,小时/人;$T_z = T_o - T_y$(T_o 为其他线路上的旅行时间);

      Q_{zp}——转移客运量中的生产人员数,万人次/年。

② 运输工具的时间节约效益。运输工具的时间节约效益是指运输工具在运输枢纽(车站、港口、机场)中因减少停留时间而产生的效益,其具体计算方法应按不同项目的特点而定。计算公式为:

$$B_{22} = q C_{sf} T_{sf}$$

式中 B_{22}——运输工具的时间节约效益,万元/年;

      q——运输工具数量,万车(艘、架、台);

      C_{sf}——运输工具每天维持费用,元/车(艘、架、台)天;

      T_{sf}——运输工具全年缩短停留时间,天。

③ 缩短货物在途时间效益。

$$B_{23} = \frac{PQT_s i_s}{365 \times 24}$$

式中 B_{23}——缩短货物在途时间的效益,万元/年;

      P——货物的影子价格,元/吨;

      Q——运输量,万吨/年;

      T_s——缩短的运输时间,小时;

      i_s——社会折现率。

计算该项效益时,应从运输量中扣除那些不因在途时间长短而影响正常储备的货物,如粮食等。

(3) 减少拥挤的效益(B_3)。

减少拥挤的效益是指有项目时原有相关线路和设施拥挤程度缓解而产生的效益,其计算公式为:

$$B_3 = (C_z - C_{zy}) L_z (Q_{zn} - Q_z)$$

式中 B_3——减少拥挤的效益,万元/年;

      C_{zy}——有项目时原有相关线路及设施的单位运输费用,元/吨公里。

      Q_{zn}——原有相关线路的正常运输量,万吨/年。

(4) 提高交通安全的效益(B_4)。

$$B_4 = P_{sh}(J_w - J_y)M$$

式中 B_4——提高交通安全的效益,万元;

P_{sh}——交通事故平均损失费,万元/次;

J_w,J_y——分别为无项目和有项目时的事故率,次/万车公里;

M——交通量(万车公里、万换算吨公里)。

交通事故损失费可以参照现有事故赔偿及处理情况来确定。无项目和有项目时的事故率可以参考统计资料及预测数据确定。但无项目时的事故率不应套用统计数字,而应考虑未来交通量条件下无项目时的事故增长因素。

(5)提高运输质量的效益(B_5)。

提高运输质量的效益是指由于基础设施改善、运输质量提高而减少货损的效益。其计算公式为:

$$B_5 = aPQ$$

式中 B_5——提高运输质量的效益,万元/年;

a——货损降低率,即无项目和有项目时的货物损耗率之差,%。

(6)包装费用节约效益(B_6)。

包装费用节约效益是指由于运输条件改善,可以实行散装运输、成组运输或集装箱运输,或提供其他方便条件,从而避免或减少包装费用的效益。其计算公式为:

$$B_6 = V_p Q_c$$

式中 B_6——包装费用节约效益,万元/年;

V_p——每吨袋装货或件装货包装物的平均价格,元/吨;

Q_c——有项目时,货运量中袋装货或件装货改为散装运输或集装箱运输的货物数量,万吨/年。

上述各项效益应视项目情况有选择地按各年运输量逐年计算,并填列国民经济效益费用流量表,进行各项评价指标(IRR、NPV等)的计算。

除上述各项效益外,项目的实施还将提高人民的生活福利,改善经济、社会和自然环境,创造新的就业机会和促进沿线地区经济的发展。对于这些难以量化的效益,应做定性描述。

第17章 部分非工交行业项目经济评价的特点

项目经济评价理论和方法不仅在工业项目和交通运输项目中应用,在其他行业也广泛应用。农业、林业、水利、电信、市政、房地产、卫生保健、教育等行业的建设项目应遵循本书前14章的原则和基本方法进行项目可行性研究和项目评价,同时,可根据行业的特点,研究其评价方法、费用效益识别和估算方面的特殊点。本章根据国民经济行业分类,选择了几个典型的非工交行业,简单介绍各行业的项目特点、主要的效益和费用以及项目经济评价的特点[34]。

17.1 农业项目

农业项目包括农业生产、农产品加工、农田水利灌溉和畜牧业等项目,通常都是综合开发项目。农业项目一般具有下列特点:

(1) 农业项目具有受自然因素影响大、项目收益预见性相对较弱,风险相对较大;项目建设周期长,建设期与生产期可能交错;双层经营管理体制、分级管理分级核算等特点。

(2) 农业项目的经济评价应分别对项目层和经营层进行财务分析。项目层的财务分析通过估算费用效益,判断整个项目的财务可行性;经营层的财务分析,考察单个工程财务状况和农民获得的收益和负担的费用。运行费用自给或以收益偿还贷款的项目,应进行费用平衡分析和债务清偿能力分析。无财务收益的农业项目,一般不做财务分析,只估算运行费用,必要时可做经济费用效益分析。

(3) 农业项目的效益包括农业产出增加、品种改良、成本节约、质量改善、防洪除涝所避免的损失、水土保持效益及其他有形收益。

(4) 农业项目的费用包括建筑工程费,机电设备及安装工程费,临时工程费,水库淹没处理补偿费,土地、种畜和草地改良费等,以及运营费和综合经营所发生的各项费用。

(5) 农业生产具有明显的季节性和时间性,投入与产出不同步,产出时间较为集中,因而流动资金的估算要根据生产运行情况确定,不能采用工业项目的方法。

17.2 林业项目

林业项目包括森林营造、林业加工、林纸一体化、保护区建设、森林旅游等项目。林业项目一般具有下列特点:

(1) 林业项目具有公益性、综合性、分类经营、分级管理、建设周期长、受自然影响大等特点。许多林业项目兼具公益性和盈利性。

(2) 林业项目应以经济费用效益分析为主。林业加工等有一定财务效益的项目,尚应进行财务分析;生态林营造等公益性项目,尚应进行费用平衡分析,以测算补贴额。重大林业项

263

目还必须进行区域经济影响分析。

（3）林业项目的经济效益包括水土保持、防风固沙、涵养水源、净化空气、改善生态环境、增加森林资源、美化自然环境等的效益。

（4）林业项目的财务效益包括出售林业产品、林业加工产品及提供服务所得的收入。

（5）林业项目的费用包括移民搬迁安置、土地土壤改良、造林费用、森林保护、工程建设、项目运行维护费用等。

17.3　水利项目

水利项目包括防洪、治涝、灌溉、水土保持、供水、发电、航运等单个项目或综合项目。水利项目一般具有下列特点：

（1）水利项目具有外部效果显著，自身财务效益不明显，建设期和运营期相对较长等特点。

（2）水利项目应以经济费用效益分析为主。供水、发电、灌溉等有一定财务效益的水利项目尚应进行财务分析。防洪、治涝等公益性水利项目尚应进行费用平衡分析，以测算补贴额。综合利用水利枢纽项目应作为一个系统进行总体评价，同时对各主要功能按投资分摊结果分别进行经济评价。重大水利项目必须进行区域经济与宏观经济影响分析。

（3）水利项目的效益受水文现象影响较大，应采用频率法或系列法计算多年平均效益，作为项目评价的基础。对于防洪、治涝、灌溉、供水等项目还应计算设计年及特大洪涝年或特大干旱年的效益。

（4）水利项目的经济效益，主要有减少国民经济与社会财产损失（如防洪治涝项目）、为经济社会发展提供水利水电产品、增加经济收入几个方面。水利项目的经济效益应按各功能分别计算，综合利用水利枢纽项目还应计算项目的整体效益。

（5）水利项目的财务效益包括出售水利产品及提供服务所得的收入。计算财务收入采用的价格应根据政策规定，遵循补偿成本、合理收益、优质优价、公平负担的原则，并分析用户的承受能力。

（6）水利项目的费用包括移民搬迁安置、土地占用、工程建设、项目运行维护费用等。

17.4　电信项目

电信项目包括固定通信、移动通信、数据通信、传输网等项目。电信项目一般具有下列特点：

（1）电信项目具有普遍服务性、全程全网、外部效果显著等特点。

（2）全局性的电信项目一般应进行财务分析和经济费用效益分析；涉及局部的电信项目可只进行财务分析。

（3）电信项目的经济效益包括改善通信条件、提高服务质量、优化网络结构、增加服务内容、提高社会生活质量、提高社会生产效率、降低社会生产成本等。

（4）电信项目的财务效益为出售电信产品和提供电信服务的收入，以及降低电信成本的效益。

（5）电信项目费用包括网络建设费用、网络运行维护费用，以及其他费用。

17.5 市政公用设施项目

市政公用设施项目包括给水、排水、道桥、燃气、供热、快速轨道交通、垃圾处理等单个或综合项目。市政公用设施项目一般具有下列特点：

（1）市政公用设施项目具有服务公用性、自然垄断性、网络系统性、外部效果显著以及沉淀资本大、价格受管制等特点。市政项目应与城市规划相结合。

（2）市政公用设施项目应按收费与否选择经济评价内容。收费项目一般要求进行财务分析和经济费用效益分析；不收费项目一般只进行经济费用效益分析，但应安排债务偿还计划及运营费用来源，进行费用平衡分析或费用效果分析。效果难以量化时应进行定性分析。

（3）市政公用设施项目经济评价一般应包括处理厂（设施）与网（管、路）的综合分析，必要时厂与网也可分别进行经济评价。

（4）市政公用设施项目的经济效益表现为促进城镇社会经济发展、合理利用自然资源、减少环境污染损失以及提高人民群众生活水平和生活质量。

（5）市政公用设施项目的财务收入表现为提供营业收入和补贴收入。

（6）市政公用设施项目的费用包括土建费用、设备购置费用、安装工程费、生产（运营）费用及其他费用。

（7）市政公用设施项目的价格应根据政府政策、消费者支付意愿和承受能力，遵循补偿成本、保本微利、节约资源、公平负担原则测算。具备条件时，可分别针对不同用户测算不同价格。

17.6 房地产开发项目

房地产开发项目一般由生地、毛地、熟地、在建工程和建成后的物业（含土地）等单个项目或综合项目组成。房地产开发项目一般具有下列特点：

（1）房地产开发项目具有产品不可移动性、保值增值性、区域性、政策影响性、相互影响性、建设与经营同步性等特点，多数房地产项目还具有计算期短的特点。

（2）房地产开发项目一般只进行财务分析，涉及区域开发的项目还应进行综合分析。

（3）房地产开发项目的资金可来源于商品房合法预售所得款。

（4）房地产开发项目分为出售型、出租型和混合型。项目的收益和成本分摊方式依据项目类型而不同。自营部分的投资可转换成项目的固定资产，出售、出租部分的投资转换成开发成本。开发企业大量的资产以流动资产的形式存在。

（5）房地产开发项目不按租售合同而按实际可能得到的财务收入估算现金流入，并依此估算经营成本。

（6）房地产开发项目的效益一般为售房收入、租房收入、土地（生地或熟地）出让收入、配套设施出售（租）收入以及自营收入。

（7）房地产开发项目总成本费用主要包括开发建设期间发生的开发产品成本和经营期间发生的运营费用、修理费用等。

（8）房地产开发项目除缴纳流转税和所得税外，尚需缴纳土地增值税、城镇土地使用税、耕地占用税、房产税等。

17.7 卫生保健项目

卫生保健项目包括医院、社区保健站、卫生防疫、疾病控制系统等项目。卫生保健项目一般具有下列特点：

（1）卫生保健项目具有外部效果显著、效益难以用货币计量等特点。

（2）卫生保健项目可以分为非经营性和经营性两种类型。经营项目应进行财务分析；非经营性项目应以经济费用效益分析为主，有条件的可以做财务生存能力分析。

（3）卫生保健项目的经济效益包括降低医疗费用、提高服务效率、改善服务质量、延续社会成员平均寿命、降低患病率和死亡率、缩短患病天数等。

（4）卫生保健项目的费用包括土地费用、房屋建筑费、设备设施费、卫生研究和发展费、医用材料费、医疗业务费、培训费用等。

17.8 教育项目

教育项目包括城市和农村的基础教育、中等教育（包括师范教育和职业教育）、高等教育等项目，其中基础教育主要依靠国家和地方财政支持。教育项目一般具有下列特点：

（1）教育项目具有外部效果显著、收益时间滞后、受益对象广泛等特点。

（2）教育项目分为非经营性和经营性两种。经营性项目应进行财务分析；非经营性项目应以经济费用效益分析为主，主要采用费用效果分析方法和费用效益分析方法，并通过费用平衡分析评价项目的财务可持续性。

（3）教育项目的内部效益一般包括提高教育系统效率、增加教育收入等；外部效益一般包括增加受教育者收入，提高社会劳动生产率、推动社会技术进步、降低犯罪率等社会得到的效益。

（4）教育项目的费用包括土地、设施、设备和材料、教职工的工资、接受教育者的投入，以及维护运营费用等。

第18章　案例分析与案例习作

为了学习项目经济评价理论和方法,推广使用《建设项目经济评价方法与参数》第三版,促进项目经济评价工作整体水平的提高和满足教学工作的需要,我们编写了一个项目经济评价案例,给出一个项目经济评价案例习作题目。

具体项目具体分析,是项目经济评价的灵魂。案例只提供一个具体项目的评价过程,实际评价工作必须依据经济学的基本原理、项目经济评价的理论和方法,针对项目具体情况与所处的环境,进行深入分析,举一反三,灵活运用,得出正确的结论。

18.1　某聚酯项目经济评价

18.1.1　概述

1. 项目概况

本项目为新建年产 30 万吨纤维级聚酯装置,由位于山东北部的某石化集团投资建设。

聚酯纤维(PET),学名聚对苯二甲酸二乙醇酯,是生产涤纶长丝和涤纶短纤维的原料。随着我国国民经济的持续高速发展和纺织品出口的快速增长,化学纤维和纤维级聚酯的需求量将稳步增长,该项目是满足人民生活需求具有很好发展前景的项目,符合《国家产业结构调整指导目录》,属国家鼓励发展的产业项目。

20 世纪 90 年代我国化纤产品供不应求,行业赢利空间大,需求拉动了化纤原料——聚酯价格上扬,聚酯生产的国产化技术取得了突破性进展,降低了聚酯项目投资成本和进入门槛,改变了聚酯的产业结构。目前产量 15～20 万吨/年的聚酯装置和技术,已经国产化,而达到经济规模的 30 万吨/年聚酯生产工艺技术和装置国内尚没有。为了采用先进工艺技术,降低物耗和能耗,降低有害物质的排放,本项目拟引进国外先进技术和设备,国内配套建成 30 万吨/年纤维级聚酯切片生产线。

项目计划于 2008 年开工建设,占地 100 亩,两年建成。

2. 项目评价编制依据

(1) 依据项目可行性研究的市场调查、推荐的工艺技术方案、建设条件、建设工期等资料。

(2) 国家现行财税制度、会计制度与相关法规。

(3)《建设项目经济评价方法与参数》第三版。

聚酯纤维属于合成纤维单(聚合)体制造行业。据《建设项目经济评价参数》,该行业融资前税前财务基准收益率为 14%;资本金税后财务基准收益率为 16%[34]。

3. 计算期与产销计划

分析本项目的建设条件和营运环境,参考类似项目的建设营运情况,确定项目的建设期为

2 年,营运期为 14 年,项目计算期为 16 年。

项目建成后计算期的第 3 年生产负荷 70％,年产销 21 万吨聚酯;第 4 年开始满负荷运行,每年产销 30 万吨聚酯。

18.1.2　投资估算与资金筹措

1．建设投资

项目建设内容包括聚酯装置、PTA 库、PET 库、热煤站、综合动力站、综合给水站、维修车间、综合库等,全部属于主体生产工程。其中聚酯装置为进口设备,包括技术转让费、设备与安装费用,根据国外厂商的报价估算,并把美元按当前汇率 7.7 元/美元化为人民币记入。其余土建工程及配套工程投资参照近期建成的聚酯项目的投资状况估算。

采用概算法估算项目的建设投资总额为 68 634 万元,其建设投资构成详见附表 18-1 建设投资估算表。

2．建设期利息

项目的建设投资的债务资金 47 414 万元,占建设投资总额的 70％,资本结构符合国家关于化工行业建设项目资本金比例应大于 20％的要求,已取得银行的贷款额度。

项目债务资金拟使用银行贷款,分两年借入。借款利率按照 2007 年 3 月 18 日中国人民银行的规定,5 年以上贷款年利率 7.11％计算,建设期利息为 3 332 万元,详见附表 18-2 建设期利息估算表。

3．流动资金

根据对近期建成投产运营的 16 万吨/年和 20 万吨/年聚酯项目使用流动资金的调查,采用类比法和详细估算法求得本项目所需流动资金 23 050 万元。按照产销计划,第 3 年投入 70％,计 16 135 万元;第 4 年投入 30％,计 6 915 万元。

投入流动资金的资本金(铺底流动资金)6 915 万元,占流动资金总量的 30％。借入流动资金 16 135 万元,流动资金贷款利息按 1 年期贷款利率 6.39％计算。流动资金估算详见附表 18-3。

4．项目总投资

项目总投资 95 016 万元,其中建设投资 68 634 万元,建设借款期利息 3 332 万元,流动资金 23 050 万元。详见附表 18-4 项目投资使用计划与资金筹措表。

5．项目形成的资产

项目形成固定资产原值 68 066 万元,无形资产原值 3 300 万元,其他资产 600 万元。

18.1.3　效益与费用估算

1．价格预测

按照《建设项目经济评价方法与参数》(第三版)的要求,财务评价"采用以市场价格体系为基础的预测价格"。本分析中产品——纤维级聚酯(PET)的主要原材料,乙二醇(EG)和精对本二甲酸(PTA)的预测价格将按照以下方法选取:在建设期内考虑价格变动因素,预测一套投产开始时的投入产出价格,运营期内价格不再变动。财务分析中各种投入产出物价格确定的原则是:建设期各年采用时价,运营期各年采用建设期末价格。

2. 价格确定

根据对产品以及原材料 1994～2006 年价格的数据收集，以及由 2007 年上半年的数据对 2007 年数据的估算，以及 2003～2007 年各个月份产品以及原材料的价格变动曲线（详见图 18-1、图 18-2、图 18-3），并以此为依据进行产品和原材料的价格预测。

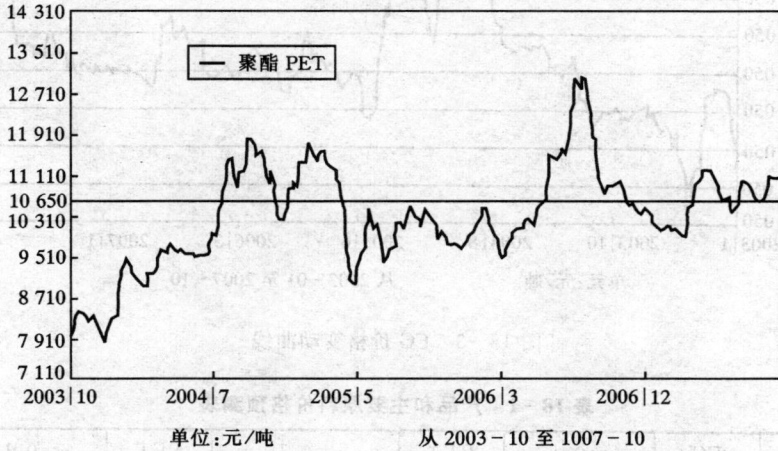

单位:元/吨　　　　从 2003-10 至 1007-10

图 18-1　PET 价格变动曲线

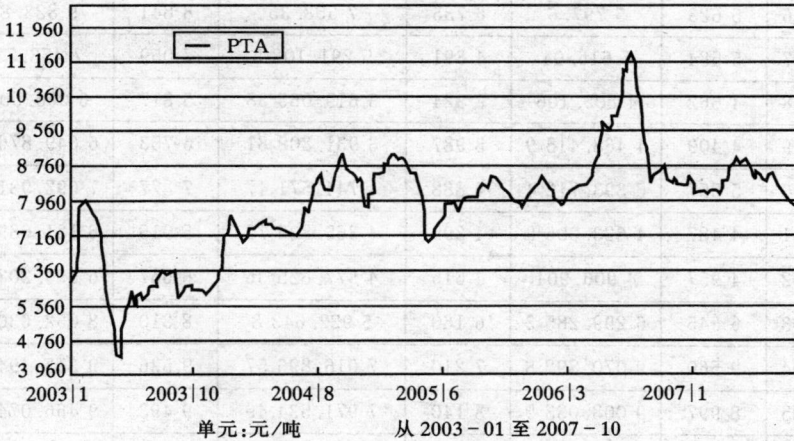

单元:元/吨　　　　从 2003-01 至 2007-10

图 18-2　PTA 价格变动曲线

由以上图表可以看出价格变动既有一定的规律但也有大的起伏波动。参考第 4 章市场预测方法，我们采用指数平滑的方法对各年的历史平均价格进行处理，尽量避免大的波动对整体数据预测的影响。具体预测详见表 18-1。

指数平滑模型：　　　$F_{t+1} = \alpha Y_t + (1-\alpha)F_t$

式中，Y_t 为 t 期的实际观测值；F_t 为 t 期的预测值；α 为平滑系数（$0 < \alpha < 1$）

269

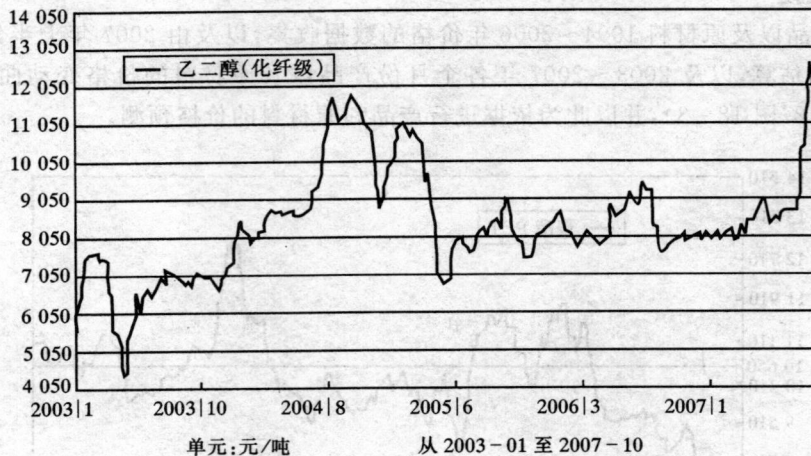

单元:元/吨　　　　　　　　　　从 2003 - 01 至 2007 - 10

图 18 - 3　EG 价格变动曲线

表 18 - 1　产品和主要原料价格预测表

年份	EG	$\alpha=0.15$	PTA	$\alpha=0.15$	PET	$\alpha=0.15$
1994	5 160		7 234		10 021	
1995	6 787	6 787	12 224	12 224	15 393	15 393
1996	5 623	5 797.6	6 735	7 558.35	8 841	9 823.8
1997	5 584	5 616.04	4 891	5 291.102 5	7 059	7 473.72
1998	4 662	4 805.106	3 324	3 619.065 38	5 817	6 065.508
1999	4 409	4 468.415 9	3 987	3 931.809 81	6 753	6 649.876 2
2000	5 557	5 393.712 4	4 888	4 744.571 47	7 877	7 692.931 4
2001	4 487	4 623.006 9	4 299	4 365.835 72	5 915	6 181.689 7
2002	4 957	4 906.901	4 615	4 577.625 36	6 667	6 594.203 5
2003	6 545	6 299.285 2	6 160	5 922.643 8	8 310	8 052.630 5
2004	9 560	9 070.892 8	7 210	7 016.896 57	9 536	9 313.494 6
2005	8 997	9 008.083 9	8 140	7 971.534 49	9 493	9 466.074 2
2006	8 205	8 325.462 6	9 060	8 896.730 17	11 270	10 999.411
2007	10 500	10 173.819	7 550	7 752.009 53	10 600	10 659.912
2008		10 451		7 580		10 609

　　根据调查,EG 2007 年的价格出现了极端不稳定的变化,见图 18 - 3 EG 价格变化曲线,主要原因是生产 EG 的原材料受到了自然因素的影响,使得 EG 的价格出现极大的飙升。本着尽量减小误差的原则,我们对 EG 的价格没有采用上表中预测的数据,而是根据往年的情况进行估算为 8 800 元。其余价格我们根据以上的预测,做了稍微的浮动以利于计算的方便。最终产品及原材料的价格见表 18 - 2。

表 18 - 2　产品和主要原料预测价格(不含税价)

品　　名	价　　格(元/吨)
PET	10 650
乙二醇	8 800
PTA	7 600

3. 营业收入与税金估算

(1)营业收入

项目产品纤维级聚酯(PET)的设计年产销量为 30 万吨,预测销售价格 10 650 元/吨,项目正常年份的营业收入 319 500 万元。

(2)增值税、营业税金及附加

产品增值税税率为 17%。

城市维护建设税和教育费附加分别按增值税的 7% 和 3% 计算。

详见附表 18 - 5 营业收入、营业税金及附加和增值税估算表。

(3)项目所得税税率 25%。

4. 成本费用估算

采用要素成本法估算各项成本费用。

(1)原材料、燃料和动力费

详见附表 18 - 6 外购原材料费估算表和附表 18 - 7 外购燃料及动力费估算表。

(2)工资及福利费

本项目定员 70 人,根据对地区及行业人工费用的调查,项目的工资及福利费按人均 3.8 万元/年计算,正常生产年份工资及福利费 266 万元。

(3)折旧与摊销

固定资产原值 68 066 万元,采用直线法综合折旧计算,折旧年限 14 年,每年折旧费 4 862 万元。

无形资产和其他资产原值共 3 900 万元,按 10 年平均摊销,每年摊销费为 390 万元。

(4)修理费

根据行业的经验数据,按固定资产投资的约 3.8% 估算,正常生产年份的修理费为 2 587 万元。

5. 总成本费用

总成本费用详细估算采用附表 18 - 8 总成本费用估算表(生产要素法)。

18.1.4　财务评价

1. 盈利能力分析

(1)项目财务现金流量分析

根据项目投资现金流量表(附表 18 - 11),项目息前所得税前投资财务内部收益率为 41%,大于 14% 的行业基准收益率;息税前财务净现值为 124 633.44 万元,税后为 82 411.16 万元,大于零;息税前投资回收期为 4.32 年,税后为 4.87 年,小于行业平均投资回收期。因此,本项目的财务盈利能力可满足要求。

（2）资本金财务现金流量分析

根据项目资本金现金流量表（附表18－12）税后项目的资本金财务内部收益率为75.15％，大于16％的行业基准收益率，满足投资者的要求。

（3）利润分析

该项目的产品价格和产量均是采用了预测的平均数值，因此营业收入比较稳定，原材料的价格也是采用了同样的处理方法，因此成本也是相对稳定的。根据附表18－13利润与利润分配表计算的正常年份的年均息税前利润为40 988万元，

总投资收益率　ROI＝EBIT/TI×100％＝43.1％

其中 EBIT——正常生产年份的平均息税前利润；

TI——项目总投资

资本金净利润率　ROE＝NP/EC＝102.6％

其中 NP——正常生产年份内年平均净利润；

EC——项目资本金。

2. 清偿能力分析

项目的还本付息见借款还本付息估算表（附表18－9）。采用等额偿还本金的偿还方式偿还建设投资长期借款，借款利息按年支付。财务计划现金流量表见附表18－10，财务计划现金流量表的计算结果表明，长期借款可以按照贷款条件偿还银行。由还本付息表可以看出，每年的偿债备付率均在5％以上，利息备付率几乎都在10％以上，由还款方式决定了以前几年的值有点低，但都满足债权人的要求。说明项目有很高的利息偿还保障和本息的偿还能力，项目具有良好的财务状况和足够的偿债能力。

根据附表18－14资产负债表分析，项目的资产负债率和流动比率状况较好，资本结构合理。

3. 财务生存能力分析

项目计算期内各年的净现金流量及累计盈余资金均为正值，各年均有足够的净现金流量维持项目的正常运营，可保证项目财务的可持续性。详见附表18－10财务计划现金流量表。

18.1.5　不确定性分析与风险分析

1. 不确定性分析

（1）盈亏平衡分析

取项目生产年份的第7年（2016年）为代表年份进行计算。

$$BEP_{生产能力利用率} = \frac{年固定成本}{年营业收入－年可变成本－年税金} \times 100\%$$

$$= \frac{13\ 929}{319\ 500－266\ 902－894} \times 100\%$$

$$= 26.94\%$$

盈亏平衡分析如图18－4所示。该项目的年产销量如果达到设计产量的27％以上，就可盈利。

（2）敏感性分析

272

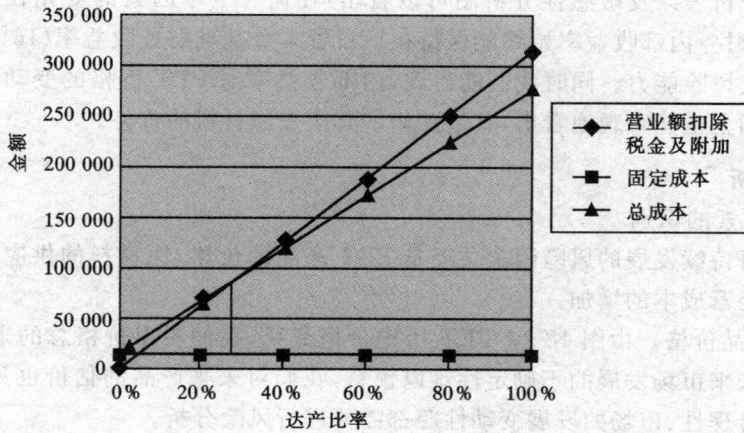

图 18-4　盈亏平衡分析图(生产能力利用率)

选取聚酯纤维(PET)的价格、PET 的产量、经营成本、固定资产投资和原材料的价格为变化因素进行单因素敏感性分析,观测各个因素的变化对税后资本金财务内部收益率的影响。分析结果见表 18-3。

表 18-3　项目资本金财务内部收益率敏感性分析表

变动因素 ＼ 变化率	−10%	−5%	0	5%	10%
PET 价格	16.4	48.6	75.15	98.25	119
PET 销量	67.6	71.4	75.15	78.8	82.4
经营成本	113.1	95.05	75.15	52.8	26.85
固定资产投资	82.65	78.75	75.15	71.85	68.75
原材料价格	111.9	94.35	75.15	53.6	28.7
项目资本金财务基准收益率(%)	16	16	16	16	16

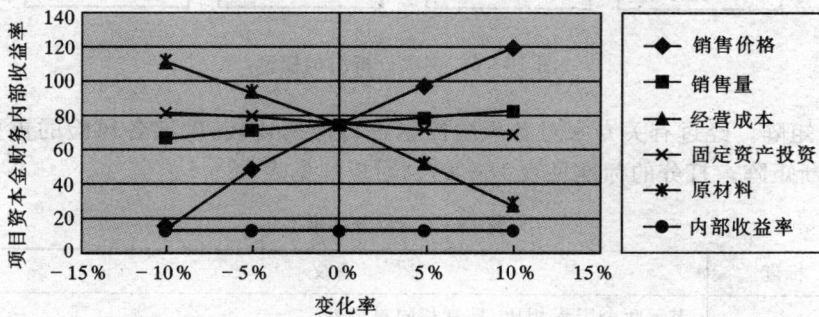

图 18-5　敏感性分析图

273

由敏感性分析表以及敏感性分析图可以看出:任何一个单因素的变化在(-10%,10%)内,项目资本金财务内部收益率始终能保持在项目资本金基准财务收益率(16%)以上,说明项目具有一定的抗风险能力。同时我们能得到,内部收益率对 PET 价格的变动的敏感性最大,在敏感性分析图上也能直观地看出,其最陡峭。其次是原材料的价格。

2. 风险分析

(1) 风险因素的识别

影响项目可持续发展的风险因素主要是 PET 产品的价格,原材料的供应价格,以及投资和生产过程中经营成本的增加。

① PET 产品价格。由图 18-1 PET 历史价格变化,我们看出价格总的来说变动还不是很稳定。而且未来市场发展的不确定性难以预料,我们对未来产品的估价也只是做了简单的预测。预测的合理性、市场的发展变动性等都需要进行风险分析。

② 原材料价格。同产品的价格一样,原材料 PTA 和 EG 的价格同样具有以上的特点,有待于进一步深入市场分析,进行风险的研究。

③ 投资增加风险。主要是考虑固定资产追加所带来的风险,利用前述的计算结果,进行风险的研究。

④ 经营成本增加的风险。生产运营过程中,项目公司的管理水平,各种修理费用的变化,以及水电等供给问题,都会给项目的正常运行带来一定的风险,需要进一步的分析。

(2) 确定风险因素层次与权重

本项目风险因素与上述敏感性分析中似乎有一定的联系。在此,运用层次分析的原理,将各主要的风险进行评级,以发现同敏感性分析之间的联系,而主要风险包含的次级风险将不做评级。

按照以上思路,将风险因素分为:I、II 层,并赋予各层风险因素的权重。采用 AHP 方法和操作步骤,根据有关专家对风险打分的情况,得出判断矩阵,然后计算,得出专项风险的权重。

① 按照层次分析法的要求建立风险因素的层次分析模型如图 18-6。

```
              ┌──────────────┐
              │ A 财务可持续性 │
              └──────────────┘
        ┌────────┬────────┴────────┬────────┐
  ┌─────────┐ ┌──────────────┐ ┌────────────┐ ┌────────────┐
  │ B1 投资 │ │ B2 原材料价格 │ │ B3 PET 价格 │ │ B4 经营成本 │
  └─────────┘ └──────────────┘ └────────────┘ └────────────┘
```

图 18-6 层次分析结构模型

② 判断矩阵。经过有关专家对各风险因素进行两两比较,确定各风险的重要程度,得出风险因素判断矩阵。打分的标准见表 18-6,判断矩阵见表 18-7。

表 18-6 打分标准

标度	含义
1	表示两个因素相比,具有相同重要性
3	表示两个因素相比,一个因素比另一个因素稍微重要
5	表示两个因素相比,一个因素比另一个因素明显重要

标度	含义
7	表示两个因素相比,一个因素比另一个因素强烈重要
9	表示两个因素相比,一个因素比另一个因素极端重要
2,4,6,8	介于相邻两标度之间的情况

表 18-7 A-B 的判断矩阵及风险因素权值

A	B1	B2	B3	B4	Wi
B1	1	1/7	1/9	1/8	0.036 0
B2	7	1	1/4	1/3	0.149 2
B3	9	4	1	2	0.497 2
B4	8	3	1/2	1	0.317 6

(3) 进行模型的一致性检验

其中:

$$BW = \begin{bmatrix} 1 & 1/7 & 1/9 & 1/8 \\ 7 & 1 & 1/4 & 1/3 \\ 9 & 4 & 1 & 2 \\ 8 & 3 & 1/2 & 1 \end{bmatrix} \begin{bmatrix} 0.036\ 0 \\ 0.149\ 2 \\ 0.497\ 2 \\ 0.317\ 6 \end{bmatrix} = \begin{bmatrix} 0.152\ 3 \\ 0.631\ 4 \\ 2.053\ 2 \\ 1.310\ 8 \end{bmatrix}$$

$$\lambda\max = 0.152\ 3 \div (4 \times 0.036\ 0) + 0.631\ 4 \div (4 \times 0.149\ 2) + 2.053\ 2 \div (4 \times 0.497\ 2)$$
$$+ 1.301\ 8 \div (4 \times 0.371\ 6)$$
$$= 4.178\ 96$$

$$CI = (\lambda\max - n) \div (n-1)$$
$$= (4.178\ 96 - 4) \div (4-1)$$
$$= 0.059\ 69$$

$$RI = 0.9$$

$CR = CI/RI = 0.059\ 69/0.9 = 0.066 < 0.1$,满足一致性的要求。可见评分的结果合理。

结论:由上可根据权值大小得出各风险因素的重要性排列为:

B3(0.497 2)>B4(0.317 6)>B2(0.149 2)>B1(0.036 0)

即:

PET 价格风险>经营成本风险>原材料价格风险>投资风险

各个风险的评定等级与敏感性分析表中得出的影响程度基本一致。

18.1.6 财务评价结论与建议

本项目是一个大型化纤项目的评价,息前税后项目财务内部收益率为 33%,大于 14% 的行业标准;资本金的财务内部收益率为 75.15%,可以充分满足投资者的需求,息税前项目财务净现值为 124 633.44 万元($i_c = 14\%$)大于零;税后项目投资的回收期为 4.87 年,小于行业的平均水平。本项目具有较强的财务盈利能力和财务生存能力。计算期内各年经营活动现金流量均为正数,各年均不需要短期借款。由项目的不确定性分析以及敏感性分析,项目的各个变动因素在(-10％,10％)范围内变动时,项目均可行,具有一定的抗风险性。

项目实施的整个过程要时刻注意市场环境的变化,尤其是产品的价格变化,以及原材料市场的供应情况。另外市场环境是瞬息万变的,市场供需、技术改进、资源、利率等许多的不可测因素都存在着潜在的风险。因此投资建设单位应根据具体环境的变化,及时采取适宜的应对策略。

本项目在财务上是可行的。

18.1.7　国民经济评价

按照合理配置稀缺资源和社会经济可持续发展的原则,从国民经济角度出发,该工程项目具有相当的经济合理性。

首先,能够将稀缺资源在不同用途和不同时间上合理配置,该项目资源的产权清晰,不存在无市场和薄市场的状况;其次,从外部效果来看,该项目引进先进技术和设备,会产生技术扩散效果;该项目并不会造成大的污染和环境破坏,不具有突出的负面外部效果;再次,该项目并没有公共产品,项目产品是消费者必须付款消费和企业愿意提供的消费品,不存在消费者不愿花钱消费和企业不愿意积极生产的情况;最后,从项目的计划生产看,项目不存在短视计划,没有偏视当前消费而忽视了未来利益,在资源保护及可持续发展方面处理得当。

附表 18-1　建设投资估算表　　　　　　　　单位:万元

序号	项　目	建设工程	设备购买	安装工程	其他	总　计	占总值比(%)
1	固定资产投资	4 730	38 049	13 442	5 013	61 234	89.22
1.1	主要工程	4 730	38 049	13 442	5 013	61 234	
1.1.1	主体工程	4 730	38 049	13 442	5 013	61 234	
2	无形资产				3 900	3 900	5.68
2.1	技术				3 300	3 300	
2.2	场地使用权						
2.3	其他无形资产				600	600	
3	递延资产						
3.1	咨询调查						
3.2	人员培训						
3.3	筹建费						
3.4	其他						
4	投资方向调节税						
5	预备费	3 500				3 500	5.1
5.1	基本预备费	1 600				1 600	
5.2	涨价预备费	1 900				1 900	
	总　计	8 230	38 049	13 442	8 913	68 634	100
	占总值比(%)	11.99	55.44	19.59	12.99	100	

序号	项 目	合 计	2008	2009
1	借款			
1.1	建设期利息	3 332	795	2 537
1.1.1	期初借款余额			23 160
1.1.2	当期借款		22 365	25 049
1.1.3	当期应付利息		795	2 537
1.1.4	期末借款余额		23 160	50 746
1.2	其他融资费用			
1.3	小计(1.1+1.2)	3 332	795	2 537
2	债券			
2.1	建设期利息			
2.1.1	期初债券余额			
2.1.2	当期债务金额			
2.1.3	当期应计利息			
2.1.4	期末债务余额			
2.2	其他融资费用			
2.3	小计(2.1+2.2)			
3	合计(1.3+2.3)	3 332	795	2 537
3.1	建设期利息合计(1.1+2.1)	3 332	795	2 537
3.2	其他融资费用合计(1.2+2.2)			

単位:万元

附表 18-3　流动资金估算表（定额估算法）

序号	项　目	最低周转天数	周转次数	2010	2011	2012	2013	2014	2015	2016—2023
	生产负荷			70%	100%	100%	100%	100%	100%	100%
1	流动资产			39 489	56 413	56 413	56 413	56 413	56 413	56 413
2	流动负债			23 354	33 363	33 363	33 363	33 363	33 363	33 363
2.1	应付账款	45	8	23 354	33 363	33 363	33 363	33 363	33 363	33 363
3	流动资金			16 135	23 050	23 050	23 050	23 050	23 050	23 050
4	本年增加额			16 135	6 915					

附表 18-4 项目总投资使用计划与资金筹措表　　　　单位：万元

序号	项　目	合计	2008	2009	2010	2011
1	建设总投资	95 016	33 164	38 802	16 135	6 915
1.1	建设投资	68 634	32 369	36 265		
1.2	流动资金	23 050			16 135	6 915
1.3	建投期利息	3 332	795	2 537		
2	资金筹措	95 016	33 164	38 802	16 135	6 915
2.1	自有资金	28 135	10 004	11 216	4 840	2 075
2.1.1	甲方投资	28 135	10 004	11 216	4 840	2 075
2.1.2	乙方投资					
	其中　固定资产投资	21 220	10 004	11 216		
	流动资金	6 915			4 840	2 075
2.2	建设投资借款	50 746	23 160	27 586		
2.2.1	建设投资借款本金	47 414	22 365	25 049		
2.2.2	建设期利息借款	3 332	795	2 537		
2.3	流动资金借款	16 135			11 295	4 840

附表 18-5 营业收入、营业税金及附加、增值税估算表　　　　单位：万元

序号	项　目	2010	2011	2012	2013	2014	2015	2016—2023
1	纤维级聚酯营业收入	319 500	319 500	319 500	319 500	319 500	319 500	319 500
	数量	30	30	30	30	30	30	30
	单价	10 650	10 650	10 650	10 650	10 650	10 650	10 650
2	增值税	8 942	8 942	8 942	8 942	8 942	8 942	8 942
3	营业税金及附加	894	894	894	894	894	894	894
	其中							
3.1	营业税							
3.2	城乡维护建设税	626	626	626	626	626	626	626
3.3	教育费附加	268	268	268	268	268	268	268

序号	项　目	2010	2011	2012	2013	2014	2015	2016—2023
1.1	乙二醇	55 440	79 200	79 200	79 200	79 200	79 200	79 200
	单价(万元/吨)	8 800	8 800	8 800	8 800	8 800	8 800	8 800
	年消耗量(万吨)	6.3	9	9	9	9	9	9
	进项税	9 425	13 464	13 464	13 464	13 464	13 464	13 464
1.2	PTA	125 020	178 600	178 600	178 600	178 600	178 600	178 600
	单价(万元/吨)	7 600	7 600	7 600	7 600	7 600	7 600	7 600
	年消耗量(万吨)	16.45	23.5	23.5	23.5	23.5	23.5	23.5
	进项税	21 253	30 362	30 362	30 362	30 362	30 362	30 362
1.3	辅助材料	3 710	5 300	5 300	5 300	5 300	5 300	5 300
	单价(万元/吨)	5 300	5 300	5 300	5 300	5 300	5 300	5 300
	年消耗量(万吨)	0.7	1	1	1	1	1	1
	进项税	631	901	901	901	901	901	901
合计	万元	184 170	263 100	263 100	263 100	263 100	263 100	263 100
	进项税	31 309	44 727	44 727	44 727	44 727	44 727	44 727

附表 18-7　外购燃料动力费用估算表

单位:万元

序号	项 目\年份	2010	2011	2012	2013	2014	2015	2016—2023
1	燃料费							
1.1	燃料油	2 000	2 857	2 857	2 857	2 857	2 857	2 857
	单价	1 587	1 587	1 587	1 587	1 587	1 587	1 587
	年消耗量(万吨)	1.26	1.8	1.8	1.8	1.8	1.8	1.8
	进项税	340	486	486	486	486	486	486
2	动力费							
2.1	水	94	135	135	135	135	135	135
	单价(元/万方)	0.15	0.15	0.15	0.15	0.15	0.15	0.15
	年消耗量(万万方)	630	900	900	900	900	900	900
	进项税	16	23	23	23	23	23	23
2.2	电	567	810	810	810	810	810	810
	单价元/千瓦时	0.36	0.36	0.36	0.36	0.36	0.36	0.36
	年消耗量(万千瓦时)	1 575	2 250	2 250	2 250	2 250	2 250	2 250
	进项税	96	138	138	138	138	138	138
	合计	2 661	3 802	3 802	3 802	3 802	3 802	3 802
	进项税	452	646	646	646	646	646	646

附表 18－8　总成本费用估算表

単位：万元

序号	项目＼年份	2010	2011	2012	2013	2014	2015	2016	2017	2018	2019	2020	2021	2022	2023
	生产负荷	70%	100%	100%	100%	100%	100%	100%	100%	100%	100%	100%	100%	100%	100%
1	外购原材料	184 170	263 100	263 100	263 100	263 100	263 100	263 100	263 100	263 100	263 100	263 100	263 100	263 100	263 100
2	外购燃料	2 000	2 857	2 857	2 857	2 857	2 857	2 857	2 857	2 857	2 857	2 857	2 857	2 857	2 857
3	外购动力	662	945	945	945	945	945	945	945	945	945	945	945	945	945
4	直接人工	0	0	0	0	0	0	0	0	0	0	0	0	0	0
5	修理费	2 587	2 587	2 587	2 587	2 587	2 587	2 587	2 587	2 587	2 587	2 587	2 587	2 587	2 587
6	折旧费	4 862	4 862	4 862	4 862	4 862	4 862	4 862	4 862	4 862	4 862	4 862	4 862	4 862	4 862
7	摊销费	390	390	390	390	390	390	390	390	390	390				
8	财务费用	4 330	4 381	4 124	3 866	3 608	3 350	3 093	2 835	2 577	2 320	1 031	773	515	258
8.1	长期借款利息	3 608	3 350	3 093	2 835	2 577	2 319	2 062	1 804	1 546	1 289	1 031	773	515	258
8.2	流动资金借款利息	722	1 031	1 031	1 031	1 031	1 031	1 031	1 031	1 031	1 031				
8.3	短期借款利息														
9	其他费用	2 833	2 997	2 997	2 997	2 997	2 997	2 997	2 997	2 997	2 997	2 997	2 997	2 997	2 997
9.1	其他制造费用	1 212	1 260	1 260	1 260	1 260	1 260	1 260	1 260	1 260	1 260	1 260	1 260	1 260	1 260
9.2	其他管理费用	1 074	1 153	1 153	1 153	1 153	1 153	1 153	1 153	1 153	1 153	1 153	1 153	1 153	1 153
9.3	其他销售费用	547	584	584	584	584	584	584	584	584	584	584	584	584	584
10	总成本费用	201 833	282 119	281 861	281 603	281 346	281 088	280 830	280 572	280 315	280 057	278 378	278 121	277 863	277 605
	固定成本	15 002	15 217	14 960	14 702	14 444	14 186	13 929	13 671	13 413	13 156	11 477	11 219	10 961	10 704
	可变成本	186 831	266 902	266 902	266 902	266 902	266 902	266 902	266 902	266 902	266 902	266 902	266 902	266 902	266 902
11	经营成本	192 251	272 486	272 486	272 486	272 486	272 486	272 486	272 486	272 486	272 486	272 486	272 486	272 486	272 486

借款还本付息估算表

单位：万元

序号	项目\年份	2008	2009	2010	2011	2012	2013	2014	2015	2016	2017	2018	2019	2020	2021	2022	2023
1	年初借款累计		23 160	50 746	47 122	43 497	39 872	36 247	32 623	28 998	25 373	21 748	18 124	14 499	10 874	7 249	3 625
1.1	年初借款本金累计		22 365	47 414													
1.2	年初借款利息累计		795	3 332													
1.3	本年借款本金	22 365	25 049														
1.4	本年借款利息	795	2 537														
1.5	本年付息			3 608	3 350	3 093	2 835	2 577	2 319	2 062	1 804	1 546	1 289	1 031	773	515	258
1.6	本年还本			3 625	3 625	3 625	3 625	3 625	3 625	3 625	3 625	3 625	3 625	3 625	3 625	3 625	3 625
1.7	年末借款余额		23 160	50 746	47 122	43 497	39 872	36 247	32 623	28 998	25 373	21 748	18 124	14 499	10 874	7 249	3 625
2	偿还借款本金资金来源			5 252	5 252	5 252	5 252	5 252	5 252	5 252	5 252	5 252	5 252	4 862	4 862	4 862	4 862
2.1	折旧费			4 862	4 862	4 862	4 862	4 862	4 862	4 862	4 862	4 862	4 862	4 862	4 862	4 862	4 862
2.2	摊销费			390	390	390	390	390	390	390	390	390	390				
2.3	未分配利润																
	偿债备付率（%）			540	824	829	834	839	844	848	853	858	863	883	888	893	898
	利息备付率（%）			589	933	991	1 057	1 133	1 220	1 321	1 442	1 586	1 762	4 002	5 336	8 005	16 009
附注	税后利润			15 893	27 365	27 559	27 752	27 945	28 138	28 332	28 525	28 718	28 912	30 171	30 364	30 557	30 750
	折旧			4 862	4 862	4 862	4 862	4 862	4 862	4 862	4 862	4 862	4 862	4 862	4 862	4 862	4 862
	摊销			390	390	390	390	390	390	390	390	390	390				
	财务费用			4 330	4 381	4 124	3 866	3 608	3 350	3 093	2 835	2 577	2 320	1 031	773	515	258
	汇兑损益																

附表 18-10　财务计划现金流量表

单位:万元

序号	项目\年份	2008	2009	2010	2011	2012	2013	2014	2015	2016	2017	2018	2019	2020	2021	2022	2023
1	资金来源	33 164	38 802	37 078	40 070	33 829	34 087	34 344	34 602	34 860	35 118	35 375	35 633	37 252	37 509	37 767	61 075
1.1	利润总额			21 191	36 487	36 745	37 002	37 260	37 518	37 776	38 033	38 291	38 549	40 228	40 485	40 743	41 001
1.2	折旧费			4 862	4 862	4 862	4 862	4 862	4 862	4 862	4 862	4 862	4 862	4 862	4 862	4 862	4 862
1.3	摊销费			390	390	390	390	390	390	390	390	390	390				
1.4	长期借款	23 160	27 586														
1.5	流动资金借款			11 295	4 840												
1.6	短期借款																
1.7	自有资金投资	10 004	11 216	4 840	2 075												
1.8	回收流动资金																23 050
1.9	回收固定资产余值																
1.10	补贴收入																
2	资金运用	33 164	38 802	39 361	44 290	37 614	37 852	38 090	38 329	38 567	38 806	39 044	55 417	40 835	41 074	41 312	41 550
2.1	建设投资	32 369	36 265														
2.2	建设期利息	33 164	38 802														
2.3	流动资金增加额			16 135	6 915												
2.4	所得税			5 298	9 122	9 186	9 251	9 315	9 379	9 444	9 508	9 573	9 637	10 057	10 121	10 186	10 250
2.5	偿还借款本金			3 625	3 625	3 625	3 625	3 625	3 625	3 625	3 625	3 625	19 760	3 625	3 625	3 625	3 625
2.5.1	建设投资借款			3 625	3 625	3 625	3 625	3 625	3 625	3 625	3 625	3 625	3 625	3 625	3 625	3 625	3 625
2.5.2	流动资金借款											16 135	16 135				
2.5.3	短期借款																
2.6	甲方股利			14 304	24 629	24 803	24 977	25 151	25 325	25 498	25 672	25 846	26 020	27 154	27 328	27 501	27 675
3	盈余资金			3 216	4 364	4 383	4 402	4 422	4 441	4 460	4 480	4 499	-11 617	4 254	4 274	4 293	27 362
4	累计盈余资金			3 216	7 580	11 963	16 365	20 787	25 228	29 688	34 168	38 667	27 050	31 305	35 578	39 871	67 233

285

附表 18－11　项目投资现金流量表

单位：万元

序号	项目＼年份	2008	2009	2010	2011	2012	2013	2014	2015	2016	2017	2018	2019	2020	2021	2022	2023
1	现金流入			223 650	319 500	319 500	319 500	319 500	319 500	319 500	319 500	319 500	319 500	319 500	319 500	319 500	342 550
1.1	营业收入			223 650	319 500	319 500	319 500	319 500	319 500	319 500	319 500	319 500	319 500	319 500	319 500	319 500	319 500
1.2	回收固定资产余值																
1.3	补贴收入																
1.4	回收流动资金																23 050
2	现金流出	32 369	36 265	209 012	280 295	273 380	273 380	273 380	273 380	273 380	273 380	273 380	273 380	273 380	273 380	273 380	273 380
2.1	建设投资	32 369	36 265														
2.2	流动资金			16 135	6 915												
2.3	经营成本			192 251	272 486	272 486	272 486	272 486	272 486	272 486	272 486	272 486	272 486	272 486	272 486	272 486	272 486
2.4	营业税金及附加			626	894	894	894	894	894	894	894	894	894	894	894	894	894
2.5	维持运营投资																
3	所得税前净现金流量（1－2）	−32 369	−36 265	14 638	39 205	46 120	46 120	46 120	46 120	46 120	46 120	46 120	46 120	46 120	46 120	46 120	69 170
4	累计所得税前净现金流量	−32 369	−68 634	−59 294	−14 791	31 329	77 449	123 569	169 689	215 809	261 929	308 049	354 169	400 289	446 409	492 529	561 699
5	调整所得税			6 380	10 127	10 127	10 127	10 127	10 127	10 127	10 127	10 127	10 127	10 135	10 135	10 135	10 135
6	所得税后净现金流量（3－5）	−32 369	−36 265	8 258	29 078	35 993	35 993	35 993	35 993	35 993	35 993	35 993	35 993	35 985	35 985	35 985	59 035
7	累计所得税后净现金流量	−32 369	−68 634	−60 376	−31 298	4 695	40 688	76 681	112 674	148 667	184 660	220 653	256 646	292 631	328 616	364 601	423 636

其中：

计算指标：	所得税后	所得税前
息前财务内部收益率（%）	34%	43%
息前财务净现值（Ic＝14%）（万元）	89 945	134 191
静态投资回收期（年）	4.87	4.32

附表 18－12　项目资本金现金流量表

单位:万元

序号	项目\年份	2008	2009	2010	2011	2012	2013	2014	2015	2016	2017	2018	2019	2020	2021	2022	2023
1	现金流入			223 650	319 500	319 500	319 500	319 500	319 500	319 500	319 500	319 500	319 500	319 500	319 500	319 500	342 550
1.1	营业收入			223 650	319 500	319 500	319 500	319 500	319 500	319 500	319 500	319 500	319 500	319 500	319 500	319 500	319 500
1.2	回收固定资产																
1.3	补贴收入																
1.4	回收流动资金																23 050
2	现金流出	10 004	11 216	210 970	292 583	290 314	290 121	289 928	289 734	289 541	289 348	289 155	305 096	288 092	287 899	287 706	287 512
2.1	建设投资	10 004	11 216														
2.2	流动资金			4 840	2 075												
2.3	经营成本			192 251	272 486	272 486	272 486	272 486	272 486	272 486	272 486	272 486	272 486	272 486	272 486	272 486	272 486
2.4	偿还借款本息																
2.4.1	长期借款本金			3 625	3 625	3 625	3 625	3 625	3 625	3 625	3 625	3 625	3 625	3 625	3 625	3 625	3 625
2.4.2	流动资金本金												16 135				
2.4.3	长期借款利息			3 608	3 350	3 093	2 835	2 577	2 319	2 062	1 804	1 546	1 289	1 031	773	515	258
2.4.4	流动资金借款利息			722	1 031	1 031	1 031	1 031	1 031	1 031	1 031	1 031	1 031	1 031			
2.5	营业税金及附加			626	894	894	894	894	894	894	894	894	894	894	894	894	894
2.6	所得税			5 298	9 122	9 186	9 251	9 315	9 379	9 444	9 508	9 573	9 637	10 057	10 121	10 186	10 250
2.7	维持运营投资																
3	净现金流量	−10 004	−11 216	12 680	26 917	29 186	29 379	29 572	29 766	29 959	30 152	30 345	14 404	31 408	31 601	31 794	55 038
4	净现金流量净现值	−8 624	−8 336	8 124	14 866	13 896	12 058	10 464	9 079	7 878	6 835	5 930	2 426	4 561	3 956	3 431	5 121
5	累计净现金流量净现值	−8 624	−16 959	−8 836	6 031	19 926	31 985	42 448	51 527	59 405	66 240	72 170	74 597	79 158	83 114	86 546	91 666

其中:税后财务内部收益率＝75.15％;财务净现值(Ic＝16％)＝91 666 万元;动态投资回收期＝3.59 年

单位:万元

序号	项目\年份	2010	2011	2012	2013	2014	2015	2016	2017	2018	2019	2020	2021	2022	2023
1	营业收入	223 650	319 500	319 500	319 500	319 500	319 500	319 500	319 500	319 500	319 500	319 500	319 500	319 500	319 500
2	营业税金及附加	626	894	894	894	894	894	894	894	894	894	894	894	894	894
3	总成本费用	201 833	282 119	281 861	281 603	281 346	281 088	280 830	280 572	280 315	280 057	278 378	278 121	277 863	277 605
4	补贴收入														
5	利润总额	21 191	36 487	36 745	37 002	37 260	37 518	37 776	38 033	38 291	38 549	40 228	40 485	40 743	41 001
6	弥补以前年度亏损														
7	应纳税所得额	21 191	36 487	36 745	37 002	37 260	37 518	37 776	38 033	38 291	38 549	40 228	40 485	40 743	41 001
8	所得税(25%)	5 298	9 122	9 186	9 251	9 315	9 379	9 444	9 508	9 573	9 637	10 057	10 121	10 186	10 250
9	净利润	15 893	27 365	27 559	27 752	27 945	28 138	28 332	28 525	28 718	28 912	30 171	30 364	30 557	30 750
10	期初未分配利润														
11	可供分配利润	15 893	27 365	27 559	27 752	27 945	28 138	28 332	28 525	28 718	28 912	30 171	30 364	30 557	30 750
12	法定盈余公积金(10%)	1 589	2 737	2 756	2 775	2 795	2 814	2 833	2 852	2 872	2 891	3 017	3 036	3 056	3 075
13	可供投资者分配的利润	14 304	24 629	24 803	24 977	25 151	25 325	25 498	25 672	25 846	26 020	27 154	27 328	27 501	27 675
14	应付优先股股利														
15	提取任意盈余公积金														
16	应付普通股股利														
17	各投资方利润分配	14 304	24 629	24 803	24 977	25 151	25 325	25 498	25 672	25 846	26 020	27 154	27 328	27 501	27 675
17.1	甲方股利	14 304	24 629	24 803	24 977	25 151	25 325	25 498	25 672	25 846	26 020	27 154	27 328	27 501	27 675
17.2	乙方股利														
18	未分配利润														
19	息税前利润	25 521	40 868	40 869	40 868	40 868	40 868	40 869	40 868	40 868	40 869	41 259	41 258	41 258	41 259
20	息税折旧摊销前利润	25 911	41 258	41 259	41 258	41 258	41 258	41 259	41 258	41 258	41 259	38 673	38 673	38 673	38 673

单位:万元

附表 18—14　资产负债表

序号	项目\年份	2008	2009	2010	2011	2012	2013	2014	2015	2016	2017	2018	2019	2020	2021	2022	2023
1	资产	33 164	71 966	109 420	125 455	124 586	123 737	122 907	122 096	121 304	120 532	119 779	102 910	102 303	101 714	101 146	100 596
1.1	流动资产总额			42 705	63 993	68 376	72 778	77 200	81 641	86 101	90 581	95 080	83 463	87 717	91 991	96 284	100 596
1.1.1	流动资产			39 489	56 413	56 413	56 413	56 413	56 413	56 413	56 413	56 413	56 413	56 413	56 413	56 413	56 413
1.1.2	累计盈余资金			3 216	7 580	11 963	16 365	20 787	25 228	29 688	34 168	38 667	27 050	31 305	35 578	39 871	44 183
1.2	在建工程	33 164	71 966														
1.3	固定资产																
1.3.1	固定资产原值			68 066	68 066	68 066	68 066	68 066	68 066	68 066	68 066	68 066	68 066	68 066	68 066	68 066	68 066
1.3.2	累计折旧			4 862	9 724	14 586	19 448	24 309	29 171	34 033	38 895	43 757	48 619	53 481	58 342	63 204	68 066
1.3.3	固定资产净值			63 204	58 342	53 481	48 619	43 757	38 895	34 033	29 171	24 309	19 448	14 586	9 724	4 862	
1.4	其它资产净值			3 510	3 120	2 730	2 340	1 950	1 560	1 170	780	390					
2	负债及所有者权益合计	33 164	71 966	109 420	125 455	124 586	123 737	122 907	122 096	121 304	120 532	119 779	102 910	102 303	101 714	101 146	100 596
2.1	流动负债总额			34 649	49 498	49 498	49 498	49 498	49 498	49 498	49 498	49 498	33 363	33 363	33 363	33 363	33 363
2.1.1	应付账款			23 354	33 363	33 363	33 363	33 363	33 363	33 363	33 363	33 363	33 363	33 363	33 363	33 363	33 363
2.1.2	流动资金借款			11 295	16 135	16 135	16 135	16 135	16 135	16 135	16 135	16 135					
2.1.3	短期借款																
2.2	长期借款	23 160	50 746	47 122	43 497	39 872	36 247	32 623	28 998	25 373	21 748	18 124	14 499	10 874	7 249	3 625	
	负债小计	23 160	50 746	81 770	92 994	89 370	85 745	82 120	78 496	74 871	71 246	67 621	47 862	44 237	40 612	36 987	33 363
2.3	所有者权益																
2.3.1	甲方投资	10 004	21 220	26 060	28 135	28 135	28 135	28 135	28 135	28 135	28 135	28 135	28 135	28 135	28 135	28 135	28 135
2.3.2	乙方投资																
2.3.3	资本公积			1 589	5 915	12 997	22 854	35 505	50 970	69 269	90 420	114 442	141 356	171 287	204 255	240 278	279 376
2.3.4	累计未分配利润	10 004	21 220	27 649	32 461	35 217	37 992	40 786	43 600	46 433	49 286	52 158	55 049	58 066	61 102	64 158	67 233
	所有者权益小计																
	清偿能力分析:																
	资产负债率(%)	70	71	75	74	72	69	67	64	62	59	56	47	43	40	37	33
	流动比率(%)			123	129	138	147	156	165	174	183	192	250	263	276	289	302

18.2 案例习作—某钢铁联合企业项目财务评价

18.2.1 概述

本项目是新建一座大型钢铁联合企业[34]。

中国的钢铁工业,从 1949 年新中国成立时的年产不足百万吨,发展到目前的(2005 年)钢 3.5 亿吨,钢材 3.7 亿吨,钢铁产能已超过全世界的三分之一。中国已变为钢铁产品的净出口国,其生产能力与年产量都位居世界首位。今后的工作重点将放在淘汰落后设备、提高企业集中度、节能降耗、增强产品竞争力方面。本案例就是在上述方针下,将在沿海某地建设一座大型联合钢铁企业以替代该地区众多的小型钢铁企业。本项目所在地临近港口,铁路、公路系统发达,交通便利。

案例建设内容包括:原料场、燃结、焦化、球团、炼铁、炼钢、连铸、热连轧、冷连轧等主要生产厂及与之配套的辅助公用设施。项目生产所需的铁矿石拟主要依靠进口,煤炭、石灰石、白云石由周边地区采购,电力需求除自供外,不足部分由当地电网供应。

18.2.2 项目基础数据

项目设计年产烧结矿 1 010.7 万吨、球团 389.1 万吨、焦炭 233.5 万吨、铁水 898.2 万吨、转炉钢水 950.4 万吨、连铸坯 926.6 万吨、热轧商品板卷 351.8 万吨、冷轧商品板卷共计505.0万吨(其中:冷轧商品板卷 213.0 万吨、冷轧镀锌商品板卷 192.0 万吨、冷轧硅钢板卷 100.0 万吨)。

项目建设期 4 年、生产期 20 年,项目建成后第 1 年达产 60%,第 2 年达产 90%,第三年达产 100%。

18.2.3 投资及成本估算

1. 价格预测

按照《建设项目经济评价方法与参数》(第三版)的要求,财务评价"采用以市场价格体系为基础的预测价格"。在实际工作中,对固定资产投资,通行做法是按照国家有关部门发布的价格变动指数做相应调整(即在投资中增加涨价预备金项),当涨价预备金系数为零时,固定资产投资按编制时的价格计算(涨价预备金项为零)。对产品销售价格、成本价格,通常有以下几种做法,一是在建设期内考虑价格变动因素,预测一套投产开始时的投入产出价格,生产期内价格不再变动。二是在整个项目评价期内,投入产出的各种价格各自按照一定规律进行变动。

本分析中的产品销售价格、成本价格将按照上述第一种方法选取。

根据钢铁项目的特点,主要选取销售产品的价格和成本中的矿石、煤炭等价格进行预测。

通过近 8~10 年的统计资料显示,国内和国际钢材市场的价格变化规律基本相同,说明我国钢铁市场基本与国际市场接轨,甚至有时中国的市场需求对国际市场价格会产生决定性的影响。

财务分析中各种投入产出物价格确定的原则是:建设期各年采用时价(考虑通货膨胀因素),生产期各年均采用建设期末价格(生产期不考虑通货膨胀因素)。

(1) 价格确定的背景(设 2006 年为基期)

20世纪90年代以来,随着国民经济快速稳定发展,我国钢材生产和消费增长较快,从1996年起,我国钢产量首次突破1亿吨,跃居世界第一产钢大国。到2005年我国钢产量已达3.5亿吨。

进入21世纪,随着世界经济的复苏和结构调整的加快,特别是我国经济的快速发展,使我国钢铁工业呈现持续高增长的发展态势,令世人瞩目。钢铁的高增长,为我国用钢行业的快速发展提供了基础原材料保障,为我国国民经济的快速发展做出了巨大贡献,并为推动世界钢铁工业的发展做出了巨大贡献。同时,中国国内市场的持续高需求,也为钢铁工业快速发展提供了广阔的市场空间,城市化进程的加快、消费结构的升级、"世界加工中心"向中国转移等,为钢铁需求持续提升注入活力。

2002年以来,在需求高速增长的带动下,我国钢铁行业更是得到了前所未有的快速发展,钢铁产品的价格也进入了快速增长期,在钢铁行业高利润的刺激下,产能的增长超过市场需求,造成上游能源、资源的短缺,2005年下半年,由于产能的集中释放,造成市场供过于求,钢材价格又开始快速下跌,尤其以板材价格更为明显,在上下游市场的双重挤压和国家政策的宏观调控下,钢材价格的波动逐渐加大。

为使经济分析采用的计算价格更趋于合理,在确定主要投入产出物价格时,收集了近10年的实际价格,并根据我国钢铁工业发展的具体状况,分段进行了整理分析。

(2)价格的确定

经过对历史价格的分析发现,1994~2001年投入产出物的价格水平呈上下波动状态,价格与时间相关度不大,只在1994、1995年出现过一个小高峰,1996~2001年均较平稳,而在2002年以后,尤其是2003、2004和2005年的上半年,钢材及原燃料价格呈现快速上升态势,详见表18-7,并给出热轧薄板和进口铁矿价格变化曲线如图18-7和图18-8。

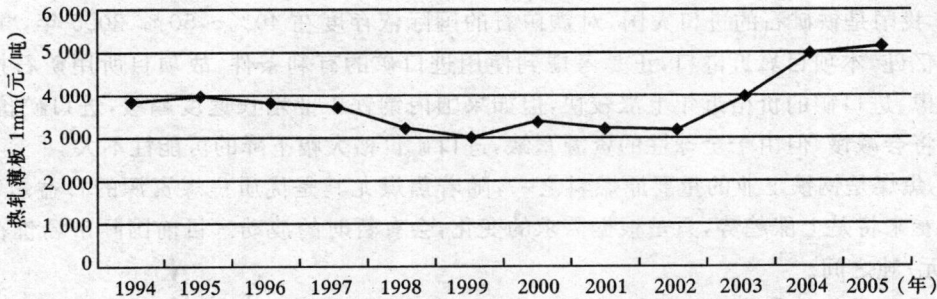

图18-7 1994~2005年热轧薄板价格

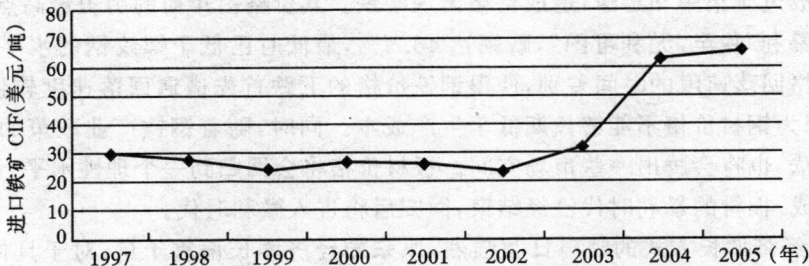

图18-8 1994~2005年进口铁矿价格

表 18-7　产品及主要原燃料平均价及增长率　　　　　　　　　　　　　　单位:元

序号	品种	起止年份	1994(96)～2001平均价	1994(96)～2005平均价	2002～2005平均价	2002～2005简单算术年平均增长率	2002～2005年环比递增率
1	热轧薄板 1mm	1994～2005	3 557	3 811	4 320	20.30%	17.20%
2	热轧卷板 2.75～3mm	1994～2005	3 011	3 274	3 801	21.90%	18.30%
3	冷轧薄板 0.5mm	1994～2005	4 533	4 821	5 397	22.00%	18.40%
4	冷轧薄板 1mm	1996～2005	3 971	4 357	4 936	20.90%	17.60%
6	镀锌板 0.5mm	1994～2005	5 530	5 699	6 036	15.40%	13.50%
6	冷轧硅钢片 0.35mm	1994～2005	12 786	13 469	14 834	9.70%	8.90%
7	冷轧硅钢片 0.5mm	1996～2005	5 434	5 533	5 682	7.90%	7.30
8	焦煤(淮北)	1997～2005	363	464	589	37.90%	28.80%
9	焦煤(峰峰)	1997～2005	322	405	509	37.90%	28.80%
10	进口铁矿	1997～2005	218	288	376	56.50%	39.10%

注:汇率:8 元人民币/美元。

经过上述对近 10 年的价格分析,确定的基期价格如表 18-8 所示,在确定基期价格及其建设期增长率时,主要考虑以下因素:

① 我国是铁矿石的进口大国,对铁矿石的国际依存度在 40%～50%,2005 年,共进口矿石 2.7 亿砘,本项目靠近港口,正是考虑到使用进口矿的有利条件,故项目所用矿石按 100%进口考虑,进口矿的价格近年上涨较快,但如果国内钢铁工业增长速度趋缓,进口矿价格的增长速度将会减慢,但由于全球性的资源紧缺,进口矿价格大幅下降的可能性不大。

② 焦煤是钢铁工业的重要原燃料之一,随着焦煤尤其是优质焦煤资源的日益短缺,其价格总的看来将是上涨趋势,只是根据需求的变化,会有暂时的波动。目前国际市场价在 100～110 美元/吨之间。

③ 我国板材的产能已得到长足发展,2005 年冷热板卷产量同比增长超过 40%,2005 年下半年和 2006 年上半年是产能集中释放的时期。2005 年热轧宽带钢轧机产能新增 2 722 万吨。由于产能释放过于集中和迅速,造成价格出现暴跌。其价格由年初的历史最高点急转直下,深度下探,由"暴利"跌至"无利可图",跌幅达 48.9%,最低时已低于螺纹钢的水平,但钢铁产品和原材料价格回落速度的时间差别,使得钢铁价格的下跌首先遭遇回落速度较慢的总成本水平的拦截,因为钢材价格不能够长期低于生产成本。同时,随着钢铁产业政策的贯彻,一批落后产能的淘汰,也将会腾出一些市场空间。板材价格将会回归到一个理性水平,但供大于求的局面已经形成,板材的暴利时代已经结束,回归后将进入微利时代。

④ 转变经济增长方式的呼声日益强烈,原来的经济增长偏重于量,对于具体的经济质量却考虑得不多,钢铁行业尤为突出,以往的经济高增长在相当程度上是靠高投入支撑的。今后

一段时期,钢铁行业发展的着力点是调整结构、转变增长方式、提高经济运行质量和效益,因此,钢铁工业增长的发展态势将会趋缓,但中国传统工业化阶段尚未结束,钢材消费力度仍处于历史较强阶段。只要全球经济不发生大的危机,只要中国钢材消费不出现绝对量的减少,钢铁行业发展仍会处于稳定增长态势。

⑤ 本项目的产品立足于高端领域,项目装备水平在今后若干年内应属全国一流,因此,其产品具有一定的市场竞争力,产品价格与普通板材相比,应有一定差异。

基期价格及其建设期增长率选取结果见表 18-8。

表 18-8 产品及主要原燃料基期价格及建设期增长率

序号	品种	基期价格(不含税,元/吨)	建设期平均增长率(%)
1	热轧薄板 1mm	3 900	4
2	热轧卷板 2.75～3mm	3 300	3
3	冷轧薄板 0.5mm	4 600	4
4	冷轧薄板 1mm	4 200	3.5
5	镀锌板 0.5mm	4 800	3.5
6	冷轧硅钢片 0.35mm	14 500	5
7	冷轧硅钢片 0.5mm	5 800	5
8	焦煤(淮北)	850	10
9	焦煤(峰峰)	730	10
10	进口铁矿	533.8	8

2. 项目总投资与资金筹措

项目建设投资 6 342 000.0 万元,建设期利息 442 468.7 万元,流动资金 648 969.9 万元,其中铺底流动资金 194 691.0 万元。项目总投资合计 7 433 438.5 万元。项目建设投资估算见附表 18-15 财务分析辅助报表 1。

项目建设投资 6 342 000.0 万元,其中 3 805 200.0 万元由人民币贷款解决,贷款年利率为 6.12%,其余 2 536 800.0 万元由项目各投资方出资(资本金)解决。计算见附表 18-16 项目总投资使用计划与资金筹措表。

项目需流动资金 648 969.9 万元中,铺底流动资金 194 691.0 万元(30%),由资本金解决,流动资金贷款 454 278.9 万元(70%),流动资金贷款年利率 5.58%。计算见附表 18-17 流动资金估算表。

项目建设期 4 年,各年建设投资投入比较分别为 15%,30%,35%,20%。

3. 总成本费用计算

成本计算中,各种物料的消耗均为设计指标,各种物料价格采用建设期末价格。

固定资产折旧年限按 20 年,固定资产残值率按建设投资和建设期利息合计的 5% 计算;修理费提取率按建设投资的 3% 计算,制造费用按建设投资的 1.8% 计算。

摊销费 15 000.0 万元,按 5 年摊销。

工资及福利费按 45 960.0 元/(人·年)计算。全部劳动定员为 5 581 人。

管理费用按照制造成本的 4.0% 计算。

其他营业费用按照营业收入的 1.5% 计算。

经计算,年成本及费用 3 084 593.3 万元(第 13 年开始),正常年经营成本 2 736 982.3 万元。年成本及费用计算见附表 18-18 总成本费用估算表。

18.2.4 营业收入及税金计算

1. 营业收入

为简化计算,营业收入计算中,将产品产量全部视为代表规格产量。

产品销售价格采用建设期末价格,均为不含税价。经计算,正常年营业收入为 4 538 351.3 万元,计算见表 18-9。

表 18-9 营业收入计算表

序号	产品名称	基期价格 (元/吨)	产量 (万吨)	建设期价格平均年增长率(%)	建设期末价格(元/吨)	营业收入 (万元)
1	热轧薄板 1mm	3 900.0	105.53	4.0	4 562.4	481 489.3
2	热轧卷板 2.75~3mm	3 300.0	246.24	3.0	3 714.2	914 593.9
3	冷轧薄板 0.5mm	4 600.0	63.9	4.0	5 381.3	343 868.2
4	冷轧薄板 1mm	4 200.0	149.1	3.5	4 819.6	718 601.9
5	镀锌板 0.5mm	4 800.0	192.0	3.5	5 508.1	1 057 557.2
6	冷轧硅钢片 0.35mm	14 500.0	30.0	5.0	17 624.8	528 745.2
7	冷轧硅钢片 0.5mm	5 800.0	70.0	5.0	7 049.9	493 495.5
	合计	5 297.0	856.8			4 538 351.3

2. 税金及利润计算

增值税税率为 17%,城市建设维护税及教育费附加分别按增值税的 7% 及 4% 缴纳,经计算,生产正常年进项税为 306 954.1 万元,销项税为 771 519.7 万元,增值税为 464 565.6 万元,城市建设维护税及教育费附加为 51 102.2 万元。

年利润总额为 1 402 655.8 万元(第 13 年开始)。

所得税税率按 25% 计算。

企业盈余公积金为税后利润的 10%。

利税计算见附表 18-19 利润与利润分配表。

计算项目投资现金流量时,应剔除所有利息因素的影响,用剔除利息因素后的数据调整所得税。

18.2.5 案例习作要求

1. 进行该项目的财务评价;
2. 进行该项目的不确定性分析及风险分析;
3. 给出评价结论。

附表 18－15

财务分析辅助报表 1——建设投资估算表

序号	项目名称	估算价值（万元）				
		建筑工程	安装工程	设备	其他	合计
1	料场及原料运输	11 000.0	4 000.0	100 000.0		115 000.0
2	（2×600m²）烧结	57 000.0	13 000.0	86 000.0		156 000.0
3	球团	8 000.0	4 000.0	19 000.0		31 000.0
4	（4×60 孔）焦炉	188 000.0	18 000.0	194 000.0		400 000.0
5	压差发电系统	5 000.0	2 000.0	11 000.0		18 000.0
6	白灰窑	3 000.0	2 000.0	10 000.0		15 000.0
7	（2×5 500m³）高炉炼铁系统	182 000.0	38 000.0	310 000.0		530 000.0
8	废钢加工	6 000.0	1 000.0	9 000.0		16 000.0
9	（1×300t＋3×300t）转炉炼钢系统	144 000.0	22 000.0	254 000.0		420 000.0
10	（2×2 流）常规板坯连铸系统	26 000.0	6 000.0	96 000.0		128 000.0
11	（2×2 流）常规板坯连铸系统	20 000.0	5 000.0	103 000.0		128 000.0
12	2 250mm 热连轧系统	72 000.0	35 000.0	320 000.0		427 000.0
13	1 780mm 热连轧系统	58 000.0	30 000.0	256 000.0		344 000.0
14	2 230mm 冷连轧系统	98 000.0	42 000.0	533 000.0		673 000.0
15	1 700mm 冷连轧系统	86 000.0	34 000.0	410 000.0		530 000.0
16	1 550mm 冷连轧系统	54 000.0	19 000.0	207 000.0		280 000.0
17	冷轧硅钢轧机车间	61 000.0	52 000.0	227 000.0		340 000.0
18	全厂公用与辅助设施	301 000.0	65 000.0	474 000.0		840 000.0
19	总图运输设施	140 000.0	0.0	0.0		140 000.0
20	厂区土方工程及地基处理	180 000.0	0.0	0.0		180 000.0
	合计（1～20）	1 700 000.0	392 000.0	3 619 000.0		5 711 000.0
21	工程建设其他费用（含摊销费 15 000.0 万元）				343 000.0	343 000.0
22	预备费				303 000.0	303 000.0
	建设投资合计（1～22）	1 700 000.0	392 000.0	3 619 000.0	646 000.0	6 357 000.0

财务分析辅助报表 2——项目总投资使用计划与资金筹措表

货币单位:万元,万美元

序号	项 目	合计			1			2			3		
		人民币	外币	小计	人民币	外币	小计	人民币	外币	小计	人民币	外币	小计
1	总投资	7 433 438.5			968 765.9			1 972 463.5			2 365 248.9		
1.1	建设投资	6 342 000.0			951 300.0			1 902 600.0			2 219 700.0		
1.2	建设期利息	442 468.7			17 465.9			69 863.5			145 548.9		
1.3	流动资金	648 969.9											
2	资金筹措	7 433 438.5			968 765.9			1 972 463.5			2 365 248.9		
2.1	项目资本金	3 173 959.6			397 985.9			830 903.5			1 033 428.9		
2.1.1	用于建设投资	2 536 800.0			380 520.0			761 040.0			887 880.0		
2.1.2	用于流动资金	194 691.0											
2.1.3	用于建设期利息	442 468.7			17 465.9			69 863.5			145 548.9		
2.2	债务资金	4 259 478.9			570 780.0			1 141 560.0			1 331 820.0		
2.2.1	用于建设投资	3 805 200.0			570 780.0			1 141 560.0			1 331 820.0		
	C 贷款额	3 805 200.0			570 780.0			1 141 560.0			1 331 820.0		
	D 贷款额												
2.2.2	用于建设期利息												
2.2.3	用于流动资金	454 278.9											

序号	项 目	4 人民币	4 外币	4 小计	5 人民币	5 外币	5 小计	6 人民币	6 外币	6 小计	7 人民币	7 外币	7 小计
1	总投资	1 477 990.4			437 121.3			159 690.1			52 158.5		
1.1	建设投资	1 268 400.0											
1.2	建设期利息	209 590.4											
1.3	流动资金				437 121.3			159 690.1			52 158.5		
2	资金筹措	1 477 990.4			437 121.3			159 690.1			52 158.5		
2.1	项目资本金	716 950.4			131 136.4			47 907.0			15 647.5		
2.1.1	用于建设投资	507 360.0											
2.1.2	用于建设期利息	209 590.4											
2.1.3	用于流动资金				131 136.4			47 907.0			15 647.5		
2.2	债务资金	761 040.0			305 984.9			111 783.1			36 510.9		
2.2.1	用于建设投资	761 040.0											
	C贷款额	761 040.0											
	D贷款额												
2.2.2	用于建设期利息												
2.2.3	用于流动资金				305 984.9			111 783.1			36 510.9		

附表 18-17

财务分析辅助报表3——流动资金估算表

货币单位:万元

序号	项目	周转次数	计算期											
			1	2	3	4	5	6	7	8	9	10	11	12~24
1	流动资产						566 342.7	790 893.5	864 672.3	864 672.3	864 672.3	864 672.3	864 672.3	864 672.3
	应收账款	10.3					194 872.8	271 002.8	295 938.3	295 938.3	295 938.3	295 938.3	295 938.3	295 938.3
1.2	存货						330 973.5	477 408.8	525 968.4	525 968.4	525 968.4	525 968.4	525 968.4	525 968.4
1.2.1	原材料	8.0					99 789.0	149 683.5	166 315.0	166 315.0	166 315.0	166 315.0	166 315.0	166 315.0
1.2.2	辅助材料	14.4					13 997.3	20 996.0	23 328.8	23 328.8	23 328.8	23 328.8	23 328.8	23 328.8
1.2.3	燃料动力	18.0					28 809.8	43 214.7	48 016.4	48 016.4	48 016.4	48 016.4	48 016.4	48 016.4
1.2.4	在产品	24.0					77 021.5	108 655.9	119 200.7	119 200.7	119 200.7	119 200.7	119 200.7	119 200.7
1.2.5	产成品	18.0					111 355.9	154 858.8	169 107.6	169 107.6	169 107.6	169 107.6	169 107.6	169 107.6
1.3	现金	12.0					40 496.4	42 481.9	42 765.5	42 765.5	42 765.5	42 765.5	42 765.5	42 765.5
1.4	预付账款													
2	流动负债						129 721.4	194 582.1	216 202.4	216 202.4	216 202.4	216 202.4	216 202.4	216 202.4
2.1	应付账款	10.3					129 721.4	194 582.1	216 202.4	216 202.4	216 202.4	216 202.4	216 202.4	216 202.4
2.2	预收账款													
3	流动资金	648 469.9					436 621.3	596 311.4	648 469.9	648 469.9	648 469.9	648 469.9	648 469.9	648 469.9
4	流动资金当期增加额						536 621.3	159 690.1	52 158.5					

298

财务分析报表1——总成本费用估算表（生产要素法）

货币单位：万元

序号	项目	合计	1	2	3	4	5	6	7	8	9	10	11	12
										计 算 期				
1	外购原材料费	22 175 330.9					682 317.9	1 023 476.8	1 137 196.5	1 137 196.5	1 137 196.5	1 137 196.5	1 137 196.5	1 137 196.5
2	辅助材料费用	5 598 923.4					172 274.6	258 411.8	287 124.3	287 124.3	287 124.3	287 124.3	287 124.3	287 124.3
3	外购燃料及动力费	15 589 762.9					479 685.0	719 527.5	799 475.0	799 475.0	799 475.0	799 475.0	799 475.0	799 475.0
4	工资及福利费	513 005.5					25 650.3	25 650.3	25 650.3	25 650.3	25 650.3	25 650.3	25 650.3	25 650.3
5	修理费	3 805 200.0					190 260.0	190 260.0	190 260.0	190 260.0	190 260.0	190 260.0	190 260.0	190 260.0
6	其他制造费用	2 283 120.0					114 156.0	114 156.0	114 156.0	114 156.0	114 156.0	114 156.0	114 156.0	114 156.0
7	其他管理费用	2 300 900.0					115 045.0	115 045.0	115 045.0	115 045.0	115 045.0	115 045.0	115 045.0	115 045.0
8	其他营业费用	1 330 871.5					40 845.2	64 671.5	68 075.3	68 075.3	68 075.3	68 075.3	68 075.3	68 075.3
9	经营成本	53 597 114.1					1 820 233.9	2 511 199.0	2 736 982.3	2 736 982.3	2 736 982.3	2 736 982.3	2 736 982.3	2 736 982.3
10	折旧费	6 445 245.2					322 262.3	322 262.3	322 262.3	322 262.3	322 262.3	322 262.3	322 262.3	322 262.3
11	摊销费	15 000.0					3 000.0	3 000.0	3 000.0	3 000.0	3 000.0			
12	利息支出	1 544 615.2					249 952.2	227 079.9	200 007.4	170 897.7	141 787.9	112 678.3	83 568.3	54 458.5
13	总成本费用合计	61 601 974.6					2 395 448.3	3 063 541.1	3 262 252.0	3 233 142.2	3 204 032.4	3 171 922.7	3 142 812.9	3 113 703.1
	其中：可变成本	45 589 068.1					1 604 652.2	2 260 831.8	2 457 840.8	2 428 731.0	2 399 621.3	2 370 511.5	2 341 401.7	2 312 291.9
	固定成本	16 012 906.5					790 796.1	802 709.3	804 411.2	804 411.2	804 411.2	804 411.2	804 411.2	804 411.2

序号	项　目	计　算　期											
		13	14	15	16	17	18	19	20	21	22	23	24
1	外购原材料费	1 137 196.5	1 137 196.5	1 137 196.5	1 137 196.5	1 137 196.5	1 137 196.5	1 137 196.5	1 137 196.5	1 137 196.5	1 137 196.5	1 137 196.5	1 137 196.5
2	辅助材料费用	287 124.3	287 124.3	287 124.3	287 124.3	287 124.3	287 124.3	287 124.3	287 124.3	287 124.3	287 124.3	287 124.3	287 124.3
3	外购燃料及动力费	799 475.0	799 475.0	799 475.0	799 475.0	799 475.0	799 475.0	799 475.0	799 475.0	799 475.0	799 475.0	799 475.0	799 475.0
4	工资及福利费	25 650.3	25 650.3	25 650.3	25 650.3	25 650.3	25 650.3	25 650.3	25 650.3	25 650.3	25 650.3	25 650.3	25 650.3
5	修理费	190 260.0	190 260.0	190 260.0	190 260.0	190 260.0	190 260.0	190 260.0	190 260.0	190 260.0	190 260.0	190 260.0	190 260.0
6	其他制造费用	114 156.0	114 156.0	114 156.0	114 156.0	114 156.0	114 156.0	114 156.0	114 156.0	114 156.0	114 156.0	114 156.0	114 156.0
7	其他管理费用	115 045.0	115 045.0	115 045.0	115 045.0	115 045.0	115 045.0	115 045.0	115 045.0	115 045.0	115 045.0	115 045.0	115 045.0
8	其他营业费用	68 075.3	68 075.3	68 075.3	68 075.3	68 075.3	68 075.3	68 075.3	68 075.3	68 075.3	68 075.3	68 075.3	68 075.3
9	经营成本	2 736 982.3	2 736 982.3	2 736 982.3	2 736 982.3	2 736 982.3	2 736 982.3	2 736 982.3	2 736 982.3	2 736 982.3	2 736 982.3	2 736 982.3	2 736 982.3
10	折旧费	322 262.3	322 262.3	322 262.3	322 262.3	322 262.3	322 262.3	322 262.3	322 262.3	322 262.3	322 262.3	322 262.3	322 262.3
11	摊销费												
12	利息支出	25 348.8	25 348.8	25 348.8	25 348.8	25 348.8	25 348.8	25 348.8	25 348.8	25 348.8	25 348.8	25 348.8	25 348.8
13	总成本费用合计	3 084 593.3	3 084 593.3	3 084 593.3	3 084 593.3	3 084 593.3	3 084 593.3	3 084 593.3	3 084 593.3	3 084 593.3	3 084 593.3	3 084 593.3	3 084 593.3
	其中:可变成本	2 283 182.1	2 283 182.1	2 283 182.1	2 283 182.1	2 283 182.1	2 283 182.1	2 283 182.1	2 283 182.1	2 283 182.1	2 283 182.1	2 283 182.1	2 283 182.1
	固定成本	801 411.2	801 411.2	801 411.2	801 411.2	801 411.2	801 411.2	801 411.2	801 411.2	801 411.2	801 411.2	801 411.2	801 411.2

附表 18-19

财务分析报表 2——利润与利润分配表

货币单位:万元

序号	项目	合计	1	2	3	4	5	6	7	8	9	10	11	12
						计算期								
1	营业收入	88 497 850.2					2 723 010.8	4 084 516.2	4 538 351.3	4 538 351.3	4 538 351.3	4 538 351.3	4 538 351.3	4 538 351.3
2	营业税金及附加	996 493.2					30 661.3	45 992.0	51 102.2	51 102.2	51 102.2	51 102.2	51 102.2	51 102.2
3	总成本费用	61 601 974.6					2 395 448.3	3 063 541.1	3 262 252.0	3 233 142.2	3 204 032.4	3 171 922.7	3 142 812.9	3 113 703.1
4	补贴收入													
5	利润总额	25 899 382.4					296 901.1	974 983.0	1 224 997.1	1 254 106.9	1 283 216.6	1 315 326.4	1 344 436.2	1 373 546.0
6	弥补以前年度亏损													
7	应纳税所得额	25 899 382.4					296 901.1	974 983.0	1 224 997.1	1 254 106.9	1 283 216.6	1 315 326.4	1 344 436.2	1 373 546.0
8	所得税(25%)													
9	净利润													
10	期初未分配利润													
11	可供分配的利润													
12	提取法定盈余公积金													
13	可供投资者分配的利润													
14	应付优先股股利													
15	提取任意盈余公积金													
16	应付普通股股利	14 367 186.9					28 643.6	437 527.0	588 285.5	605 838.7	623 391.9	639 754.1	657 307.3	674 860.5
17	未分配利润													
	附:息税前利润	27 443 997.6					546 853.3	1 202 063.0	1 425 004.5	1 425 004.5	1 425 004.5	1 428 004.5	1 428 004.5	1 428 004.5
	息税折旧摊销前利润	33 904 242.9					872 115.6	1 527 325.2	1 750 266.8	1 750 266.8	1 750 266.8	1 750 266.8	1 750 266.8	1 750 266.8

续附表 18-19

序号	项 目	计 算 期											
		13	14	15	16	17	18	19	20	21	22	23	24
1	营业收入	4 538 351.3	4 538 351.3	4 538 351.3	4 538 351.3	4 538 351.3	4 538 351.3	4 538 351.3	4 538 351.3	4 538 351.3	4 538 351.3	4 538 351.3	4 538 351.3
2	营业税金及附加	51 102.2	51 102.2	51 102.2	51 102.2	51 102.2	51 102.2	51 102.2	51 102.2	51 102.2	51 102.2	51 102.2	51 102.2
3	总成本费用	3 084 593.3	3 084 593.3	3 084 593.3	3 084 593.3	3 084 593.3	3 084 593.3	3 084 593.3	3 084 593.3	3 084 593.3	3 084 593.3	3 084 593.3	3 084 593.3
4	补贴收入												
5	利润总额	1 402 655.8	1 402 655.8	1 402 655.8	1 402 655.8	1 402 655.8	1 402 655.8	1 402 655.8	1 402 655.8	1 402 655.8	1 402 655.8	1 402 655.8	1 402 655.8
6	弥补以前年度亏损												
7	应纳税所得额	1 402 655.8	1 402 655.8	1 402 655.8	1 402 655.8	1 402 655.8	1 402 655.8	1 402 655.8	1 402 655.8	1 402 655.8	1 402 655.8	1 402 655.8	1 402 655.8
8	所得税(25%)												
9	净利润												
10	期初未分配利润												
11	可供分配的利润												
12	提取法定盈余公积金												
13	可供投资者分配的利润												
14	应付优先股股利												
15	提取任意盈余公积金												
16	应付普通股股利	845 801.4	845 801.4	845 801.4	845 801.4	845 801.4	845 801.4	845 801.4	845 801.4	845 801.4	845 801.4	845 801.4	807 762.7
17	未分配利润	1 428 004.5	1 428 004.5	1 428 004.5	1 428 004.5	1 428 004.5	1 428 004.5	1 428 004.5	1 428 004.5	1 428 004.5	1 428 004.5	1 428 004.5	1 428 004.5
	附:息税前利润	1 750 266.8	1 750 266.8	1 750 266.8	1 750 266.8	1 750 266.8	1 750 266.8	1 750 266.8	1 750 266.8	1 750 266.8	1 750 266.8	1 750 266.8	1 750 266.8
	息税折旧摊销前利润												

第19章 附 录

19.1 建设项目经济评价参数

国家发展改革委、建设部 2006 年 7 月发布了新的《建设项目经济评价方法与参数》[34]。

19.1.1 总则

1. 为满足政府和其他各类投资主体投资决策的需要，促进资源合理配置，实现建设项目经济评价信息资源共享，保证经济评价参数取值的合理性和经济评价结论的正确性，制定本参数。

2. 建设项目经济评价参数是用于计算、衡量建设项目费用与效益以及判断项目财务可行性和经济合理性的一系列评价指标的基准值和参考值。

3. 建设项目经济评价参数适用于各类项目的规划、机会研究、项目建议书、可行性研究以及项目中间评价和后评价。

4. 建设项目经济评价参数可按下列方式进行分类：

（1）按照使用范围的不同可分为财务评价参数和国民经济评价参数。用于建设项目财务评价的参数为财务评价参数；用于建设项目国民经济评价的参数为国民经济评价参数。

（2）按照使用功能，可分为计算参数和判据参数。用于项目费用和效益计算的参数为计算参数；用于比较项目优劣、判定项目可行性的参数为判据参数。

5. 建设项目经济评价参数应根据国家与行业的发展战略与发展规划、国家的经济状况、资源供给状况、市场需求状况、各行业投资经济效益、投资风险、资本成本及项目投资者的实际需要进行测定。

6. 建设项目经济评价参数的测定与选用，应遵循同期性（各参数均使用同一时段的数据）、有效性、谨慎性和准确性原则，并结合项目所在地区、所处领域以及项目自身特点综合确定。

经济评价重在对事实与数据的分析，应避免主观随意性，不得简单套用经济评价参数。

7. 建设项目经济评价参数具有时效性，应适时测算、发布并动态调整。

19.1.2 财务评价参数（2006）

1. 财务评价包括计算、衡量项目的财务费用效益的各类计算参数和判定项目财务合理性的判据参数。

财务评价计算参数见表 19-1。

资产折旧的有关参数见表 19-2。

表 19－1　财务评价计算参数表

名　称	说　明
计算期	建设期参照项目建设的合理工期确定运营期参照项目的合理经济寿命确定
流动资金估算的有关参数	查阅行业实施细则
资产折旧的有关参数	表 19－4
总成本费用估算的有关参数	查阅行业实施细则
税率	查阅有关税务文件或行业实施细则
人民币对主要外汇汇率	查阅当期汇率
国内市场各类价格指数	查阅全国及各地区《统计年鉴》

表 19－2　资产折旧的有关参数

名　称	单位	取值	备　注
综合折旧法			建议查阅
折旧年限	年		行业实施细则
折旧率	％		
净残值率	％		
分类折旧法			
折旧年限	年		
1. 通用设备部分			
机械设备		10—14	
动力设备		11—18	
传导设备		15—28	
运输设备		6—12	
自动化控制及仪器仪表			
自动化、半自动化设备		8—12	
电子计算机		4—10	
通用测试仪器设备		7—12	
工业炉窑		7—13	
工具及其他生产用具		9—14	仅供参考
非生产用设备及器具、设备工具		18—22	
电视机、复印机、文字处理机		5—8	
2. 房屋、建筑物部分			
房屋			
生产用房		30—40	
受腐蚀生产用房		20—25	
受强腐蚀生产用房		10—15	
非生产用房		35—45	
简易房			
建筑物			
水电站大坝		45—55	
其他建筑物		15—25	

2. 国家行政主管部门统一测定并发布的行业财务基准收益率,在政府投资项目以及按政府要求进行经济评价的建设项目中必须采用,企业投资等其他各类建设项目的经济评价中可参考选用。

国家有关部门(行业)发布的供项目财务评价使用的总投资收益率、项目资本金(权益资金)净利润率、利息备付率、偿债备付率、资产负债率、项目计算期、折旧年限、有关费率等指标的基准值或参考值,在各类建设项目的经济评价中可参考选用。

3. 财务评价判据参数主要包括判断项目盈利能力的参数和判断项目偿债能力的参数。

(1) 判断项目盈利能力的参数主要包括财务基准收益率(FIRR)、总投资收益率、项目资本金净利润率等指标的基准值或参考值。

(2) 判断项目偿债能力的参数主要包括利息备付率、偿债备付率、资产负债率、流动比率、速动比率等指标的基准值或参考值。

4. 财务基准收益率是建设项目财务评价中对可货币化的项目费用与效益采用折现方法计算财务净现值的基准折现率,是衡量项目财务内部收益率的基准值,是项目财务可行性和方案比选的主要判据。财务基准收益率反映投资者对相应项目占用资金的时间价值的判断,应是投资者在相应项目上最低可接受的财务收益率。

5. 财务基准收益率的测定应符合下列规定:

(1) 政府投资项目以及按政府要求进行经济评价的建设项目中采用的行业财务基准收益率,应根据政府的政策导向进行确定。

项目产出物(或服务)价格由政府进行控制和干预的项目其行业财务基准收益率需要结合国家一定时期内的发展战略、发展规划、产业政策、投资管理规定、社会发展水平和公众承受能力等因素,权衡效率与公平、局部与整体、当前与未来、收益群体与受损群体等得失利弊,区分不同行业投资项目的实际情况,结合资源状况、政府的宏观调控意图、履行政府职能等因素综合测定。

(2) 在企业投资等其他各类建设项目的经济评价中参考选用的财务基准收益率,应分析一定时期内国家和行业发展战略、发展规划、产业政策、资源供给、市场需求、资金的时间价值、项目目标等情况的基础上,结合行业特点、行业资本构成情况等因素综合测定。

(3) 中国境外投资的建设项目财务基准收益率的测定,应首先考虑国家风险因素。

(4) 投资者自行测定项目的最低可接受财务收益率,应充分参考本参数,并根据自身的发展战略和经营策略、具体项目特点与风险、资金成本、机会成本等因素综合测定。

(5) 一般情况下,项目投入物是紧缺资源的项目、项目投入物大部分需要进口的项目、项目产出物大部分用于出口的项目、国家限制或可能限制的项目、国家优惠政策可能终止的项目、建设周期长的项目、市场需求变化较快的项目、竞争激烈领域的项目、技术寿命较短的项目、债务资本比例高的项目、资金来源单一且存在资金提供不稳定因素的项目、在国外投资的项目、自然灾害频发地区的项目、研发新技术的项目等风险较大,在确定最低可接受财务收益率时可适当提高其取值。

6. 财务基准收益率的测定可采用加权平均资金成本法(WACC)、资本资产定价模型(CAPM)、典型项目模拟法、德尔菲(Delphi)专家调查法等方法,也可同时采用多种方法进行测算,将不同方法测算的结果互相验证,经协调后确定。

7. 财务基准收益率的选用,应遵循下列原则:

（1）政府投资项目的财务评价必须采用国家行政主管部门发布的行业基准收益率。

一般情况下，项目产出物或服务属于非市场定价的项目，其基准收益率的确定与项目产出物或服务的定价密切相关，是政府投资所要求的收益水平上限，但不是对参与非市场定价项目的其他投资者的收益率要求。

参与非市场定价项目的其他投资者的财务收益率，通过参加政府招标或与政府部门协商确定。

（2）企业投资等其他各类建设项目的财务评价中所采用的行业基准收益率，既可选用国家或行业主管部门发布的行业财务基准收益率，也可使用由投资者自行测定的项目最低可接受财务收益率。根据投资者意图和项目的具体情况，项目最低可接受财务收益率的取值可高于、等于或低于行业基准财务基准收益率。

8. 建设项目财务评价中，总投资收益率和资本金净利润率是采用非折现方法判断项目盈利能力的指标。总投资收益率和资本金净利润率这两个参数均为参考性的，项目评价人员可根据项目的特点及财务评价的目的和要求确定。

9. 对使用债务性资金的项目，应进行偿债能力分析，考察法人能否按期偿还借款。判断项目偿债能力参数有利息备付率、偿债备付率、资产负债率、速动比率。

10. 总投资收益率、项目资本金净利润率和判断项目偿债能力参数的测定，可采用统计分析法、典型项目调查法及专家调查法等基本方法，也可同时采用多种方法进行测算，将用不同方法测算的结果互相验证，经协调后确定。

11. 财务评价参数的行业划分。按照《国民经济行业分类和代码》（GB/T 4754－2002）和《政府核准项目目录》（2003 年版），并采用专家调查法进行了行业划分。

12. 财务评价参数的测算，采取分行业测算与专家调查法分别独立进行，测算结果相互验证协调，最后确定正式发布了 11 个主要行业中 51 个子行业的财务基准收益率和偿债能力参数，其余 12－24 行业的参数仅为专家调查法测算的结果，仅供项目评价人员参考。

建设项目财务基准收益率的取值见表 19－3。

建设项目偿债能力参数见表 19－4。

表 19－3　建设项目财务基准收益率表

序号	行业名称	项目融资前税前财务基准收益率	项目资本金税后财务基准收益率
01	农业		
011	种植业	6	6
012	畜牧业	7	9
013	渔业	7	8
014	农副食品加工	8	8
02	林业		
021	林产加工	11	11
022	森林工业	12	13
023	林纸林化	12	12

序号	行业名称	项目融资前税前财务基准收益率	项目资本金税后财务基准收益率
024	营造林	8	9
03	建材		
031	水泥制造业	11	12
032	玻璃制造业	13	14
04	石油		
041	陆上油田开采	13	15
042	陆上气田开采	12	15
043	国家原油存储设施	8	8
044	长距离输油管道	12	13
045	长距离输气管道	12	13
046	海上原油开采	13	15
05	石化		
051	原油加工及石油制品制造	12	13
052	初级形态的塑料及合成树脂制造	13	15
053	合成纤维单(聚合)体制造	14	16
054	乙烯联合装置	12	15
055	纤维素纤维原料及纤维制造	14	16
06	化工		
061	氯碱及氯化物制造	11	13
062	无机化学原料制造	10	11
063	有机化学原料及中间体制造	11	12
064	化肥	9	9
065	农药	12	14
066	橡胶制品制造	12	12
067	化工新型材料	12	13
068	专用化学品制造(含精细化工)	13	15
07	信息产业		
071	固定通信	5	5
072	移动通信	10	12
073	邮政通信	3	3
074	数据与因特网通信 *	12	13
075	卫星通信 *	12	13

序号	行业名称	项目融资前税前财务基准收益率	项目资本金税后财务基准收益率
076	电子计算机制造 *	12	13
077	电子器件、元件制造 *	15	18
08	电力		
081	电源工程		
0811	火力发电	8	10
0812	天然气发电	9	12
0813	核能发电	7	9
0814	风力发电	5	8
0815	垃圾发电	5	8
0816	其他能源发电(潮汐、地热等)	5	8
0817	热电站	8	10
0819	抽水蓄能电站	8	10
082	电网工程		
0821	送电工程	7	9
0822	联网工程	7	10
0823	城网工程	7	10
0824	农网工程	6	9
0825	区内或省内电网工程	7	9
09	水利		
091	水库发电工程	7	10
092	调水、供水工程	4	6
10	铁路		
101	铁路网既有线改造		6
102	铁路网新线建设		3
11	民航		
111	大中型(干线)机场建设	5	4
112	小型(支线)机场建设	1	—
12	煤炭		
121	煤炭采选 *	13	15
122	煤气生产 *	12	13
13	黑色金属		
131	铁矿采选 *	13	15

序号	行业名称	项目融资前税前财务基准收益率	项目资本金税后财务基准收益率
132	钢铁冶炼 *	12	13
133	钢压延加工 *	12	13
134	炼焦 *	12	13
14	有色金属		
141	有色金属矿采选 *	13	15
142	有色金属冶炼 *	12	13
143	有色金属压延加工 *	12	13
15	轻工		
151	卷烟制造 *	16	18
152	纸浆及纸制品制造 *	13	15
153	变形燃料乙醇 *	13	15
154	制盐 *	10	12
155	家电制造 *	12	13
156	家具制造 *	13	15
157	塑料制品制造 *	13	15
158	日用化学品制造 *	13	15
16	纺织业		
161	棉、化纤纺织 *	12	13
162	毛、麻纺织 *	13	15
163	丝、绢纺织 *	13	15
17	医药		
171	化学药品、原药制剂制造 *	15	16
172	中成药制造 *	18	20
173	兽用药品制造 *	18	20
174	生物、生化制品制造 *	18	20
175	卫生材料及医药用品制造 *	15	18
18	机械设备		
181	金属制品 *	12	13
182	通用设备制造 *	12	13
183	专用设备制造 *	12	13
184	汽车制造 *	12	13
19	市政		

序号	行业名称	项目融资前税前财务基准收益率	项目资本金税后财务基准收益率
191	城市快速轨道 *	5	9
192	供水 *	8	8
193	排水 *	4	4
194	燃气 *	8	10
195	集中供热 *	8	10
196	垃圾处理 *	8	10
20	公路与水运交通		
201	公路建设 *	6	7
202	独立公路桥梁、隧道 *	6	7
203	泊位 *	8	8
204	航道 *	4	6
205	内河港口 *	8	8
206	通航枢纽 *	4	6
21	房地产开发项目 *	12	13
22	商业性卫生项目 *	10	12
23	商业性教育项目 *	10	12
24	商业性文化娱乐项目 *	12	13

表注:行业 1—11 的建设项目财务基准收益率是正式发布的各行业建设项目财务评价参数。

行业 * ——的建设项目财务基准收益率反映各方面专家的判断,对项目评价人员具有一定的参考价值。

表 19－4　建设项目偿债能力参数

序号	行业名称	资产负债率的合理区间	利息备付率的最低可接受值	偿债备付率的最低可接受值	流动比率的合理区间	速动比率的合理区间
01	农业					
011	种植业	30—50	2	1.3	1.0—2.0	0.6—1.2
012	畜牧业	30—50	2	1.3	1.0—2.1	0.6—1.2
013	渔业	30—50	2	1.3	1.0—2.2	0.6—1.2
014	农副食品加工	30—50	2	1.3	1.0—2.3	0.6—1.2
02	林业					
021	林产加工	50—70	2	1.3	1.0—2.0	0.6—1.2
022	森林工业	40—60	2	1.3	1.0—2.0	0.6—1.2
023	林纸林化	50—70	2	1.3	1.0—2.0	0.6—1.2

序号	行业名称	资产负债率的合理区间	利息备付率的最低可接受值	偿债备付率的最低可接受值	流动比率的合理区间	速动比率的合理区间
024	营造林	70—80	2	1.3	1.0—2.0	0.6—1.2
03	建材					
031	水泥制造业	40—70	2	1.3	1.0—2.0	0.6—1.2
032	玻璃制造业	40—70	2	1.3	1.0—2.0	0.6—1.2
04	石油					
041	陆上油田开采	40—60	2	1.3	1.0—2.0	1.0—1.5
042	陆上气田开采	40—60	2	1.3	1.0—2.0	1.0—1.5
043	国家原油存储设施	40—70	2	1.3	1.0—2.0	0.6—1.2
044	长距离输油管道	40—60	2	1.3	1.0—2.0	1.0—1.5
045	长距离输气管道	40—60	2	1.3	1.0—2.0	1.0—1.5
046	海上原油开采	40—60	2	1.3	1.0—2.0	0.6—1.2
05	石化					
051	原油加工及石油制品制造	40—60	2	1.3	1.5—2.5	1.0—1.5
052	初级形态的塑料及合成树脂制造	40—60	2	1.3	2.0—2.5	1.0—1.5
053	合成纤维单(聚合)体制造	40—60	2	1.3	2.0—3.0	1.5—2.0
054	乙烯联合装置	40—60	2	1.3	2.0—3.0	1.0—2.0
055	纤维素纤维原料及纤维制造	40—60	2	1.3	1.5—2.5	1.0—1.5
06	化工					
061	氯碱及氯化物制造	30—60	2	1.3	1.5—2.5	0.8—1.2
062	无机化学原料制造	30—60	2	1.3	1.5—2.5	0.7—1.1
063	有机化学原料及中间体制造	30—60	2	1.3	1.5—2.5	0.8—1.2
064	化肥	30—60	2	1.3	1.5—2.5	0.7—1.1
065	农药	40—70	2	1.3	1.5—2.5	0.8—1.3
066	橡胶制品制造	40—70	2	1.3	1.5—2.5	0.8—1.2
067	化工新型材料	40—70	2	1.3	1.5—2.5	0.9—1.3
068	专用化学品制造(含精细化工)	40—70	2	1.3	1.5—2.5	0.9—1.3
07	信息产业					
071	固定通信	40—60	2	1.3	0.45—0.55	0.4—0.5
072	移动通信	40—60	2	1.3	0.5—0.7	0.45—0.65

序号	行业名称	资产负债率的合理区间	利息备付率的最低可接受值	偿债备付率的最低可接受值	流动比率的合理区间	速动比率的合理区间
073	邮政通信	20－50	2	1.3	1.0－2.0	0.9－1.8
074	数据与因特网通信＊	40－60	2	1.3	1.0－2.0	0.6－1.2
075	卫星通信＊	40－60	2	1.3	1.0－2.0	0.6－1.2
076	电子计算机制造＊	40－60	2	1.3	1.0－2.0	0.6－1.2
077	电子器件、元件制造＊	40－60	2	1.3	1.0－2.0	0.6－1.2
08	电力					
081	电源工程					
0811	火力发电	40－80	2	1.3	1.0－2.0	0.6－1.2
0812	天然气发电	60－80	2	1.3	1.0－2.0	0.6－1.2
0813	核能发电	70－90	2	1.3	1.0－2.0	0.6－1.2
0814	风力发电	60－80	2	1.3	1.0－2.0	0.6－1.2
0815	垃圾发电	60－80	2	1.3	1.0－2.0	0.6－1.2
0816	其他能源发电（潮汐、地热等）	40－70	2	1.3	1.0－2.0	0.6－1.2
0817	热电站	60－80	2	1.3	1.0－2.0	0.6－1.2
0819	抽水蓄能电站	60－80	2	1.3	1.0－2.0	0.6－1.2
082	电网工程					
0821	送电工程	20－40	2	1.3	1.0－2.0	0.6－1.2
0822	联网工程	50－60	2	1.3	1.0－2.0	0.6－1.2
0823	城网工程	40－50	2	1.3	1.0－2.0	0.6－1.2
0824	农网工程	70－80	2	1.3	1.0－2.0	0.6－1.2
0825	区内或省内电网工程＊	40－70	2	1.3	1.0－2.0	0.6－1.2
09	水利					
091	水库发电工程＊	40－70	2	1.3	1.0－2.0	0.6－1.2
092	调水、供水工程＊	40－60	2	1.3	1.0－2.0	0.6－1.2
10	铁路					
101	铁路网既有线改造	40－60	2	1.3	1.0－2.0	0.6－1.2
102	铁路网新线建设	40－60	2	1.3	1.0－2.0	0.6－1.2
11	民航					
111	大中型（干线）机场建设	30－50	2	1.3	1.0－2.0	0.6－1.2

序号	行业名称	资产负债率的合理区间	利息备付率的最低可接受值	偿债备付率的最低可接受值	流动比率的合理区间	速动比率的合理区间
112	小型(支线)机场建设	20－40	2	1.3	1.0－2.0	0.6－1.2
12	煤炭					
121	煤炭采选 *	40－60	2	1.3	1.0－2.0	0.6－1.2
122	煤气生产 *	40－60	2	1.3	1.0－2.0	0.6－1.2
13	黑色金属					
131	铁矿采选 *	40－60	2	1.3	1.0－2.0	0.6－1.2
132	钢铁冶炼 *	40－60	2	1.3	1.0－2.0	0.6－1.2
133	钢压延加工 *	40－60	2	1.3	1.0－2.0	0.6－1.2
134	炼焦 *	40－60	2	1.3	1.0－2.0	0.6－1.2
14	有色金属					
141	有色金属矿采选 *	40－60	2	1.3	1.0－2.0	0.6－1.2
142	有色金属冶炼 *	40－60	2	1.3	1.0－2.0	0.6－1.2
143	有色金属压延加工 *	40－60	2	1.3	1.0－2.0	0.6－1.2
15	轻工					
151	卷烟制造 *	50－70	2	1.3	1.0－2.0	0.6－1.2
152	纸浆及纸制品制造 *	40－60	2	1.3	1.0－2.0	0.6－1.2
153	变形燃料乙醇 *	40－60	2	1.3	1.0－2.0	0.6－1.2
154	制盐 *	40－60	2	1.3	1.0－2.0	0.6－1.2
155	家电制造 *	40－60	2	1.3	1.0－2.0	0.6－1.2
156	家具制造 *	40－60	2	1.3	1.0－2.0	0.6－1.2
157	塑料制品制造 *	40－60	2	1.3	1.0－2.0	0.6－1.2
158	日用化学品制造 *	40－60	2	1.3	1.0－2.0	0.6－1.2
16	纺织业					
161	棉、化纤纺织 *	40－60	2	1.3	1.0－2.0	0.6－1.2
162	毛、麻纺织 *	40－60	2	1.3	1.0－2.0	0.6－1.2
163	丝、绢纺织 *	40－60	2	1.3	1.0－2.0	0.6－1.2
17	医药					
171	化学药品、原药制剂制造 *	40－60	2	1.3	1.0－2.0	0.6－1.2
172	中成药制造 *	40－60	2	1.3	1.0－2.0	0.6－1.2

序号	行业名称	资产负债率的合理区间	利息备付率的最低可接受值	偿债备付率的最低可接受值	流动比率的合理区间	速动比率的合理区间
173	兽用药品制造＊	40－60	2	1.3	1.0－2.0	0.6－1.2
174	生物、生化制品制造＊	40－60	2	1.3	1.0－2.0	0.6－1.2
175	卫生材料及医药用品制造＊	40－60	2	1.3	1.0－2.0	0.6－1.2
18	机械设备					
181	金属制品＊	40－60	2	1.3	1.0－2.0	0.6－1.2
182	通用设备制造＊	40－60	2	1.3	1.0－2.0	0.6－1.2
183	专用设备制造＊	40－60	2	1.3	1.0－2.0	0.6－1.2
184	汽车制造＊	40－60	2	1.3	1.0－2.0	0.6－1.2
19	市政					
191	城市快速轨道＊	20－50	2	1.3	1.0－2.0	0.6－1.2
192	供水＊	40－60	2	1.3	1.0－2.0	0.6－1.2
193	排水＊	20－40	2	1.3	1.0－2.0	0.6－1.2
194	燃气＊	40－60	2	1.3	1.0－2.0	0.6－1.2
195	集中供热＊	40－60	2	1.3	1.0－2.0	0.6－1.2
196	垃圾处理＊	40－60	2	1.3	1.0－2.0	0.6－1.2
20	公路与水运交通					
201	公路建设＊	40－60	2	1.3	1.0－2.0	0.6－1.2
202	独立公路桥梁、隧道＊	40－60	2	1.3	1.0－2.0	0.6－1.2
203	泊位＊				1.0－2.0	
204	航道＊					
205	内河港口＊	40－60	2	1.3	1.0－2.0	0.6－1.2
206	通航枢纽＊	40－60	2	1.3	1.0－2.0	0.6－1.2
21	房地产开发项目＊	35－65	2	1.3	1.0－2.0	0.6－1.2
22	商业性卫生项目＊					
23	商业性教育项目＊	20－50	2	1.3	1.0－2.0	0.6－1.2
24	商业性文化娱乐项目＊	20－50	2	1.3	1.0－2.0	0.6－1.2

表注:行业 1－11 的建设项目偿债能力参数是正式发布的各行业建设项目财务评价参数。

行业＊——的项目偿债能力参数反映各方面专家的判断,对项目评价人员具有一定的参考价值。

19.1.3　国民经济评价参数(2006)

国民经济评价参数用于建设项目国民经济评价,包括计算、衡量项目的经济费用效益的各类计算参数和判定项目经济合理性的判据参数,主要有社会折现率、影子汇率、影子工资、土地影子价格等。

国家行政主管部门统一测定并发布的社会折现率和影子汇率换算系数(口岸价综合转换系数)等,对于各类建设项目的国民经济评价为规定性参数,必须采用。影子工资换算系数和土地影子价格等为指导性参数,在各类建设项目的国民经济评价中可参考选用。

1. 社会折现率

社会折现率是建设项目国民经济评价中衡量经济内部收益率的基准值,也是计算项目经济净现值的折现率,是项目经济可行性和方案比选的主要判据。

社会折现率应根据国家的社会经济发展目标、发展战略、发展优先顺序、发展水平、宏观调控意图、社会成员的费用效益时间偏好、社会投资收益水平、资金供给状况、资金机会成本等因素综合测定。

根据当前的实际情况,测定社会折现率为8%;对于受益期长的建设项目,如果远期效益较大,效益实现的风险较小,社会折现率可适当降低,但不应低于6%。

2. 影子汇率

影子汇率是指能正确反映国家外汇经济价值的汇率。建设项目国民经济评价中,项目的进口投入物和出口产出物,应当采用影子汇率换算系数调整计算进出口外汇收支的价值。

影子汇率可通过影子汇率换算系数得出。影子汇率换算系数是指影子汇率与外汇牌价之间的比值。影子汇率应按下式计算:

$$影子汇率＝外汇牌价×影子汇率换算系数 \qquad (19-1)$$

根据我国外汇收支、外汇供求、进出口结构、进出口关税、进出口增值税及出口退税补贴等情况,影子汇率换算系数为1.08。

3. 影子工资

影子工资是指建设项目使用劳动力资源而使社会付出的代价。建设项目国民经济评价中以影子工资计算劳动力费用。

影子工资应按下式计算:

$$影子工资＝劳动力机会成本＋新增资源消耗 \qquad (19-2)$$

式中,劳动力机会成本是指劳动力在本项目被使用,而不能在其他项目中使用而被迫放弃的劳动收益;新增资源消耗指劳动力在本项目新就业或由其他就业岗位转移来本项目而发生的社会资源消耗,这些资源的消耗并没有提高劳动力的生活水平。

影子工资换算系数是指影子工资与项目财务评价中的劳动力工资之间的比值。项目国民经济评价中,影子工资可按下式计算:

$$影子工资＝财务工资×影子工资换算系数 \qquad (19-3)$$

影子工资应根据项目所在地劳动力就业状况、劳动力就业或转移成本测定。

技术劳动力的工资报酬一般可由市场供求决定,影子工资一般可取为等于财务工资,即影子工资以财务实际支付工资计算。

根据我国非技术劳动力就业状况,非技术劳动力的影子工资换算系数一般取 0.25～0.8,具体可根据当地的非技术劳动力供求状况确定,非技术劳动力较为富余的地区可取较低值,不太富余的地区可取较高值,中间状况可取 0.5。

以上 3 个国民经济评价参数汇总于表 19－5。

表 19－5　国民经济评价参数

序号	参数名称	参数值
1	社会折现率	8%
	受益期长风险小的项目社会折现率	6%～8%
2	影子汇率换算系数	1.08
3	影子工资换算系数:	
	技术劳动力	1.0
	非技术劳动力	0.25～0.8

4. 土地影子价格

土地影子价格是指项目使用土地资源而使社会付出的代价。在建设项目国民经济评价中以土地影子价格计算土地费用。

土地影子价格应按下式计算:

土地影子价格＝土地机会成本＋新增资源消耗　　　　　　　　　　(19－4)

式中,土地机会成本按拟建项目占用土地而使国民经济为此放弃的该土地"最佳替代用途"的净效益计算;土地改变用途而发生的新增资源消耗主要包括拆迁补偿费、农民安置补助费等。在实践中,土地平整等开发成本通常计入工程建设费用中,在土地影子价格中不再重复计算。

土地影子价格应根据项目土地所处地理位置、项目情况以及取得方式的不同分别确定,具体应符合下列规定:

(1) 通过招标、拍卖和挂牌出让方式取得使用权的国有土地,其影子价格应按财务价格计算。

(2) 通过划拨、双方协商方式取得使用权的土地,应分析价格优惠或扭曲情况,参照公平市场交易价格,对土地价格进行调整。

(3) 经济开发区优惠出让使用权的国有土地,影子价格应参照当地土地市场交易价格类比确定。

(4) 当难以用市场交易价格类比方法确定土地影子价格时,可采用收益现值法或以土地开发投资应得收益加土地开发成本确定。

(5) 采用收益现值法确定土地影子价格,应以社会折现率对土地的未来收益及费用折现。

建设项目如需占用农村土地,以土地征用费调整计算土地影子价格。具体应符合下列规定:

(1) 项目征用农村土地,土地征收补偿费中的土地补偿费及青苗补偿费应视为土地机会成本,地上附着物补偿费及安置补助费应视为新增资源消耗,征地管理费、耕地占用税、耕地开垦费、土地管理费、土地开发费等其他费用应视为转移支付,不列为费用。

（2）土地补偿费、青苗补偿费、安置补助费的确定，如与农民进行了充分的协商，能够充分保证农民的应得利益，土地影子价格可按土地征地费中的相关费用确定。

（3）如果存在征地费用优惠，或在征地过程中缺乏充分协商，导致土地征收补偿费低于市场定价，不能充分保证农民利益，土地影子价格应参照当地正常土地征收补偿费标准进行调整。

土地影子价格也可参考表 19-6。

表 19-6　2000 年部分市县土地影子价格参考表　　　　单位:元/m²

地 区	级 别	土地影子价格		
		商 业	住 宅	工 业
天　津	一　级	10 980	5 960	1 380
	末　级	840	370	320
济　南	一　级	4 654	3 242	2 856
	末　级	499	425	383
广　州	一　级	13 936	8 000	2 200
	末　级	922	802	449
郑　州	一　级	4 500	2 500	1 150
	末　级	375	345	330
武　汉	一　级	8 210	3 501	1 087
	末　级	322	313	302
长　沙	一　级	7 750	3 875	2 325
	末　级	250	250	250
昆　明	一　级	5 873	2 670	554
	末　级	439	458	425
西　安	一　级	3 300	2 610	1 950
	末　级	28	26	22
西　宁	一　级	2 707	1 220	781
	末　级	35	280	214
青　岛	一　级	5 250	3 500	900
	末　级	900	775	450
吉林通化	一　级	584	271	244
	末　级	140	88	77
浙江台州	一　级	1 485	990	310
	末　级	805	740	270
河南开封	一　级	1 410	630	450
	末　级	320	245	200

地　区	级　别	土地影子价格		
		商　业	住　宅	工　业
江苏苏州	一　级	7 600	4 000	1 600
	末　级	750	700	550
湖北十堰	一　级	2 630	769	289
	末　级	249	204	136
陕西铜川	一　级	805	550	395
	末　级	100	70	50
新疆克拉玛依	一　级	910	546	293
	末　级	396	198	103
云南玉溪	一　级	1 401	1 107	593
	末　级	567	530	477
浙江德清	一　级	1 580	504	185
	末　级	390	168	110
吉林松原	一　级	769	259	102
	末　级	163	108	71
山东阳谷	一　级	500	350	250
	末　级	250	170	120
河南柘城	一　级	600	250	210
	末　级	210	120	110
江苏射阳	一　级	900	420	300
	末　级	340	240	200
湖北通山	一　级	451	205	135
	末　级	136	76	70
新疆鄯善	一　级	395	290	130
	末　级	158	120	50
安徽凤阳	一　级	350	250	
	末　级	90	80	
云南开远	一　级	819	346	305
	末　级	284	198	180

表注：① 上述不同市县、不同土地用途、不同土地等级的影子价格主要是依据 2000 年土地收益、土地市场价格、成本等资料测算得到的。

② 对不同市县商业用地和住宅用地的影子价格主要采用收益法和市场比较法进行了测算。对于有收益的土地采用了收益法；对于存在规范市场交易价格的，采用了市场比较法。

③ 对不同市县工业、公共设施用地的影子价格主要采用成本法和基准地价修正法进行了测算。对于能搜集到征地、土地开发成本等资料的县市，主要采用成本法测算土地影子价格；对于有基准地价的区域

主要采用了基准地价修正法测算土地的影子价格。

④ 不同的土地级别主要依据各地按照《城镇土地分等级规程》所划分的土地级别。根据《城镇土地分等级规程》的要求,不同土地级别是指依据城镇内土地质量、区位条件等的不同而划分的不同区域。

⑤ 不同土地用途主要是依据现行土地用途分类,结合实际工作中的主要用途类型确定的商业、工业、住宅等,其他用途则可以参照这三种用途中的一种。

19.2 现值系数表和年金现值系数表

本表包括折现率 1‰～50‰的 50 年的"现值系数表"(表 19－8)和"年金现值系数表"(表 19－9),供计算净现值和内部收益率时查用。这两张表是项目经济评价中常用资金等值计算系数表)。

为便于查找,将现值系数、终值系数、资金回收系数及年金现值系数的表示符号及其计算式列于表 19－7[1]。

表 19－7　四种资金等值计算系数

系　　数	表示符号	计　算　式	备　　注
1 现值系数	$(P/F,i,n)$	$(1+i)^{-n}$	表 19－8
2 终值系数	$(F/P,i,n)$	$(1+i)^n$	1 及 2 互为倒数
3 资金回收系数	$(A/P,i,n)$	$\dfrac{i(1+i)^n}{(1+i)^n-1}$	3 及 4 互为倒数
4 年金现值系数	$(P/A,i,n)$	$\dfrac{(1+i)^n-1}{i(1+i)^n}$	表 19－9

注:上表中,P 为现值,F 为终值,A 为年金值,i 为利率(一般为年利率),n 为期数(一般为年)。

表 19-8 现值系数表（1 的现值）

年数	1%	2%	3%	4%	5%	6%	7%	8%	9%	10%	11%	12%	13%	14%	15%	16%	17%
1	0.990	0.980	0.971	0.962	0.952	0.943	0.935	0.926	0.917	0.909	0.901	0.893	0.885	0.877	0.870	0.862	0.855
2	0.980	0.961	0.943	0.925	0.907	0.890	0.873	0.857	0.842	0.826	0.812	0.797	0.783	0.769	0.756	0.743	0.731
3	0.971	0.942	0.915	0.889	0.864	0.840	0.816	0.794	0.772	0.751	0.731	0.712	0.693	0.675	0.658	0.641	0.624
4	0.961	0.924	0.888	0.855	0.823	0.792	0.763	0.735	0.703	0.683	0.659	0.636	0.613	0.592	0.572	0.552	0.534
5	0.951	0.906	0.863	0.822	0.748	0.747	0.713	0.681	0.650	0.621	0.593	0.567	0.543	0.519	0.497	0.476	0.456
6	0.942	0.888	0.837	0.790	0.746	0.705	0.666	0.630	0.596	0.564	0.535	0.507	0.480	0.456	0.432	0.410	0.390
7	0.933	0.871	0.813	0.760	0.711	0.665	0.623	0.583	0.547	0.513	0.482	0.452	0.425	0.400	0.376	0.354	0.333
8	0.923	0.853	0.789	0.731	0.677	0.627	0.582	0.540	0.502	0.467	0.434	0.404	0.376	0.351	0.327	0.305	0.285
9	0.914	0.837	0.766	0.703	0.645	0.592	0.544	0.500	0.460	0.424	0.391	0.361	0.333	0.308	0.284	0.263	0.243
10	0.905	0.820	0.744	0.676	0.614	0.558	0.508	0.463	0.422	0.386	0.352	0.322	0.295	0.270	0.247	0.227	0.208
11	0.896	0.804	0.722	0.650	0.585	0.527	0.475	0.429	0.388	0.350	0.317	0.287	0.261	0.237	0.215	0.195	0.178
12	0.887	0.788	0.701	0.625	0.557	0.497	0.444	0.397	0.356	0.319	0.286	0.257	0.231	0.208	0.187	0.168	0.152
13	0.878	0.773	0.681	0.601	0.530	0.469	0.415	0.368	0.326	0.290	0.258	0.229	0.204	0.182	0.163	0.145	0.130
14	0.870	0.758	0.661	0.577	0.505	0.442	0.388	0.340	0.299	0.263	0.232	0.205	0.181	0.160	0.141	0.125	0.111
15	0.861	0.743	0.642	0.555	0.481	0.417	0.362	0.315	0.275	0.239	0.209	0.183	0.160	0.140	0.123	0.108	0.095
16	0.853	0.728	0.623	0.534	0.458	0.394	0.339	0.292	0.252	0.218	0.188	0.163	0.141	0.123	0.107	0.093	0.081
17	0.844	0.714	0.605	0.513	0.436	0.371	0.317	0.270	0.231	0.198	0.170	0.146	0.125	0.108	0.093	0.080	0.069
18	0.836	0.700	0.587	0.494	0.416	0.350	0.296	0.250	0.212	0.180	0.153	0.130	0.111	0.095	0.081	0.069	0.059
19	0.828	0.686	0.570	0.475	0.396	0.331	0.277	0.232	0.194	0.164	0.138	0.116	0.098	0.083	0.070	0.060	0.051
20	0.820	0.673	0.554	0.456	0.377	0.312	0.258	0.215	0.178	0.149	0.124	0.104	0.087	0.073	0.061	0.051	0.043
21	0.811	0.660	0.538	0.439	0.359	0.294	0.242	0.199	0.164	0.135	0.112	0.093	0.077	0.064	0.053	0.044	0.037
22	0.803	0.647	0.522	0.422	0.342	0.278	0.226	0.184	0.150	0.123	0.101	0.083	0.068	0.056	0.046	0.038	0.032
23	0.795	0.634	0.507	0.406	0.326	0.262	0.211	0.170	0.138	0.112	0.091	0.074	0.060	0.049	0.040	0.033	0.027
24	0.788	0.622	0.492	0.390	0.310	0.247	0.197	0.158	0.126	0.102	0.082	0.066	0.053	0.043	0.035	0.028	0.023
25	0.780	0.610	0.478	0.375	0.295	0.233	0.184	0.146	0.116	0.092	0.074	0.059	0.047	0.038	0.030	0.024	0.020
26	0.772	0.598	0.464	0.361	0.281	0.220	0.172	0.135	0.106	0.084	0.066	0.053	0.042	0.033	0.026	0.021	0.017
27	0.764	0.586	0.450	0.347	0.268	0.207	0.161	0.125	0.098	0.076	0.060	0.047	0.037	0.029	0.023	0.018	0.014
28	0.757	0.574	0.437	0.333	0.255	0.196	0.150	0.116	0.090	0.069	0.054	0.042	0.033	0.026	0.020	0.016	0.012
29	0.749	0.563	0.424	0.321	0.243	0.185	0.141	0.107	0.082	0.063	0.048	0.037	0.029	0.022	0.017	0.014	0.011
30	0.742	0.552	0.412	0.308	0.231	0.174	0.131	0.099	0.075	0.057	0.044	0.033	0.026	0.020	0.015	0.012	0.009
40	0.672	0.453	0.307	0.208	0.142	0.097	0.067	0.046	0.032	0.022	0.015	0.011	0.008	0.005	0.004	0.003	0.002
50	0.608	0.372	0.228	0.141	0.087	0.054	0.034	0.021	0.013	0.009	0.005	0.003	0.002	0.001	0.001	0.001	0.0001

年数	18%	19%	20%	21%	22%	23%	24%	25%	26%	27%	28%	29%	30%	31%	32%	33%	34%
1	0.847	0.840	0.833	0.826	0.820	0.813	0.806	0.800	0.794	0.787	0.781	0.775	0.769	0.763	0.758	0.752	0.746
2	0.781	0.706	0.694	0.683	0.672	0.661	0.650	0.640	0.630	0.620	0.610	0.601	0.592	0.583	0.574	0.565	0.557
3	0.609	0.593	0.579	0.564	0.551	0.537	0.524	0.512	0.500	0.488	0.477	0.466	0.455	0.445	0.435	0.425	0.416
4	0.516	0.499	0.482	0.467	0.451	0.437	0.423	0.410	0.397	0.384	0.373	0.361	0.350	0.340	0.329	0.320	0.310
5	0.437	0.419	0.402	0.386	0.370	0.355	0.341	0.328	0.315	0.303	0.291	0.280	0.269	0.250	0.240	0.231	0.231
6	0.370	0.352	0.335	0.319	0.303	0.289	0.275	0.262	0.250	0.238	0.227	0.217	0.207	0.198	0.189	0.181	0.173
7	0.314	0.296	0.279	0.263	0.249	0.235	0.222	0.210	0.198	0.188	0.178	0.168	0.159	0.151	0.143	0.136	0.129
8	0.266	0.249	0.233	0.218	0.204	0.191	0.179	0.168	0.157	0.148	0.139	0.130	0.123	0.115	0.108	0.102	0.096
9	0.225	0.209	0.194	0.180	0.167	0.155	0.144	0.134	0.125	0.116	0.108	0.101	0.094	0.088	0.082	0.077	0.072
10	0.191	0.176	0.162	0.149	0.137	0.126	0.116	0.107	0.099	0.092	0.085	0.078	0.073	0.067	0.062	0.058	0.054
11	0.162	0.148	0.135	0.123	0.112	0.103	0.094	0.086	0.079	0.072	0.066	0.061	0.056	0.051	0.047	0.043	0.040
12	0.137	0.124	0.112	0.102	0.092	0.083	0.076	0.069	0.062	0.057	0.052	0.047	0.043	0.039	0.036	0.033	0.030
13	0.116	0.104	0.093	0.084	0.075	0.068	0.061	0.055	0.050	0.045	0.040	0.037	0.033	0.030	0.027	0.025	0.022
14	0.099	0.088	0.078	0.069	0.062	0.055	0.049	0.044	0.039	0.035	0.032	0.028	0.025	0.023	0.021	0.018	0.017
15	0.084	0.074	0.065	0.057	0.051	0.045	0.040	0.035	0.031	0.028	0.025	0.022	0.020	0.017	0.016	0.014	0.012
16	0.071	0.062	0.054	0.047	0.042	0.036	0.032	0.028	0.025	0.022	0.019	0.017	0.015	0.013	0.012	0.010	0.009
17	0.060	0.052	0.045	0.039	0.034	0.030	0.026	0.023	0.020	0.017	0.015	0.013	0.012	0.010	0.009	0.008	0.007
18	0.051	0.044	0.038	0.032	0.028	0.024	0.021	0.018	0.016	0.014	0.012	0.010	0.009	0.008	0.007	0.006	0.005
19	0.043	0.037	0.031	0.027	0.023	0.020	0.017	0.014	0.012	0.011	0.009	0.008	0.007	0.006	0.005	0.004	0.004
20	0.037	0.031	0.026	0.022	0.019	0.016	0.014	0.012	0.010	0.008	0.007	0.006	0.005	0.004	0.003	0.003	0.003
21	0.031	0.026	0.022	0.018	0.015	0.013	0.011	0.009	0.008	0.007	0.006	0.005	0.004	0.003	0.003	0.002	0.002
22	0.026	0.022	0.018	0.015	0.013	0.011	0.009	0.006	0.005	0.005	0.004	0.003	0.003	0.002	0.002	0.002	0.002
23	0.022	0.018	0.015	0.012	0.010	0.009	0.007	0.006	0.005	0.004	0.003	0.003	0.002	0.002	0.002	0.001	0.001
24	0.019	0.015	0.013	0.010	0.008	0.007	0.005	0.004	0.003	0.003	0.002	0.002	0.002	0.001	0.001	0.001	0.001
25	0.016	0.013	0.010	0.009	0.007	0.006	0.005	0.004	0.003	0.003	0.002	0.002	0.001	0.001	0.001	0.001	0.001
26	0.014	0.011	0.009	0.007	0.005	0.004	0.003	0.002	0.002	0.002	0.001	0.001	0.001	0.001	0.001	0.001	0.000
27	0.011	0.009	0.007	0.006	0.005	0.004	0.003	0.002	0.002	0.001	0.001	0.001	0.001	0.001	0.001	0.000	0.000
28	0.010	0.008	0.006	0.05	0.004	0.003	0.002	0.002	0.002	0.001	0.001	0.001	0.001	0.001	0.000	0.000	0.000
29	0.008	0.006	0.005	0.004	0.003	0.002	0.002	0.001	0.001	0.001	0.000	0.000	0.000	0.000	0.000	0.000	0.000
30	0.007	0.005	0.004	0.003	0.003	0.002	0.002	0.001	0.001	0.001	0.000	0.000	0.000	0.000	0.000	0.000	0.000
40	0.001	0.001	0.001	0.000	0.000	0.000	0.000	0.000	0.000	0.000	0.000	0.000	0.000	0.000	0.000	0.000	0.000
50	0.000	0.000	0.000	0.000	0.000	0.000	0.000	0.000	0.000	0.000	0.000	0.000	0.000	0.000	0.000	0.000	0.000

续表 19 - 8

年数	35%	36%	37%	38%	39%	40%	41%	42%	43%	44%	45%	46%	47%	48%	49%	50%
1	0.741	0.735	0.730	0.725	0.719	0.714	0.709	0.704	0.699	0.694	0.690	0.680	0.0676	0.671	0.667	0.667
2	0.549	0.541	0.533	0.525	0.518	0.510	0.503	0.496	0.489	0.482	0.476	0.469	0.463	0.457	0.450	0.444
3	0.406	0.398	0.289	0.381	0.372	0.364	0.357	0.349	0.342	0.335	0.328	0.321	0.315	0.308	0.302	0.296
4	0.301	0.292	0.284	0.276	0.268	0.260	0.253	0.246	0.239	0.233	0.226	0.220	0.211	0.208	0.203	0.198
5	0.223	0.215	0.207	0.200	0.193	0.186	0.179	0.173	0.167	0.162	0.156	0.151	0.146	0.141	0.136	0.132
6	0.165	0.158	0.151	0.145	0.139	0.133	0.127	0.117	0.112	0.108	0.103	0.099	0.095	0.091	0.088	0.088
7	0.122	0.116	0.110	0.105	0.100	0.095	0.090	0.086	0.082	0.078	0.074	0.071	0.067	0.064	0.061	0.059
8	0.091	0.085	0.081	0.076	0.072	0.068	0.064	0.060	0.057	0.054	0.051	0.048	0.046	0.043	0.041	0.039
9	0.067	0.063	0.059	0.055	0.052	0.048	0.045	0.043	0.040	0.038	0.035	0.033	0.031	0.029	0.028	0.026
10	0.050	0.046	0.040	0.037	0.035	0.032	0.030	0.028	0.026	0.024	0.023	0.021	0.020	0.019	0.017	0.017
11	0.037	0.034	0.031	0.029	0.027	0.025	0.023	0.021	0.020	0.018	0.017	0.016	0.014	0.013	0.012	0.012
12	0.027	0.025	0.023	0.021	0.019	0.018	0.016	0.015	0.014	0.013	0.012	0.011	0.010	0.009	0.008	0.008
13	0.020	0.018	0.017	0.015	0.014	0.013	0.011	0.010	0.010	0.009	0.008	0.007	0.006	0.006	0.005	0.005
14	0.015	0.014	0.012	0.011	0.010	0.009	0.008	0.007	0.007	0.006	0.006	0.005	0.005	0.004	0.004	0.003
15	0.011	0.010	0.009	0.008	0.007	0.006	0.006	0.005	0.005	0.004	0.004	0.003	0.003	0.003	0.003	0.002
16	0.008	0.007	0.006	0.006	0.005	0.005	0.004	0.004	0.003	0.003	0.002	0.002	0.002	0.002	0.002	0.002
17	0.006	0.005	0.005	0.004	0.004	0.003	0.003	0.003	0.002	0.002	0.002	0.002	0.001	0.001	0.001	0.001
18	0.005	0.004	0.003	0.003	0.003	0.002	0.002	0.002	0.002	0.001	0.001	0.001	0.001	0.001	0.001	0.001
19	0.003	0.003	0.003	0.002	0.002	0.001	0.001	0.001	0.001	0.001	0.001	0.001	0.001	0.001	0.001	0.000
20	0.002	0.002	0.002	0.002	0.001	0.001	0.001	0.001	0.001	0.001	0.001	0.001	0.000	0.000	0.000	0.000
21	0.002	0.001	0.001	0.001	0.001	0.001	0.001	0.000	0.000	0.000	0.000	0.000	0.000	0.000	0.000	0.000
22	0.001	0.001	0.001	0.001	0.001	0.000	0.000	0.000	0.000	0.000	0.000	0.000	0.000	0.000	0.000	0.000
23	0.001	0.001	0.001	0.000	0.000	0.000	0.000	0.000	0.000	0.000	0.000	0.000	0.000	0.000	0.000	0.000
24	0.001	0.001	0.000	0.000	0.000	0.000	0.000	0.000	0.000	0.000	0.000	0.000	0.000	0.000	0.000	0.000
25	0.001	0.000	0.000	0.000	0.000	0.000	0.000	0.000	0.000	0.000	0.000	0.000	0.000	0.000	0.000	0.000
26	0.000	0.000	0.000	0.000	0.000	0.000	0.000	0.000	0.000	0.000	0.000	0.000	0.000	0.000	0.000	0.000
27	0.000	0.000	0.000	0.000	0.000	0.000	0.000	0.000	0.000	0.000	0.000	0.000	0.000	0.000	0.000	0.000
28	0.000	0.000	0.000	0.000	0.000	0.000	0.000	0.000	0.000	0.000	0.000	0.000	0.000	0.000	0.000	0.000
29	0.000	0.000	0.000	0.000	0.000	0.000	0.000	0.000	0.000	0.000	0.000	0.000	0.000	0.000	0.000	0.000
30	0.000	0.000	0.000	0.000	0.000	0.000	0.000	0.000	0.000	0.000	0.000	0.000	0.000	0.000	0.000	0.000
40	0.000	0.000	0.000	0.000	0.000	0.000	0.000	0.000	0.000	0.000	0.000	0.000	0.000	0.000	0.000	0.000
50	0.000	0.000	0.000	0.000	0.000	0.000	0.000	0.000	0.000	0.000	0.000	0.000	0.000	0.000	0.000	0.000

表 19 – 9 年金现值系数表（1 的现值）

年数	1%	2%	3%	4%	5%	6%	7%	8%	9%	10%	11%	12%	13%	14%	15%	16%	17%
1	0.990	0.980	0.971	0.962	0.952	0.943	0.935	0.926	0.917	0.909	0.901	0.893	0.885	0.877	0.870	0.862	0.855
2	1.970	1.942	1.913	1.886	1.859	1.833	1.808	1.783	1.759	1.736	1.713	1.690	1.668	1.647	1.626	1.605	1.585
3	2.941	2.884	2.829	2.775	2.723	2.673	2.624	2.577	2.531	2.487	2.444	2.402	2.361	2.322	2.283	2.246	2.210
4	3.902	3.808	3.717	3.630	3.546	3.465	3.387	3.312	3.240	3.170	3.102	3.037	2.974	2.914	2.855	2.798	2.743
5	4.853	4.713	4.580	4.452	4.329	4.212	4.100	3.993	3.890	3.791	3.696	3.605	3.517	3.433	3.352	3.274	3.199
6	5.795	5.601	5.417	5.242	5.076	4.917	4.767	4.623	4.486	4.355	4.231	4.111	3.998	3.889	3.784	3.685	3.589
7	6.728	6.472	6.230	6.002	5.786	5.582	5.389	5.206	5.033	4.868	4.712	4.564	4.423	4.288	4.160	4.039	3.922
8	7.652	7.325	7.020	6.733	6.463	6.210	5.971	5.747	5.535	5.335	5.146	4.968	4.799	4.639	4.487	4.344	4.207
9	8.566	8.162	7.786	7.435	7.108	6.802	6.515	6.247	5.995	5.759	5.537	5.328	5.132	4.946	4.772	4.607	4.451
10	9.471	8.983	8.530	8.111	7.722	7.360	7.024	6.710	6.418	6.145	5.889	5.650	5.426	5.216	5.019	4.833	4.659
11	10.368	9.787	9.253	8.760	8.306	7.887	7.499	7.139	6.805	6.495	6.207	5.938	5.687	5.453	5.234	5.029	4.836
12	11.255	10.575	9.954	9.385	8.863	8.384	7.943	7.536	7.161	6.814	6.492	6.194	5.918	5.660	5.421	5.197	4.988
13	12.134	11.348	10.635	9.986	9.394	8.853	8.358	7.904	7.487	7.103	6.750	6.424	6.122	5.842	5.583	5.342	5.118
14	13.004	12.106	11.296	10.563	9.899	9.295	8.745	8.244	7.786	7.367	6.982	6.628	6.302	6.002	5.724	5.468	5.229
15	13.865	12.849	11.938	11.118	10.380	9.712	9.108	8.559	8.061	7.606	7.191	6.811	6.462	6.142	5.847	5.575	5.324
16	14.718	13.578	12.561	11.652	10.838	10.106	9.447	8.851	8.313	7.824	7.379	6.974	6.604	6.265	5.954	5.668	5.405
17	15.562	14.292	13.166	12.166	11.274	10.477	9.763	9.122	8.544	8.022	7.549	7.120	6.729	6.373	6.047	5.749	5.475
18	16.398	14.992	13.754	12.659	11.690	10.828	10.059	9.372	8.756	8.201	7.702	7.250	6.840	6.467	6.128	5.818	5.534
19	17.226	15.678	14.324	13.134	12.085	11.158	10.336	9.604	8.950	8.365	7.839	7.366	6.938	6.550	6.198	5.877	5.584
20	18.046	16.351	14.877	13.590	12.462	11.470	10.594	9.818	9.129	8.514	7.963	7.469	7.025	6.623	6.259	5.929	5.628
21	18.857	17.011	15.415	14.029	12.821	11.764	10.836	10.017	9.292	8.649	8.075	7.562	7.102	6.687	6.312	5.973	5.665
22	19.660	17.658	15.937	14.451	13.163	12.042	11.061	10.201	9.442	8.772	8.176	7.645	7.170	6.743	6.359	6.011	5.696
23	20.456	18.292	16.444	14.857	13.489	12.303	11.272	10.371	9.580	8.883	8.266	7.718	7.230	6.792	6.399	6.044	5.723
24	21.243	18.914	16.936	15.247	13.799	12.550	11.469	10.529	9.707	8.985	8.348	7.784	7.283	6.835	6.434	6.073	5.746
25	22.023	19.523	17.413	15.622	14.094	12.783	11.654	10.675	9.823	9.077	8.422	7.843	7.330	6.873	6.464	6.097	5.766
26	22.795	20.121	17.877	15.983	14.375	13.003	11.826	10.810	9.929	9.161	8.488	7.896	7.372	6.906	6.491	6.118	5.783
27	23.560	20.707	18.327	16.330	14.643	13.211	11.987	10.935	10.027	9.237	8.548	7.943	7.409	6.935	6.514	6.136	5.798
28	24.316	21.281	18.764	16.663	14.898	13.406	12.137	11.051	10.116	9.307	8.602	7.984	7.441	6.961	6.534	6.152	5.810
29	25.066	21.844	19.188	16.984	15.141	13.591	12.278	11.158	10.198	9.370	8.650	8.022	7.470	6.983	6.551	6.166	5.820
30	25.808	22.396	19.600	17.292	15.372	13.765	12.409	11.258	10.274	9.427	8.694	8.055	7.496	7.003	6.566	6.177	5.829
40	32.835	27.355	23.115	19.793	17.159	15.046	13.332	11.925	10.757	9.779	8.951	8.244	7.634	7.105	6.642	6.233	5.871
50	39.196	31.424	25.730	21.482	18.256	15.762	13.801	12.233	10.962	9.915	9.042	8.304	7.675	7.133	6.661	6.246	5.880

续表 19 - 9

年数	18%	19%	20%	21%	22%	23%	24%	25%	26%	27%	28%	29%	30%	31%	32%	33%	34%
1	0.847	0.840	0.833	0.826	0.820	0.813	0.806	0.800	0.794	0.787	0.781	0.775	0.769	0.763	0.758	0.752	0.746
2	1.566	1.547	1.528	1.509	1.492	1.474	1.457	1.440	1.424	1.407	1.392	1.376	1.361	1.346	1.331	1.317	1.303
3	2.174	2.140	2.106	2.074	2.042	2.011	1.981	1.952	1.923	1.896	1.868	1.842	1.816	1.791	1.766	1.742	1.719
4	2.690	2.639	2.589	2.540	2.494	2.448	2.404	2.362	2.320	2.280	2.241	2.203	2.166	2.130	2.096	2.062	2.029
5	3.127	3.058	2.991	2.926	2.864	2.803	2.745	2.689	2.635	2.583	2.532	2.483	2.436	2.390	2.345	2.302	2.260
6	3.498	3.410	3.326	3.245	3.167	3.092	3.020	2.951	2.885	2.821	2.759	2.700	2.643	2.588	2.534	2.483	2.433
7	3.812	3.706	3.605	3.508	3.416	3.327	3.242	3.161	3.083	3.009	2.937	2.868	2.802	2.739	2.667	2.619	2.562
8	4.078	3.954	3.837	3.726	3.619	3.518	3.421	3.329	3.241	3.156	3.076	2.999	2.925	2.851	2.786	2.721	2.658
9	4.303	4.163	4.031	3.905	3.786	3.673	3.566	3.463	3.366	3.273	3.184	3.100	3.019	2.942	2.868	2.798	2.730
10	4.494	4.339	4.192	4.054	3.923	3.799	3.682	3.571	3.465	3.364	3.269	3.178	3.092	3.009	2.930	2.855	2.784
11	4.656	4.486	4.327	4.177	4.035	3.902	3.776	3.656	3.543	3.437	3.335	3.239	3.147	3.060	2.978	2.899	2.824
12	4.793	4.611	4.439	4.278	4.127	3.985	3.851	3.725	3.606	3.493	3.387	3.286	3.190	3.100	3.013	2.931	2.853
13	4.910	4.715	4.533	4.362	4.203	4.053	3.912	3.780	3.656	3.538	3.427	3.322	3.223	3.129	3.040	2.956	2.876
14	5.008	4.802	4.611	4.432	4.265	4.108	3.962	3.824	3.695	3.573	3.459	3.351	3.249	3.152	3.061	2.974	2.892
15	5.092	4.876	4.675	4.489	4.315	4.153	4.001	3.859	3.726	3.601	3.483	3.373	3.268	3.170	3.076	2.988	2.905
16	5.162	4.938	4.730	4.536	4.357	4.189	4.033	3.887	3.751	3.623	3.503	3.390	3.283	3.183	3.088	2.999	2.914
17	5.222	4.990	4.775	4.576	4.391	4.219	4.059	3.910	3.771	3.640	3.518	3.403	3.295	3.193	3.097	3.007	2.921
18	5.273	5.033	4.812	4.608	4.419	4.243	4.080	3.928	3.786	3.654	3.529	3.413	3.304	3.201	3.104	3.012	2.926
19	5.316	5.070	4.843	4.635	4.442	4.263	4.097	3.942	3.799	3.664	3.539	3.421	3.311	3.207	3.109	3.017	2.930
20	5.353	5.101	4.870	4.657	4.460	4.279	4.110	3.954	3.808	3.673	3.546	3.427	3.316	3.211	3.113	3.020	2.933
21	5.384	5.127	4.891	4.675	4.476	4.292	4.121	3.963	3.816	3.679	3.551	3.432	3.320	3.215	3.116	3.023	2.935
22	5.410	5.149	4.909	4.690	4.488	4.302	4.130	3.970	3.822	3.684	3.556	3.436	3.323	3.217	3.118	3.025	2.936
23	5.432	5.167	4.925	4.703	4.499	4.311	4.137	3.976	3.827	3.689	3.559	3.438	3.325	3.219	3.120	3.026	2.938
24	5.451	5.182	4.937	4.713	4.507	4.318	4.143	3.981	3.831	3.692	3.562	3.441	3.327	3.221	3.121	3.027	2.939
25	5.467	5.195	4.948	4.721	4.514	4.323	4.147	3.985	3.834	3.694	3.564	3.442	3.329	3.222	3.122	3.028	2.939
26	5.480	5.206	4.956	4.728	4.520	4.328	4.151	3.988	3.837	3.696	3.566	3.444	3.330	3.223	3.123	3.028	2.940
27	5.492	5.215	4.964	4.734	4.524	4.332	4.154	3.990	3.839	3.698	3.568	3.445	3.330	3.224	3.124	3.029	2.940
28	5.502	5.223	4.970	4.739	4.528	4.335	4.157	3.992	3.840	3.699	3.568	3.446	3.331	3.224	3.124	3.029	2.940
29	5.510	5.229	4.975	4.743	4.531	4.337	4.158	3.994	3.841	3.700	3.569	3.446	3.332	3.225	3.124	3.030	2.941
30	5.517	5.235	4.979	4.746	4.534	4.339	4.160	3.995	3.842	3.701	3.570	3.447	3.332	3.225	3.124	3.030	2.941
40	5.548	5.258	4.997	4.760	4.544	4.347	4.166	3.999	3.846	3.703	3.571	3.448	3.333	3.226	3.125	3.030	2.941
50	5.554	5.262	4.999	4.762	4.545	4.348	4.167	4.000	3.846	3.703	3.571	3.448	3.333	3.226	3.125	3.030	2.941

续表 19－9

年数	35%	36%	37%	38%	39%	40%	41%	42%	43%	44%	45%	46%	47%	48%	49%	50%
1	0.741	0.735	0.730	0.725	0.719	0.714	0.709	0.704	0.699	0.694	0.690	0.685	0.680	0.676	0.671	0.667
2	1.289	1.276	1.263	1.250	1.237	1.224	1.212	1.200	1.188	1.177	1.165	1.154	1.143	1.132	1.122	1.111
3	1.696	1.673	1.652	1.630	1.609	1.589	1.569	1.549	1.530	1.512	1.493	1.475	1.458	1.441	1.424	1.407
4	1.997	1.966	1.935	1.906	1.877	1.849	1.822	1.795	1.769	1.744	1.720	1.695	1.672	1.649	1.627	1.605
5	2.220	2.181	2.143	2.106	2.070	2.035	2.001	1.969	1.937	1.906	1.876	1.846	1.818	1.790	1.763	1.737
6	2.385	2.339	2.294	2.251	2.209	2.168	2.129	2.091	2.054	2.018	1.983	1.949	1.917	1.885	1.854	1.824
7	2.508	2.455	2.404	2.355	2.308	2.263	2.219	2.176	2.135	2.096	2.057	2.020	1.984	1.949	1.916	1.883
8	2.598	2.540	2.485	2.432	2.380	2.331	2.283	2.237	2.193	2.150	2.109	2.069	2.030	1.993	1.957	1.922
9	2.665	2.603	2.544	2.487	2.432	2.379	2.328	2.280	2.233	2.187	2.144	2.102	2.061	2.022	1.984	1.948
10	2.715	2.649	2.587	2.527	2.469	2.414	2.360	2.310	2.261	2.213	2.168	2.125	2.083	2.042	2.003	1.965
11	2.752	2.683	2.618	2.555	2.496	2.438	2.383	2.331	2.280	2.232	2.185	2.140	2.097	2.055	2.015	1.977
12	2.779	2.708	2.641	2.576	2.515	2.456	2.400	2.346	2.294	2.244	2.196	2.151	2.107	2.064	2.024	1.985
13	2.799	2.727	2.658	2.592	2.529	2.469	2.411	2.356	2.303	2.253	2.204	2.158	2.113	2.071	2.029	1.990
14	2.814	2.740	2.670	2.603	2.539	2.478	2.419	2.363	2.310	2.259	2.210	2.163	2.118	2.075	2.033	1.993
15	2.825	2.750	2.679	2.611	2.546	2.484	2.425	2.369	2.315	2.263	2.214	2.166	2.121	2.078	2.036	1.995
16	2.834	2.757	2.685	2.616	2.551	2.489	2.429	2.372	2.318	2.266	2.216	2.169	2.123	2.079	2.037	1.997
17	2.840	2.763	2.690	2.621	2.555	2.492	2.432	2.375	2.320	2.268	2.218	2.170	2.125	2.081	2.038	1.998
18	2.844	2.767	2.693	2.624	2.557	2.494	2.434	2.377	2.322	2.270	2.219	2.172	2.126	2.082	2.039	1.999
19	2.848	2.770	2.696	2.626	2.559	2.496	2.435	2.378	2.323	2.271	2.220	2.172	2.126	2.082	2.040	1.999
20	2.850	2.772	2.698	2.627	2.561	2.497	2.436	2.379	2.324	2.271	2.221	2.173	2.127	2.083	2.040	1.999
21	2.852	2.773	2.699	2.629	2.562	2.498	2.437	2.379	2.324	2.272	2.221	2.173	2.127	2.083	2.040	2.000
22	2.853	2.775	2.700	2.629	2.562	2.498	2.438	2.380	2.325	2.272	2.222	2.173	2.127	2.083	2.041	2.000
23	2.854	2.775	2.701	2.630	2.563	2.499	2.438	2.380	2.325	2.272	2.222	2.174	2.127	2.083	2.041	2.000
24	2.855	2.776	2.701	2.630	2.563	2.499	2.438	2.380	2.325	2.272	2.222	2.174	2.127	2.083	2.041	2.000
25	2.856	2.777	2.702	2.631	2.563	2.499	2.439	2.381	2.325	2.272	2.222	2.174	2.128	2.083	2.041	2.000
26	2.856	2.777	2.702	2.631	2.564	2.500	2.439	2.381	2.325	2.273	2.222	2.174	2.128	2.083	2.041	2.000
27	2.856	2.777	2.702	2.631	2.564	2.500	2.439	2.381	2.325	2.273	2.222	2.174	2.128	2.083	2.041	2.000
28	2.857	2.777	2.702	2.631	2.564	2.500	2.439	2.381	2.325	2.273	2.222	2.174	2.128	2.083	2.041	2.000
29	2.857	2.777	2.702	2.631	2.564	2.500	2.439	2.381	2.325	2.273	2.222	2.174	2.128	2.083	2.041	2.000
30	2.857	2.778	2.702	2.631	2.564	2.500	2.439	2.381	2.325	2.273	2.222	2.174	2.128	2.083	2.041	2.000
40	2.857	2.778	2.703	2.632	2.564	2.500	2.439	2.381	2.325	2.273	2.222	2.174	2.128	2.083	2.041	2.000
50	2.857	2.778	2.703	2.632	2.564	2.500	2.439	2.381	2.325	2.273	2.222	2.174	2.128	2.083	2.041	2.000

参考文献

1. 国家计委,建设部. 建设项目经济评价方法与参数. 第二版. 北京:中国计划出版社,1993 年

2. 贾春霖,王家贵编著. 工业投资项目可行性研究. 长沙:中南工业大学出版社,1990 年

3. 李敏新. 工业投资项目评价与决策. 北京:中国计划出版社,1996 年

4. 万威武,张东胜. 项目经济评价理论与方法. 西安:西安交通大学出版社,1992 年

5. 宋倩茹. 企业项目投资经济分析. 北京:经济日报出版社,1993 年

6. (联合国工业发展组织)W. 贝雷斯,P. M. 哈雷克著. 工业可行性研究编制手册. 刘国垣等译. 北京:化学工业出版社,1992 年

7. 陈伟忠主编. 技术经济学教程. 西安:西安交通大学出版社,1996 年

8. 傅家骥,仝允桓. 工业技术经济学. 第二版. 北京:清华大学出版社,1996 年

9. 张世英,张文泉,王京芹著. 技术经济预测与决策. 天津:天津大学出版社,1994 年

10. 企业管理与技术经济. 北京:机械工业出版社,1994 年

11. 周惠珍. 可行性研究与项目评价. 北京:中国科学技术出版社,1992 年

12. P. Dasgupta,A. Sen and S. Marglin. Guidelines for Project Evaluation. UNIDO,United Nations Publication,New York,1972
    P. 达斯古普塔,A. 森,S. 马格林. 项目评价准则. 北京:中国对外翻译出版公司,1984 年

13. 黄渝洋. 费用-效益分析. 上海:同济大学出版社,1987 年

14. 桑恒康. 投资项目评估. 北京:经济科学出版社,1988 年

15. J. Dupuit. On the measurement of the utility of Public Works. Translated from French, in intemational Economic paper,No. 2,London,1952

16. I. M. D. little and J. Mirrlees. Project Appraisal and Planning for Developing Countries. Heinemam. London,1974

17. L. Squire and H. G. Van der Tak. Economic Analysis of Projects. Johns Hopkins,1975
    L. 斯夸尔,H. G. 范德塔克著. 项目经济分析. 孔庆照,胡庄君译. 北京:清华大学出版社, 1985 年

18. IDCAS & UNIDO. Manual for Evaluation of Industrial Projects,UNIDO,United Nations Publication,New York,1980

19. 肖大文:企业的技术改造及其可行性研究. 西安:西北电信工程学院出版社,1986 年

20. 傅家骥,姜彦福:工业企业技术改造项目经济评价方法教程. 北京:机械工业出版社,1988 年

21. 刘涤源,谭崇台等. 当代资产阶级经济学说. 武汉:武汉大学出版社,1983 年

22. 陶廉坎. 运筹学. 西安:西安交通大学出版社,1987 年

23. 黄渝祥,邢爱芳. 工程经济学. 上海:同济大学出版社,1985 年

24. J. R. 汉森. 项目估价实用指南. 北京:中国对外翻译出版公司,1982 年

25. 改革后的工商税种. 计划与市场研究,1994(2):P49

26. G. Irvin. Mordern Cost-Benefit Methods. New York. MacMillan,1978

27. 陈伟忠,许绍李. 蒙特卡洛随机模拟法在敏感性分析中的应用. 技术经济,1985(2)

28. 徐剑华. 工程项目经济评价的两种概率分析方法——泰勒级数法和蒙特卡罗方法. 技术经济,1985(2)

29. 张东胜,万威武. 贫困地区交通运输项目国民经济效益分析——黄河(府—禹段)航运项目的综合效益分析. 水运管理. 9-12,1993(1)

30. 国家统计局. 中国统计年鉴(1996). 北京:中国统计出版社,1996 年

31. J. P. 基廷格. 确定项目的成本和效益. 世界银行经济发展学院项目管理培训班教材之二,1995 年

32. Wan WeiWu,Li Jian. Prject Social Evaluation. Proceedings of China's First World Consultant and Information Services Conference,April 1993. 389-392

33. 国家统计局. 中国统计年鉴(2006). 北京:中国统计出版社,2006 年

34. 国家发改委,建设部. 建设项目经济价方法与参数. 第三版. 北京:中国计划出版社,2006 年

35. P·贝利,J·安德森,H·伯纳姆,J·迪克逊,谭继鹏著. 建设部标准定额研究所译. 投资运营的经济分析:分析方法与实际应用. 北京:中国计划出版社,2002 年

36. 建设部标准定额研究所. 建设项目经济评价案例. 北京:中国计划出版社,2006 年